Neustadt
Seiten 68–79
Stadtplan 9–10

**Rund um
die Alster**
Seiten 120–131
Stadtplan 7–8

Altstadt
Seiten 54–67
Stadtplan 9–10

**Hafen und
Speicherstadt**
Seiten 80–103
Stadtplan 5–6

0 Kilometer 2

VIS-À-VIS

HAMBURG

VIS-À-VIS

HAMBURG

Autor **Gerhard Bruschke**

DK

London • New York • München
Melbourne • Delhi

DK Penguin Random House

www.dorlingkindersley.de

Produktion
Dorling Kindersley Verlag GmbH, München

Programmleitung
Dr. Jörg Theilacker, DK Verlag

Projektleitung
Stefanie Franz, DK Verlag

Projektassistenz
Antonia Wiesmeier, DK Verlag

Text
Gerhard Bruschke

Fotografien
Felix Fiedler, Susanne Gilges, Olaf Kalugin, Hamburg Marketing

Illustrationen
Branimir Georgiev, Maria-Magdalena Renker, Eva Sixt, Bernhard Spriringer

Kartografie
Anja Richter für DK Verlag GmbH, München; Hassan Muhammad, DK India, Delhi

Gestaltung Anja Richter, München, Ute Berretz, München

Redaktion Gerhard Bruschke, München

Schlussredaktion Philip Anton, Köln

Umschlaggestaltung Ute Berretz, München

Satz und Produktion DK Verlag

Druck Vivar Printing Sdn Bhd, Malaysia

© 2008, 2019 Dorling Kindersley Verlag GmbH, München
Zuerst erschienen 2008 in Deutschland bei Dorling Kindersley Verlag GmbH
Ein Unternehmen der Penguin Random House Group

Aktualisierte Neuauflage
2019 / 2020

Alle Rechte vorbehalten, Reproduktionen, Speicherung in Datenverarbeitungsanlagen, Wiedergabe auf elektronischen, fotomechanischen oder ähnlichen Wegen, Funk und Vortrag – auch auszugsweise – nur mit schriftlicher Genehmigung des Copyright-Inhabers.

ISBN 978-3-7342-0210-0

9 10 11 12 13   21 20 19 18

Hamburg stellt sich vor

Themen- und Tagestouren **10**

Hamburg auf der Karte **14**

Die Geschichte Hamburgs **20**

Hamburg im Überblick **28**

Das Jahr in Hamburg **44**

Hamburg per Schiff **48**

Schiff im Trockendock gegenüber den Landungsbrücken

Elbphilharmonie, ein kultureller »Leuchtturm« der Stadt *(siehe S. 92 – 95)*

Dieser Reiseführer wird regelmäßig aktualisiert. Angaben wie Telefonnummern, Öffnungszeiten, Adressen, Preise und Fahrpläne können sich jedoch ändern. Der Verlag kann für fehlerhafte oder veraltete Angaben nicht haftbar gemacht werden. Für Hinweise, Verbesserungsvorschläge und Korrekturen ist der Verlag dankbar. Bitte richten Sie Ihr Schreiben an:

Dorling Kindersley Verlag GmbH
Redaktion Reiseführer
Arnulfstraße 124 • 80636 München
travel@dk-germany.de

◀ Blick von den Landungsbrücken *(siehe S. 97)* auf den Hamburger Hafen
◀◀ Prachtvoll illuminierte Speicherstadt mit Wasserschloss *(siehe S. 82f)*

Inhalt

Die Stadtteile Hamburgs

Altstadt **54**

Neustadt **68**

Hafen und Speicherstadt **80**

St. Pauli **104**

Altona **112**

Rund um die Alster **120**

Abstecher **132**

Spaziergänge **142**

Ausflüge **150**

Schöner Willkommensgruß: Wandbild mit Seemann

Zu Gast in Hamburg

Hotels **172**

Restaurants **182**

Shopping **198**

Unterhaltung **202**

Hamburg mit Kindern **216**

Grundinformationen

Praktische Hinweise **220**

Anreise **230**

In Hamburg unterwegs **234**

Stadtplan **242**

Textregister **258**

Danksagung und Bildnachweis **269**

Hamburgisch für Anfänger **271**

HVV-Plan
Hintere Umschlaginnenseiten

Hamburger Rathaus
(siehe S. 60 f)

Benutzerhinweise

Dieser Reiseführer beleuchtet die Hansestadt Hamburg in all ihren Facetten – zur Einstimmung auf Ihre Reise, als Wegbegleiter vor Ort und zum Schmökern nach der Rückkehr. Das Kapitel *Hamburg stellt sich vor* zeigt die geografische Lage, spannt den historischen Bogen von den Anfängen Hamburgs bis zur Weltstadt und präsentiert architektonische Höhepunkte sowie Hamburgs Waterkant. *Die Stadtteile Hamburgs* beschreibt die Sehenswürdigkeiten mit Texten, Karten, Fotos und Illustrationen. Auch Attraktionen der Umgebung bis zur Nordsee werden vorgestellt. Hotels, Restaurants, Shopping und Unterhaltung (z. B. Musicals) sind die Themen im Kapitel *Zu Gast in Hamburg*. Die Grundinformationen bieten Hinweise für Ihren Aufenthalt und zur Anreise. Mit dem *Stadtplan (S. 242 – 257)* und der *Extrakarte* finden Sie sich in dieser faszinierenden Metropole bestens zurecht.

Orientierung in Hamburg

Hamburg ist in diesem Reiseführer in sechs Stadtteile gegliedert, die jeweils in einem eigenen Kapitel präsentiert werden. Jedes dieser Kapitel beginnt mit einem Kurzporträt, das auf den speziellen Charakter des Viertels eingeht. Auf der Einleitungsseite finden Sie eine Liste aller Sehenswürdigkeiten, die klar nummeriert und auf der *Stadtteilkarte* eingetragen sind. Diese Nummerierung gilt für das ganze Kapitel. Auf der nächsten Doppelseite folgt die *Detailkarte*, die das interessanteste Gebiet aus der Vogelperspektive zeigt. Zur besseren Orientierung ist jedem Stadtviertel eine eigene Farbe zugeordnet.

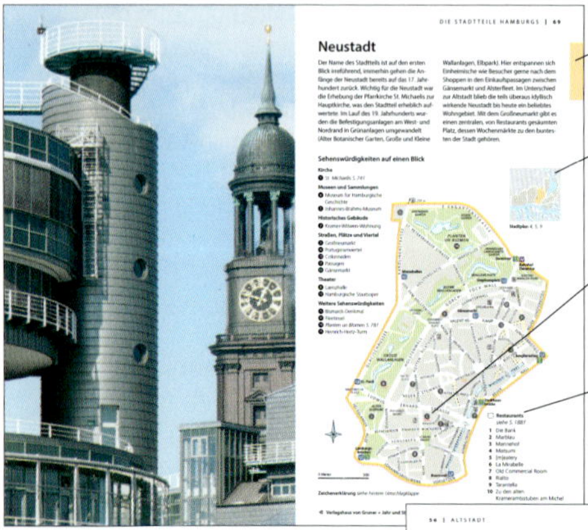

Die Farbcodierung auf jeder Seite erleichtert Ihnen die Orientierung im ganzen Buch.

Die Orientierungskarte zeigt Ihnen die Lage des Stadtteils.

Weiße Zahlen im schwarzen Kreis zeigen die Lage der Sehenswürdigkeiten. Beispiel: St. Michaelis hat die Nummer ❶.

Empfohlene Restaurants werden hier aufgelistet. Sie sind auch auf der Karte eingetragen.

1 Stadtteilkarte
Die Sehenswürdigkeiten eines Stadtteils sind auf der *Stadtteilkarte* nummeriert, nach Kategorien aufgelistet und in der Karte eingetragen. Auch die U- und S-Bahn-Stationen sind auf der Karte.

Das Rathaus ❶ ist beispielsweise hier zu finden.

Die Routenempfehlung führt Sie zu den interessantesten Attraktionen des Viertels.

Sterne markieren Sehenswürdigkeiten, die Sie nicht versäumen sollten.

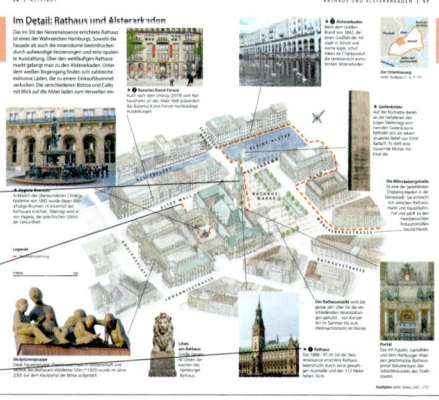

2 Detailkarte
Diese Illustration zeigt die Sehenswürdigkeiten aus der Vogelperspektive und gibt eine Routenempfehlung. Die Nummerierung stimmt mit der *Stadtteilkarte* überein.

BENUTZERHINWEISE | 7

Die Stadtteile Hamburgs
Die Farbflächen auf dieser Karte *(vordere Umschlaginnenseiten)* markieren die sechs wichtigsten Stadtteile: Sie werden in dem Kapitel *Die Stadtteile Hamburgs (S. 52–169)* beschrieben. Diese Farbcodierung ist Ihr Wegweiser durch das Buch.

Das Kapitel *Hamburg im Überblick (S. 28–43)* präsentiert die wichtigsten Sehenswürdigkeiten.

Die *Spaziergänge (S. 142–149)* führen zwischen den Top-Attraktionen auch zu manchen weniger bekannten, aber nicht weniger interessanten Gebäuden.

Die Farben der Stadtteile stimmen mit den farbigen Griffmarken überein.

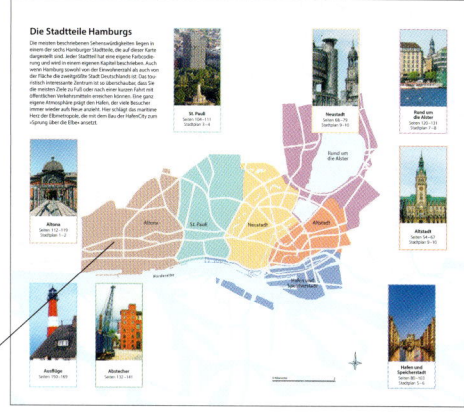

Stadtplan *siehe Seiten 242–257.*
Karte *Extrakarte zum Herausnehmen.*

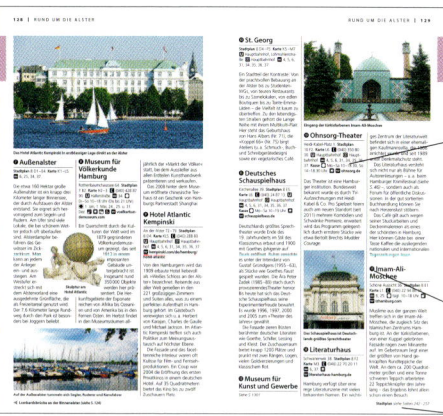

Der Infoblock bietet viele praktische Informationen wie etwa Adresse, Öffnungszeiten, Telefonnummer, Website (Legende der Piktogramme *siehe hintere Umschlagklappe*). Hinzu kommt eine Referenz zum *Stadtplan* und zur *Extrakarte*. Weiterhin gibt es Informationen für behinderte Reisende oder über Zugangsbedingungen.

Die Nummern der Sehenswürdigkeiten sind auf der *Stadtteilkarte*, der Detailkarte und hier im Text identisch.

Stadtplanverweise finden sich auf praktisch allen Seiten rechts unten.

3 Detaillierte Informationen
Wichtige Attraktionen werden einzeln beschrieben. Die Reihenfolge entspricht der Nummerierung auf den Stadtteil- und Detailkarten. Zahlreiche Fotos und Illustrationen geben Ihnen schon vorher einen Eindruck der Sehenswürdigkeit.

Die Infobox enthält alle wichtigen Informationen, die Sie für einen Besuch brauchen, auch Infos zur Anfahrt.

Sterne weisen auf wichtige kunsthistorische Elemente oder auf architektonische Besonderheiten hin.

Schwarze Zahlen im weißen Kreis verweisen auf den »Außerdem«-Kasten, wo Sie zusätzlich Detailinformationen oder nette Kleinigkeiten finden.

Wichtige Räume werden sowohl in der Zeichnung als auch als Foto gezeigt, sodass Sie sie schnell erkennen.

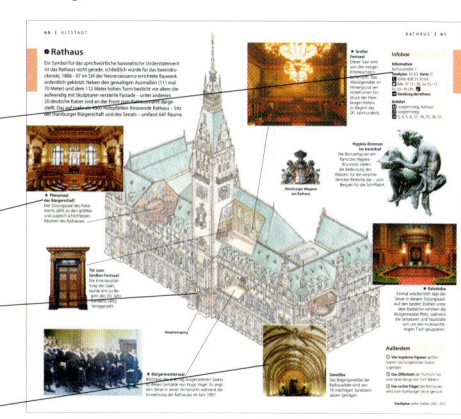

4 Hauptsehenswürdigkeiten
Die Highlights Hamburgs werden auf zwei oder mehr Seiten beschrieben. Historische Bauten sind als Schnittzeichnungen dargestellt. Bei bedeutenden Museen finden Sie einen Grundriss mit allen wichtigen Exponaten.

HAMBURG STELLT SICH VOR

Themen- und Tagestouren	10–13
Hamburg auf der Karte	14–19
Die Geschichte Hamburgs	20–27
Hamburg im Überblick	28–43
Das Jahr in Hamburg	44–47
Hamburg per Schiff	48–51

Themen- und Tagestouren

Hamburg, das »Tor zur Welt«, ist zweifellos eine der attraktivsten Großstädte Europas. Die Stadt lockt mit einer besonderen Atmosphäre und vielen Attraktionen. Das folgende Programm wurde so gestaltet, dass Sie nichts verpassen, was den Charme der Hansestadt ausmacht. Auf den folgenden Seiten finden Sie erst einige Vorschläge für Thementouren *(siehe S. 10f)*, bei denen jeder Tag unter einem bestimmten Motto steht (Preisangaben beinhalten Kosten für Anfahrt, Essen und Eintrittsgelder). Danach folgen Tipps für Tagestouren *(siehe S. 12f)*, mit denen Sie keine Attraktion dieser bezaubernden Stadt versäumen.

Kuppelanbau (1912–1924) der Hamburger Kunsthalle *(siehe S. 64f)*

Geschichte und Kultur

Zwei Erwachsene etwa 80 €

- Zeitreise im Museum für Hamburgische Geschichte
- Blick vom »Michel«
- Kunstmeile im Osten der Altstadt
- Rathaus

Vormittags
Einen sehr guten Überblick über Geschichte und Kultur der Stadt erhalten Besucher im **Museum für Hamburgische Geschichte** *(siehe S. 73)* am Holstenwall. Nach dieser Zeitreise durch Hamburg geht es nach Südosten zur Hauptkirche **St. Michaelis** *(siehe S. 74f)*, dem nicht zu übersehenden Wahrzeichen der Stadt. Von der Aussichtsplattform bietet sich ein grandioser Blick über weite Teile Hamburgs. Unterhalb der Kirche findet man die **Kramer-Witwen-Wohnung** *(siehe S. 72)*, eine Wohnanlage aus dem 17. Jahrhundert. Das Restaurant Krameramtsstuben bietet Hamburger Spezialitäten.

Nachmittags
Nördlich und südlich vom Hauptbahnhof und somit am östlichen Rand der Altstadt verläuft die Kunstmeile: Die **Hamburger Kunsthalle** *(siehe S. 64f)* präsentiert ein Spektrum von bekannten Werken Alter Meister bis hin zur Gegenwartskunst, außerdem interessante Wechselausstellungen. Im **Museum für Kunst und Gewerbe** *(siehe S. 130f)* ist die ganze Welt der angewandten Kunst unter einem Dach vereint. Fotokunst und mehr bieten die beiden **Deichtorhallen** *(siehe S. 62f)*. Durch das von Backsteinarchitektur geprägte Kontorhausviertel, das sich westlich davon erstreckt, kommen Sie zum **Mahnmal St. Nikolai** *(siehe S. 66)*, erhabene Sehenswürdigkeit und Gedenkstätte zugleich. In der Deichstraße stehen die ältesten erhaltenen Kaufmannshäuser der Stadt. Über den Rödingsmarkt und die Straße Großer Burstah, eine der ältesten der Stadt, geht es zum **Rathaus** *(siehe S. 60f)*, dem Stolz des hanseatischen Bürgertums.

Shopping mit Stil

Zwei Erwachsene etwa 50 € (Anfahrt und Essen)

- Neuer Wall
- Bummel an der Binnenalster
- Essen in den Passagen
- stilwerk

Vormittags
Starten Sie Ihre Shopping-Tour an der S-Bahn-Station Stadthausbrücke, wo der **Neue Wall** beginnt. Zu beiden Seiten haben sich Trendsetter im Bereich Mode niedergelassen. In den Flagship Stores international bekannter Labels gibt es alles, was Mann/Frau von Welt heute trägt. Am Ende des Neuen Walls biegen Sie links in den **Jungfernstieg** mit weiteren erlesenen Boutiquen und dem Alsterhaus, einem gut sortierten Warenhaus. Die »Nobelmeile« setzt sich in der Straße **Große Bleichen** fort, von der einige überdachte Passagen abzweigen – der ideale Ort für ein Mittagessen.

Brücke zum stilwerk, einem Center für Wohndesign *(siehe S. 119)*

◀ Columbus Haus und Elbphilharmonie: moderne Architektur am Eingang zur HafenCity *(siehe S. 90f)*

Nachmittags

Von der S-Bahn-Station Reeperbahn folgen Sie der Straße Pepermölenbek nach Süden und biegen am Fischmarkt rechts ab. Das in einem alten Hafenspeicher untergebrachte **stilwerk** *(siehe S. 119)* bietet auf nicht weniger als sieben Stockwerken u. a. Wohnaccessoires und Geschenkartikel für den gehobenen Bedarf. Ein markantes Kontrastprogramm hierzu bilden die vielen kleinen Läden in St. Pauli, in denen man nach Herzenslust stöbern kann.

Rickmer Rickmers (siehe S. 98f) – Museumsschiff im Hafen

Ein Tag am Wasser

Zwei Erwachsene etwa 100 €

- Auf der Alster unterwegs
- Flanieren am Hafen
- *Rickmer Rickmers*
- Blick vom View Point

Vormittags

Fahren Sie zur **Binnenalster** *(siehe S. 124)* für eine Unternehmung, die Hamburger als »Alsterschippern« bezeichnen. Am Jungfernstieg legen die Alsterschiffe das ganze Jahr über zu einer Ausflugsfahrt ab, die auch die gesamte **Außenalster** *(siehe S. 128)* einschließt. An den Anlegestellen können Sie die Fahrt beliebig oft unterbrechen und vielleicht durch Pöseldorf oder Winterhude spazieren. Seeluft macht bekanntlich hungrig, der **Alsterpavillon** *(siehe S. 124)* kann da Abhilfe schaffen.

Nachmittags

Alle Wege in Hamburg führen zu den **Landungsbrücken** *(siehe S. 97)*. Beim Flanieren können Sie Hafenluft schnuppern und das Treiben genießen. Ein Besuch auf dem fast 100 Meter langen Museumsschiff *Rickmer Rickmers* *(siehe S. 98f)* liefert Einblicke in eine große Epoche der Seefahrt. Begeben Sie sich auf eine spannende Entdeckungsreise durch den Hamburger Hafen, Anbieter für Rundfahrten *(siehe S. 48f)* gibt es reichlich. Dabei erkunden Sie vor der Speicherstadt das riesige Bauprojekt **HafenCity** *(siehe S. 90f)*, mit dem Hamburg seine Dynamik dokumentiert. Vom **View Point** *(siehe S. 88)* erfasst man die Ausmaße des Projekts am besten.

Familientag

Familie (4 Personen) etwa 150 € (ohne Hamburger Dom)

- Digitale Modelleisenbahn
- Gruselige Zeitreise
- Besuch im Tierpark
- Stadtpark mit Planetarium

Vormittags

In der Speicherstadt gibt es Attraktionen für die ganze Familie. Im **Miniatur Wunderland** *(siehe S. 84)* beginnen Kinderaugen zu leuchten. Diese weltweit größte, digital gesteuerte Modelleisenbahn lockte bisher mehr als 16 Millionen Gäste an. **Hamburg Dungeon** *(siehe S. 85)* bietet Besuchern eine wahrlich schaurige

Im Miniatur Wunderland (siehe S. 84) gibt es viel zu entdecken

Zeitreise durch die Geschichte Hamburgs – die ist allerdings nichts für schwache Nerven. Für Kinder interessant ist auch das Stadtmodell im **HafenCity InfoCenter** *(siehe S. 90f)* im Kesselhaus. Dort erleben Sie in Multimedia-Präsentationen die Entwicklung des neuen Stadtteils und können im Bistro zu Mittag essen.

Nachmittags

Mit der U-Bahn fahren Sie zum **Tierpark Hagenbeck** *(siehe S. 136f)* mit seinen zahlreichen Freigehegen und dem Tropen-Aquarium. Zu den Höhepunkten gehören die Tierfütterungen (vor allem der Giraffen). Danach geht es zum **Stadtpark** *(siehe S. 134)*, einer riesigen Anlage mit vielen Freizeitmöglichkeiten. Faszinierend ist ein Besuch des **Planetariums** im westlichen Teil des Parks – hier kann man einen Blick ins Weltall werfen oder an einer der bestens konzipierten Veranstaltungen teilnehmen. Ein Spaß für Groß und Klein ist auch der **Hamburger Dom** *(siehe S. 44–46)*, ein Volksfest auf dem Heiligengeistfeld, das dreimal im Jahr stattfindet.

Das Jugendstiltor im Tierpark Hagenbeck (siehe S. 136f)

Zwei Tage in Hamburg

- Landungsbrücken, Hafenrundfahrt, Alster
- Speicherstadt & HafenCity – altes und neues Hamburg
- Bauliche Wahrzeichen: Michel und Rathaus

HafenCity mit Traditionsschiffhafen am Sandtorkai *(siehe S. 91)*

Erster Tag
Vormittags Einen ersten Eindruck von Hafen und Elbe verschafft man sich an den **Landungsbrücken** *(siehe S. 97)*. Flanieren Sie am Ufer, und genießen Sie die Aussicht. Bei einer **Hafenrundfahrt** *(siehe S. 48f)* kommen Sie großen Pötten ganz nahe. Ein Besuch des knapp 100 Meter langen Museumsschiffs *Rickmer Rickmers* *(siehe S. 98f)* ist ein Erlebnis.

Nachmittags Weiter östlich erreichen Sie die **Speicherstadt** *(siehe S. 82f)* und die **HafenCity** *(siehe S. 90f)*, mit der Hamburg zum »Sprung über die Elbe« ansetzt. Das **Maritime Museum** *(siehe S. 86f)* zeigt alle Facetten der Schifffahrt, im **Miniatur Wunderland** *(siehe S. 84)* kommt man aus dem Staunen nicht heraus.

Zweiter Tag
Vormittags An einem Sonntagmorgen ist der **Fischmarkt** *(siehe S. 110)* ein Muss für Besucher. Schlendern Sie danach über die **Reeperbahn** *(siehe S. 106f)*, die vormittags ihr ganz eigenes Flair hat, und dann bis zur Kirche **St. Michaelis** *(siehe S. 74f)* mit 132 Meter hohem Turm (»Michel«). In der Altstadt erreichen Sie mit dem **Rathaus** *(siehe S. 60f)* ein weiteres Wahrzeichen der Stadt.

Nachmittags Die **Hamburger Kunsthalle** *(siehe S. 64f)* ist der renommierteste Kunsttempel der Stadt, Seeluft schnuppern Sie an der **Binnenalster** *(siehe S. 124)*. An Werktagen laden **Jungfernstieg** *(siehe S. 124f)* und **Passagen** *(siehe S. 76)* zum Shoppen. Inspiration wie Entspannung findet man in **Planten un Blomen** *(siehe S. 78f)*.

Drei Tage in Hamburg

- Reiche Museumswelt
- Chocoversum: eine Welt der Genüsse
- Waterkant: von Altona bis zur HafenCity

Erster Tag
Vormittags Gehen Sie vom **Rathaus** *(siehe S. 60f)* durch die **Alsterarkaden** *(siehe S. 58)* zur **Binnenalster** *(siehe S. 124)*. Der **Jungfernstieg** *(siehe S. 124f)* und einige Seitenstraßen sind angesagte Shopping-Meilen. Die **Hamburger Kunsthalle** *(siehe S. 64f)* zeigt immer hochwertige Ausstellungen.

Nachmittags Bummeln Sie durch den bunten Stadtteil **St. Georg** *(siehe S. 129)*. Nach einem Besuch des **Museums für Kunst und Gewerbe** *(siehe S. 130f)* können Sie noch in den **Deichtorhallen** *(siehe S. 62)* vorbeischauen. Begeben Sie sich nach diesem Kulturgenuss ins **Chocoversum** *(siehe S. 67)* in eine Erlebniswelt rund um das Thema Schokolade.

Zweiter Tag
Vormittags Fahren Sie vom **Hauptbahnhof** *(siehe S. 62)* mit der **Hafen-Hochbahn** *(siehe S. 96)* zu den **Landungsbrücken** *(siehe S. 97)*. Nach einer **Hafenrundfahrt** *(siehe S. 48f)* gehen Sie zu **St. Michaelis** (»Michel«, *siehe S. 74f*) und flanieren durch die Grünanlage **Planten un Blomen** *(siehe S. 78f)*.

Nachmittags Vielleicht ein Besuch im **Museum für Hamburgische Geschichte** *(siehe S. 73)*? Und nach St. Pauli – die **Reeperbahn** *(siehe S. 106f)* mit Spielbudenplatz ist auch tagsüber sehenswert, im **Panoptikum** *(siehe S. 108)* erwarten Sie Wachsfiguren.

Dritter Tag
Vormittags Falls Sonntag ist – nichts wie auf den **Fischmarkt** *(siehe S. 110)*. Danach geht es per Fähre zum **Dockland** (mit Aussichtsdeck, *siehe S. 34*). In Altona spaziert man auf Prachtstraßen wie **Elbchaussee** und **Palmaille** *(beide siehe S. 118)*.

Nachmittags Zur Einstimmung auf die Waterkant ist ein Besuch der *Rickmer Rickmers* *(siehe S. 98f)* perfekt. **Speicherstadt** *(siehe S. 82f)* und **HafenCity** *(siehe S. 90f)* mit **Elbphilharmonie** *(siehe S. 92–95)* sind nahe. Hier locken **Miniatur Wunderland** *(siehe S. 84)* und **Maritimes Museum** *(siehe S. 86f)*.

Fassade des 2008 eröffneten Maritimen Museums *(siehe S. 86f)*

TAGESTOUREN | 13

Fünf Tage in Hamburg

- Im Hafen und an der Alster
- Prachtstraßen und Shopping-Meilen
- Abstecher: Blankenese, Willkomm-Höft, Tierpark Hagenbeck, Stadtpark

Wasserspiele in Planten und Blomen *(siehe S. 78f)*

Erster Tag
Vormittags Ein Blickfang ist das architektonisch spannende **Rathaus** *(siehe S. 60f)*. Nach Überqueren einiger Fleete erreicht man **St. Michaelis** (»Michel«, *siehe S. 74f*). Ein Besuch im **Museum für Hamburgische Geschichte** *(siehe S. 73)* macht mit Hamburgs wechselvoller Historie vertraut. Das quirlige **Schanzenviertel** (»Schanze«) mit dem **Sternschanzenpark** *(beide siehe S. 111)* hat seine eigene bewegte Geschichte.

Mann auf Giraffe, Skulptur von Stephan Balkenhol, Hagenbeck *(siehe S. 136f)*

Nachmittags Von hier kommen Sie mit der U-Bahn zum berühmten **Tierpark Hagenbeck** *(siehe S. 136f)*, in dem man durchaus einen ganzen Nachmittag verbringen kann.

Zweiter Tag
Vormittags Bei den **Deichtorhallen** *(siehe S. 62f)* und dem **Chocoversum** *(siehe S. 67)* sind Sie am Rand der **Speicherstadt** *(siehe S. 82f)*, die ein großes Angebot an Attraktionen birgt, darunter **Maritimes Museum** *(siehe S. 86f)*, **Miniatur Wunderland** *(siehe S. 84)*, Speicher-

stadtmuseum *(siehe S. 85)* und **Deutsches Zollmuseum** *(siehe S. 88)* – stellen Sie sich Ihr Programm zusammen.

Nachmittags Von der Plattform des **View Point** *(siehe S. 88)* hat man einen Überblick über das Jahrhundertprojekt **HafenCity** *(siehe S. 90f)* und kann sich ein Bild vom Baufortschritt der **Elbphilharmonie** *(siehe S. 92–95)* mit der spektakulären Zeltdachkonstruktion machen. Schauen Sie auch im **HafenCity InfoCenter** *(siehe S. 90)* und am **Traditionsschiffhafen am Sandtorkai** *(siehe S. 91)* vorbei.

Dritter Tag
Vormittags An den **Landungsbrücken** *(siehe S. 97)* starten Sie eine **Hafenrundfahrt** *(siehe S. 48f)* und besichtigen dann ein Museumsschiff – *Rickmer Rickmers* *(siehe S. 98f)* oder *Cap San Diego* *(siehe S. 102f)*. Dann fahren Sie per S-Bahn (S1, S11) zum **Jenischpark** *(siehe S. 138)*. In diesem englischen Landschaftspark locken Spazierwege und drei Museen.

Nachmittags Mit S1 und S11 geht es weiter zum noblen Stadtteil **Blankenese** *(siehe S. 138)* mit dem Treppenviertel. Weiter zur Schiffsbegrüßungsanlage **Willkomm-Höft** *(siehe S. 138f)*: Alle einfahrenden Schiffe werden in Landessprache und mit Nationalhymne begrüßt.

Vierter Tag
Vormittags Sonntags ist **Fischmarkt** *(siehe S. 110)* angesagt. Hinter der Fischauktionshalle liegt das U-Boot **U-434** *(siehe S. 110)*. Danach passt ein Bummel über die **Reeperbahn** *(siehe S. 106f)* mit Besuch des **Panoptikums** *(siehe S. 108)*.

Nachmittags Im beschaulicheren Altona findet man schöne Bauten am **Platz der Republik** *(siehe S. 116)* und an den Prachtstraßen **Elbchaussee** und **Palmaille** *(beide siehe S. 118)*. Beste Aussicht hat man vom **Altonaer Balkon** *(siehe S. 117)* sowie vom Dach des Bürogebäudes **Dockland** *(siehe S. 34)*. Von hier gelangt man mit der Fähre zum **Museumshafen Övelgönne** *(siehe S. 135)*.

Fünfter Tag
Vormittags Die **Hamburger Kunsthalle** *(siehe S. 64f)* und das **Museum für Kunst und Gewerbe** *(siehe S. 130f)* sind beliebte Kulturstätten. An der **Binnenalster** *(siehe S. 124)* ist man gleich in Shopping-Meilen wie **Jungfernstieg** *(siehe S. 124f)* und **Neuer Wall** sowie in den **Passagen** *(siehe S. 76)*.

Nachmittags Spazieren Sie durch **Planten un Blomen** *(siehe S. 78f)* und an der **Außenalster** *(siehe S. 128)*. Das **Museum für Völkerkunde Hamburg** *(siehe S. 128)* zeigt Objekte von Kulturen aller Erdteile.

Skulptur, Planten un Blomen

Hamburg auf der Karte

Hamburg ist mit etwa 1,8 Millionen Einwohnern die zweitgrößte Stadt in Deutschland und als Stadtstaat ein eigenes Bundesland (755 km²), umrahmt von Niedersachsen und Schleswig-Holstein. Die Elbmetropole zählt zu den bedeutendsten Hafen- und Handelsstädten in Europa. Wegen ihrer günstigen Lage nahe der Elbmündung in die Nordsee wird die Hansestadt gerne als »Tor zur Welt« bezeichnet.

Legende
- Autobahn
- Bundesstraße
- Eisenbahn
- Staatsgrenze

0 Kilometer 100

Zeichenerklärung siehe hintere Umschlagklappe

HAMBURG AUF DER KARTE | 15

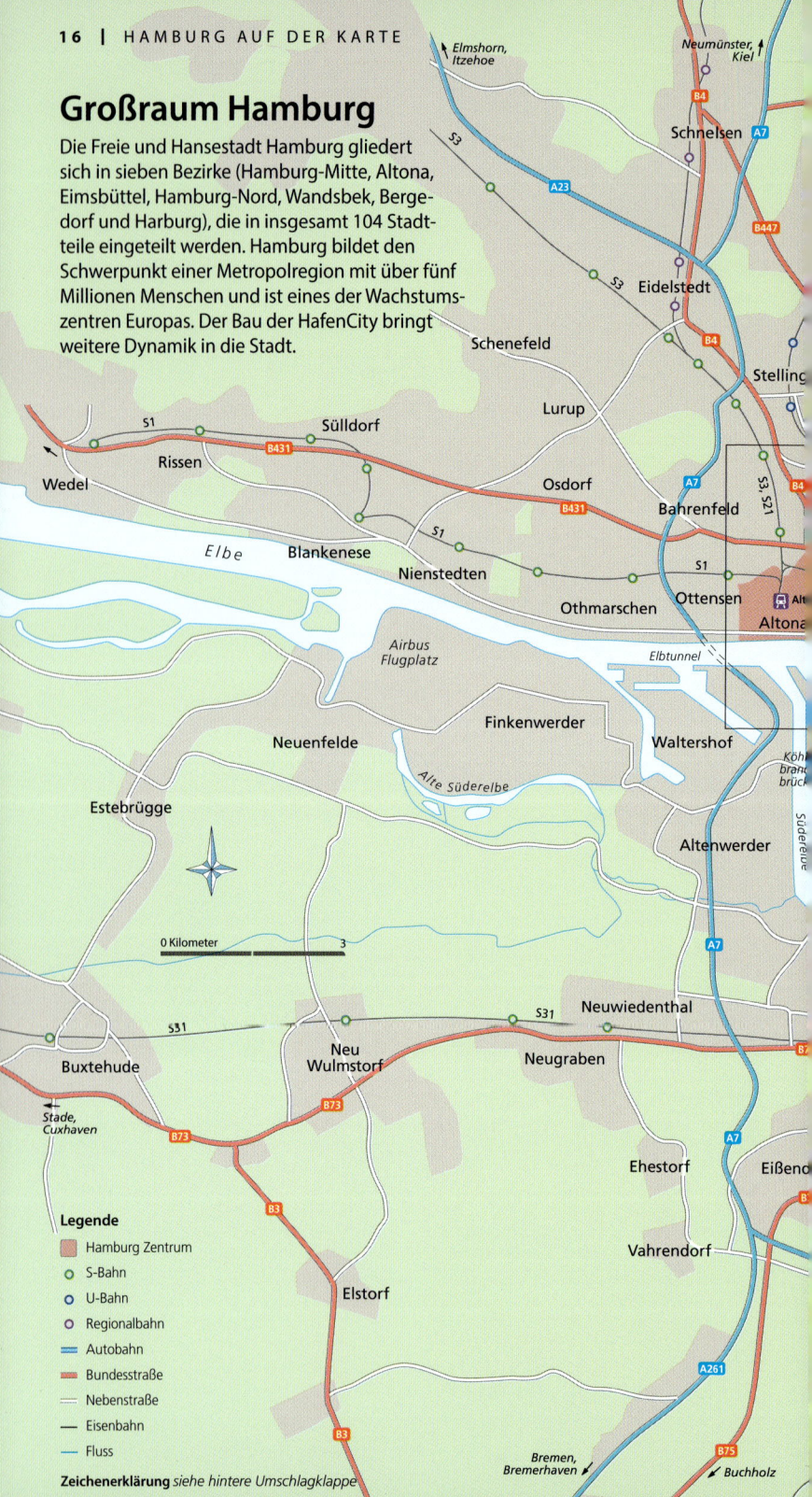

Großraum Hamburg

Die Freie und Hansestadt Hamburg gliedert sich in sieben Bezirke (Hamburg-Mitte, Altona, Eimsbüttel, Hamburg-Nord, Wandsbek, Bergedorf und Harburg), die in insgesamt 104 Stadtteile eingeteilt werden. Hamburg bildet den Schwerpunkt einer Metropolregion mit über fünf Millionen Menschen und ist eines der Wachstumszentren Europas. Der Bau der HafenCity bringt weitere Dynamik in die Stadt.

Legende
- Hamburg Zentrum
- S-Bahn
- U-Bahn
- Regionalbahn
- Autobahn
- Bundesstraße
- Nebenstraße
- Eisenbahn
- Fluss

Zeichenerklärung siehe hintere Umschlagklappe

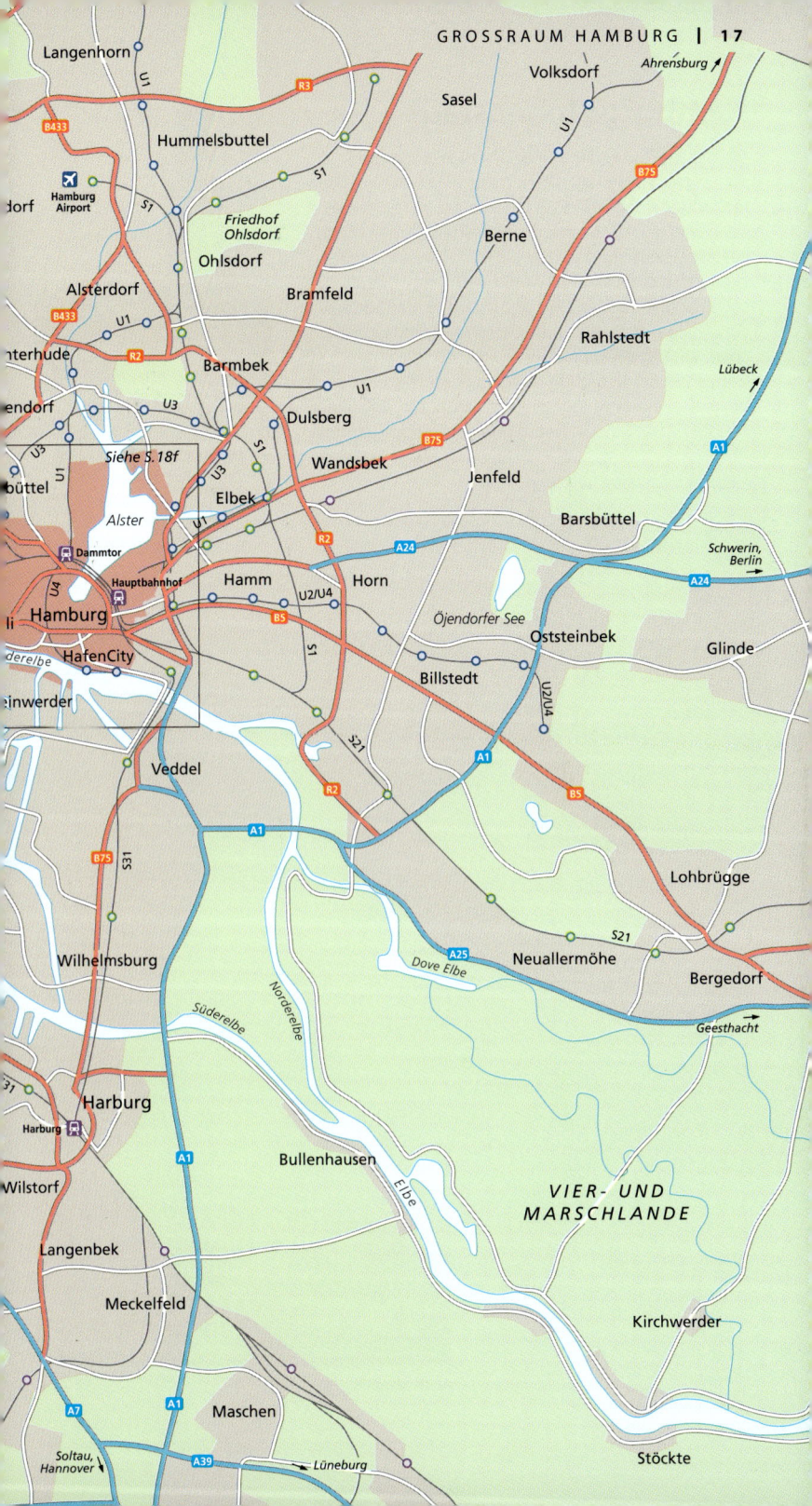

Hamburgs Innenstadt

Die meisten Sehenswürdigkeiten Hamburgs findet man in der Innenstadt, die in sechs mit Farben markierte Stadtteile gegliedert ist. Die Altstadt im Ostteil des Zentrums und die Neustadt im Westteil werden durch das Alsterfleet getrennt. Westlich der Neustadt erstrecken sich das als Amüsierviertel bekannte St. Pauli sowie Altona, das bis 1937 selbstständig war. Südlich von Altstadt und Neustadt schließen Hafen und Speicherstadt mit der HafenCity an, nördlich davon das Gebiet um Binnen- und Außenalster, zu dem einige bevorzugte Wohngegenden der Hanseaten, aber auch »bunte« Viertel wie St. Georg und der Grindel gehören.

St. Michaelis
Die Barockkirche, von den Hamburgern kurz »Michel« genannt, wurde zum Wahrzeichen der Stadt *(siehe S. 74 f.)*.

Rathaus
Die Geschicke der Stadt und des Stadtstaats werden im Rathaus gelenkt. Es zählt zu den prachtvollsten Regierungsgebäuden in Deutschland *(siehe S. 60 f.)*.

Alsterarkaden
Shopping mit Stil direkt am Wasser – mit den Alsterarkaden und mit 2653 Brücken wird das »Venedig des Nordens« seinem Beinamen gerecht *(siehe S. 58)*.

Legende
☐ Hauptsehenswürdigkeit

HAMBURGS INNENSTADT | 19

Binnenalster
Das Binnengewässer an der Flaniermeile Jungfernstieg entstand durch Aufstauen der Alster. Die Fahrt mit einem Alsterdampfer gehört zu einem Hamburg-Aufenthalt einfach dazu *(siehe S. 124)*.

Mönckebergstraße
An der kurz »Mö« genannten Straße reihen sich Läden und Kaufhäuser aneinander.

Gänsemarkt
Die Statue des Literaten Gotthold Ephraim Lessing steht auf dem Gänsemarkt, einem der lebhaftesten Plätze der Neustadt *(siehe S. 77)*.

Kehrwiederspitze
Die Landspitze ist das Tor zu Speicherstadt und HafenCity. Von den Büros in den beiden markanten Gebäudekomplexen werden zahlreiche weltweite Handelsströme gesteuert *(siehe S. 84)*.

Die Geschichte Hamburgs

Die Ursprünge Hamburgs liegen im 9. Jahrhundert, als die Hammaburg erbaut wurde, um die eine rasch wachsende Siedlung entstand. Seitdem hat sich die Stadt zu einem der bedeutendsten Handelsplätze in Europa entwickelt – trotz schwerer Schäden durch vereinzelte Großbrände. Der Wohlstand basiert vor allem auf dem Hafen, dem hanseatischen Kaufmannsgeist und der politischen Unabhängigkeit als Freie und Hansestadt Hamburg. Im 21. Jahrhundert setzt Hamburg mit dem Bau der HafenCity zum »Sprung über die Elbe« an. Die norddeutsche Metropole zählt zu den dynamischsten Städten des Kontinents.

Frühe Besiedlung

Die frühesten Siedlungsspuren im Raum Hamburg gehen auf die mittlere Steinzeit zurück. Zahlreiche Funde von Werkzeugen und Waffen im Gebiet nördlich von Hamburg dokumentieren, dass dort schon um 8000 v. Chr. umherziehende Rentierjäger lagerten. Die ersten festen Siedlungen lassen sich ab dem 4. Jahrhundert v. Chr. nachweisen. Im Bereich der heutigen Altstadt siedelten sich im 4. Jahrhundert n. Chr. sächsische Stämme an.

Hammaburg

Anfang des 9. Jahrhunderts vertrieben die Franken unter Karl dem Großen mit dem verbündeten slawischen Stamm der Abodriten (Obotriten) die Sachsen. Ab 810 ließ Ludwig der Fromme, der Sohn Karls des Großen, die Hammaburg errichten – diese Anlage gilt als Keimzelle Hamburgs. Die quadratische Festung südlich der heutigen Kirche St. Petri hatte mit einer Seitenlänge von rund 130 Metern für die damalige Zeit durchaus stattliche Ausmaße. Innerhalb der Burganlage war eine etwa 50 Mann starke Besatzung untergebracht. Vor den Toren der Hammaburg ließen sich u. a. Kaufleute, Fischer und Gastwirte nieder. Nach und nach setzte ein reger Handel mit Produkten aus Landwirtschaft und Handwerk ein, ein erster Marktplatz entstand. Das mächtige Anwesen diente nicht nur als Verteidigungsanlage, sondern war auch als Residenz des Bischofs vorgesehen.

Hamburg als Missionszentrum

Kaiser Ludwig der Fromme gründete im Jahr 831 das Bistum Hamburg und setzte den Benediktinermönch Ansgar als Bischof ein. Mit dem Vertrag von Verdun wurde 843 die Aufteilung des Frankenreichs unter Ludwigs Söhnen beschlossen. Kurze Zeit später griffen dänische Wikinger deutsche Siedlungen an der Elbe an und machten die Hammaburg dem Erdboden gleich. Unter Erzbischof Adaldag entstand im 10. Jahrhundert eine neue Burg, die durch Zuwanderung aus der Umgebung rasch wachsende Siedlung erhielt 937 Marktrechte. Der Grundstein für den späteren Status Hamburgs als Handelsstadt war gelegt.

Prähistorischer Tonkrug im Museum für Hamburgische Geschichte

810 Die Hammaburg wird errichtet

845 Wikinger zerstören die Hammaburg

| 400 v. Chr. | 0 | 400 | 600 | 800 | 900 |

um 400 v. Chr. Feste Siedlungen im Raum Hamburg entstehen

400 n. Chr. Das Gebiet der heutigen Altstadt wird besiedelt

831 Ludwig der Fromme gründet das Bistum Hamburg

937 Hamburg erhält Marktrechte

Ludwig der Fromme

◀ Rathaus *(siehe S. 60 f)*, Tür zum Großen Festsaal

Modell der alten Hammaburg, die Ludwig der Fromme im 9. Jahrhundert errichten ließ

Vom Missionszentrum zur Handelsstadt

Von Zerstörungen nach einem Angriff der slawischen Abodriten 983 konnte sich die Marktsiedlung rasch erholen. Das 11. Jahrhundert war geprägt von der Rivalität zwischen geistlicher und weltlicher Macht. Als Ausdruck des kirchlichen Machtanspruchs ließ Erzbischof Adalbrand (Alebrand) ab 1040 die Bischofsburg errichten. Als weltlicher Gegenpart zu dieser bischöflichen Festung entstand unter Herzog Bernhard II. aus der Dynastie der Billunger um 1060 am Alsterufer die Neue Burg, die spätere Alsterburg. Ein Aufstand der Slawen gegen die hohen Abgaben an die Klöster sollte 1066 das Ende der kirchlichen Vormacht besiegeln.

Nach dem Aussterben des Geschlechts der Billunger 1106 übernahmen 1111 die Grafen von Schauenburg die Herrschaft über Hamburg. Unter ihnen verzeichnete die Stadt einen beachtlichen Aufschwung. Adolf I. ließ die Verteidigungsanlagen ausbauen, die Alster für den Betrieb einer Kornmühle aufstauen und eine Reihe kleinerer Elbinseln eindeichen und besiedeln. Nach ihm betrieb Adolf II. eine Politik der Konsolidierung. Unter Adolf III. entstand 1188 im Bereich der Neuen Burg die gräfliche Neustadt, in der sich Schiffer und – vor allem um das Nikolaifleet – auch zahlreiche Kaufleute ansiedelten.

Der »Freibrief« und seine Folgen

Als Meilenstein für die weitere wirtschaftliche Entwicklung gilt die Überreichung des »Freibriefs« durch Kaiser Friedrich Barbarossa am 7. Mai 1189. Das Dokument, ein Dank für die Hilfe beim dritten Kreuzzug, sicherte Hamburg Zollfreiheit für Handel und Schifffahrt von der Niederelbe bis zur Nordsee zu. Zudem wurden die Bürger von der Heerespflicht freigestellt und waren lediglich zur Verteidigung ihrer Stadt verpflichtet. Auch konnten sie Fischfang betreiben, ohne dafür Abgaben entrichten zu müssen.

Der originale »Freibrief« von Kaiser Friedrich Barbarossa ist nicht erhalten, 1265 wurde eine vermutlich verfälschte Kopie angefertigt. Manche Historiker behaupten, dass alles von Anfang an eine Fälschung war. Ungeachtet dessen feiert Hamburg den 7. Mai 1189 als Geburtstag des Hafens jährlich mit einem Fest *(siehe S. 44)*. Denn mit Verleihung der Handelsprivilegien setzte ein rasantes Wirtschaftswachstum ein.

Georg der Drachentöter

---

983 Abodriten zerstören Teile von Hamburg

1040 Bau des Bischofsturms als bischöfliche Residenz

1066 Slawenaufstand beendet die Vorherrschaft des Klerus

1060 Anlage der Neuen Burg als weltliches Machtzentrum

1111 Beginn der Herrschaft durch die Grafen Schauenburg

Rippenscheibe aus dem 13. Jahrhundert, gefunden am Domplatz

Alte Glocke des Bischofsturms

Diese Stadtansicht Hamburgs im Jahr 1150 entstand im 19. Jahrhundert

Selbstbewusst in schwerer Zeit

Nach der Eroberung Hamburgs und seines Umlands durch die Dänen im Jahr 1201 wurde die Stadt von einem dänischen Statthalter verwaltet. Unter der Besatzungsmacht wuchsen Altstadt und Neustadt politisch wie architektonisch zusammen. 1216 verfügte Hamburg nur noch über ein Rathaus und ein Gericht mit eigener Rechtsprechung. Die Stadt betrieb nun eine eigenständige Außen- und Wirtschaftspolitik und schloss Verträge mit anderen Städten (u. a. mit Lübeck) sowie mit Territorialherren im In- und Ausland.

1227 vertrieb ein Koalitionsheer deutscher Fürsten die Dänen, danach übernahm der Schauenburger Graf Adolf IV. die Herrschaft über die Stadt. Als die Zeit der politischen Turbulenzen überwunden war, erlebte der Handel erneut eine Blütezeit: Erste Kaufmannsgilden entstanden, auch auswärtige Handelshäuser errichteten in Hamburg ihre Niederlassungen.

Sarkophagdeckel von Adolf IV. von Schauenburg

Die Stadtentwicklung wurde in den folgenden Jahrzehnten durch die erneute Dämmung der Alster zu einem See und die Anlage einer neuen Befestigungslinie mit Mauern, Toren und Gräben um das Zentrum vorangetrieben. Um die Mitte des 13. Jahrhunderts umgab die Befestigung das gesamte Gebiet der heutigen Altstadt. Namen wie Millerntor, Alstertor und Lange Mühren zeugen noch heute vom Verlauf der damaligen Linie. Ihrem kaufmännischen Selbstbewusstsein entsprechend formulierten die Hamburger 1270 im Ordeelbook (Urteilbuch) ihr eigenes Stadtrecht.

Einen schweren Rückschlag erlitt die aufstrebende Stadt am 5. August 1284 durch eine verheerende Brandkatastrophe, bei der die meisten der ungefähr 5000 Bewohner ihr Obdach verloren. Doch der Wiederaufbau erfolgte zügig, und die Stadt verzeichnete binnen kurzer Zeit eine starke Zuwanderung. Vor allem im Brauwesen entstanden zahlreiche Arbeitsplätze: Zeitweise produzierten mehrere Hundert Brauereien in Hamburg Bier, das zu jener Zeit ein wichtiges Wirtschaftsgut war. Die vielfältigen Handelsbeziehungen entwickelten sich stabil, die Stadt mehrte ihren Wohlstand weiter. Hamburg konnte im Umland eine Reihe von Besitztümern erwerben. Außerdem wurden bedeutende Kirchenbauten vollendet, viele repräsentative Wohnbauten entstanden.

1188 Westlich der Altstadt entsteht die Neustadt

1189 Kaiser Barbarossa erteilt Hamburg den »Freibrief«

1201–27 Hamburg gerät unter dänische Herrschaft

1216 Altstadt und Neustadt werden vereint

1227 Ende der dänischen Herrschaft

1250 Die neue Befestigungslinie umgibt die gesamte Innenstadt

1270 Hamburg erhält Stadtrecht

1284 Ein Großbrand vernichtet zahlreiche Gebäude

Hanseatisches Siegel

24 | DIE GESCHICHTE HAMBURGS

Miniatur als Titelbild des reformierten Hamburger Stadtrechts von 1497 (fertiggestellt 1503–1511)

Bei einer Pestepidemie starben nahezu 6000 Einwohner und damit annähernd die Hälfte der Bevölkerung Hamburgs.

Moorwerder (1395)

Gegen Ende des 14. Jahrhunderts erwarb Hamburg mehrere Ortschaften in der Umgebung. Angesichts der umfangreichen Stadterweiterung war ein Ausbau des Hafens notwendig geworden, um die Wirtschaftskraft der Hansestadt aufrechtzuerhalten. 1395 erwarb Hamburg den Moorwerder – ein wichtiger Schachzug und Akt politischen Weitblicks. An dieser Insel teilte sich die Elbe in zwei Arme, von denen der südlichere und wesentlich wasserreichere nach Harburg floss. Hamburg regulierte nach dem Erwerb des Moorwerder den Flussverlauf zu seinen Gunsten und grub Harburg, dem Konkurrenten im Süden, buchstäblich das Wasser ab. Durch spätere wasserbauliche Maßnahmen wurde die Norderelbe im Bereich von Hamburg der wesentlich bedeutendere Arm des Stroms. Somit war der Grundstein für das weitere Wachstum der Stadt gelegt.

Zeit der Hanse (1321)

Im Jahr 1321 schloss sich Hamburg der Hanse an. Dieser Zusammenschluss norddeutscher Städte bestand seit dem 12. Jahrhundert. Der Beitritt brachte der Stadt einen enormen wirtschaftlichen Schub. Durch die Zugehörigkeit zu dem bedeutenden Handelsbündnis wurde Hamburg Deutschlands wichtigster Umschlag- und Stapelplatz zwischen Nordsee und Ostsee. Zudem sicherte die Mitgliedschaft in der Hanse mehrere Jahrhunderte die Handelswege und förderte den Aufbau neuer Routen.

Einen schweren Schicksalsschlag hatte die Hansestadt jedoch 1350 zu verkraften.

Die Kogge war im 15. Jahrhundert der am weitesten verbreitete Schiffstyp in Nord- und Ostseeraum

Freibeuter

Der zunehmende Wohlstand weckte die Begehrlichkeiten zahlreicher Freibeuter, einer der am meisten gefürchteten war Klaus Störtebeker *(siehe S. 43)*. Hamburg ging mit einer eigenen Flotte gegen die Angreifer vor, Störtebeker wurde 1401 in Hamburg geköpft.

Neuorientierung

Die erste Verfassung der Hansestadt trat 1410 in Kraft. Nach dem Tod des letzten Schauenburger Grafen 1459 geriet die Stadt unter dänische Herrschaft, trotzdem wurde sie 1510 Freie Reichsstadt. 1558 gründeten Kaufleute die Börse *(siehe S. 66)*.

Erst das frühe 18. Jahrhundert brachte wieder einschneidende Veränderungen. Um dem Kompetenzgerangel zwischen Rat und Bürgerschaft ein Ende zu setzen, einigte man sich 1712 auf eine neue Verfassung, nach der beide Institutionen gleichberechtigt waren. Der Gottorper Vertrag beendete 1768 den jahrhundertealten Konflikt mit Dänemark.

Hamburg im 19. Jahrhundert

Napoléons Truppen besetzten 1806 auch Hamburg, das zu jener Zeit etwa 130 000 Einwohner hatte. Die von Frankreich gegen Großbritannien verhängte Kontinentalsperre war eine Katastrophe für Hamburg – die Wirtschaft brach weitestgehend zusammen. Beim Abzug der französischen Truppen 1814 waren viele Kaufleute verarmt. 1815 trat die Stadt dem Deutschen Bund bei, 1819 gab sie sich den Titel »Freie und Hansestadt«, den sie bis heute trägt. Der Aufschwung wurde 1842 durch den Großen Brand *(siehe S. 67)* unterbrochen,

Klaus Störtebeker (um 1360–1401), der wohl bekannteste Freibeuter

danach schritt die Entwicklung umso schneller voran. Mit Aufkommen der Dampfschifffahrt florierte der Handel. 1847 wurde die Hamburg-Amerikanische Packetfahrt-Actiengesellschaft (HAPAG) gegründet, die rasch zur größten Reederei der Welt aufstieg und Hamburg Verbindungen in alle Welt sicherte. Auf HAPAG-Schiffen wanderten ab 1850 Millionen Europäer über Hamburg in die USA aus.

Nach Gründung des Deutschen Reichs 1871 konnte Hamburg zunächst seine Privilegien bewahren und im Freihafen Güter abgabenfrei lagern. 1888 musste sich die Stadt dem Deutschen Zollverein anschließen. Nach der Cholera-Epidemie von 1892 erstrahlte das hanseatische Selbstbewusstsein 1897 mit Fertigstellung des Rathauses *(siehe S. 60f)* von Neuem.

Beim Großen Brand 1842 erlitt die Innenstadt schwere Schäden

1669 Auflösung der Hanse, die schon in den Jahrzehnten davor an Bedeutung verloren hatte

1806–1814 Französische Besatzung

1842 Schwere Schäden in der Innenstadt durch den Großen Brand

Türklopfer am Alten Rathaus

1650 — **1750** — **1800** — **1850** — **1900**

1712 Neue Verfassung garantiert Gleichstellung von Bürgerschaft und Rat

1768 Gottorper Vertrag beendet den Konflikt mit Dänemark

1819 »Freie und Hansestadt Hamburg«

1897 Fertigstellung des Rathauses

Schenkkanne der Bürgerkapitäne

Die Hamburger Beat- und Rockband The Rattles spielte in den 1960er Jahren häufig im Star-Club

Hamburg im 20. Jahrhundert

1910 wurde Hamburg Millionenstadt, zwei Jahre später hatte es nach London und New York den drittgrößten Seehafen der Welt. Nach dem Ersten Weltkrieg (1914–18) wurde Hamburg im Versailler Vertrag zur Ablieferung eines großen Teils seiner Handelsflotte verpflichtet. Doch der Kaufmannsgeist blieb ungebrochen, Hamburg erwarb neue Schiffe. Der Wohlstand fand seinen architektonischen Ausdruck u. a. im Bau des Kontorhausviertels *(siehe S. 63)*. 1911 entstand auch der erste Elbtunnel.

Die 1933 an die Macht gekommene NSDAP verabschiedete 1937 das Groß-Hamburg-Gesetz, das der Stadt die Eingemeindung u. a. von Altona, Harburg und Wandsbek brachte. Im Zweiten Weltkrieg (1939–45) wurden große Teile Hamburgs zerstört. Am 3. Mai 1945 erfolgte die Einnahme durch britische Truppen. 1949 wurde Hamburg deutsches Bundesland, 1952 trat die bis heute gültige Verfassung in Kraft.

Sturmflut 1962

In der Nacht vom 16. zum 17. Februar 1962 wurde Hamburg von einer schweren Sturmflut heimgesucht. Die zum Schutz errichteten Deiche erwiesen sich als viel zu niedrig für die Stürme, die riesige Wassermassen der Nordsee mit Orkanstärke heranwehten. Nach Brechen der Deiche wurde etwa ein Sechstel der Stadt überschwemmt. Eine beispiellose, vom damaligen Polizeisenator (später Senator für Inneres) Helmut Schmidt *(siehe S. 42)* initiierte Rettungsaktion setzte ein. Erstmals wurde – im Widerspruch zur Verfassung – der Einsatz der Bundeswehr bei einer zivilen Katastrophe angeordnet. Durch sein Krisenmanagement machte sich Schmidt bundesweit einen Namen. Trotz des Einsatzes kamen über 300 Menschen ums Leben. Nach der Sturmflut wurden die Deiche in der Elbmündung auf 7,20 Meter erhöht, durch weitere Baumaßnahmen in den 1970er Jahren erreichten sie acht Meter Höhe. Damit konnten spätere Sturmfluten – wie etwa die von 1976 oder 1990 – keine schweren Schäden mehr anrichten.

Bücher über die Sturmflut von 1962

Boomtown Hamburg

In den 1980er Jahren setzte sich in der Hafenwirtschaft verstärkt der Containerverkehr durch. Hamburg nahm auch hier eine führende Rolle ein. Impulse für die Hafenwirtschaft brachte auch die Öffnung

---

Albert Ballin (1857–1918)

1910 Hamburg ist Millionenstadt

1943 Schwere Luftangriffe legen weite Teile Hamburgs in Schutt und Asche

1937 Gemäß dem Groß-Hamburg-Gesetz wächst die Stadt durch Eingemeindungen

1949 Hamburg wird als Stadtstaat ein Bundesland

1952 Die noch heute gültige Verfassung tritt in Kraft

Schlüssel der Beatles zur Hintertür des Star Club

1962 Katastrophale Sturmflut setzt Innenstadt unter Wasser

1900 — 1915 — 1930 — 1950 — 1960

Osteuropas. Zudem baute die Stadt ihre Position als führender Medienstandort Deutschlands aus (siehe S. 40f) und etablierte sich als Musical-Metropole.

Hamburg seit 2000

Seit Ende des Zweiten Weltkriegs hatte die SPD mit kurzen Unterbrechungen (1953–57; 1986–87) die stärkste Fraktion in der Bürgerschaft und damit den Ersten Bürgermeister gestellt. Die letzten waren Hans-Ulrich Klose (1974–81), Klaus von Dohnanyi (1981–88), Henning Voscherau (1988–97) und Ortwin Runde (1997–2001). Nach den Wahlen 2001 übernahm eine CDU-geführte Regierung unter Ole von Beust die Verantwortung, ab 2004 regierte die CDU mit absoluter Mehrheit. Nach den Bürgerschaftswahlen 2008 bildete man die erste schwarz-grüne Koalition auf Länderebene. 2010 trat von Beust zurück, neuer Erster Bürgermeister wurde Christoph Ahlhaus (CDU). Bei Neuwahlen errang die SPD die absolute Mehrheit, 2015 wurde sie erneut stärkste Partei. Nach dem Wechsel von Olaf Scholz (ab März 2011 Erster Bürgermeister) in die Bundespolitik wurde Peter Tschentscher (ebenfalls SPD) im März 2018 neues Stadtoberhaupt.

Hamburg zählt zu den Boomtowns Europas. Man vergrößerte die Messe, erweiterte den Flughafen und gestaltete innerstädtische Areale (u. a. Domplatz) um. Mit HafenCity (siehe S. 90 f) wird eines der größten städtebaulichen Projekte Europas realisiert. 2010 wurde das Kreuzfahrtterminal in Altona fertiggestellt, 2015 das in Steinwerder. Für 2011 wurde Hamburg von der Europäischen Kommission zur »European Green Capital« (»Umwelthauptstadt Europas«) erklärt. Durch Internationale Gartenschau (IGS) und Internationale Bauausstellung (IBA; beide 2013 in Wilhelmsburg) wurde der Bereich südlich der Elbe aufgewertet. Im Januar 2017 nahm die Elbphilharmonie den Spielbetrieb auf, im Juli 2017 war Hamburg Schauplatz des G20-Gipfels.

Dockland – ein futuristisch anmutendes Bürogebäude an der Elbe bei Altona

Plakat mit Helmut Schmidt

Die Elbphilharmonie steigert die kulturelle Attraktivität der Hansestadt weiter

1970	1980	1990	2000	2010	2020

- **1974** Fertigstellung der Köhlbrandbrücke
- **1975** Inbetriebnahme des Neuen Elbtunnels für die Autobahn A7
- **1987** Städtepartnerschaft mit Dresden
- *Uwe Seelers Fuß vor dem Volksparkstadion*
- **1989** 800. Hafengeburtstag
- **2000** Baubeginn der HafenCity
- **2001** CDU übernimmt erstmals die Regierung: Ole von Beust wird Erster Bürgermeister
- **2006** In Hamburg finden Spiele der Fußball-WM statt
- **2008** Koalition von CDU und GAL unter Ole von Beust
- **2011** Alleinregierung der SPD
- **2013** Internationale Gartenschau (IGS) und Internationale Bauausstellung (IBA)
- **2015** SPD erneut stärkste politische Kraft, Olaf Scholz bleibt Erster Bürgermeister
- *Udo-Lindenberg-Stern*
- **2018** Peter Tschentscher wird Erster Bürgermeister
- **Jan 2017** Eröffnung der Elbphilharmonie
- **Juli 2017** G20-Gipfel

Die Südseite des 1906 gebauten Bahnhofs Hamburg Dammtor (siehe S. 125)

Hamburg im Überblick

Das Kapitel *Die Stadtteile Hamburgs* stellt Ihnen mehr als 100 Sehenswürdigkeiten vor – von den lebhaften Landungsbrücken *(siehe S. 97)* bis zu erhabenen Kirchenbauten wie St. Michaelis *(siehe S. 74 f)*, von der altehrwürdigen Speicherstadt *(siehe S. 82f)* bis zur hochmodernen HafenCity *(siehe S. 90 f)*, von der prachtvollen Elbchaussee *(siehe S. 118)* bis zum eleganten Jungfernstieg *(siehe S. 124 f)*.

Auf den folgenden Seiten sind Hamburger Highlights zusammengestellt: Museen und Sammlungen, Meisterwerke der Architektur sowie beliebte Parks und Gärten. Auch viele berühmte Hamburger sowie die Rolle der Metropole als bedeutender Medienstandort werden gewürdigt. Die folgenden Hauptsehenswürdigkeiten könnten im Zentrum Ihres Hamburg-Besuchs stehen.

Hamburgs Hauptsehenswürdigkeiten

Rathaus
Seiten 60 f

St. Michaelis
Seiten 74 f

Hamburger Kunsthalle
Seiten 64 f

Rickmer Rickmers
Seiten 98 f

Speicherstadt
Seiten 82 f

Landungsbrücken
Seite 97

Planten un Blomen
Seiten 78 f

Elbphilharmonie
Seiten 92 – 95

Reeperbahn
Seiten 106 f

◀ Blick von der St. Nikolaikirche zu Rathaus *(siehe S. 60f)* und Außenalster *(siehe S. 128)*

Highlights: Museen und Sammlungen

Hamburg hat über 80 Museen und Sammlungen – vom Altonaer bis zum Zoologischen Museum. Hier kann man sich kunsthistorisch bedeutende Werke ansehen, einige Museen zählen zu den renommiertesten Europas. Sehr interessant sind die eindrucksvollen Zeugnisse der Geschichte Hamburgs, aber auch Liebhaber ausgefallener Themen werden in der Hafenstadt fündig. Eine Besonderheit sind die Museumsschiffe ebenso wie die Museen rund um Seefahrt und Handel. Einmal jährlich findet die »Lange Nacht der Museen« statt.

Evangelist im Museum für Hamburgische Geschichte
Die aus Holz geschnitzte Evangelistenfigur wurde im 15. Jahrhundert gefertigt.

Museum für Hamburgische Geschichte
Eine Zeitreise durch Hamburg von den Anfängen bis in die Gegenwart. Zentrale Themen sind Hafen und Schifffahrt *(siehe S. 73)*.

Altonaer Museum
Zahlreiche Exponate zur Kulturgeschichte Norddeutschlands mit Schwerpunkt Altona sind in diesem Museum zu sehen *(siehe S. 116 f)*.

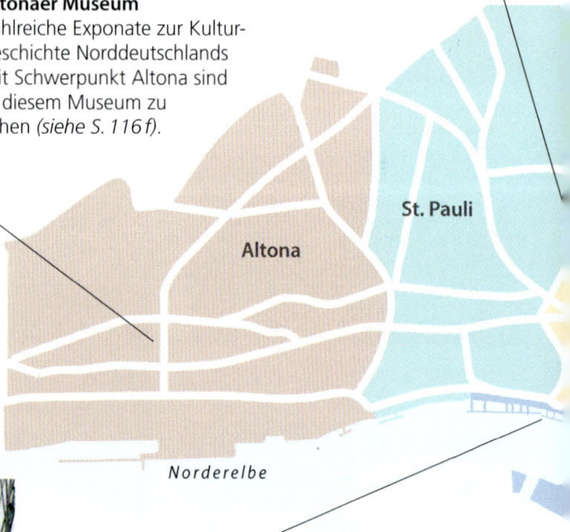

Rickmer Rickmers
Der 1896 gebaute Dreimaster liegt seit 1987 an den Landungsbrücken als Museumsschiff vor Anker *(siehe S. 98 f)*.

Speicherstadtmuseum
Hier erleben Sie ein traditionsreiches Stück Hamburg: In einem alten Lagerhaus mitten in der Speicherstadt werden Arbeitsgeräte der Quartiersleute und Techniken der Lagerhaltung gezeigt *(siehe S. 85)*.

MUSEEN UND SAMMLUNGEN | 31

Museum der Arbeit
Der Wandel der Arbeitswelt seit Beginn des Industriezeitalters ist Schwerpunkt dieses Museums, das in einer ehemaligen Gummifabrik eingerichtet wurde *(siehe S. 135)*.

Museum für Völkerkunde Hamburg
Das Völkerkundemuseum ist mehr als ein Ausstellungsort – es versteht sich vielmehr als lebendige Begegnungsstätte, die den Dialog zwischen den Menschen fördert *(siehe S. 128)*.

Rund um die Alster

Neustadt

Altstadt

Hamburger Kunsthalle
Als bedeutendste Sammlung präsentiert die Kunsthalle ein Spektrum von bekannten Werken Alter Meister bis zur Gegenwartskunst *(siehe S. 64 f)*.

Hafen und Speicherstadt

0 Kilometer   1

Speicherstadtmuseum

Museum für Kunst und Gewerbe
Die ganze Welt der angewandten Kunst ist hier unter einem Dach vereint. Das Museum für Kunst und Gewerbe ist eines der führenden seiner Art in Europa *(siehe S. 130 f)*.

Deichtorhallen
Mit mutigen Präsentationen erlangten die beiden Deichtorhallen international Beachtung. Werkschauen führender Künstler werden mit interdisziplinären Ausstellungen kombiniert *(siehe S. 62 f)*.

Überblick: Museen und Sammlungen

Eine hohe Dichte an Kunstmuseen bietet die Kunstmeile beim Hauptbahnhof. Das Spektrum in der Speicherstadt reicht von der Geschichte des Handels bis zur Entwicklung Hamburgs in den nächsten Jahrzehnten. Ob Wohnkultur oder Wachsfiguren, Fußball oder Fossilien, Zimt oder Zoll – Hamburgs Museen decken auch Spezialgebiete ab. Eine Besonderheit bilden die Museumsschiffe.

Mittelalterliche Schnitzerei im Museum für Kunst und Gewerbe

Plastik von Johannes Brahms vor der Laeiszhalle

Das renommierte **Bucerius Kunst Forum** veranstaltet hochrangige Kunstausstellungen. Drei kleinere Museen befinden sich im Jenischpark: Das **Jenisch Haus** zeigt eine Ausstellung großbürgerlicher hanseatischer Wohnkultur mit Gemälden und Mobiliar, das **Ernst Barlach Haus** kunsthandwerkliche Arbeiten des norddeutschen Künstlers, das **Bargheer Museum** Werke des Hamburger Malers Eduard Bargheer.

Kunst und Kunsthandwerk

Prunkstück unter den Kunstmuseen ist die **Hamburger Kunsthalle**. Mit ihrer Sammlung bedeutender Gemälde seit der Renaissance – etwa von Rembrandt, Rubens und Manet – ist sie eine der Top-Attraktionen von Hamburg. Die angegliederte Galerie der Gegenwart zeigt zeitgenössische Kunst. Ein Besuch beider Einrichtungen ist ein Rundgang durch mehrere Jahrhunderte Kunstgeschichte.

Die beiden **Deichtorhallen** zählen zu den größten Ausstellungszentren in Europa. Einen besonderen Schwerpunkt bildet die Fotografie (u. a. mit Sammlungen zur Kunst- und Modefotografie).

Im **Museum für Kunst und Gewerbe** dreht sich alles um angewandte Kunst und Kunsthandwerk. Zu den Highlights gehört eine Sammlung historischer und moderner Tasteninstrumente. Die drei genannten Museen sind zweifellos die herausragenden Kulturstätten der Kunstmeile nördlich und südlich des Hauptbahnhofs, die durch kleinere, ebenso sehenswerte Sammlungen komplettiert wird.

Zeitgeschichte

Die Geschichte der Stadt von den Anfängen rund um die Hammaburg bis zur dynamischen Metropole der Gegenwart wird im **Museum für Hamburgische Geschichte** eindrucksvoll dokumentiert. Die größte stadtgeschichtliche Sammlung Deutschlands umfasst auch mehrere Schiffsmodelle und viele weitere Objekte rund um das Thema Schifffahrt. Eine Außenstelle bildet die **Kramer-Witwen-Wohnung**. In dieser Wohnanlage (17. Jh.) kann man auch eine Wohnung mit der für jene Zeit charakteristischen Möblierung besichtigen.

Sehenswürdigkeit und Gedenkstätte gleichermaßen ist das **Mahnmal St. Nikolai** in der Altstadt. Nach schweren Schäden durch Bombenangriffe im Zweiten Weltkrieg wurden Teile der Kirche – darunter auch der 147 Meter hohe Turm – restauriert. Ausstellungen im angegliederten Dokumentationszentrum informieren über die Historie der Kirche.

Kulturgeschichtliche Sammlungen aus dem norddeutschen Raum mit Akzent auf den Themen Fischerei und Schifffahrt zeigt das **Altonaer Museum**. Fotos und Dokumente im **Speicherstadtmuseum** vermitteln auf Wissenswertes über die Geschichte dieses weltweit einzigartigen Ensembles von Lagerhäusern.

Im über 100 Jahre alten Kesselhaus der Speicherstadt ist das **HafenCity InfoCenter** untergebracht. Hier wird anhand eines detailgenauen Modells das zukunftsweisende Projekt HafenCity vorgestellt und dokumentiert.

Ansicht der Hansestadt um 1600, Museum für Hamburgische Geschichte

MUSEEN UND SAMMLUNGEN | 33

Kulturgeschichte

Ethnologische Sammlungen aus allen Kontinenten zeigt das **Museum für Völkerkunde Hamburg**, das zu den größten seiner Art in Europa zählt. Diverse Festivals und Märkte machen die Institution zu einer Stätte der Begegnung für Menschen aus der ganzen Welt.

Die markante Entwicklung der Arbeitswelt seit dem Einsatz von Maschinen ab Mitte des 18. Jahrhunderts kann man im **Museum der Arbeit** verfolgen. Besucher erhalten in den Ausstellungen zur Industriegeschichte einen überaus anschaulichen Einblick in den Arbeitsalltag unterschiedlicher Produktionsstätten.

Das **Sankt Pauli Museum** illustriert die Geschichte des wohl bekanntesten Hamburger Stadtteils und stellt einige Kiez-Ikonen vor. In **Spicy's Gewürzmuseum** in der Speicherstadt dreht sich alles um die begehrten Geschmacksverfeinerer. Hier kann man einzelne Gewürze probieren.

Schifffahrt

Dem Thema Schifffahrt, die für die Entwicklung der Hansestadt Hamburg zu einer florierenden Metropole eine große Rolle spielte, widmen sich mehrere Museen. Ein Teil davon ist auf Schiffen eingerichtet.

Einen spannenden Blick hinter die Kulissen des Kalten Kriegs können Besucher des russischen U-Boots **U-434** werfen. Es gehörte bis 2002 der russischen Marine und war zu Spionagezwecken im Einsatz.

In der Nähe der Landungsbrücken liegen zwei weitere Museumsschiffe vor Anker: An Bord des Dreimasters **Rickmer Rickmers** und des Stückgutfrachters **Cap San Diego** werden zwei überaus verschiedene Epochen der Geschichte der Schifffahrt lebendig. Für Liebhaber alter Schiffe ist ein Besuch des **Museumshafens Övelgönne** ein Muss. Hier liegen vom Hochseekutter bis zum Feuerschiff jede Menge »Oldtimer« vor Anker.

Schiffsmodelle, Navigationsinstrumente und mehr rund um 3000 Jahre Seefahrtsgeschichte präsentiert das **Maritime Museum** in der Speicherstadt auf zehn Ausstellungsebenen (Decks).

Das Eismeer (1823/24) von Caspar David Friedrich, Kunsthalle

Alter Funkfernsprecher im Zollmuseum

Spezielle Museen

An ausgefallenen Museen hat Hamburg viel zu bieten. Das **Deutsche Zollmuseum** liefert einen Überblick über die Zollgeschichte mit Beispielen fantasievoller Schmuggelversuche. Im **Panoptikum** sind mehr als 120 Prominente täuschend echt dargestellt. Faszination pur für Liebhaber des Automobilsports bietet das 2008 eröffnete **Prototyp Museum** mit seinen Renn- und Sportwagen.

Das **HSV-Museum** im Volksparkstadion huldigt den Erfolgen dieses traditionsreichen Clubs. Im **Miniatur Wunderland** zieht eine kontinuierlich erweiterte Modelleisenbahn der Superlative Eisenbahnfans in den Bann. Mit der Erdgeschichte setzt sich die **RED Gallery** anhand von Mineralien und Fossilien auseinander.

Das **Johannes-Brahms-Museum** widmet sich dem Komponisten. Im **Dialog im Dunkeln** führen blinde Menschen Besucher durch stockdunkle Räume, im Dialog im Stillen leiten Gehörlose durch eine Welt der Stille. **BallinStadt – Auswandererwelt Hamburg** informiert über die Emigranten, die ihr Glück in der Ferne suchten. **Chocoversum** und **Kaffeemuseum Burg** entführen in Genusswelten.

Das Museumsschiff *U-434* war ein russisches U-Boot

Museen

Altonaer Museum S. 116f
BallinStadt – Auswandererwelt Hamburg S. 97
Bargheer Museum S. 138
Bucerius Kunst Forum S. 58
Cap San Diego S. 102f
Chocoversum S. 67
Deichtorhallen S. 62f
Deutsches Zollmuseum S. 88
Dialog im Dunkeln S. 89
Ernst Barlach Haus S. 138
HafenCity InfoCenter S. 147
Hamburger Kunsthalle S. 64f
HSV-Museum S. 134
Jenisch Haus S. 138
Johannes-Brahms-Museum S. 73
Kaffeemuseum Burg S. 88f
Kramer-Witwen-Wohnung S. 72
Mahnmal St. Nikolai S. 66
Maritimes Museum S. 86f
Miniatur Wunderland S. 84
Museum der Arbeit S. 135
Museum für Hamburgische Geschichte S. 73
Museum für Kunst und Gewerbe S. 130f
Museum für Völkerkunde Hamburg S. 128
Museumshafen Övelgönne S. 135
Panoptikum S. 108
Prototyp Museum S. 89
RED Gallery S. 67
Rickmer Rickmers S. 98f
Sankt Pauli Museum S. 109
Speicherstadtmuseum S. 85
Spicy's Gewürzmuseum S. 84
U-434 S. 110

Highlights: Architektur

Hamburg hat ein architektonisch vielfältiges Stadtbild. Ob dunkelrote Backsteinbauten, grüne Kupferdächer oder futuristische Konstruktionen aus Stahl und Glas – der Charme der Hansestadt basiert zu einem Teil auf ihrer traditionellen, aber auch auf ihrer brandneuen Bausubstanz. Und das Spektrum ist breit: Erhabene Bauten als Ausdrucksformen hanseatischen Reichtums wechseln mit architektonischen Zeugnissen einer neuen Leichtigkeit. Vereinzelt – etwa bei der Elbphilharmonie – werden beide Formen miteinander verbunden. Das maritime Flair Hamburgs vermittelt sich an vielen Gebäuden, nicht nur direkt am Wasser.

St. Michaelis
Hamburgs Stadtbild wird von den Türmen der Hauptkirchen geprägt. Wahrzeichen ist der 132 Meter hohe, liebevoll »Michel« genannte Turm von St. Michaelis *(siehe S. 74 f.)*.

Dockland
Wie ein Schiffsbug ragt das 2005 fertiggestellte Bürogebäude über das Ufer hinaus. Die fünfstöckige Stahl-Glas-Konstruktion ist eines der spektakulärsten Gebäude der Stadt *(siehe S. 149)*.

Landungsbrücken
Das etwa 200 Meter lange Abfertigungsgebäude dieses »schwimmenden Bahnhofs« wurde 1907–09 im Jugendstil errichtet *(siehe S. 93)*.

ARCHITEKTUR | 35

Rathaus
Der erhabene Repräsentationsbau mit der skulpturenreichen Fassade ist Sitz der Bürgerschaft und des Senats der Freien und Hansestadt Hamburg *(siehe S. 60 f.)*.

Hauptbahnhof
Der eindrucksvolle Bau im Stil der Neorenaissance wurde 1906 eingeweiht. Eine mächtige Stahl-Glas-Konstruktion überspannt die größte Bahnhofshalle Deutschlands *(siehe S. 62)*.

Rund um die Alster

Neustadt

Altstadt

Hafen und Speicherstadt

Chilehaus
Für den Bau des weltberühmten, im Stil des Expressionismus errichteten Bürogebäudes wurden rund fünf Millionen Backsteine verwendet *(siehe S. 63)*.

Elbphilharmonie
Ein schier gigantisches Projekt: Auf einen alten Kaispeicher wurde eine futuristische Konzerthalle erbaut, die Zeltdachkonstruktion erinnert an Wellenberge *(siehe S. 92–95)*.

Verlagshaus Gruner + Jahr
Maritime Architektur par excellence: Wie ein Riesendampfer wirkt das Gebäude, in dem sich eines der wichtigsten Medienzentren der Stadt befindet *(siehe S. 146)*.

Überblick: Architektur

Das Stadtbild von Hamburg wird von Bauwerken aus dem 19. bis 21. Jahrhundert geprägt, nur wenige ältere Bauten sind vorhanden. Gründe hierfür sind die Zerstörungen durch den Großen Brand von 1842 und die Bombenhagel des Zweiten Weltkriegs. Zudem äußerte sich in den letzten Jahrhunderten der Wohlstand der Hansestadt in einer nicht zu leugnenden Neigung zum Abriss älterer Bauwerke und einer schon sprichwörtlichen Sanierungswut. Als alte Kaufmannsstadt blickt Hamburg allerdings traditionell nach vorne. Die HafenCity zählt gegenwärtig zu den ambitioniertesten städtebaulichen Projekten in Europa.

Laeiszhalle – traditionsreiche Musikhalle im neobarocken Stil

Das »Alte« Hamburg

Über viele Jahrhunderte baute man in Hamburg Wohngebäude, Speicher und Fabriken aus Backstein. Einige architektonische Zeugnisse dieses »Alten« Hamburg findet man noch heute in der Alt- und Neustadt – so beispielsweise am Nikolaifleet im Südwesten der Altstadt. Hier kann man noch eines der wenigen historischen Ensembles der Stadt bewundern, obwohl direkt nebenan 1842 der Große Brand seinen Ausgang nahm. Die Speicher an der Rückseite der Backsteinhäuser an der **Deichstraße** konnten vom Fleet aus bequem be- und entladen werden.

In der Neustadt vermittelt die **Kramer-Witwen-Wohnung** einen Eindruck von Hamburger Wohnkultur im 17. Jahrhundert. Die Fachwerkgebäude des **Beylingstifts** in der Peterstraße wurden rekonstruiert. An der **Palmaille**, einer Prachtstraße in Altona, sind noch ein paar großbürgerliche Wohnhäuser erhalten. Diese im Stil des Klassizismus errichteten Bauwerke sind Stein gewordener Ausdruck von hanseatischem Wohlstand und Kaufmannsstolz.

19. Jahrhundert

Die im 19. Jahrhundert errichteten Bauwerke orientierten sich teilweise an italienischen Vorbildern. Die **Alsterarkaden**, ein repräsentativer Säulengang im venezianischen Stil, wurden unmittelbar nach dem Großen Brand angelegt. Aus dieser Zeit stammt auch die **Börse**. Der spätklassizistische Bau wurde nach einem Entwurf von Carl Ludwig Wimmel und Franz Gustav Forsmann errichtet. Für den Bau des **Rathauses** wurde jegliche hanseatische Zurückhaltung über Bord geworfen. Der Rathausmarkt wurde als »hanseatischer Markusplatz« geplant. Diese Konzeption berücksichtigte man auch bei allen späteren Neugestaltungen des Platzes.

In den letzten Jahren des 19. Jahrhunderts entstanden u. a. auch die dreischiffige **Fischauktionshalle**, das repräsentative **Hotel Vier Jahreszeiten** an der Binnenalster, das **Rathaus Altona** als bauliches Prunkstück der bis 1937 selbstständigen Stadt Altona sowie die **Speicherstadt**. Für den Bau dieses Ensembles von Speicherhäusern aus rotem Backstein, dem für Hamburg prägenden Baumaterial, wurden ganze Arbeitersiedlungen abgerissen und rund 20 000 Menschen umgesiedelt.

Fenster in der Fischauktionshalle

Die fünf Hauptkirchen der Stadt

Die Silhouette von Hamburg wird maßgeblich von den Türmen und Spitzen der fünf Hauptkirchen geprägt. Diese Bezeichnung beruht auf dem Titel »Hauptpastor«, den die ersten Pastoren dieser Kirchen innehatten. Von der ursprünglichen Bausubstanz der Hauptkirchen **St. Michaelis**, **St. Jacobi**, **St. Katharinen** und **St. Petri** sind nur noch wenige Reste erhalten, doch einige Teile der Innenausstattung überstanden Brände und Bombardierungen. **St. Nikolai** wurde 1960–62 als Ersatz für die im Zweiten Weltkrieg zerstörte Nikolaikirche errichtet, die als Mahnmal St. Nikolai *(siehe S. 66)* erhalten blieb. Die St. Michaeliskirche wurde drei Mal errichtet: Nachdem 1750 ein Blitzschlag die erste Kirche aus dem 17. Jahrhundert zerstört hatte, baute man neu. Diese zweite Michaeliskirche brannte 1906 vollständig ab, der Bau wurde jedoch rekonstruiert.

Alte Hamburger Kaufmannshäuser in der Deichstraße

ARCHITEKTUR | 37

20. Jahrhundert

Kurz nach 1900 entstanden in St. Pauli die **Landungsbrücken** und in der Altstadt das Gebäude der Reichsbank, in das 2002 das **Bucerius Kunst Forum** einzog. Zu den bedeutendsten Kulturtempeln Hamburgs, die zu Beginn des 20. Jahrhunderts errichtet wurden, gehört auch die neobarocke Musikhalle (seit 2005 **Laeiszhalle**). Sie wurde nach Entwürfen von Martin Haller *(siehe S. 42)* gestaltet, der darüber hinaus beim Bau des Rathauses federführend war.

Auch in den 1920er Jahren besannen sich die Architekten auf die Backsteintradition der Stadt. Mit dem Kontorhausviertel entstand in der Altstadt ein neuer Typus von Backsteinbauten mit kühnen Formen. Ein markantes Beispiel der Bauweise ist das expressionistische **Chilehaus** von Fritz Höger *(siehe S. 42)*. Sein spitzwinkliger Grundriss weckt Assoziationen mit einem Schiffsbug. Ebenfalls in den 1920er Jahren baute Fritz Schumacher *(siehe S. 42)* das **Museum für Hamburgische Geschichte** mit seiner imposanten Dachlandschaft.

Beeindruckende Beispiele der Industrie-Architektur zu Beginn des 20. Jahrhunderts sind der **Bahnhof Hamburg Dammtor**, der **Hauptbahnhof** und die **Deichtorhallen**. Der **Heinrich-Hertz-Turm**, ein Werk von Fritz Trautwein *(siehe S. 42)*, ist mit 279,8 Metern das höchste Gebäude der Stadt.

Erwähnenswerte Verkehrswege sind der 1911 angelegte **Alte Elbtunnel**, der neue Tunnel für die Autobahn A7 und die **Köhlbrandbrücke**. Markante Akzente in der Innenstadt setzen vor allem das **Verlagshaus Gruner + Jahr**, die **Kehrwiederspitze** am Eingang zur Speicherstadt sowie die **Passagen** zwischen Rathausmarkt und Gänsemarkt.

Elbphilharmonie: neues architektonisches Wahrzeichen der Metropole

Das »Neue« Hamburg

Für die jüngste bauliche Entwicklung Hamburgs zeichnen Architekten wie Bothe, Richter und Teherani (BRT) sowie Herzog & de Meuron verantwortlich. In den letzten Jahren entstanden futuristische Bürohäuser wie **Dockland**, Berliner Bogen, Deichtorcenter und Tanzende Türme sowie der ZOB – Bus-Port Hamburg mit dem sichelförmigen Dach. Die **HafenCity**, deren Fertigstellung für 2020–2025 vorgesehen ist, wächst kontinuierlich. Flaggschiff dieses Stadtviertels ist die 2017 eröffnete **Elbphilharmonie**, eine gläserne Zeltdachkonstruktion, die auf den 1963–66 erbauten Kaispeicher A aufgesetzt wurde. Die Konzerthalle präsentiert sich als weithin sichtbare, spektakuläre Wellenlandschaft und neues Wahrzeichen der Stadt.

Architektur

Alsterarkaden S. 58
Alter Elbtunnel S. 97
Bahnhof Hamburg Dammtor S. 125
Beylingstift S. 73
Börse S. 66
Bucerius Kunst Forum S. 58
Chilehaus S. 63
Deichstraße S. 67
Deichtorhallen S. 62 f
Dockland S. 149
Elbphilharmonie S. 92–95
Fischauktionshalle S. 118 f
HafenCity S. 90 f
Hauptbahnhof S. 62
Heinrich-Hertz-Turm S. 77
Hotel Vier Jahreszeiten S. 125
Kehrwiederspitze S. 84
Köhlbrandbrücke S. 135
Kramer-Witwen-Wohnung S. 72
Laeiszhalle S. 73
Landungsbrücken S. 97
Museum für Hamburgische Geschichte S. 73
Palmaille S. 118
Passagen S. 76
Rathaus S. 60 f
Rathaus Altona S. 117
Speicherstadt S. 82 f
St. Jacobi S. 62
St. Katharinen S. 63
St. Michaelis S. 74 f
St. Nikolai S. 66
St. Petri S. 58 f
Verlagshaus Gruner + Jahr S. 146

St. Petri — 132 Meter Höhe, 1878 fertiggestellt

St. Jacobi — 124,5 Meter Höhe, Neugestaltung 1963

St. Katharinen — 116,7 Meter Höhe, Rekonstruktion 1957

St. Michaelis — 132 Meter Höhe, Rekonstruktion mit Stahlskelett 1906–12

St. Nikolai — 147,3 Meter Höhe, 1874 fertiggestellt

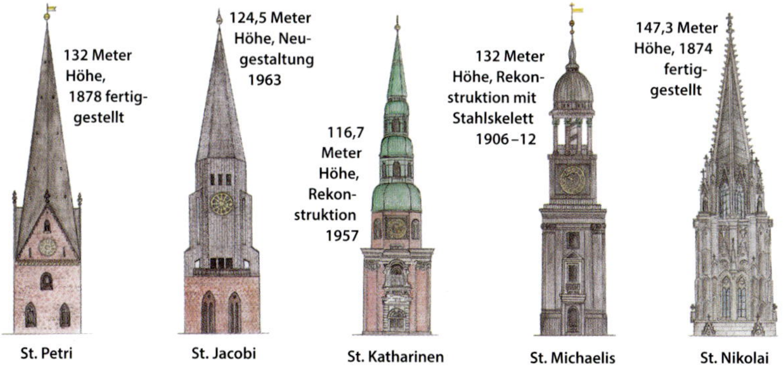

Highlights: Parks und Gärten

Wenn Hamburger ins Grüne wollen, müssen sie nicht in die Ferne schweifen. Naherholungsgebiete gibt es auch im Stadtgebiet – und das oft nur wenige U-Bahn- oder S-Bahn-Stationen vom Zentrum entfernt. Diese Grünanlagen eignen sich nicht nur für stundenlange Spaziergänge: Im Alstervorland und im Stadtpark kann man hervorragend Sport treiben oder picknicken, auf dem Gelände des Jenischparks locken mehrere Museen, der Friedhof Ohlsdorf ist ein Ort der Besinnung, und im Tierpark Hagenbeck kann man Tiere aus allen Kontinenten sehen.

Volkspark
Der Volkspark ist trotz Volksparkstadion *(siehe S. 134)* und Barclaycard Arena (bis 2015 O₂ World Hamburg) immer noch ein ruhiges Erholungsgebiet. Zu den Attraktionen gehört Europas ältester Dahliengarten, Jogger schätzen die hügelige Landschaft.

»Eierhütte« im Jenischpark
Die wegen ihrer ovalen Fenster »Eierhütte« genannte Holzhütte (1995) ist der Nachbau eines früheren Blockhauses (um 1790) an diesem Standort im Jenischpark.

Tierpark Hagenbeck
Der weltberühmte Tierpark ist kein gewöhnlicher Zoo. Hier leben die Tiere in großzügigen Freigehegen *(siehe S. 136 f)*.

Jenischpark
In dem 42 Hektar großen Landschaftspark befinden sich mit dem Jenisch Haus, dem Ernst Barlach Haus und dem Bargheer Museum drei Kunstmuseen *(siehe S. 138)*.

Heine-Park
Das Areal mit den herrlichen alten Bäumen ist Teil des »grünen Bands« an der Elbe. Das ehemalige Gartenhaus des Bankiers Salomon Heine wird für Ausstellungen genutzt.

PARKS UND GÄRTEN | **39**

Friedhof Ohlsdorf
Der im Stil eines englischen Landschaftsgartens angelegte Friedhof ist nicht nur Ruhestätte, sondern als stille Parklandschaft ein Gesamtkunstwerk *(siehe S. 134 f)*.

Planten un Blomen
Der Park (plattdeutsch für »Pflanzen und Blumen«) bildet einen Grüngürtel zwischen St. Pauli und der Alster. Tropenhaus und Teezeremonie sorgen für Exotik *(siehe S. 78 f)*.

Stadtpark
Ob Biergarten oder Badevergnügen, Grillen oder Genießen: Der rund 150 Hektar große Stadtpark ist für viele Hamburger die »gute Stube« der Stadt *(siehe S. 134)*.

Alstervorland
Die Grünfläche am Westufer der Außenalster *(siehe S. 128)* ist ein sehr beliebtes Freizeitareal. Cafés bieten Terrassen mit Blick aufs Wasser.

Binnenalster
Eine Fahrt mit dem Alsterdampfer bietet einen herrlichen Blick auf die zahlreichen Prachtbauten an der Binnenalster *(siehe S. 124)*.

Highlights: Medienmetropole Hamburg

Hamburg ist bedeutendster Medienstandort in Deutschland, mehrere Tausend Unternehmen der Branche haben hier ihren Sitz. Zu den prominentesten zählen einige von Europas umsatzstärksten Verlagshäusern wie der Axel-Springer-Verlag (auch nach dem Umzug der Redaktionen von *Bild* und *BamS* 2008 nach Berlin und dem Verkauf einiger Zeitschriften). Der Norddeutsche Rundfunk (NDR) zählt zu den größten ARD-Fernsehanstalten. Die *dpa* erlebte in Hamburg ihren Aufstieg zur wichtigsten Presse-Agentur Deutschlands. Für viele erfolgreiche Kinofilme war Hamburg schon Kulisse.

Werbeagentur Jung von Matt
Die 1991 von Holger Jung und Jean-Remy von Matt gegründete Werbeagentur zählt zu den erfolgreichsten in Deutschland. Die Ideenschmiede mit etwa 700 Mitarbeitern kreierte u. a. die Slogans »Geiz ist geil« und »Du bist Deutschland«.

ZDF-Studio in Hamburg
Aus dem siebten Stockwerk des Deichtorcenters in der HafenCity berichten die Journalisten des Hamburger Landesstudios des Zweiten Deutschen Fernsehens.

GEO
Seit 1976 erscheint *GEO*, eines der führenden Reportagemagazine Deutschlands, einmal monatlich im Verlagshaus Gruner + Jahr. Unter dem Label *GEO* werden auch Zeitschriftenreihen wie *GEO Wissen*, *GEO Saison*, *GEO Special* und *GEO Epoche* publiziert.

Verlagshaus Gruner + Jahr
Das zu den größten Verlagshäusern Europas zählende Unternehmen publiziert rund 500 Print- und Onlinemedien, die in etwa 20 Ländern verkauft werden. Bereits 1948, noch vor Gründung der Bundesrepublik, erschien die erste Ausgabe des *stern*.

MEDIENMETROPOLE HAMBURG | 41

Tagesschau
Die älteste Nachrichtensendung des deutschen Fernsehens ist eine Produktion des NDR in Hamburg. Zur Hauptausgabe um 20 Uhr (hier mit Susanne Daubner) schalten im Durchschnitt rund zehn Millionen Zuschauer ein.

NDR
Der ARD-Sender produziert u. a. einen *Tatort* aus Hamburg, einen aus Kiel und einen aus Niedersachsen (im Bild Maria Furtwängler als Kommissarin Charlotte Lindholm).

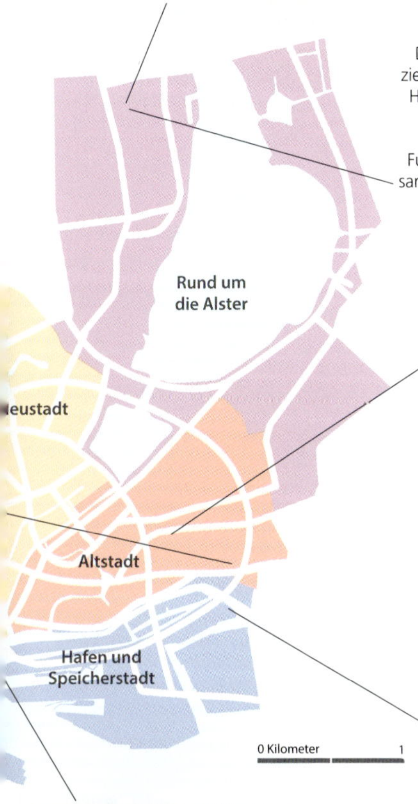

DIE ZEIT
Die Redaktion der Wochenzeitung *DIE ZEIT* befindet sich im Helmut-Schmidt-Haus am Speersort, einem Klinkerbau, der einen Teil des Kontorhausviertels bildet.

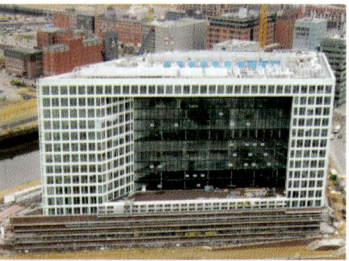

DER SPIEGEL
Mit einer Auflage von rund 700 000 Exemplaren ist *DER SPIEGEL* das meistgelesene wöchentliche Nachrichtenmagazin in Deutschland. 2011 zog die Redaktion in dieses Gebäude in der HafenCity.

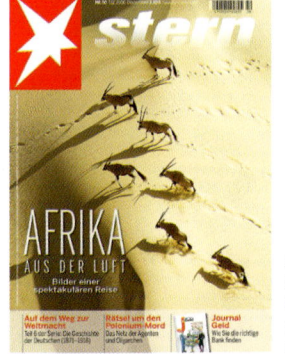

stern
Seit 1948 liefert der *stern* jede Woche einen Überblick über die bedeutendsten Themen der vergangenen sieben Tage. Das Blatt zählt zu den meistgelesenen Publikumszeitschriften in Deutschland.

Berühmte Persönlichkeiten

Einige der größten Komponisten wirkten in Hamburg, viele Baumeister drückten der Stadt ihren Stempel auf. Unternehmer verschiedenster Branchen brachten hier große Leistungen hervor und gestalteten die wirtschaftliche Entwicklung der Stadt maßgeblich mit. Die Hamburger Seele auf den Punkt brachte der Volksschauspieler Hans Albers. Zu den berühmtesten Persönlichkeiten, die untrennbar mit Hamburg verbunden sind, gehören aber auch ein Altbundeskanzler, ein Boxweltmeister und ein legendärer Freibeuter, der die Ostsee unsicher machte.

*Udo Lindenberg (*1946), deutscher Rockmusiker*

Der Komponist und Pianist Johannes Brahms (1833–1897)

Musiker
Musikdirektoren der fünf Hauptkirchen waren Georg Philipp Telemann (1681–1767) und sein Nachfolger Carl Philipp Emanuel Bach (1714–1788), Sohn von Johann Sebastian Bach. Der in Hamburg geborene Johannes Brahms (1833–1897) war einer der wichtigsten Komponisten des 19. Jahrhunderts. Auch Felix Mendelssohn Bartholdy (1809–1847), einer der führenden Musiker der europäischen Romantik, erblickte in Hamburg das Licht der Welt. In der Unterhaltungsmusik profilierten sich insbesondere Freddy Quinn (*1931) mit Seemannsliedern sowie Udo Lindenberg (*1946), die – jeder auf seine Art – ein Stück Hamburger Lebensgefühl verkörpern.

Architekten
Ernst Georg Sonnin (1713–1794) konzipierte den zweiten Bau des »Michel« *(siehe S. 74f)*. Ein Vertreter des späten Klassizismus ist Franz Gustav Forsmann (1795–1879), der u. a. das Jenisch Haus *(siehe S. 138)* erbaute. Das Rathaus *(siehe S. 60f)* wurde unter der Leitung von Martin Haller (1835–1925) realisiert, er baute zudem die Laeiszhalle *(siehe S. 73)*. Mit der Davidwache *(siehe S. 109)* und dem Museum für Hamburgische Geschichte *(siehe S. 73)* hinterließ Fritz Schumacher (1869–1947) markante Spuren im Stadtbild. Fritz Höger (1877–1949) entwarf Kontorhäuser wie das Chilehaus *(siehe S. 63)*, einen Prototyp expressionistischer Baukunst. Den Wiederaufbau Hamburgs nach dem Zweiten Weltkrieg prägte Fritz Trautwein (1911–1993) mit, er konzipierte u. a. U-Bahnhöfe, Wohnhäuser und den Heinrich-Hertz-Turm *(siehe S. 77)*. Mit Werken wie Dockland *(siehe S. 34)*, Berliner Bogen und Tanzende Türme *(siehe S. 106)* steht Hadi Teherani (*1954) für das Hamburg der Zukunft. Das von ihm 1991 gegründete Architekturbüro BRT hat seinen Sitz im von Teherani erbauten Deichtorcenter *(siehe S. 40)*.

Politiker
Der Kommunist Ernst Thälmann (1886–1944) wurde 1925 KPD-Chef. Nach seiner Verhaftung 1933 verbrachte er den Rest seines Lebens in Konzentrationslagern. Der ebenfalls von den Nazis ermordete Theodor Haubach (1896–1945) war Mitbegründer des demokratischen Kampfbunds Reichsbanner Schwarz-Rot-Gold. Altbundeskanzler Helmut Schmidt (1918–2015) erwarb als Hamburger Polizeisenator (später Innensenator) bei der Flutkatastrophe 1962 durch sein Krisenmanagement hohes Ansehen.

Schriftsteller
Barthold Heinrich Brockes (1680–1747) war ein bedeutender Literat der frühen Aufklärung. Der Ruf Friedrich Gottlieb Klopstocks (1724–1803) beruht maßgeblich auf seinem Werk *Der Messias*. Hans Erich Nossack (1901–1977) wurde mit seinem Prosatext *Der Untergang* bekannt. Wolfgang Borchert (1921–1947) schrieb mit *Draußen vor der Tür* ein bedeutendes Drama. Berühmte Hamburger Autoren sind auch Mathias Claudius (1740–1815) und Siegfried Lenz (1926–2014).

Das Ernst Barlach Haus zeigt Arbeiten des norddeutschen Künstlers

Maler und Bildhauer

Meister Bertram (um 1340–1415), ein Maler der Gotik, bereicherte die norddeutsche Malerei um Einflüsse aus Italien. Sein Hauptwerk, der *Grabower Altar*, ist im Besitz der Kunsthalle *(siehe S. 64 f)*. Philipp Otto Runge (1777–1810) zählt zu den wichtigsten Vertretern frühromantischer Kunst.

Arbeiten von Ernst Barlach (1870–1938), einem Bildhauer, Zeichner und Dramatiker des norddeutschen Expressionismus, zeigt das Ernst Barlach Haus *(siehe S. 138)*. Werke des Tierbildhauers Hans Martin Ruwoldt (1891–1969) zieren u. a. Alsterpark und Stadtpark.

Heidi Kabel war viele Jahrzehnte der Star des Ohnsorg-Theaters

Unternehmer

Friedrich Christoph Perthes (1772–1843) gilt als eine der großen Persönlichkeiten des deutschen Buchhandels- und Verlagswesens. Er gründete 1796 in Hamburg die erste Sortimentsbuchhandlung in Deutschland – Grundstein für den modernen Buchhandel. Unter Leitung von Albert Ballin (1857–1918) entwickelte sich HAPAG zu einer der weltweit wichtigsten Reedereien. Die 2007 eröffnete BallinStadt – Auswandererwelt Hamburg *(siehe S. 97)* ist nach dem Unternehmer benannt. Der Tierhändler und Zoodirektor Carl Hagenbeck (1844–1930) setzte mit dem 1907 eröffneten Tierpark Hagenbeck *(siehe S. 136 f)* Maßstäbe für Tierhaltung in Zoos.

Seine Rolle als Hauptsitz zahlreicher Zeitungs- und Zeitschriftenverlage *(siehe S. 40 f)* verdankt Hamburg bekannten Publizisten wie Gerd Bucerius (1906–1995), Axel Springer (1912–1985), Henri Nannen (1913–1996) und Rudolf Augstein (1923–2002), deren Printmedien die deutsche Zeitungslandschaft prägten.

Albert Darboven (*1936), Inhaber einer weltweit agierenden Kaffeerösterei, gilt als Deutschlands »Kaffeekönig«.

Schauspieler

Hans Albers (1891–1960) brillierte in Streifen wie *Der blaue Engel* (1930), *Große Freiheit Nr. 7* (1944), *Auf der Reeperbahn nachts um halb eins* (1954) und *Das Herz von St. Pauli* (1957). Unter der Intendanz von Gustaf Gründgens (1899–1963) erlebte das Deutsche Schauspielhaus ab 1955 eine Blütezeit. Die Schauspielerin Ida Ehre (1900–1989) eröffnete 1945 die Hamburger Kammerspiele. Zum Inbegriff der »Hamburger Deern« avancierte die Volksschauspielerin Heidi Kabel (1914–2010), Star des Ohnsorg-Theaters. Boy Gobert (1925–1986) leitete 1969–80 das Thalia Theater. Überwiegend harte Kerle spielte Raimund Harmstorf (1939–1998), sein größter Erfolg war die Rolle des Kapitäns Wolf Larsen im TV-Vierteiler *Der Seewolf*. Evelyn Hamann (1942–2007) wurde in Sketchen mit Loriot einem breiten Publikum bekannt.

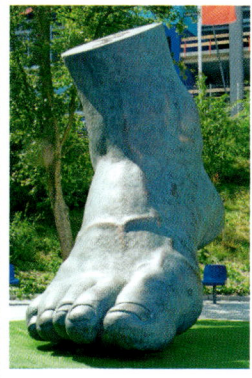

Uwe Seelers Fuß im Volkspark

Axel Springer (1912–1985)

Sportler

Der Boxer Max Schmeling (1905–2005) war 1930 bis 1932 Weltmeister im Schwergewicht und wurde 1999 zum deutschen Sportler des Jahrhunderts gewählt. 1991 war Schmeling als erster Deutscher in die »Hall of Fame«, die Ruhmeshalle des Boxsports, aufgenommen worden. Der in Hamburg geborene Fußballer Uwe Seeler (*1936), nicht nur von den Hanseaten »uns Uwe« genannt, war während seiner gesamten Karriere für den Hamburger SV aktiv und nahm an vier Weltmeisterschaften teil. Zwischen 1954 und 1972 bestritt Uwe Seeler insgesamt 72 Spiele für die deutsche Nationalmannschaft.

Klaus Störtebeker (um 1360–1401)

Ganz Hamburg wohnte seiner Hinrichtung bei. »Unser Klaus« war schließlich ihr Held: Er nahm den Reichen und gab den Armen. Doch hatte er diese Anteilnahme verdient? War er nicht eher ein blutrünstiger Pirat? Noch heute ranken sich viele Legenden um Klaus Störtebeker, dem neben anderen Städten auch Hamburg als Geburtsort angedichtet wird.

Störtebeker war der Anführer der Vitalienbrüder, einer Truppe von Freibeutern, die zahlreiche auf der Ostsee fahrende Schiffe kaperte. Er hatte es vor allem auf Schiffe der Hanse abgesehen, wurde jedoch auf die Nordsee abgedrängt. Klaus Störtebeker wurde vor Helgoland gefangen genommen und am 20. Oktober 1401 auf dem Grasbrook bei Hamburg geköpft.

Der Schädel Klaus Störtebekers

Das Jahr in Hamburg

Hamburg zeigt zu allen Jahreszeiten spannende Seiten. Der umfangreiche Veranstaltungsreigen umfasst eine Vielzahl von kulturellen Events. Im Sommer geht es bei diversen Wassersportveranstaltungen an der Alster hoch her. Auch an der Elbe kommt in der warmen Jahreszeit mediterranes Flair auf. Dreimal im Jahr (Frühling, Sommer und Winter) findet jeweils für mehrere Wochen auf dem Heiligengeistfeld der Dom statt, ein sehr populäres Volksfest. Zu den meistbesuchten Attraktionen zählen außerdem der Fischmarkt jeden Sonntagmorgen sowie alljährlich Anfang Mai der Hafengeburtstag. Bei schlechtem Wetter laden die vielen Museen zu einem Besuch ein. Hinweise zu aktuellen Veranstaltungen erhalten Sie bei allen Informationsstellen *(siehe S. 203)*.

Entspannung wie am Meer bieten die Hamburger Beach Clubs

Frühling

Der Frühling eignet sich sehr gut als Reisezeit für Hamburg, denn die Stadt wird erstaunlich früh grün und immer mehr Veranstaltungen finden im Freien statt. Im Mai beginnt die Strandsaison in den Beach Clubs am Elbufer. Die Pflanzenvielfalt in Planten un Blomen und anderen Grünanlagen erstrahlt in voller Pracht. Beim Flanieren auf den Prachtstraßen sieht man neue Modetrends in Sachen Farbe, Schnitt und Stoff.

März

Frühlingsdom *(Ende März – Ende Apr)*. Die Volksfestsaison auf dem Heiligengeistfeld beginnt. Vielfältige Attraktionen bieten Spiel und Spaß für Groß und Klein.

April

Osterfeuer *(Ostersamstag)*. Abends werden am Elbufer von Övelgönne bis Blankenese Osterfeuer entzündet. Einen wundervollen Blick genießt man im Rahmen einer Hafenrundfahrt.

Rummel beim Hafengeburtstag alljährlich im Mai

Lange Nacht der Museen *(ein Sa im Apr)*. Etwa 60 Museen öffnen einmal im Jahr ihre Tore für Ausstellungen bis 2 Uhr früh. Zwischen den einzelnen Bildungsstätten verkehren Shuttle-Busse.

Internationales Musikfest Hamburg *(Ende Apr – Ende Mai)*. Solisten und Orchester aus aller Welt verzaubern Freunde von klassischer Musik, Musiktheater und Filmmusik. Das Fest ist gleichzeitig Abschluss und Höhepunkt der Hamburger Konzertsaison.

Hamburg Marathon *(ein So im Apr/Mai)*. Rund 25 000 Hobbyläufer und Langstrecken-Profis machen sich auf die 42,195 Kilometer lange Strecke quer durch Hamburg.

Mai

Hafengeburtstag *(Wochenende um den 7. Mai)*. Drei Tage dauerndes Event am Hafen zwischen Fischauktionshalle und Kehrwiederspitze mit Veranstaltungen an Land, zu Wasser und in der Luft. Zu den Höhepunkten des Jubiläums gehört das Schlepperballett *(siehe S. 85)*.

Japanisches Kirschblütenfest *(ein Fr im Mai)*. Zur Kirschblüte feiert die japanische Gemeinde ein Fest mit Großfeuerwerk an der Außenalster.

Elbjazz Festival *(ein Wochenende im Mai/Juni)*. Jazz auf mehreren Bühnen in und um die HafenCity mit Legenden wie Newcomern des Genres.

Dschungelnächte *(drei Samstage ab Ende Mai)*. Im Tierpark Hagenbeck begeistern bengalische Feuer, karibische Rhythmen und weitere Vorführungen Besucher bis Mitternacht.

Im Tierpark Hagenbeck *(siehe S. 136 f)* haben nicht nur Kinder viel Spaß

Durchschnittliche tägliche Sonnenstunden

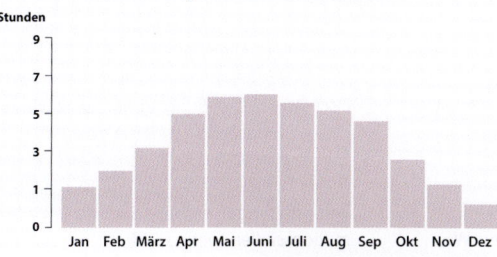

Sonnenschein
Die meisten Sonnenstunden bieten Mai und Juni, auch wenn es im Hochsommer wärmer ist. Frühling und Frühsommer gelten als beste Reisezeiten für Hamburg. In den Wintermonaten ist der Himmel oft wolkenverhangen, die Sonne zeigt sich dann eher selten.

Sommer

Der Sommer ist die Open-Air-Saison in Hamburg, Künstler wie Besucher zieht es ins Freie zu Jazzkonzerten, Theateraufführungen und sportlichen Events. Viele Veranstaltungen finden am oder auf dem Wasser statt. An mehreren Orten der Stadt ist Kino unter Sternenhimmel angesagt. Abseits des großen Trubels gibt es Stadtteilfeste mit Unterhaltungsprogrammen und leckerem Essen.

Im Sommer macht Planten un Blomen (siehe S. 78 f) seinem Namen alle Ehre

Juni

Drachenboot Cup *(2. Fr im Juni)*. Teams mit 18 Ruderern treten auf der Binnenalster gegeneinander an. Auch Hamburger Prominenz ist am Start. Aftershow-Party.
Altonale *(Ende Juni–Anfang Juli)*. Das größte Stadtteilfest Hamburgs lockt mit Live-Musik, Theater, Zirkus, Flohmarkt und vielem mehr. Bei der abschließenden Spaßparade sieht man Masken und Kostüme, Artistik und Clownerien.
Sommer in der HafenCity *(Sonntage von Juni–Aug)*. Der neue Stadtteil ist sonntags den ganzen Sommer über Bühne für Straßentheater, Lesungen, Poetry Slams, Tango-Workshops und mehr. Auch ein umfangreiches Kinderprogramm wird geboten.

Juli

German Open *(Juli)*. Traditionsreiches und hochkarätig besetztes internationales Tennisturnier der Herren (2018 bereits zum 112. Mal ausgetragen).
Duckstein Festival *(zehn Tage im Juli)*. Kunst, Kultur und Kulinarisches machen das Gelände rund um den Magdeburger Hafen in der HafenCity zu einem Ort voller Emotionen. Es gibt Musik (von Latin bis Jazz), Straßentheater und Akrobatik.
Schleswig-Holstein Musik Festival *(Juli–Aug)*. Klassische Konzerte in mehreren norddeutschen Städten, einige Veranstaltungen finden in Hamburg statt.
Sommerdom *(Ende Juli–Ende Aug)*. Zum zweiten Mal im Jahr findet ein vierwöchiger großer Jahrmarkt auf dem Heiligengeistfeld statt.
Sommerkino im Sternschanzenpark *(Mitte Juli–Anfang Sep)*. Open-Air-Kino im Herzen des Schanzenviertels.

August

Romantik-Nächte *(drei Samstage im Aug/Sep)*. Romantische Musik und klassische Klänge im Tierpark Hagenbeck.
Hamburg Cruise Days *(alle zwei Jahre Ende Aug/Anfang Sep: nächster Termin 2019)*. Maritimes Event der Extraklasse mit Schiffsparaden; das Elbufer wird zur Partyzone.
Cyclassics *(ein So im Aug)*. Auch viele Hobbyradler treten beim Höhepunkt der Hamburger Radsportsaison an *(siehe S. 214)*.
Internationales Sommerfestival *(zwei Wochen im Aug)*. Tanz- und Theaterfest mit Gastspielen renommierter Künstler.

Sylter Backfischrutsche bei Festen an der Alster

Durchschnittliche monatliche Niederschläge

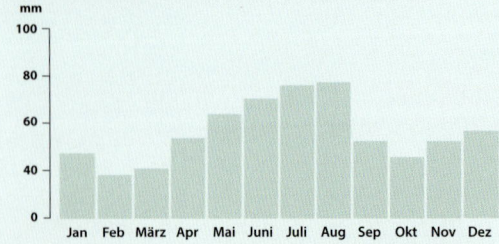

Niederschläge

Die Niederschläge sind nicht gleichmäßig über das Jahr verteilt – typisch für eine Stadt nahe der Küste. Die feuchteste Jahreszeit ist der Sommer, am trockensten ist es im Spätwinter. Besucher sollten sich zu jeder Jahreszeit auf Regen einstellen.

Ausstellung in der Krypta von St. Michaelis *(siehe S. 74 f)*

Herbst

Im September finden noch viele Veranstaltungen im Freien statt. Für sportliche Outdoor-Events wird es aber allmählich zu kalt. Doch der Herbst verbreitet vor allem in den Parks, etwa in Planten un Blomen, seine ganz eigene Stimmung. An der Elbe ist es jetzt besonders schön. Am Hafen weht in dieser Jahreszeit oft schon eine steife Brise, Hafenrundfahrten werden weiterhin angeboten. Der Herbst ist auch die Saison für Theater- und Literaturfestivals sowie Veranstaltungen rund um das Thema Boot.

Herbststimmung am Elbstrand

September

Stadtpark Revival *(ein Wochenende Anfang Sep).* Nostalgie pur im Stadtpark. Die Oldtimer-Rennen auf dem 1651 Meter langen Rundkurs ziehen Motorsportfreunde an.

Hamburger Theaternacht *(ein Sa Anfang Sep).* Zu Beginn der neuen Spielzeit laden die Theater zu einer langen Nacht voller Programm.

Harbour Front Literaturfestival *(fünf Wochen ab Anfang/Mitte Sep).* Autoren sämtlicher Genres der Literatur stellen ihre Bücher vor. Veranstaltungsorte sind u. a. Laeiszhalle, Elbphilharmonie und *Cap San Diego*.

Reeperbahn Festival *(letztes Wochenende im Sep).* Viertägiges Musikfestival mit Bands aus dem In- und Ausland, die in Clubs und unter freiem Himmel auftreten.

Filmfest Hamburg *(Ende Sep/Anfang Okt).* Festival der Filmbranche mit ausgesuchten Filmen (darunter viele Premieren) in sechs Kinos.

Hamburger Theater Festival *(Ende Sep–Ende Nov).* Ensembles deutschsprachiger Bühnen verzaubern das Hamburger Theaterpublikum (u. a. im Thalia Theater).

Oktober

Hamburg Boat Show *(Mitte Okt).* Unter dem Motto »von Bootsfahrern für Bootsfahrer« werden auf dem Messegelände fünf Tage lang neueste Trends in Segel- und Motorboot präsentiert. Auch Charterangebote und die besten Destinationen für Schiffsreisen werden vorgestellt.

Szene eines Wasserlichtkonzerts in Planten un Blomen *(siehe S. 78 f)*

November

Affordable Art Fair *(Mitte Nov).* Viertägige Ausstellung (bezahlbarer) zeitgenössischer Kunstwerke in etwa 80 Galerien der Stadt.

Hamburger Krimifestival *(eine Woche Anfang Nov).* Autoren von Kriminalromanen lesen aus ihren aktuellen Werken. Tatort ist Kampnagel.

Winterdom *(Anfang Nov – Anfang Dez).* Drittes und im Jahresverlauf letztes Volksfest auf dem Heiligengeistfeld. Eine besondere Attraktion des schön illuminierten Winterdoms sind die mittelalterlich gewandeten Gaukler.

Durchschnittliche monatliche Temperaturen

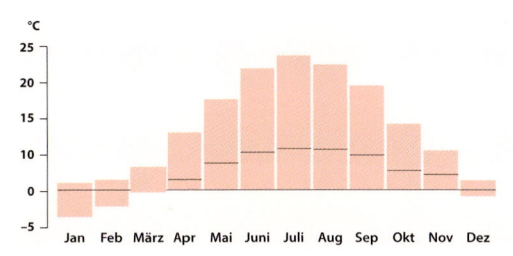

Temperaturen
Die Grafik zeigt die mittleren Höchst- und Tiefsttemperaturen für jeden Monat. Im Sommer werden durchaus Spitzenwerte von mehr als 30 °C erreicht, im Winter hingegen kann es in Hamburg bitterkalt werden mit Temperaturen unter dem Gefrierpunkt.

Winter

Festliche Stimmung verbreiten die Weihnachtsmärkte im Zentrum und in den angrenzenden Stadtvierteln. Von der Kälte im Januar und Februar lassen sich die Hamburger keinesfalls ihre Laune verderben – im Gegenteil: Wenn die Alster gefriert, kommt beim Eisvergnügen so richtig Stimmung auf. In den Wintermonaten finden in einigen Buchhandlungen und Kulturstätten wie dem Literaturhaus viele Lesungen statt.

Dezember

Weihnachtsmärkte *(Ende Nov – 24. Dez)*. Die über die ganze Stadt verteilten Märkte stimmen auf Weihnachten ein. Besonders groß ist der Andrang bei den Märkten auf dem Rathausplatz, dem Gerhart-Hauptmann-Platz, rund um die Petrikirche und auf dem Gänsemarkt. Neben diesen größeren Märkten in Altstadt und Neustadt faszinieren auch kleinere wie die in St. Pauli, Eimsbüttel oder Ottensen. Christbäume auf allen großen Plätzen bilden den festlichen Rahmen. Natürlich dürfen weihnachtliche Leckereien nicht fehlen.
Silvester *(31. Dez)*. Zum Jahreswechsel sind die Hamburger besonders ausgelassen. Großes Gedränge herrscht vor allem an den Landungsbrücken, wo sich scheinbar die ganze Stadt trifft. Dort begrüßen zahlreiche Schiffssirenen das neue Jahr, dort lässt das spektakuläre Feuerwerk den Himmel über dem Hamburger Hafen in sämtlichen Farben erstrahlen, dort knallen Tausende von Sektkorken, und selbst Fremde wünschen sich ein gutes neues Jahr. Die Feierlichkeiten gehen auch nach Mitternacht noch Stunden weiter.

Januar

Eisvergnügen auf der Alster *(bei entsprechend dicker Eisdecke)*. Wenn es so richtig klirrend kalt ist und die Alster eine mindestens 20 Zentimeter dicke Eisdecke aufweist, tummeln sich hier Hunderttausende von Spaziergängern und Schlittschuhläufern. Zum Aufwärmen zwischendurch geht man an eine der zahlreichen Glühweinbuden, die am Ufer und auf der zugefrorenen Alster aufgebaut sind. Allerdings warten die Hamburger in manchen Jahren vergeblich auf eine Frostperiode und damit auf dieses Vergnügen.
Lessingtage *(zwei Wochen Ende Jan/Anfang Feb)*. Fest zu Ehren des berühmten Schriftstellers im Thalia Theater und an weiteren Bühnen.

Februar

oohh! FreizeitWelten *(Anfang Feb)*. Unter dem Motto »out of home hamburg« sind fünf Spezialmessen für Sport und Outdoor unter einem Dach

Der Hamburger Dom findet dreimal jährlich statt

Vereister Schiffsbug im winterlichen Hamburger Hafen

vereint: Reisen Hamburg, Rad Hamburg, Caravaning Hamburg, Kreuzfahrerwelt Hamburg und (ab 2019) Fotohaven Hamburg. Rund 800 Aussteller aus der ganzen Welt präsentieren Outdoor-Trends.
Maskenzauber an der Alster *(Wochenende vor Fasching)*. Karneval auf Hanseatisch – Stil, Eleganz und Noblesse vor der venezianisch anmutenden Kulisse der Alsterarkaden. Höhepunkt des Maskenzaubers ist der historische Maskenball, dessen Schauplatz wechselt. Auch Kurse in alten Tänzen stehen auf dem Programm.

Feiertage

Neujahr *(1. Jan)*
Karfreitag *(variabel)*
Ostermontag *(variabel)*
Tag der Arbeit *(1. Mai)*
Christi Himmelfahrt *(variabel)*
Pfingstmontag *(variabel)*
Tag der Deutschen Einheit *(3. Okt)*
Weihnachten *(25./26. Dez)*

Hamburg per Schiff

Der Hamburger Hafen ist ein absolutes Muss für jeden Besucher der Stadt. »Wer nicht am Hafen war, war nicht in Hamburg«, sagen die Einheimischen. Am besten lernt man das Gelände bei einer der Hafenrundfahrten kennen, die entlang den gesamten Landungsbrücken angeboten werden. Die kleineren, wendigen Barkassen steuern auch schmalere Kanäle und die Fleete in der Speicherstadt an, mit den größeren Schiffen geht es hinaus zu den Containerhäfen.

Die Führer plaudern mit viel Witz und Sachverstand aus dem Nähkästchen, etwas Seemannsgarn darf nicht fehlen. An Bord erfahren Sie Wissenswertes über den Hafen und seine Schiffe, meist können Sie auch große Pötte aus unmittelbarer Nähe betrachten.

Fähren befahren die unterschiedlichsten Ecken des Hafens. Wer ein wenig weiter schippert, kann damit die gesamte Waterkant entdecken: Von den Landungsbrücken flussaufwärts zur neu entstehenden HafenCity *(siehe S. 90 f)*, flussabwärts zum Museumshafen Övelgönne *(siehe S. 135)* und bis nach Teufelsbrück. Auch das Südufer hat seine Reize: Von der Werft Blohm + Voss geht die Fahrt über die Lotsenstation Seemannshöft nach Finkenwerder und zum Airbus-Werk. Panoramaflüge verschaffen einen besonders guten Überblick über das Hafengebiet.

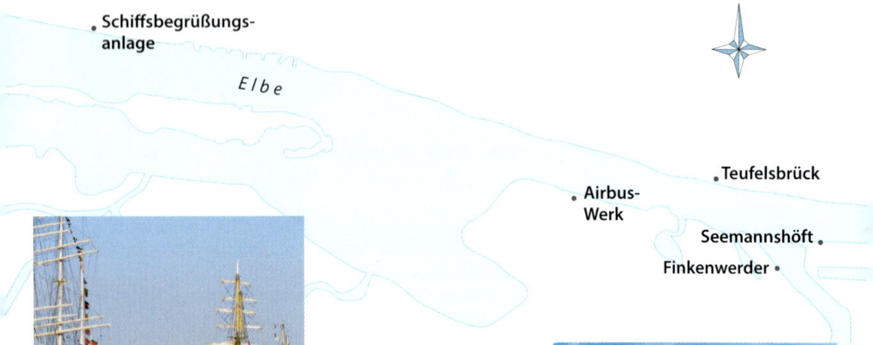

Hafenrundfahrt
Bei einem Hamburg-Besuch sollte man unbedingt eines der vielen Hafenrundfahrtangebote wahrnehmen.

Linienschiff HADAG Nr. 62
Diese Hafenfähre bietet eine Elbfahrt von den Landungsbrücken im Osten bis Finkenwerder. Auch der Museumshafen Övelgönne wird angefahren.

Schiffsbegrüßungsanlage
Untermalt mit der jeweiligen Nationalhymne werden hier alle in den Hamburger Hafen ein- und auslaufenden Schiffe über eine Lautsprecheranlage begrüßt und verabschiedet.

HAMBURG PER SCHIFF | **49**

Hamburg Cruise Center
An den Hamburger Kreuzfahrtterminals legen die größten und bekanntesten Kreuzfahrtschiffe der Welt an – so auch das Clubschiff *AIDAvita*.

Musical-Express
Die Linie 73 der HADAG-Schiffe bringt Sie zum Theater im Hafen Hamburg.

Auf einen Blick

Hafenrundfahrten

Barkassen-Centrale
(040) 319 91 61 70.
barkassen-centrale.de

Barkassen Meyer
(040) 317 73 70.
barkassen-meyer.de

Bergedorfer Schifffahrtslinie
(040) 73 67 56 90.
barkassenfahrt.de

Elbe Erlebnistörns
(040) 219 46 27.
elbe-erlebnistoerns.de

Hamburg City Tour
(040) 32 31 85 90.
hamburg-city-tour.eu

Maritime Circle Line
(040) 28 49 39 63.
maritime-circle-line.de

Touristik Kontor
(040) 334 42 20.
touristik-kontor.de

Hafenfähren

HADAG Seetouristik und Fährdienst AG
(040) 311 70 70.
hadag.de

Rundflüge

A.B.Air
(040) 39 33 93.
aber-online.de/ABAir.html

CANAIR Luftfahrtunternehmen
(040) 34 43 08.
canair.de

Hanseatic Helicopter Service
(040) 54 80 29 97.
hanseatic-helicopter.de

Siehe S. 50 f

0 Kilometer 4

Köhlbrandbrücke
Die Pylone der von Egon Jux entworfenen Stahlseilbrücke ragen 135 Meter über dem mittleren Tidehochwasser auf. Seit 1974 überspannt die Brücke den 325 Meter breiten Köhlbrand im Hamburger Hafen.

Vom Alten Elbtunnel zur HafenCity

Dieser Abschnitt der Elbe durchzieht das Herz der Hansestadt. Nirgendwo wirkt Hamburg weltstädtischer, nirgendwo zeigt es sich dynamischer, und nirgendwo verändert es sich intensiver. Und der Wandel geht weiter: Das Projekt HafenCity ist eine große architektonische Herausforderung. Die meisten Attraktionen Hamburgs liegen am Nordufer der Elbe.

Landungsbrücken
Kein Besucher sollte sich einen Spaziergang auf den schwankenden Pontons und den Blick auf die vorbeiziehenden Schiffe entgehen lassen *(siehe S. 97)*.

Alter Elbtunnel
Durch den 1911 angelegten Tunnel gelangen Fußgänger und Radfahrer zum Südufer der Elbe. Von dort kann man einen einmaligen Blick auf die Stadt genießen *(siehe S. 97)*.

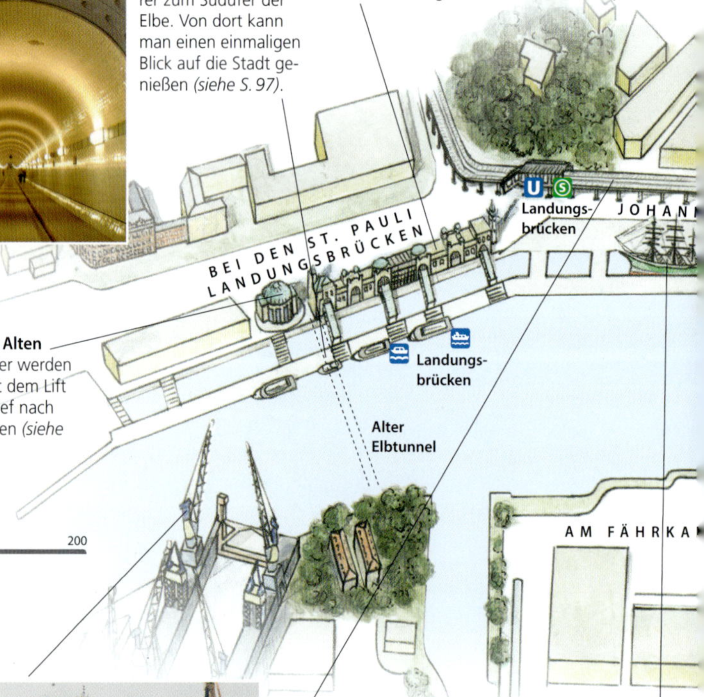

Einfahrt zum Alten Elbtunnel: Hier werden die Autos mit dem Lift 23,5 Meter tief nach unten gefahren *(siehe S. 97)*.

0 Meter 200

Die Hafen-Hochbahn wurde 1912 in Betrieb genommen. Zwischen den Haltestellen Rödingsmarkt und Landungsbrücken bietet sich bei der Fahrt ein faszinierender Blick auf den Elbhafen *(siehe S. 96)*.

Blohm + Voss
Auf dem Werftgelände der Blohm + Voss GmbH werden Schiffe gebaut und instand gesetzt. Die Werft wurde 1877 gegründet; seitdem sind hier viele berühmte Schiffe vom Stapel gelaufen.

Rickmer Rickmers
Seit 1987 liegt dieser im Jahr 1896 in Bremerhaven gebaute Dreimaster als Museumsschiff an den Landungsbrücken vor Anker *(siehe S. 98 f)*.

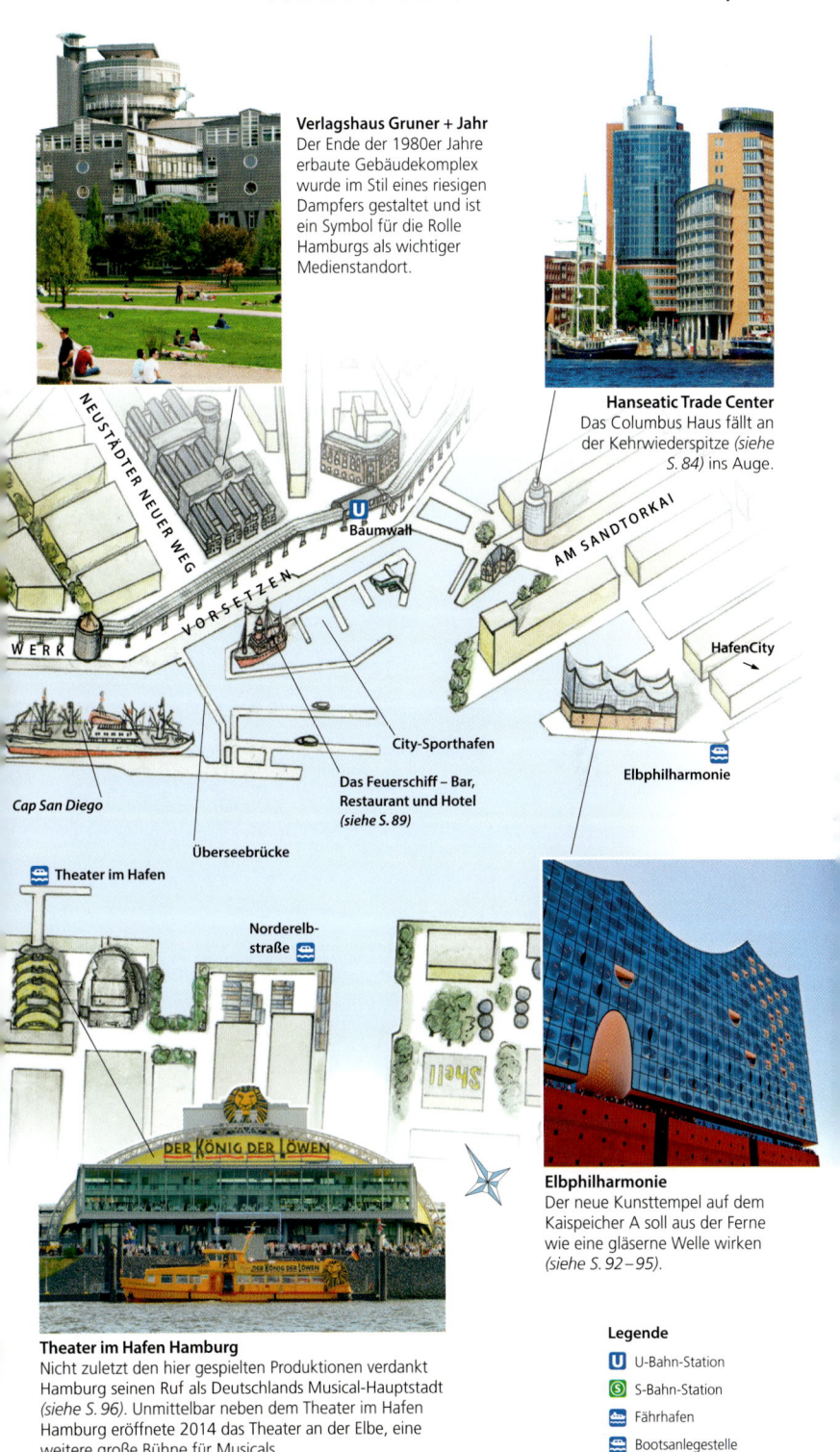

VOM ALTEN ELBTUNNEL ZUR HAFENCITY | 51

Verlagshaus Gruner + Jahr
Der Ende der 1980er Jahre erbaute Gebäudekomplex wurde im Stil eines riesigen Dampfers gestaltet und ist ein Symbol für die Rolle Hamburgs als wichtiger Medienstandort.

Hanseatic Trade Center
Das Columbus Haus fällt an der Kehrwiederspitze *(siehe S. 84)* ins Auge.

Baumwall

NEUSTÄDTER NEUER WEG

VORSETZEN

AM SANDTORKAI

WERK

HafenCity

City-Sporthafen

Das Feuerschiff – Bar, Restaurant und Hotel *(siehe S. 89)*

Elbphilharmonie

Cap San Diego

Überseebrücke

Theater im Hafen

Norderelb-straße

Elbphilharmonie
Der neue Kunsttempel auf dem Kaispeicher A soll aus der Ferne wie eine gläserne Welle wirken *(siehe S. 92–95)*.

Theater im Hafen Hamburg
Nicht zuletzt den hier gespielten Produktionen verdankt Hamburg seinen Ruf als Deutschlands Musical-Hauptstadt *(siehe S. 96)*. Unmittelbar neben dem Theater im Hafen Hamburg eröffnete 2014 das Theater an der Elbe, eine weitere große Bühne für Musicals.

Legende
- U-Bahn-Station
- S-Bahn-Station
- Fährhafen
- Bootsanlegestelle

Abendstimmung über der Speicherstadt *(siehe S. 82 f)* ▶

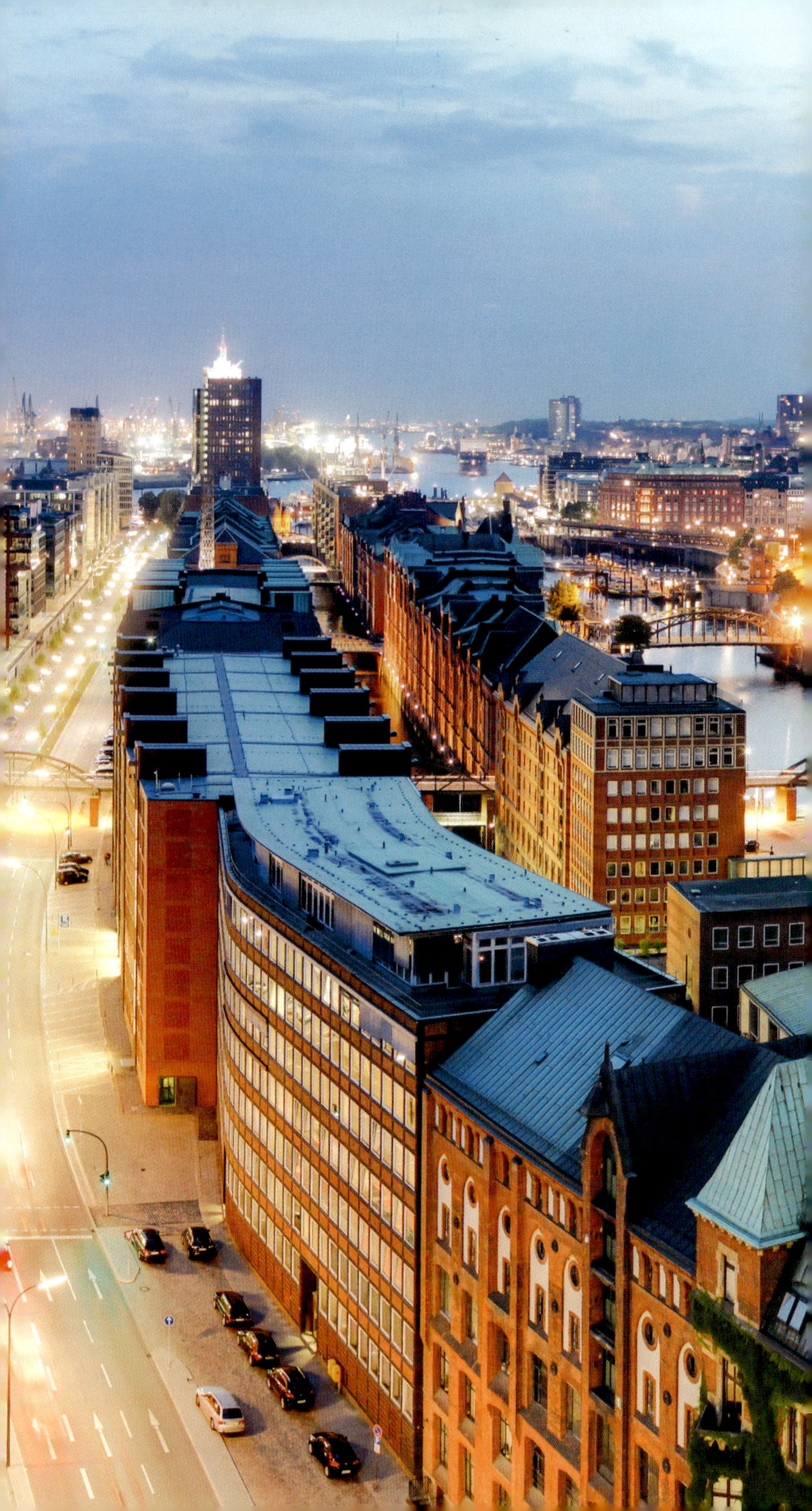

DIE STADTTEILE HAMBURGS

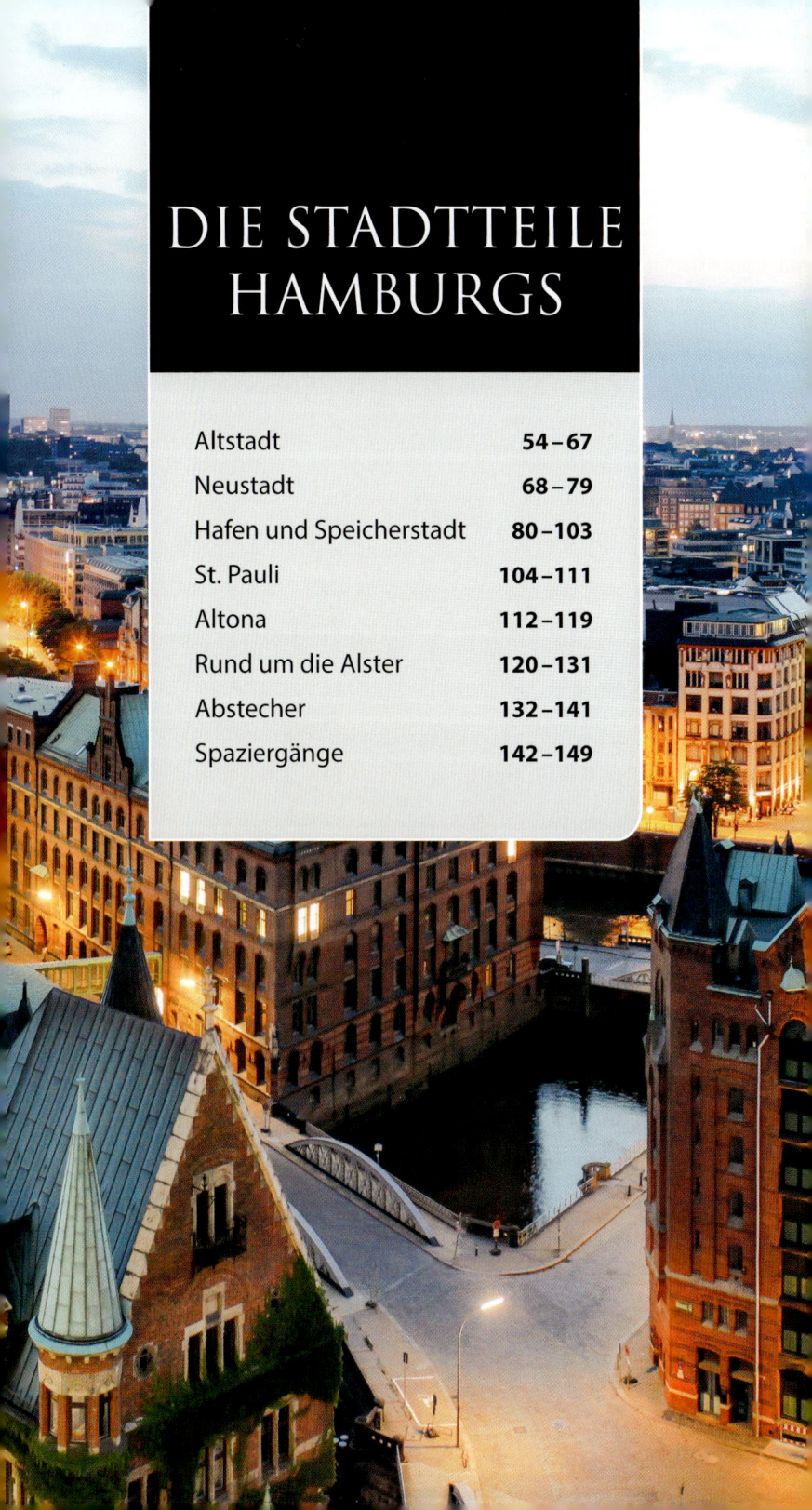

Altstadt	54–67
Neustadt	68–79
Hafen und Speicherstadt	80–103
St. Pauli	104–111
Altona	112–119
Rund um die Alster	120–131
Abstecher	132–141
Spaziergänge	142–149

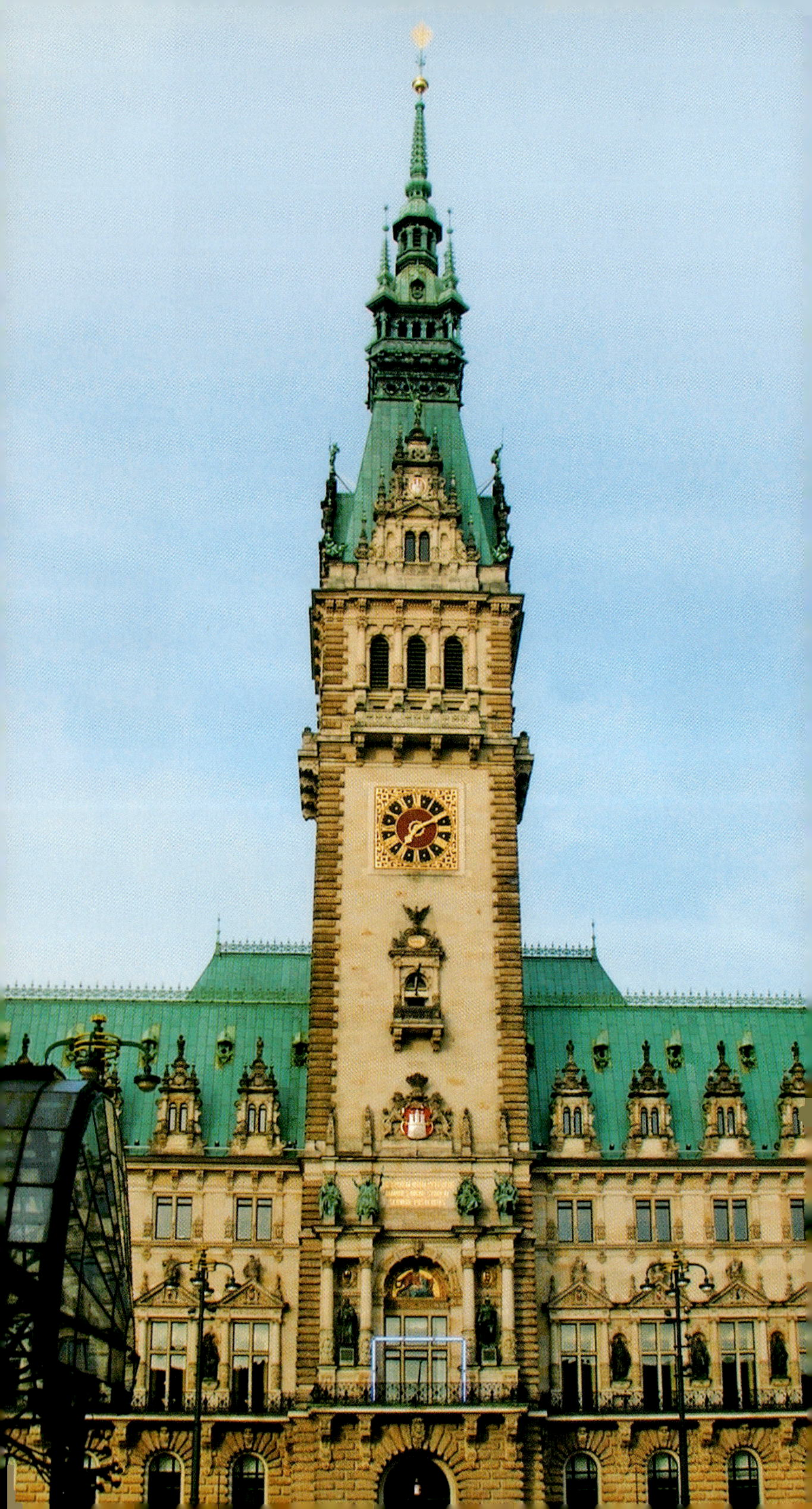

DIE STADTTEILE HAMBURGS | **55**

Altstadt

Schon von Weitem erkennt man die Altstadt an den Türmen von vier Hauptkirchen. Auch wenn bei Ausgrabungen Ruinen aus den frühen Tagen Hamburgs freigelegt wurden – insgesamt ist hier nur wenig historische Bausubstanz erhalten. Weite Teile der Altstadt fielen dem Großen Brand von 1842 zum Opfer. Nur einige alte Häuser in der Deichstraße lassen noch die Schönheit des alten Hamburg erahnen. Eine neue architektonische und stadtgeschichtliche Epoche läuteten die Kontorhäuser um den Burchardplatz ein, die in den 1920er Jahren entstanden. Zu den schönsten Plätzen Hamburgs gehört zweifellos der Rathausmarkt mit dem imposanten Rathaus, bei dessen Bau alle hanseatische Zurückhaltung über Bord geworfen wurde. Besonders eindrucksvoll ist der Blick auf den Platz von den Alsterarkaden aus. Mit diesem strahlend weißen, rundbogigen Arkadengang zeigt sich Hamburg hier von seiner venezianischen Seite.

Sehenswürdigkeiten auf einen Blick

Kirchen
- ❹ St. Petri
- ❼ St. Jacobi
- ⓬ St. Katharinen
- ⓭ Mahnmal St. Nikolai

Museen und Sammlungen
- ❷ Bucerius Kunst Forum
- ❽ *Hamburger Kunsthalle S. 64 f*
- ❿ Deichtorhallen
- ⓰ RED Gallery
- ⓲ Chocoversum

Historisches Gebäude
- ❶ *Rathaus S. 60 f*

Straßen und Plätze
- ❸ Alsterarkaden
- ❺ Domplatz
- ⓱ Deichstraße

Theater
- ❻ Thalia Theater

Weitere Sehenswürdigkeiten
- ❾ Hauptbahnhof
- ⓫ Chilehaus
- ⓮ Börse
- ⓯ Alsterfleet

Restaurants
siehe S. 188
1. Alt Hamburger Aalspeicher
2. Café Paris
3. Daniel Wischer
4. Deichgraf
5. Fillet of Soul
6. Mama
7. Le Plat du Jour
8. Saliba Alsterarkaden
9. Ti Breizh
10. Tschebull
11. Weltbühne

Stadtplan *5–6, 9–10*

◀ Das Rathaus *(siehe S. 60 f)* mit dem 112 Meter hohen Turm   Zeichenerklärung *siehe hintere Umschlagklappe*

Im Detail: Rathaus und Alsterarkaden

Das im Stil der Neorenaissance errichtete Rathaus ist eines der Wahrzeichen Hamburgs. Sowohl die Fassade als auch die Innenräume beeindrucken durch aufwendige Verzierungen und eine opulente Ausstattung. Über den weitläufigen Rathausmarkt gelangt man zu den Alsterarkaden. Unter dem weißen Bogengang finden sich zahlreiche exklusive Läden, die zu einem Einkaufsbummel verlocken. Die verschiedenen Bistros und Cafés mit Blick auf die Alster laden zum Verweilen ein.

★ ❷ Bucerius Kunst Forum
Auch nach dem Umzug (2019) vom Rathausmarkt an den Alten Wall präsentiert das Bucerius Kunst Forum hochkarätige Ausstellungen.

★ Hygieia-Brunnen
Anlässlich der überwundenen Cholera-Epidemie von 1892 wurde dieser dreischalige Brunnen im Innenhof des Rathauses errichtet. Überragt wird er von Hygieia, der griechischen Göttin der Gesundheit.

Legende
— Routenempfehlung

0 Meter   100

Skulpturengruppe
Diese Figurengruppe *Theorie und Praxis in Wissenschaft und Technik* des Bildhauers Waldemar Otto (*1929) wurde im Jahre 2005 auf dem Hauptportal der Börse aufgestellt.

Löwe am Rathaus
Große steinerne Löwen bewachen das Hamburger Rathaus.

RATHAUS UND ALSTERARKADEN | 57

★ ❸ Alsterarkaden
Nach dem Großen Brand von 1842, der einen Großteil der Altstadt in Schutt und Asche legte, schuf Alexis de Chateauneuf die venezianisch anmutenden Alsterarkaden.

Zur Orientierung
Siehe Stadtplan 5–6, 9–10

★ Gedenkstein
Auf der Rückseite dieses an die Gefallenen des Ersten Weltkriegs erinnernden Gedenksteins befindet sich ein rekonstruiertes Relief von Ernst Barlach. Es stellt eine trauernde Mutter mit Kind dar.

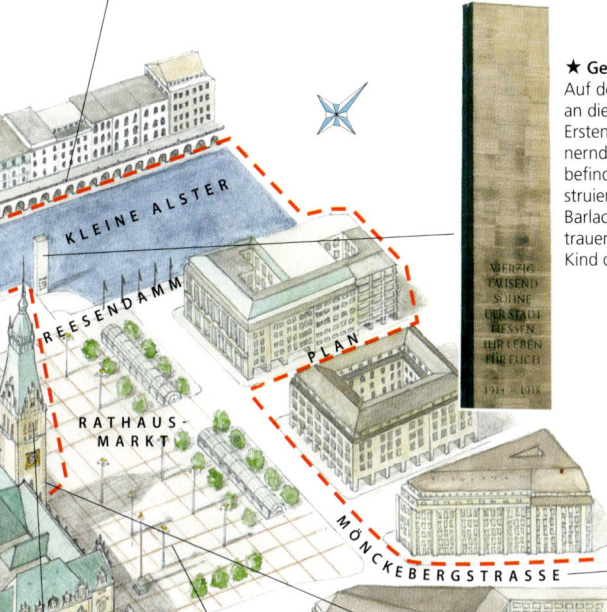

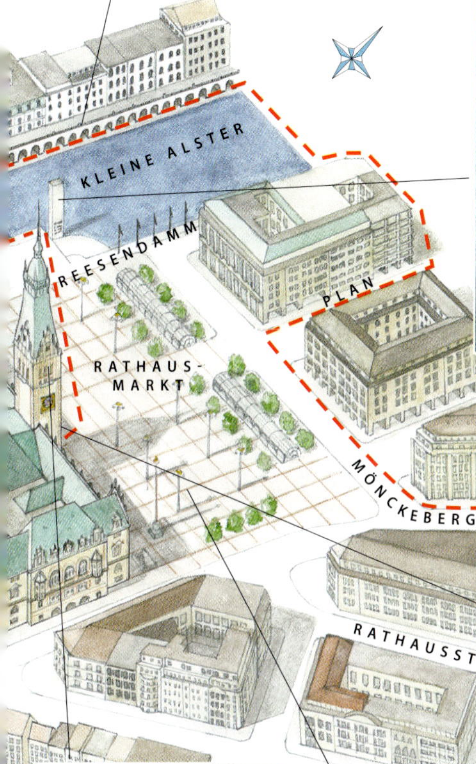

Die Mönckebergstraße ist eine der beliebtesten Shopping-Meilen in der Hansestadt. Sie erstreckt sich zwischen Rathausmarkt und Hauptbahnhof und zählt zu den meistbesuchten Einkaufsstraßen Deutschlands.

Der Rathausmarkt wird das ganze Jahr über für die verschiedensten Veranstaltungen genutzt – von Konzerten im Sommer bis zum Weihnachtsmarkt im Winter.

★ ❶ Rathaus
Das 1886–97 im Stil der Neorenaissance errichtete Rathaus beeindruckt durch seine gewaltigen Ausmaße und den 112 Meter hohen Turm.

Portal
Das mit Figuren, Gemälden und dem Hamburger Wappen geschmückte Rathausportal dokumentiert das Selbstbewusstsein des Stadtstaates.

Stadtplan siehe Seiten 242–257

St. Petri: älteste Hauptkirche der Stadt

❶ Rathaus

Siehe S. 60 f.

❷ Bucerius Kunst Forum

Rathausmarkt 2 (ab 2019: Alter Wall 10–12). **Stadtplan** 10 D3. **Karte** J7. 📞 (040) 360 99 60. Ⓤ Jungfernstieg, Rathaus. Ⓢ Jungfernstieg. 🚌 3, 4, 5, 6, 31, 34, 35, 36, 37. 🕐 tägl. 11–19 Uhr (Do bis 21 Uhr). ⚫ 24. Dez. 🅿♿🎧📷
🌐 buceriuskunstforum.de

Das von der ZEIT-Stiftung getragene Bucerius Kunst Forum zeigt Ausstellungen, in denen Themen von der Antike bis zur klassischen Moderne präsentiert werden. Ein Anliegen des Hauses ist es, Brücken zwischen alter und moderner Kunst sowie zwischen europäischen und fremden Kulturen zu schlagen. Entsprechend breit ist das thematische Spektrum jeder Veranstaltung. Das Programm umfasst hochrangige, von renommierten Gastkuratoren konzipierte Ausstellungen, ergänzt durch Vorträge, Lesungen und gelegentliche Musikdarbietungen.

Das Bucerius Kunst Forum wurde im Jahr 2002 im ehemaligen Gebäude der Reichsbank direkt am Rathausmarkt eröffnet. Mit dem Umzug (2019) nur wenige Meter weiter in die Bucerius Passage am Flanierboulevard Alter Wall verbunden ist eine Vergrößerung der Ausstellungsfläche auf rund 800 Quadratmeter. Sehr großzügig am neuen Standort präsentiert sich das einladend wirkende Auditorium mit Lichthof und Foyer.

❸ Alsterarkaden

Stadtplan 10 D3. **Karte** J7. Ⓤ Jungfernstieg, Rathaus. Ⓢ Jungfernstieg. 🚌 3, 4, 5, 6, 31, 34, 35, 36, 37.

Entlang der Kleinen Alster erstrecken sich die Alsterarkaden, eine von Hamburgs angesagtesten Adressen für exklusives Shopping und stilvolles Speisen. Boutiquen und Modeläden mit Designerwaren laden ebenso zum Verweilen ein wie Weinlokale und Bistros, die – besonders bei schönem Wetter – zum mediterranen Flair beitragen.

Die Alsterarkaden entstanden nach dem Großen Brand von 1842, bei dem die meisten Gebäude im Gebiet zwischen Binnenalster und Rathausmarkt niedergebrannt waren. Der Architekt Alexis de Chateauneuf entwarf den Säulengang im venezianischen Stil und konzipierte auch die dahinterliegenden Gebäude. Viele weitere Baumeister und Stadtplaner ließen sich von dieser Gestaltung inspirieren.

Von den Straßencafés bietet sich ein schöner Blick aufs Wasser.

Am südlichen Ende der Alsterarkaden liegt die Schleusenbrücke mit einem Wehr, das der Wasserstandsregulierung der Binnenalster dient.

❹ St. Petri

Bei der Petrikirche 2. **Stadtplan** 10 E3. **Karte** J7. 📞 (040) 325 74 00. Ⓤ Jungfernstieg, Rathaus. Ⓢ Jungfernstieg. 🚌 4, 5, 6, 31, 34, 35, 36, 37. 🕐 Mo–Fr 10–18.30 (Mi bis 19), Sa 10–17, So 9–20 Uhr.
🌐 sankt-petri.de

Das nach dem Apostel Petrus benannte Gotteshaus ist die älteste der fünf Hamburger Hauptkirchen: Die vermutlich im 11. Jahrhundert errichtete Kirche wurde 1195 erstmals erwähnt. Um 1310 begann die Erweiterung zur dreischiffigen gotischen Hallenkirche. Mit der Fertigstellung des zweiten südlichen Seitenschiffs waren die Baumaßnahmen etwa im Jahr 1420 abgeschlossen.

1842 fiel das Gebäude dem Großen Brand zum Opfer. Von der Fassade blieb nur sehr wenig erhalten, die wichtigsten Schätze des Inneren konnten allerdings ebenso gerettet werden wie der bekannte bronzene Türgriff in Form eines Löwenkopfs (1342) am Westportal.

Der auf den Fundamenten errichtete neogotische Neubau orientierte sich am mittelalterlichen Vorbild und wurde

Der Gedenkstein vor den Alsterarkaden erinnert an die Opfer des Kriegs

Domplatz mit Markierungen der früheren Kirchenpfeiler

bereits 1849 geweiht. Den Zweiten Weltkrieg überstand die Petrikirche relativ unbeschadet. Einige Kunstwerke – darunter ein gotisches Tafelbild (um 1460) und eine Holzstatue (um 1480) – zeigen den von Papst Nikolaus I. heiliggesprochenen Bischof Ansgar von Hamburg und Bremen (801–865). Die Fassade zieren u. a. Skulpturen der Evangelisten.

Den 133 Meter hohen, 1878 fertiggestellten Kirchturm kann man über 544 Stufen bis auf eine Höhe von 123 Metern besteigen. Von hier oben bietet sich ein fantastischer Blick über die gesamte Hamburger Innenstadt.

❺ Domplatz

Stadtplan 10 E3–4. **Karte** JK7. 🅄 Jungfernstieg, Rathaus. Ⓢ Jungfernstieg. 🚍 4, 5, 6, 31, 34, 35, 36, 37. 📞 (040) 325 74 00. 🕐 Mo–Fr 10–13, 15–17, Sa 10–13 Uhr.

Der Domplatz gilt als Keimzelle Hamburgs. Hier wurden Teile einer Anlage freigelegt, die erst als Überreste der sagenumwobenen Hammaburg (siehe S. 21) gedeutet wurden. Sie war 817 von Franken erbaut und 845 von Wikingern zerstört worden. Untersuchungen ergaben jedoch, dass es sich bei den Funden um Relikte des Mariendoms handelte und nicht der Festung, der die Stadt ihren Namen verdankt.

Nach Abschluss der Grabungsarbeiten, die unter Leitung des Hamburger Helms-Museums für Archäologie erfolgten, entschied man sich für eine Begrünung des Domplatzes. Die räumliche Struktur des Mariendoms dokumentieren 39 weiße Plexiglasquader an Standorten früherer Säulen. Sehr stimmungsvoll ist die Atmosphäre am Domplatz bei Dunkelheit, wenn die als Sitzbänke genutzten Quader von innen leuchten.

Am nördlichen Rand des Domplatzes war bereits 1962 in einer Tiefe von etwa drei Metern u. a. ein Steinring mit einem äußeren Durchmesser von 19 Metern freigelegt worden, bei dem es sich um einen Rest der auf das 11. Jahrhundert datierten Bischofsburg handelt. Sie zählt zu den ältesten steinernen Befestigungsbauten nördlich der Elbe. Der Schauraum im Untergeschoss des Gemeindehauses von St. Petri birgt einige Ausgrabungsstücke, die besichtigt werden können.

Türklopfer an der St. Petrikirche

❻ Thalia Theater

Alstertor. Stadtplan 10 E3. **Karte** K7. 📞 (040) 32 81 40. 🅄 Mönckebergstraße, Jungfernstieg. Ⓢ Jungfernstieg. 🚍 4, 5, 6, 31, 34, 35, 36, 37. 🕐 nur für Gruppen nach Anmeldung. **Kasse** 📞 (040) 32 81 44 44. 🕐 Mo–Sa 10–19, So, Feiertage 16–18 Uhr. 🌐 thalia-theater.de

Das nach der Muse des Lustspiels benannte Thalia Theater ist eine Institution in Hamburg. Gegründet wurde die Traditionsbühne 1843 von Charles Maurice Schwartzenberger (1805–1896). Seither wechselte der Sitz der ältesten Bühne der Stadt einige Male. 1912 eröffnete man das heutige Haus, das 1945 zerstört wurde. Erst 1960 konnte der volle Spielbetrieb in dem wiedererrichteten Bau erneut aufgenommen werden.

Auch wenn der Theaterbau nicht so prunkvoll wirkt wie z. B. das Deutsche Schauspielhaus (siehe S. 129), zählt das Thalia zu den renommiertesten Bühnen Deutschlands: Es wurde 1989, 2003 und 2007 zum »Theater des Jahres« gewählt. Das Repertoire umfasst etwa 30 Produktionen. Dabei wird ein breites Spektrum abgedeckt – von Sophokles über William Shakespeare, Friedrich Schiller und Franz Kafka bis zu zeitgenössischen Autoren wie Elfriede Jelinek. Typisch für das Thalia ist die klare Regie-Handschrift: Persönlichkeiten wie Peter Zadek oder Jürgen Flimm arbeiteten hier mit Erfolg.

Das Thalia ist einer der Spielorte beim Hamburger Theater Festival (siehe S. 46) und bei den Lessingtagen (siehe S. 47).

Eine für zeitgenössisches Theater bekannte Dependance (Thalia in der Gaußstraße) befindet sich in Altona.

Die Muse des Lustspiels an der Fassade des Thalia Theaters

Stadtplan siehe Seiten 242–257

❶ Rathaus

Ein Symbol für das sprichwörtliche hanseatische Understatement ist das Rathaus nicht gerade, schließlich wurde für das beeindruckende, 1886–97 im Stil der Neorenaissance errichtete Bauwerk ordentlich geklotzt: Neben den gewaltigen Ausmaßen (111 mal 70 Meter) und dem 112 Meter hohen Turm besticht vor allem die aufwendig mit Skulpturen verzierte Fassade – unter anderem 20 deutsche Kaiser sind an der Front zum Rathausmarkt dargestellt. Das auf mehr als 4000 Holzpfählen thronende Rathaus – Sitz der Hamburger Bürgerschaft und des Senats – umfasst 647 Räume.

★ **Plenarsaal der Bürgerschaft**
Der Sitzungssaal des Parlaments zählt zu den größten und zugleich schlichtesten Räumen des Rathauses.

Tür zum Großen Festsaal
Die Innenausstattung des Saals wurde erst zu Beginn des 20. Jahrhunderts völlig fertiggestellt.

Haupteingang

★ **Bürgermeistersaal**
Blickfang des prächtig ausgestatteten Saales ist dieses Gemälde von Hugo Vogel. Es zeigt den Senat in seiner Amtstracht während der Einweihung des Rathauses im Jahr 1897.

RATHAUS | 61

★ Großer Festsaal
Dieser Saal wird von drei riesigen Kronleuchtern beherrscht. Das Wandgemälde im Hintergrund vermittelt einen Eindruck des Hamburger Hafens zu Beginn des 20. Jahrhunderts.

Infobox

Information
Rathausmarkt 1.
Stadtplan 10 D3. **Karte** J7.
☎ (040) 428 31 20 64.
🕒 Mo–Fr 11–16, Sa 10–17, So 10–16 Uhr.
🌐 hamburg.de/rathaus

Anfahrt
Ⓤ Jungfernstieg, Rathaus.
Ⓢ Jungfernstieg.
🚌 3, 4, 5, 6, 31, 34, 35, 36, 37.

Hygieia-Brunnen im Innenhof
Die Bronzefiguren am Rand des Hygieia-Brunnens stellen die Bedeutung des Wassers für die verschiedensten Bereiche dar – zum Beispiel für die Schifffahrt.

Hamburger Wappen am Rathaus

★ Ratsstube
Einmal wöchentlich tagt der Senat in diesem Sitzungssaal. Auf den beiden Stühlen unter dem Baldachin nehmen die Bürgermeister Platz, während die Senatoren und Staatsräte sich um den hufeisenförmigen Tisch gruppieren.

Gewölbe
Das Bogengewölbe der Rathausdiele wird von 16 mächtigen Sandsteinsäulen getragen.

Außerdem

① **Vier kupferne Figuren** symbolisieren die bürgerlichen Staatstugenden.

② **Das Zifferblatt** der Turmuhr hat eine Seitenlänge von fünf Metern.

③ **Der rechte Flügel** des Rathauses wird vom Hamburger Senat genutzt.

Stadtplan *siehe Seiten* 242–257

❼ St. Jacobi

Jakobikirchhof 22. **Stadtplan** 10 E3. **Karte** K7. ☎ (040) 303 73 70. Ⓤ Mönckebergstraße. Ⓢ Hauptbahnhof. 🚌 4, 5, 6, 31, 34, 35, 36, 37. 🕐 Mo–Sa 10–17 (Okt–März: ab 11 Uhr), So nach dem Gottesdienst bis 17 Uhr. tel. erfragen.
🌐 jacobus.de

Die gotische Jacobikirche, eine der Hauptkirchen der Hansestadt, wurde in der zweiten Hälfte des 14. Jahrhunderts errichtet. Im 15. Jahrhundert erweiterte man die dreischiffige Hallenkirche um ein zweites südliches Seitenschiff. Von den drei Altären ist der St.-Lukas-Altar (um 1500) kunsthistorisch am wertvollsten. Er stand ursprünglich im Hamburger Mariendom. Die Stifter ließen sich gemäß mittelalterlichem Brauch in das Bild auf der Innenseite hineinmalen. Im linken Seitenschiff der Kirche steht eine im 17. Jahrhundert gefertigte Statue des Namenspatrons, des heiligen Jacobus. Auf den Deckengemälden sind Bürgertugenden dargestellt.

Ein wahres Juwel ist die 1689–93 von Arp Schnitger gebaute Orgel auf der westlichen Empore. Sie ist die größte noch erhaltene Barockorgel Nord- und Mitteleuropas, auch Johann Sebastian Bach spielte auf ihr. Nach Abschluss der grundlegenden Restaurierung ist sie sonntags beim Gottesdienst und bei Orgelkonzerten zu hören.

Der St.-Petri-Altar (1508) befindet sich im ersten Südschiff der Jacobikirche

❽ Hamburger Kunsthalle

Siehe S. 64 f.

❾ Hauptbahnhof

Kirchenallee. **Stadtplan** 10 F2–3. **Karte** L6–7. Ⓤ Hauptbahnhof. Ⓢ Hauptbahnhof. 🚌 4, 5, 6, 31, 34, 35, 36, 37, 112.

Der Hamburger Hauptbahnhof ist die bedeutendste Drehscheibe des Schienenverkehrs in Norddeutschland. Von den 14 Bahngleisen bestehen Verbindungen in zahlreiche andere Städte. Mit täglich etwa 450 000 Reisenden und Besuchern gehört er zu den meistfrequentierten Bahnhöfen in Deutschland. Als Schnittpunkt mehrerer Linien von S-Bahn und U-Bahn, deren Gleise unterhalb bzw. außerhalb der Bahnhofshalle liegen, ist der Hauptbahnhof auch zentraler Knotenpunkt des Hamburger Verkehrsverbunds.

Das im Stil der Neorenaissance errichtete Gebäude wurde am 6. Dezember 1906 eröffnet. Die 37 Meter hohe, von einer Stahl-Glas-Konstruktion überspannte Bahnhofshalle ist mit 206 Metern Länge und 135 Metern Breite die größte in Deutschland.

1991 wurde mit der Wandelhalle das bundesweit erste Einkaufszentrum in einem Hauptbahnhof eröffnet. Neben rund 20 Läden und einem reichen gastronomischen Angebot findet man hier auch das Reisezentrum der Deutschen Bahn (www.wandelhalle-hamburg.de).

❿ Deichtorhallen

Deichtorstraße 1–2. **Stadtplan** 10 F4. **Karte** L8. ☎ (040) 32 10 30. Ⓤ Steinstraße, Meßberg. Ⓢ Hauptbahnhof. 🚌 112. 🕐 Di–So 11–18 Uhr (1. Do im Monat bis 21 Uhr). ⊘ 24. u. 31. Dez.
🌐 deichtorhallen.de

Die beiden monumentalen Hallen wurden 1911–14 auf dem Gelände des ehemaligen Berliner Bahnhofs erbaut. Mit 3800 bzw. 1800 Quadratmetern sind die Stahlkonstruktionen schöne Beispiele der Industrie-Architektur des Jugendstils. Erst fungierten sie als Markthallen, ab 1984 standen sie einige Zeit leer.

Seit 1989 werden die Deichtorhallen für Kunstausstellungen genutzt. Im Lauf der Zeit entwickelten sie sich zu einem der europaweit größten Ausstellungszentren: Das Internationale Haus der Fotografie in der südlichen Deichtorhalle widmet sich der Entwicklung der Fotokunst seit ihren Anfängen. In der nördlichen Deichtorhalle wird in Kunstausstellungen Gegenwartskunst bekannter und weniger bekannter Maler und Bildhauer präsentiert. Zum Rahmenprogramm gehören Symposien und Gespräche mit Künstlern.

Vor dem Hamburger Hauptbahnhof

Nördlich der Deichtorhallen befindet sich das Gebäude des 1817 gegründeten **Kunstvereins in Hamburg**. Das in einer ehemaligen Markthalle untergebrachte Ausstellungshaus widmet sich auf zwei Stockwerken der zeitgenössischen Kunst und komplettiert die renommierte Hamburger Kunstmeile (*siehe S. 32*).

Kunstverein in Hamburg
Klosterwall 23. (040) 32 21 57.
Di–So 12–18 Uhr.
kunstmeile-hamburg.de/haeuser/kunstverein-hamburg

⓫ Chilehaus

Burchardplatz/Pumpenstraße. **Stadtplan** 10 E4. **Karte** K8. Steinstraße, Meßberg. Hauptbahnhof. 4, 5, 6, 31, 34, 35, 36, 37.

Das zehnstöckige Chilehaus (1922–24) ist ein markantes Beispiel der Backsteinarchitektur der 1920er Jahre. Wegen seines schlanken, unkonventionellen Baukörpers wurde das bekannteste Bürohaus Hamburgs mit dem Beinamen »Ozeanriese« bedacht. Mit seinem spitzwinkligen Grundriss bei starker Betonung der Vertikalen erinnert das Gebäude an einen gigantischen Schiffsbug – insbesondere, wenn man das Bauwerk von der »Bugspitze« im Osten betrachtet. Für den Bau nach Plänen des Architekten Fritz Höger wurden ca. fünf Millionen Backsteine verwendet. Seinen Namen erhielt das Haus, weil der Auftraggeber Henry Brarens Sloman, ein Hamburger Kaufmann und Reeder, sein Vermögen dem Salpeterhandel in Chile verdankte.

Exemplarisch für expressionistische Architektur: das Chilehaus

Kontorhausviertel

Im Südosten der Altstadt erstreckt sich rund um den Burchardplatz zwischen Brandstwiete und Klosterwall, Steinstraße und Meßberg das Kontorhausviertel mit seinen eindrucksvollen Bürohäusern. Typische architektonische Elemente dieser im Stil des Expressionismus der 1920er Jahre gestalteten Häuser sind die Stahlbetonbauweise mit Klinkerfassaden, die Hervorhebung der Vertikalen durch Stützpfeiler, die breiten Fenster und die repräsentativen Eingänge. Einige Kontorhäuser haben einen Paternoster, der bis heute in Betrieb ist. Das auffälligste Kontorhaus ist das Chilehaus. Weitere sehr interessante Beispiele sind der Sprinkenhof als größtes Gebäude des Ensembles, der von Erkern geprägte Montanhof oder der Meßberghof mit seiner Wendeltreppe, die sich elf Stockwerke hochschraubt.

Fassade des 1927–43 erbauten Sprinkenhofs

⓬ St. Katharinen

Katharinenkirchhof 1. **Stadtplan** 10 D4. **Karte** J8. (040) 30 37 47 30. Jungfernstieg. 3, 4, 6. Mo–Fr 10–17, Sa, So 11–17 Uhr.
katharinen-hamburg.de

Die wegen ihrer Nähe zum Wasser auch »Kirche der Seeleute« genannte Katharinenkirche ist eine der fünf Hauptkirchen Hamburgs. Erstmals erwähnt wurde sie 1256. Vom ersten Bau stammt noch der Turmschaft, der in Dokumenten als das älteste aufrecht stehende Bauwerk der Stadt bezeichnet wurde. Der von einer doppelten Arkadenrunde geprägte barocke Turmhelm – ein wichtiges Element der Hamburger Skyline – wurde 1656/57 aufgesetzt.

Nach Bombenschäden 1943/44 wurde das Äußere der Kirche in seiner alten Form aufgebaut. Der einst reich ausgestattete Innenraum ist nun schlicht gehalten. Zu den wenigen älteren Kunstwerken gehören ein hölzernes Bildnis der heiligen Katharina (15. Jh.) und Spätrenaissance-Epitaphe (16./17. Jh.).

Im Kirchhof findet dienstags ein Wochenmarkt statt.

Stadtplan *siehe Seiten 242–257*

⑧ Hamburger Kunsthalle

Die Tradition einer der interessantesten Kunstsammlungen Deutschlands, der Hamburger Kunsthalle, reicht bis in das Jahr 1817 zurück, als der Kunstverein, eine Vereinigung bürgerlicher Kunstfreunde, gegründet wurde. Das Museum war ab 1869 für die Öffentlichkeit zugänglich. Die Sammlung bietet einen Überblick über die europäische Kunstbewegung. Die deutsche Romantik mit Vertretern wie Caspar David Friedrich und Philipp Otto Runge bildet einen Schwerpunkt. 1997 wurde die Galerie der Gegenwart für die moderne Sammlung gebaut. Der Architekt Mathias Ungers entwarf den schlichten Würfel, der die zeitgenössischen Kunstwerke beherbergt. Die mehrjährige Modernisierung der Kunsthalle wurde 2016 abgeschlossen.

★ *Der Morgen* (1808)
Das Gemälde von Philipp Otto Runge sollte Teil einer Reihe mit dem Titel *Tageszeiten* werden, doch Runge starb im Jahr 1810.

Simeon und Hanna im Tempel (um 1627)
Thema des Bildes ist die Offenbarung der Göttlichkeit Christi. Mit seiner meisterlichen Ausdruckskraft lässt Rembrandt den Betrachter die Dramatik der Situation spüren.

Hochaltar aus der St. Petrikirche (1379)
Das Tafelbild von Meister Bertram von Minden zeigt eine bewundernswerte Detailfülle. Meister Bertram arbeitete in Hamburg und war der erste namentlich bekannte Künstler in Deutschland.

★ *Das Eismeer* (1823/24)
Das dramatische Seestück von Caspar David Friedrich mit einem sinkenden Schiff hinter den sich auftürmenden Eisschollen hat starke Symbolkraft.

Rotunde

Erdgeschoss

HAMBURGER KUNSTHALLE | 65

Selbstbildnis mit Modell (1910/26)
Ernst Ludwig Kirchner übermalte 16 Jahre nach Fertigstellung einige Stellen, um die Distanz zwischen Modell und Künstler stärker zu betonen.

Infobox

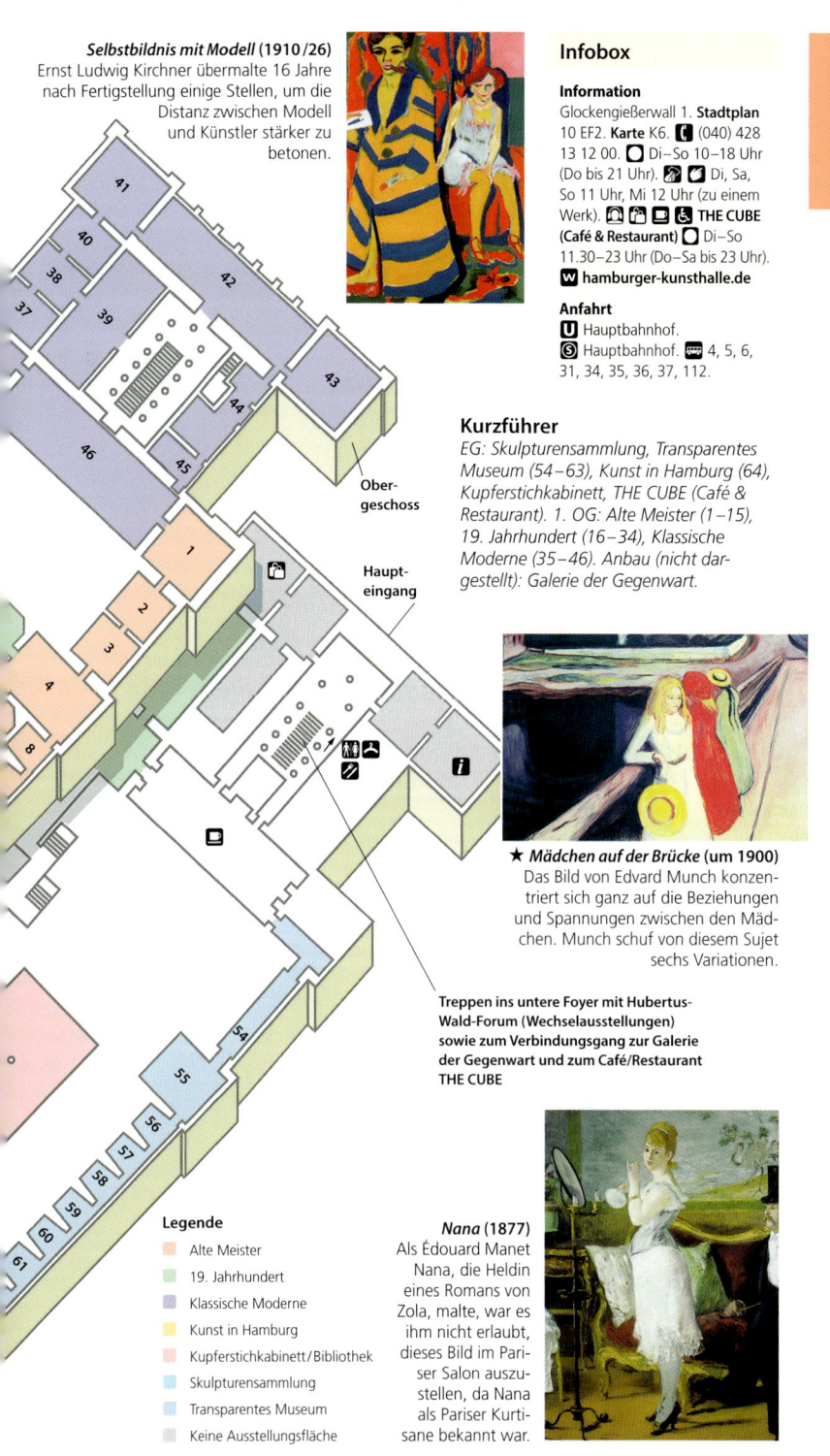

Information
Glockengießerwall 1. **Stadtplan** 10 EF2. **Karte** K6. (040) 428 13 12 00. Di–So 10–18 Uhr (Do bis 21 Uhr). Di, Sa, So 11 Uhr, Mi 12 Uhr (zu einem Werk). THE CUBE (Café & Restaurant) Di–So 11.30–23 Uhr (Do–Sa bis 23 Uhr).
W hamburger-kunsthalle.de

Anfahrt
U Hauptbahnhof.
S Hauptbahnhof. 4, 5, 6, 31, 34, 35, 36, 37, 112.

Kurzführer
EG: Skulpturensammlung, Transparentes Museum (54–63), Kunst in Hamburg (64), Kupferstichkabinett, THE CUBE (Café & Restaurant). *1. OG:* Alte Meister (1–15), 19. Jahrhundert (16–34), Klassische Moderne (35–46). Anbau (nicht dargestellt): Galerie der Gegenwart.

Obergeschoss

Haupteingang

★ ***Mädchen auf der Brücke*** (um 1900)
Das Bild von Edvard Munch konzentriert sich ganz auf die Beziehungen und Spannungen zwischen den Mädchen. Munch schuf von diesem Sujet sechs Variationen.

Treppen ins untere Foyer mit Hubertus-Wald-Forum (Wechselausstellungen) sowie zum Verbindungsgang zur Galerie der Gegenwart und zum Café/Restaurant THE CUBE

Legende
- Alte Meister
- 19. Jahrhundert
- Klassische Moderne
- Kunst in Hamburg
- Kupferstichkabinett/Bibliothek
- Skulpturensammlung
- Transparentes Museum
- Keine Ausstellungsfläche

Nana (1877)
Als Édouard Manet Nana, die Heldin eines Romans von Zola, malte, war es ihm nicht erlaubt, dieses Bild im Pariser Salon auszustellen, da Nana als Pariser Kurtisane bekannt war.

Stadtplan *siehe Seiten 242–257*

⑬ Mahnmal St. Nikolai

Willy-Brandt-Straße 60. **Stadtplan** 10 D4. **Karte** J8. (040) 37 11 25. Rödingsmarkt. Stadthausbrücke. 3, 31, 35, 37. Mai–Sep: tägl. 10–18 Uhr; Okt–Apr: tägl. 10–17 Uhr. tel. erfragen. mahnmal-st-nikolai.de

Die Ruine der im Zweiten Weltkrieg zerstörten Nikolaikirche ist heute architektonische Sehenswürdigkeit und Mahnmal zugleich. Der erste Kirchenbau an dieser Stelle wurde 1195 erstmals urkundlich erwähnt. Bis Mitte des 14. Jahrhunderts erfolgte die Erweiterung zu einer dreischiffigen Hallenkirche, die ungefähr 500 Jahre lang nahezu unverändert blieb. 1842 fiel der Kirchenbau dem Großen Brand zum Opfer, in den Jahren 1846–74 wurde das Gotteshaus im neogotischen Stil wiederaufgebaut. Der 1874 fertiggestellte Turm zählt mit 147 Metern zu den höchsten Kirchtürmen in Deutschland.

Bei Bombenangriffen erlitt die Nikolaikirche 1943 schwere Schäden. Der stark zerstörte Turm und die Mauerreste konnten dank großzügiger Spenden und der Bereitstellung öffentlicher Mittel restauriert werden. Man entschied sich jedoch, auf einen kompletten Wiederaufbau zu verzichten, und errichtete stattdessen 1960–62 nordwestlich der Außenalster die neue Nikolaikirche (Harvestehuder Weg 114). Die Ruine ist heute eine Gedenkstätte, die zum Frieden mahnt. Das zu einer internationalen Begegnungsstätte ausgebaute Dokumentationszentrum neben dem Kirchturm hat man zu einem Museum umgestaltet, das 2013 eröffnet wurde. Die Dauerausstellung trägt den Titel »Gomorrha 1943 – Die Zerstörung Hamburgs im Luftkrieg«.

Eine touristische Attraktion ist der 2005 eingebaute gläserne Fahrstuhl, mit dem die Besucher im Inneren des Turms zu einer 76 Meter hoch gelegenen Aussichtsplattform fahren und von dort einen fantastischen Ausblick über die Umgebung genießen können.

St. Nikolai ist ein Mahnmal für die Opfer von Krieg und Gewalt

Jeden Donnerstag um 12 Uhr ertönt das Glockenspiel der Nikolaikirche

⑭ Börse

Adolphsplatz 1. **Stadtplan** 10 D3. **Karte** J7. (040) 36 13 83 60. Rathaus. Stadthausbrücke. 3, 4, 5, 6, 31, 34, 35, 36, 37. tel. erfragen. hamburger-boerse.de

Die 1558 gegründete Hamburger Börse gilt als älteste Institution dieser Art in Mittel- und Nordeuropa. Mit der Zunahme des Handels mit Kolonialwaren wurde sie 1841 vom ursprünglichen Standort an der Trostbrücke in das neue Gebäude am Adolphsplatz verlegt. Der von Carl Ludwig Wimmel und Franz Gustav Forsmann erbaute spätklassizistische Bau überstand im folgenden Jahr den Großen Brand unbeschadet. Mit dem ab 1886 errichteten Rathaus ist das Börsengebäude direkt verbunden, beide Bauwerke bilden ein eindrucksvolles Ensemble.

Die Börse wird von der Handelskammer betrieben, die hier ebenfalls ihren Sitz hat. Der Parketthandel der Wertpapierbörse wurde 2003 eingestellt. Vom früheren Geschehen zeugt noch die Kurstafel an der Wand. Die Börsenmakler handeln in den drei Sälen, die durch Arkaden miteinander verbunden sind, nur noch per Telefon und Computer. Die Getreidebörse ist die einzige noch aktive Warenbörse. Der Handel umfasst u. a. Getreide, Futtermittel und Saatgut.

⓯ Alsterfleet

Stadtplan 9 B5–C3. **Karte** H7–8.
🚇 Rödingsmarkt. Ⓢ Stadthausbrücke. 🚌 31, 35, 37.

Das Alsterfleet ist die Kanalverbindung zwischen der Binnenalster und der Elbe. Es erstreckt sich südlich des Beckens der Kleinen Alster zwischen der Schleusenbrücke und der Schaartorschleuse, wo es am Baumwall in die Elbe mündet. Schon im 12. Jahrhundert regulierte man den Wasserstand der Alster, das Fleet wurde durch Begradigung eines Wasserlaufs errichtet. Heute sorgt die 1967 zum Schutz vor Hochwasser angelegte Schaartorschleuse im Alsterfleet für einen ausgeglichenen Wasserstand, der bei etwa drei Metern über null liegt.

Althamburgische Bürgerhäuser an der Deichstraße

⓰ RED Gallery

Rödingsmarkt 19. **Stadtplan** 9 C4. **Karte** H8. ☎ (040) 36 90 03 29. 🚇 Rödingsmarkt. Ⓢ Stadthausbrücke. 🚌 3, 6, 31, 35, 37. 🕐 Mo–Fr 10–18, Sa 10–14 Uhr.
🌐 redgallery.de

Geologische Funde als einmalige Kunstwerke: In den Räumen des ehemaligen Museums SteinZeiten eröffnete 2009 die RED Gallery. Die Abkürzung RED für »Rare Earth Decor« weist auf das Konzept der Galerie hin – naturgeschichtliche Objekte wie Mineralien, Fossilien und Edelsteine werden in modernem Ambiente als zeitgenössische Kunst präsentiert. Diese weltweit einzigartige Sammlung erhebt Jahrmillionen alte Fundstücke in den Rang von Kunstobjekten, die man auch kaufen kann.

⓱ Deichstraße

Stadtplan 9 C4–5. **Karte** H8.
🚇 Rödingsmarkt. Ⓢ Stadthausbrücke. 🚌 3, 4, 6, 31, 35, 37.

Die Straße am Nikolaifleet ist mit einem traurigen Kapitel der Stadtgeschichte verbunden – hier brach 1842 das Feuer aus, das sich zum Großen Brand ausweitete. Seinen Ausgang nahm der mehrtägige Brand am 5. Mai in einem Speicher des Hauses Nr. 42. Von hier breitete er sich auf die ganze Innenstadt aus. Auch an der Deichstraße fielen einige Häuser den Flammen zum Opfer. Sie wurden überwiegend originalgetreu wiederaufgebaut.

Bei einem Bummel kommt man an den ältesten erhaltenen Kaufmannshäusern Hamburgs vorbei. Bemalte Deckenbalken zieren das Innere von Nr. 25, der 1780 erbaute Bardowicker Speicher in Nr. 27 ist einer der ältesten Speicherbauten der Stadt. Trotz Brandschäden ist Nr. 37 das letzte noch komplett in ursprünglicher Bauweise erhaltene Kaufmannshaus Hamburgs.

In einzelnen Häusern wurden Lokale eröffnet, einige davon sind im Althamburger Stil eingerichtet.

⓲ Chocoversum

Meßberg 1. **Stadtplan** 10 E4. **Karte** K8. ☎ (040) 41 91 23 00. 🚇 Steinstraße, Meßberg. Ⓢ Hauptbahnhof. 🚌 4, 5, 6, 31, 34, 35, 36, 37. 🕐 Zeiten bitte der Website entnehmen. ● 1. Jan, 24. u. 31. Dez.
obligatorisch.
🌐 chocoversum.de

Chocoholics und andere Besucher erfahren in der Erlebniswelt Chocoversum im Rahmen einer spannenden 90-minütigen Genussreise alles über die Produktion von »süßem Gold«. Probieren und mitmachen ist hier ausdrücklich erwünscht. Als Höhepunkt kann jeder Teilnehmer seine eigene Schokolade kreieren und mitnehmen.

Wasserträger Hummel

Dieses Symbol Hamburgs ist weit über die Grenzen der Hansestadt hinaus bekannt. Hinter dem Spitznamen »Wasserträger Hummel« verbirgt sich eine reale Person: Johann Wilhelm Bentz (1787–1854). Wasserträger versorgten seinerzeit die Bewohner alsterferner Gebiete mit Trinkwasser. Bei seiner harten Arbeit riefen die Straßenkinder dem recht dürren Wasserträger spöttisch »Hummel, Hummel« hinterher. Wegen der schweren Last konnte der derart Gepeinigte die Kinder nicht packen und entgegnete ihnen barsch: »Mors, Mors« (plattdeutsche Variante für »Hinterteil«). Darin hat auch der Hamburger Schlachtruf »Hummel, Hummel! – Mors, Mors!« seinen Ursprung. Einige Hamburger verbreiten, das Autokennzeichen HH stehe für »Hummel, Hummel«.

Wasserträger Hummel

Stadtplan *siehe Seiten* 242–257

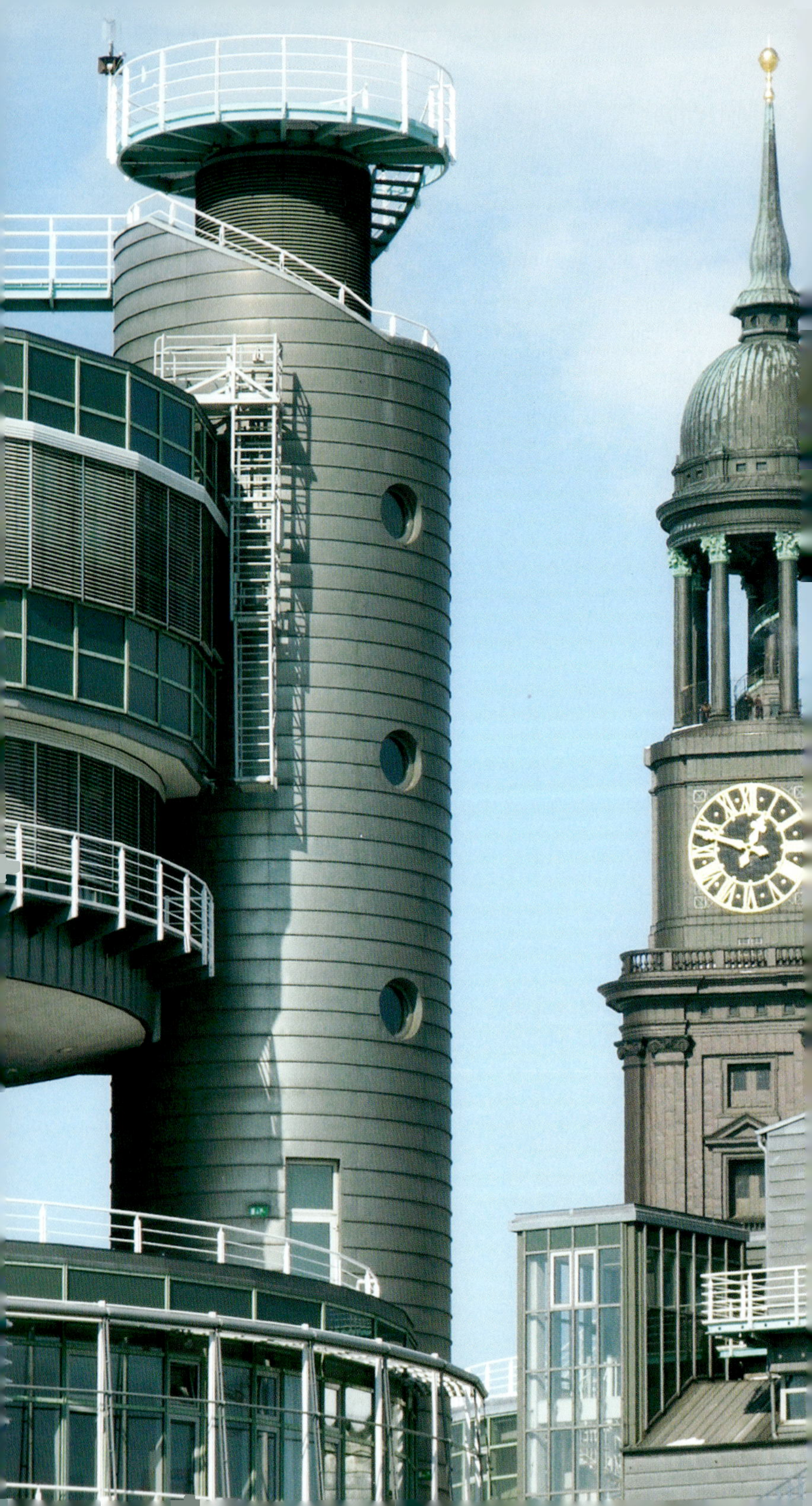

Neustadt

Der Name des Stadtteils ist auf den ersten Blick irreführend, immerhin gehen die Anfänge der Neustadt bereits auf das 17. Jahrhundert zurück. Wichtig für die Neustadt war die Erhebung der Pfarrkirche St. Michaelis zur Hauptkirche, was den Stadtteil erheblich aufwertete. Im Lauf des 19. Jahrhunderts wurden die Befestigungsanlagen am West- und Nordrand in Grünanlagen umgewandelt (Alter Botanischer Garten, Große und Kleine Wallanlagen, Elbpark). Hier entspannen sich Einheimische wie Besucher gerne nach dem Shoppen in den Einkaufspassagen zwischen Gänsemarkt und Alsterfleet. Im Unterschied zur Altstadt blieb die teils überaus idyllisch wirkende Neustadt bis heute ein beliebtes Wohngebiet. Mit dem Großneumarkt gibt es einen zentralen, von Restaurants gesäumten Platz, dessen Wochenmärkte zu den buntesten der Stadt gehören.

Sehenswürdigkeiten auf einen Blick

Kirche
1 *St. Michaelis S. 74 f*

Museen und Sammlungen
6 Museum für Hamburgische Geschichte
7 Johannes-Brahms-Museum

Historisches Gebäude
2 Kramer-Witwen-Wohnung

Straßen, Plätze und Viertel
3 Großneumarkt
4 Portugiesenviertel
10 Colonnaden
11 Passagen
13 Gänsemarkt

Theater
8 Laeiszhalle
12 Staatsoper Hamburg

Weitere Sehenswürdigkeiten
5 Bismarck-Denkmal
9 Fleetinsel
14 *Planten un Blomen S. 78 f*
15 Heinrich-Hertz-Turm

Stadtplan 4, 5, 9

Restaurants
siehe S. 188 f
1 Die Bank
2 Marblau
3 Marinehof
4 Matsumi
5 [m]eatery
6 La Mirabelle
7 Old Commercial Room
8 Rialto
9 Tarantella
10 Zu den alten Krameramtsstuben am Michel

Zeichenerklärung siehe hintere Umschlagklappe

◀ *Verlagshaus von Gruner + Jahr und St. Michaelis (siehe S. 74 f)*

Im Detail: Neustadt

Blickfang der Neustadt ist die St. Michaeliskirche mit ihrem 132 Meter hohen Turm. In unmittelbarer Nähe dieses Wahrzeichens befindet sich die Kramer-Witwen-Wohnung. An dieser Wohnhofanlage aus dem 17. Jahrhundert, die für die Witwen verstorbener Kramer errichtet wurde, lässt sich sehr gut erkennen, wie die städtische Mittelschicht einst lebte. Vorbei an einer Statue der Zitronenjette, eines Hamburger Originals, kommt man zum Großneumarkt. Dieser Marktplatz, der im 17. Jahrhundert angelegt wurde, hat sich mit seinen Lokalen und Cafés zu einem beliebten Treffpunkt der Hamburger entwickelt.

Pelikan-Apotheke
Die Apotheke befindet sich hier seit 1651, die Innenausstattung hat einen ganz eigenen Charme.

Wahrzeichen
In diesem verglasten Hochhaus spiegelt sich der Turm der St. Michaeliskirche.

★ ❶ **St. Michaelis**
Von der Aussichtsplattform dieses Hamburger Wahrzeichens genießt man einen wunderbaren Blick – nicht nur über die Neustadt.

★ ❷ **Kramer-Witwen-Wohnung**
In den zweigeschossigen Fachwerkhäusern aus dem 17. Jahrhundert wohnten einst Witwen. Eine dieser Wohnungen kann man heute noch besichtigen.

0 Meter   50

Legende
— Routenempfehlung

NEUSTADT | **71**

★ Brunnen am Großneumarkt
Der vier Meter hohe Figurenbrunnen (1976) von Doris Waschk-Balz wurde von der Hamburger Feuerkasse gestiftet.

Zur Orientierung
Siehe Stadtplan 4, 5, 9–10

Thämers
In diese rustikale Kneipe mit Bar kehrt auch die Neustädterin Ina Müller gerne mal ein. Die attraktive Lage direkt am Großneumarkt lockt die Gäste auf die Außenplätze.

Die Marktstände am Großneumarkt
bieten an Markttagen (Mi und Sa vormittags) vielfältige frische (Bio-) Lebensmittel aus der Region.

★ Zitronenjette
»Zitroon! Zitroon!« – mit diesem Ausruf tingelte die Zitronenjette, die mit bürgerlichem Namen Johanne Henriette Marie Müller hieß, einst Tag und Nacht durch die Stadt, um die Südfrüchte anzupreisen, die sie zuvor den Matrosen abgekauft hatte.

❸ Großneumarkt
Der baumbestandene Marktplatz im Zentrum der Neustadt wurde bereits im 17. Jahrhundert angelegt. Am nördlichen und östlichen Rand sind noch einige Bauten aus jener Zeit erhalten.

Stadtplan *siehe Seiten 242–257*

❶ St. Michaelis

Siehe S. 74 f.

❷ Kramer-Witwen-Wohnung

Krayenkamp 10. **Stadtplan** 9 B4. **Karte** G8. 📞 (040) 37 50 19 88. 🚇 36, 37. Ⓤ Baumwall, Rödingsmarkt. Ⓢ Stadthausbrücke. 🕐 Apr–Okt: Mo, Mi–Fr 10–17, Sa, So 10–18 Uhr; Nov–März: Sa, So 10–17 Uhr. ♿ (nur für Museum). 🌐 kramerwitwenwohnung.de

Die Kramer-Witwen-Wohnung ist eines der letzten erhaltenen Beispiele einer Hamburger Wohnhofanlage des 17. Jahrhunderts. Die schon seit dem 14. Jahrhundert existierende Berufsvereinigung der Kleinhändler (Kramer) erwarb 1676 dieses Grundstück in unmittelbarer Nähe der Michaeliskirche und ließ darauf zweigeschossige Fachwerkhäuser errichten, in deren Wohnungen die Frauen verstorbener Kramer einziehen. Nach der Auflösung des Krameramts 1863 gingen die Häuser an die Stadt über und wurden bis 1968 weiterhin als Altenwohnungen genutzt.

1974 wurden die Wohnungen restauriert und zum Teil wieder vermietet. Heute sind hier eine Kunstgalerie, ein Antiquariat, Läden und das Restaurant Krameramtsstuben *(siehe S. 189)* mit Hamburger Spezialitäten. Eine Außenstelle des Museums für Hamburgische Geschichte zeigt eine zu einem Museum umgestal-

Die Krameramtsstuben bieten eine gemütliche Atmosphäre

tete Wohnung mit der für die damalige Zeit typischen Möblierung. So bekommt der Besucher einen Eindruck, wie die großstädtischen Mittelschichten einst wohnten.

❸ Großneumarkt

Stadtplan 9 B3. **Karte** G7. Ⓤ Rödingsmarkt, Gänsemarkt. Ⓢ Stadthausbrücke. 🚇 3, 35, 37.

Ein beliebter Treffpunkt für Hamburger wie Besucher der Hansestadt ist der baumbestandene Großneumarkt. Er entstand im 17. Jahrhundert im Zuge der Anlage der Neustadt und wurde so benannt, um ihn von alten Neumarkt in der Nähe der Nikolaikirche zu unterscheiden. Von der einstigen Bebauung rings um den Großneumarkt sind noch einige klassizistische Häuser erhalten. Lebhaft geht es vor allem beim Wochenmarkt am Mittwoch- und Samstagvormittag zu. Um den Großneumarkt findet man einige Lokale, von denen die meisten die Möglichkeit bieten, bei schönem Wetter im Freien zu sitzen. Vor allem im Sommer herrscht Biergartenatmosphäre. Neben Restaurants mit internationaler Küche locken andere mit eher bodenständigen Gerichten viele Gäste an.

Brunnen am Großneumarkt

❹ Portugiesenviertel

Stadtplan 9 A4–B5. **Karte** F8–G9. Ⓤ Baumwall, Landungsbrücken. Ⓢ Landungsbrücken. 🌐 portugiesenviertel-hamburg.de

Im südlichen Teil der Neustadt – zwischen Johannisbollwerk im Süden und Venusberg im Norden – erstreckt sich ein multikulturelles Viertel mit vielen Restaurants mit südeuropäischer Küche. Ein Schwerpunkt liegt dabei auf portugiesischen Bodegas, Tapas-Bars und Cafés, die dem Viertel seinen (inoffiziellen) Namen gaben. Aber auch spanische und italienische sowie brasilianische Lokalitäten sind gut vertreten. Im Sommer werden Tische ins Freie gestellt und vermitteln südeuropäisches Flair.

»Hauptschlagader« ist die diagonal durch das Portugiesenviertel verlaufende Ditmar-Koel-Straße. Das kulturelle Leben umfasst u. a. Degustationen, Ausstellungen, Führungen, Lesungen oder Prozessionen zu Ehren der Madonna von Fátima.

❺ Bismarck-Denkmal

Stadtplan 4 E4. **Karte** F8. Ⓤ Landungsbrücken, St. Pauli. Ⓢ Landungsbrücken. 🚇 36, 37, 112. ⊘ aus Sicherheitsgründen.

Die Statue Otto von Bismarcks (1815–1898) ist mit ihren 34,3 Metern eines der größten Denkmäler in Deutschland. Die 14,8 Meter hohe Granitfigur auf einem mächtigen Sockel zeigt den Reichskanzler, der sich auf ein acht Meter langes Schwert stützt. Den Sockel schmücken einige Reliefs, die Szenen aus der deutschen Geschichte darstellen.

Der Architekt Emil Schaudt und der Bildhauer Hugo Lederer schufen das monumentale Denkmal zwischen 1903 und 1906. Die Granitblöcke stammen aus dem Schwarzwald. Wegen seiner exponierten Lage ist die 625 Tonnen schwere Statue weithin sichtbar, vor allem vom Wasser aus.

NEUSTADT | 73

In der Peterstraße befindet sich auch das Johannes-Brahms-Museum

❻ Museum für Hamburgische Geschichte

Holstenwall 24. **Stadtplan** 4 E3. **Karte** F7. ☎ (040) 428 13 21 00. Ⓤ St. Pauli. 🚌 36, 37, 112. ⏰ Mo, Mi–Fr 10–17, Sa, So 10–18 Uhr. ⊘ 1. Jan, 1. Mai, 24. u. 31. Dez. 📷🎧♿🛍🏛♿
Ⓦ hamburgmuseum.de

Das Museum besitzt die größte stadtgeschichtliche Schausammlung in Deutschland. Besucher begeben sich bei einem Rundgang auf eine Zeitreise durch Hamburg – von der Anlage der Hammaburg im 9. Jahrhundert bis zur Gegenwart. Zentrale Themen sind Hafen und Schifffahrt sowie Handel und Gewerbe. Zu den Highlights gehören die Schiffsmodelle (darunter der Nachbau einer Hansekogge aus dem 14. Jh.) und eine Modelleisenbahn. Auch Handwerk und bürgerliches Leben werden präsentiert.

Der nach Plänen des Architekten Fritz Schumacher im Jahr 1922 fertiggestellte Backsteinbau mit den ausladenden Treppenaufgängen zählt mit seiner imposanten Dachlandschaft zu den schönsten Kulturstätten in ganz Hamburg. Der Innenhof wurde 1989 mit einem Glasdach überbaut. Der so entstandene Lichthof dient der Präsentation größerer Exponate und für Veranstaltungen.

Schiffsschraube vor dem Museum für Hamburgische Geschichte

❼ Johannes-Brahms-Museum

Peterstraße 39. **Stadtplan** 9 A3. **Karte** G7. ☎ (040) 41 91 30 86. Ⓤ St. Pauli, Messehallen. 🚌 36, 37, 112. ⏰ Di–So 10–17 Uhr. ⊘ 1. Jan, 24., 25. u. 31. Dez. 📷🎧
Ⓦ brahms-hamburg.de

Fotos, Briefe, Notendrucke, Konzertprogramme, ein Klavier und viele weitere Erinnerungsstücke zu Leben und Werk von Johannes Brahms (1833–1897; siehe S. 42) zeigt dieses Museum. Das unter Denkmalschutz stehende Barockhaus (18. Jh.) steht nahe dem 1943 zerstörten Geburtshaus des Komponisten. Das Museum birgt eine Präsenzbibliothek mit 600 Bänden und sämtlichen Brahms-Kompositionen auf CD.

Im selben Gebäude ist das Telemann-Museum untergebracht, das an Musikdirektor Georg Philipp Telemann (1681–1767; siehe S. 42) erinnert (www.telemann-hamburg.de). Nebenan steht das Beylingstift (1751), dessen um einen Innenhof gruppierte Fachwerkgebäude detailgenau rekonstruiert wurden.

❽ Laeiszhalle

Johannes-Brahms-Platz. **Stadtplan** 9 B2. **Karte** G6. ☎ (040) 357 66 62 11. Ⓤ Gänsemarkt, Messehallen. 🚌 3, 5, 34, 35, 36, 112. 📷
Ⓦ elbphilharmonie.de/laeiszhalle

Neben der Elbphilharmonie (siehe S. 92–95) zweiter bedeutender Mittelpunkt des Hamburger Konzertlebens ist die Laeiszhalle (gesprochen »Leißhalle«), die ehemalige Musikhalle.

Das 1904–08 im prunkvollen neobarocken Stil errichtete Gebäude bietet ein geradezu wunderbares Ambiente für einen Klassikabend. Hochkarätige Orchester, Ensembles und Solisten geben sich hier ein Stelldichein. Die Halle ist Spielstätte u. a. der Hamburger Symphoniker. Zudem finden hier viele internationale Gastspiele statt.

Neben dem großen Saal mit imposanter Glasdecke und rund 2000 Plätzen umfasst die Laeiszhalle auch einen kleinen Saal mit 640 Plätzen und das Studio E, das 150 Zuhörern Platz bietet.

Mit der 2005 erfolgten Umbenennung der Hamburger Musikhalle in Laeiszhalle wurde das Engagement einer Stiftung der Familie Laeisz gewürdigt, die den Bau finanzierte. Der Platz, an dem die Laeiszhalle steht, wurde im Jahr 1997 am 100. Todestag von Johannes Brahms nach dem berühmten deutschen Komponisten benannt.

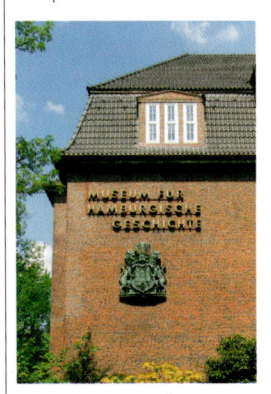

Fassade des Museums für Hamburgische Geschichte

Stadtplan *siehe Seiten 242–257*

❶ St. Michaelis

Die jüngste von Hamburgs großen Kirchen ist das Wahrzeichen der Stadt. Der 132 Meter hohe, von den Hamburgern liebevoll »Michel« genannte Turm ist aus der Skyline nicht wegzudenken. Das Gotteshaus erfuhr in seiner wechselvollen Geschichte mehrfache Umgestaltungen. Der erste Kirchenbau (1649–61) wurde 1750 durch einen Blitzschlag zerstört, der zweite (1750–62) brannte 1906 bei einem Großfeuer völlig nieder. Mithilfe zahlreicher Spender konnte der zweite Bau 1907–12 vollständig rekonstruiert werden. Sämtliche Veränderungen überdauert hat der Brauch des Turmblasens (werktags 10 und 21 Uhr, sonntags 12 Uhr). Das Kircheninnere birgt zahlreiche Kunstschätze und bietet Platz für mehr als 2500 Gläubige.

Hauptportal
Der Erzengel Michael über dem Hauptportal bezwingt Satan, der sich zu seinen Füßen windet, mit einer kreuzförmigen Lanze – eine Allegorie für die Kraft Gottes.

Außerdem

① **Die Aussichtsplattform** in 82 Metern Höhe erreicht man über 452 Stufen oder mit dem 1911 eingebauten Lift. Auf Anfrage ist die Plattform auch spätabends geöffnet (www.nachtmichel.de).

② **Die Turmuhr** hat Zifferblätter von acht Meter Durchmesser und ist damit die größte in Deutschland.

③ **Im Glockenstuhl** verbergen sich sechs Glocken, die schwerste davon wiegt neun Tonnen.

④ **Die Emporen** haben eine geschwungene Form und verleihen dem Innenraum der Kirche damit eine überaus dynamische Wirkung.

Seiteneingang

ST. MICHAELIS | **75**

★ Altar
20 Meter ragt der im neobarocken Stil errichtete Altar der St. Michaeliskirche empor. Blickpunkt ist das Altarbild (1911), ein Glasmosaik, das den Auferstandenen mit zum Segen erhobenen Händen zeigt.

Infobox

Information
Englische Planke 1. **Stadtplan** 9 B4. **Karte** G8. (040) 37 67 80. **Kirche und Turm** Apr, Okt: tägl. 9–19 Uhr; Mai–Sep: tägl. 9–20 Uhr; Nov–März: tägl. 10–18 Uhr (Einlass bis 30 Min. vor Schließung). Mo–Sa 12, So 10, 12 und 18 Uhr.
für Turm und Ausstellungen.
tägl. 10–18 Uhr.
st-michaelis.de

Anfahrt
Baumwall, Rödingsmarkt.
Stadthausbrücke.
6, 36, 37, 112.

Orgeldetail
Auf der Empore über dem Hauptportal ragt die 1962 eingeweihte Steinmeyer-Orgel empor. Mit ihren 6665 Pfeifen ist sie die größte der drei Orgeln in St. Michaelis.

★ Taufstein
Drei Engel aus weißem Marmor tragen das Taufbecken, das auch heute noch verwendet wird. Der Taufstein wurde 1763 in Livorno hergestellt und der Kirche von dort ansässigen Hamburger Kaufleuten gestiftet. Wie auch der Gotteskasten überstand er den Brand von 1906 unbeschadet.

★ Kanzel
Die prägnante marmorne Kanzel wurde 1910 nach dem Großen Brand als eine Art geschwungener Kelch gestaltet.

★ Gotteskasten
Den Gotteskasten (1763) spendete Ernst Georg Sonnin, der Erbauer der zweiten Michaeliskirche.

Stadtplan *siehe Seiten 242–257*

Fassade eines Speicherhauses auf der Fleetinsel

❾ Fleetinsel

Stadtplan 9 B5–C4. **Karte** G9–H8. 🚇 Rödingsmarkt. Ⓢ Stadthausbrücke. 🚌 31, 35, 37.

Die von der Admiralitätstraße durchzogene »Insel« zwischen Herrengrabenfleet im Westen und Alsterfleet im Osten ist eher eine Landzunge, auf die man über mehrere Brücken gelangt. Die alten Speicher- und Kontorhäuser der Fleetinsel wurden im Lauf des Zweiten Weltkriegs weitestgehend zerstört, mehrere Jahrzehnte lang lag das Gebiet brach.

In den 1970er Jahren entstanden zunächst einige Wirtschafts- und Verwaltungsgebäude, schließlich wurde die Bebauung jedoch vielfältiger. Historische und hochmoderne Häuser wechseln sich miteinander ab, neben alten erhaltenen Kontorhäusern und neuen Bürogebäuden findet man auch einige Galerien, Läden und Cafés sowie das Steigenberger Hotel.

Überaus populär ist der stimmungsvolle Weihnachtsmarkt auf der Fleetinsel, dessen Besucher vier Wochen lang (tägl. 12–21 Uhr) mitten in der Innenstadt den vorweihnachtlichen Budenzauber mit vielen Essensständen genießen.

Bis 2013 änderte die Fleetinsel alljährlich im Juli ihren Charakter. Bis dahin fand hier das Fleetinsel Festival statt, das seit 2014 als Duckstein Festival in der HafenCity veranstaltet wird (siehe S. 45).

❿ Colonnaden

Stadtplan 9 C1–10 D2. **Karte** J5–6. 🚇 Gänsemarkt, Stephansplatz, Jungfernstieg. Ⓢ Jungfernstieg. 🚌 4, 5, 34, 36, 112.

Diese als Fußgängerzone gestaltete Einkaufsstraße mit dem Gustav-Mahler-Platz gehört zu den beliebtesten Shopping-Meilen der Hamburger. In den Colonnaden findet man u. a. Juweliere, Mode-Boutiquen, Delikatessenläden und viele andere Fachgeschäfte für jeden Geschmack. Trotz des großen Angebots an Läden und Boutiquen geht es hier wesentlich ruhiger zu als etwa in der Mönckebergstraße in der Altstadt. Ihren Namen verdanken die Colonnaden einem Arkadengang an der östlichen Seite, der an italienische Vorbilder erinnert. Zu beiden Seiten der Colonnaden sind noch einige Ende des 19. Jahrhunderts erbaute Häuser mit Neorenaissance-Fassaden erhalten. Bei einem Shopping-Bummel ist die Straße die ideale Ergänzung zu Adressen wie Jungfernstieg oder Neuer Wall. Mehrere Restaurants und Cafés mit Tischen im Freien laden zum Verweilen ein.

⓫ Passagen

Stadtplan 9 C1–3, 10 D2. **Karte** H5–J7. 🚇 Gänsemarkt, Jungfernstieg. Ⓢ Jungfernstieg. 🚌 3, 4, 5, 34, 35, 36.

Die gedeckten Arkaden und Passagen in der Innenstadt zwischen Rathausmarkt und Gänsemarkt sind bei jedem Wetter ein wahres Einkaufsparadies. Die Vielfalt der meist kleinen Läden deckt ein breites Spektrum ab – von Wohnaccessoires bis zu neuester Mode, von Kunstgewerbe bis zu Schmuck, von Delikatessen bis zu Büchern. In jeder Passage gibt es Cafés und Restaurants, in denen man beim Einkaufsbummel eine Pause einlegen kann.

Als erste Passage entstanden im 19. Jahrhundert die Colonnaden – konzipiert als Privatweg mit luxuriösen Wohnungen. Neorenaissance-Fassaden schufen hier früh ein italienisch anmutendes Ambiente. Nach und nach kamen weitere Passagen hinzu, darunter etwa die Gänsemarkt-Passage, die Galleria, der Bleichenhof und, als besonderes Schmuckstück, das 1980 angelegte, von einem Glasdach bedeckte Hanse-Viertel. Somit besitzt die City ein ausgedehntes Netz an überdachten Einkaufsstraßen, die beliebte Treffpunkte sind.

Im Hanse-Viertel, einer beliebten Passage

NEUSTADT | 77

Staatsoper Hamburg, eine der führenden Bühnen der Welt

⓬ Staatsoper Hamburg

Große Theaterstraße 25. **Stadtplan** 9 C2. **Karte** H6. ☎ (040) 35 68 68. Ⓤ Gänsemarkt, Stephansplatz. Ⓢ Dammtor. 🚌 4, 5, 34, 36, 112. **Kasse** ⓘ Mo–Sa 10–18.30 Uhr. Ⓦ staatsoper-hamburg.de

Zum Zeitpunkt ihrer Gründung (1678) war die Staatsoper das erste öffentliche Opernhaus in Deutschland. Bis dahin konnte sich nur der Adel an der Kunstform Oper erfreuen, doch hier galt das gesellschaftspolitische Novum: Wer Eintritt zahlt, hat Zutritt. Der Standort der Spielstätte wurde mehrfach verlegt, das Opernhaus an der Dammtorstraße wurde 1955 mit einer Vorstellung von Mozarts *Zauberflöte* eingeweiht. In der Folgezeit wurden neben »Klassikern« auch zeitgenössische Werke inszeniert. Heute reicht das Programm von Händel bis Henze.

Für viele Weltstars wie etwa Plácido Domingo waren die Engagements in Hamburg Meilensteine ihrer Karriere. Die Staatsoper gilt auch als Hochburg des Balletts in Deutschland, seitdem der amerikanische Tänzer und Choreograf John Neumeier 1973 eine neue Compagnie aufbaute und ein Ballett-Zentrum mit eingegliederter Schule gründete. Bei den Opern- und Ballettaufführungen spielt, mit wenigen Ausnahmen, das Philharmonische Staatsorchester Hamburg.

Säule am Gorch-Fock-Wall

⓭ Gänsemarkt

Stadtplan 9 C2. **Karte** H6. Ⓤ Gänsemarkt, Stephansplatz. Ⓢ Jungfernstieg. 🚌 4, 5, 34, 36, 112.

Im nördlichen Teil der Neustadt befindet sich einer der lebhaftesten Plätze des Viertels. Der von Läden, Cafés und Restaurants gesäumte Platz eignet sich gut als Ausgangspunkt für eine Shopping-Tour. In den annähernd dreieckigen Gänsemarkt, auf dem nie Gänse gehandelt wurden, münden der Jungfernstieg und einige Shopping-Passagen *(siehe S. 76)*.

Zum kulturellen Zentrum wurde der Platz durch den Bau des als Opernhaus genutzten Stadttheaters (1678). Nach dessen Abriss erbaute man hier 1765 das Hamburger Nationaltheater, an dem der Literat Gotthold Ephraim Lessing als Dramaturg tätig war. Aus finanziellen Gründen musste das Theater 1769 nach wenigen Spielzeiten schließen. An den Schriftsteller der Aufklärung erinnert die von Fritz Schaper gestaltete Lessingstatue (1881; *siehe S. 19*).

Der Gänsemarkt wird von Bauten mehrerer Epochen umrahmt – neben norddeutscher Klinkerarchitektur finden sich auch moderne Bürogebäude. Ein gelungenes Beispiel für einen Klinkerbau ist das Deutschlandhaus. Nach der Fertigstellung (1929) war hier der Hamburger Ufa-Palast untergebracht, mit mehr als 2600 Plätzen seinerzeit das größte Kino in Europa.

⓮ Planten un Blomen

Siehe S. 78f.

⓯ Heinrich-Hertz-Turm

Lagerstraße 2. **Stadtplan** 7 A3. **Karte** G4. Ⓤ Sternschanze, Schlump. Ⓢ Sternschanze. 🚌 35.

Mit 279,80 Metern ist der nach dem in Hamburg geborenen Physiker Heinrich Hertz (1857–1894) benannte Fernsehturm das höchste Gebäude der Stadt. In Anlehnung an das Wahrzeichen »Michel« *(siehe S. 74f)* wird der 1968 fertiggestellte Fernsehturm auch als »Tele-Michel« bezeichnet. Von der Aussichtsplattform in 128 Metern Höhe würde sich – ebenso wie vom vier Meter höher gelegenen Drehrestaurant – ein fantastischer Blick über Hamburg und das Umland bieten, doch sind Plattform und Restaurant seit 2001 geschlossen. Die Wiedereröffnung ist für 2023 vorgesehen.

Der Heinrich-Hertz-Turm ist das höchste Bauwerk Hamburgs

Stadtplan *siehe Seiten 242–257*

⑭ Planten un Blomen

Die Anlage mit dem plattdeutschen Namen für »Pflanzen und Blumen« liegt im Bereich der früheren Stadtbefestigung und macht ihrem Namen Ehre. In allen Farben erblühende Blumenbeete erfreuen das Auge, auch idyllische Bäche und Seen sowie liebevoll gestaltete Themengärten laden zum Verweilen ein. Kulturell Interessierte kommen hier auch auf ihre Kosten. Der Veranstaltungsreigen im Sommer umfasst u. a. Konzerte im Musikpavillon und Wasserlichtspiele auf dem Parksee. Der Grüngürtel am Rand der Neustadt setzt sich im Süden in den Wallanlagen und im Südosten im Alten Botanischen Garten fort.

In leuchtenden Farben gestaltetes Bodenmosaik

Heinrich-Hertz-Turm
(siehe S. 77)

Wasserkaskaden
Die 1935 erbauten Wasserkaskaden zählen zu den ältesten Anlagen des Parks.

ST. PETERSBURGER STRASSE

Außerdem

① **Eiscafé Tropengarten**
(Apr–Okt: tägl. 11–20 Uhr, bei schönem Wetter länger).

② **Die Bürgergärten** sind besonders schön zur Zeit der Schwertlilienblüte (Juni/Juli).

③ **Im Apothekergarten** wachsen viele Heilpflanzen und Kräuter.

④ **Congress Centrum Hamburg (CCH)** – Tagungszentrum und Messestandort unter einem Dach.

⑤ **Auf den Mittelmeerterrassen** gedeiht mediterrane Flora (u. a. Feigen, Hibiskus und Limonen).

⑥ **Im Teehaus** (Mai–Sep: Di–Sa 15–18 Uhr) finden regelmäßig japanische Teezeremonien statt.

⑦ **Bullerberge mit Wasserspielplatz**

⑧ **Parksee mit Wasserlichtorgel** – für viele Besucher der wichtigste Anziehungspunkt der Grünanlage.

Musikpavillon
Von Mai bis September ist der Musikpavillon Bühne für Konzerte – von Klassik über Latin bis Jazz.

★ **Wasserlichtorgel**
Farbenfrohe Wasserlichtkonzerte (von Klassik bis Filmmusik) finden von Mai bis August täglich um 21 Uhr auf dem Parksee statt – ein wahrer Genuss für Auge und Ohr.

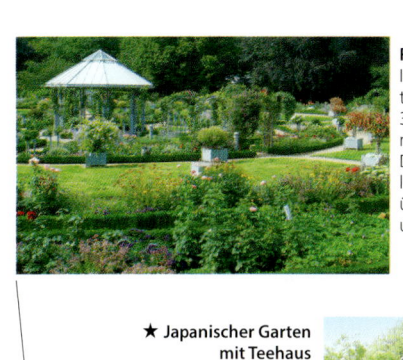

PLANTEN UN BLOMEN | **79**

Rosengarten
In diesem Garten blühen über 300 verschiedene Rosenarten. Der offene Pavillon informiert über die Arten und ihre Pflege.

Infobox

Information
Klosterwall 8. **Stadtplan** 5 A–B1. **Karte** G4–H5. ▣ (040) 428 23 21 50. ▢ Mai–Sep: tägl. 7–23 Uhr; Okt–März: tägl. 7–20 Uhr; Apr: tägl. 7–22 Uhr. ♿ **Rollschuhbahn** ▢ Apr–Okt: tägl. 9–21 Uhr. **Minigolf** ▢ März–Okt: tägl. 10–21 Uhr.
▣ plantenunblomen.de

Anfahrt
▣ Stephansplatz.
▣ Dammtor. 🚌 4, 5, 35.

★ Japanischer Garten mit Teehaus
Felsen, Wasserfälle, Pflanzen und Teiche fügen sich im Japanischen Garten zu einem harmonischen Gesamtbild zusammen. Im Teehaus wird die Teezeremonie zelebriert.

Blüte einer Hibiskusart

S Dammtor

Schaugewächshäuser
Auf einer Fläche von etwa 2800 Quadratmetern gedeihen seit 1963 Pflanzen aus verschiedenen Klimazonen.

U Stephansplatz

★ Wallanlagen
In grüner Umgebung wird allerlei für die Freizeit angeboten: Es gibt eine Rollschuhbahn (im Winter: Eisarena) und eine Minigolfanlage. Von Mai bis August können sich Kinder nachmittags in einer Töpferstube betätigen.

Japanischer Landschaftsgarten
Die 1988 eröffnete Anlage wurde von Yoshikuni Araki entworfen. Hier kann man sich in aller Ruhe auf die idealisierten und kunstvoll gestalteten Elemente der Natur besinnen.

0 Meter — 100

Stadtplan *siehe Seiten 242–257*

DIE STADTTEILE HAMBURGS

Speicherstadt mit dem gewerblich genutzten Wasserschloss *(Mitte)* bei abendlicher Beleuchtung

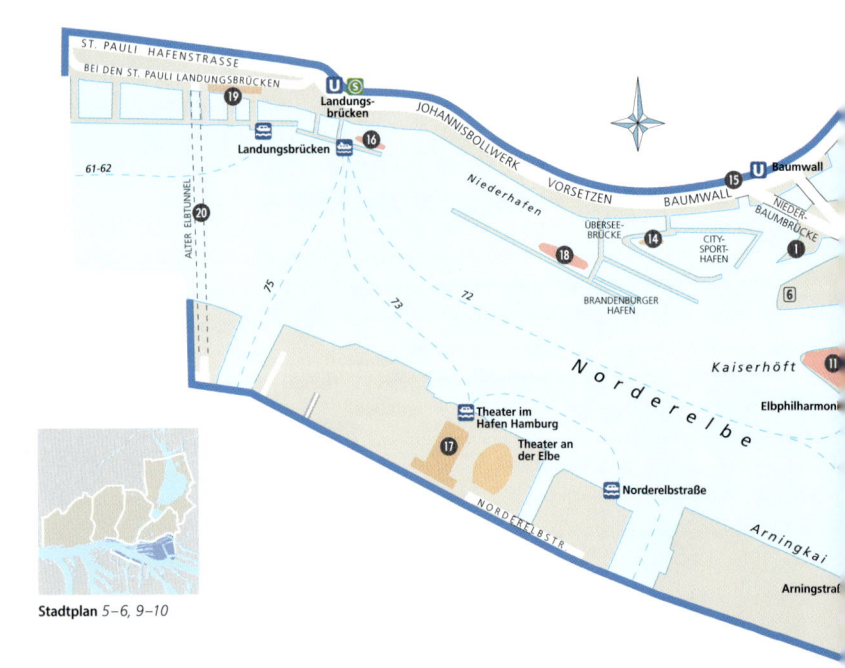

Stadtplan 5–6, 9–10

Hafen und Speicherstadt

Hier schlägt das wirtschaftliche Herz der Hansestadt – der Hamburger Hafen gehört beim Warenumschlag zu den Top Ten der Welt. Das Areal ist ein Universum für sich, hier ergänzen sich modernstes Hightech und mühsame Handarbeit hervorragend. Mit dem neuen Stadtteil HafenCity wächst Hamburg in die Elbe hinein. Die Elbphilharmonie, eine futuristische Konzerthalle, steht symbolisch für die Richtung, die Hamburg mit dem Jahrhundertprojekt HafenCity einschlägt. Auch die Speicherstadt, ein auf zahllosen Eichenpfählen errichtetes Ensemble roter Backsteinbauten, hat einen starken Wandel erfahren. Das Gelände entstand Ende des 19. Jahrhunderts nach der Eingliederung Hamburgs in das Deutsche Zollgebiet. Händler konnten ihre Waren hier weiter zollfrei lagern. Doch der moderne Seehandel mit seinen Containern braucht immer weniger Lagerraum. Deshalb richteten sich in der Speicherstadt zwischen Teppich- und Gewürzlagern nun Medienfirmen, Werbeagenturen und einige spezielle Museen ein.

Sehenswürdigkeiten auf einen Blick

Museen und Sammlungen
- ❷ Miniatur Wunderland
- ❸ Spicy's Gewürzmuseum
- ❺ Speicherstadtmuseum
- ❻ *Maritimes Museum S. 86 f*
- ❽ Deutsches Zollmuseum
- ⓬ Kaffeemuseum Burg
- ⓭ Prototyp Museum
- ⓮ Das Feuerschiff
- ⓰ *Rickmer Rickmers S. 98 f*
- ⓲ *Cap San Diego S. 102 f*
- ㉑ BallinStadt – Auswandererwelt Hamburg

Historische Gebäude
- ⓳ Landungsbrücken
- ⓴ Alter Elbtunnel

Theater
- ⓫ Elbphilharmonie
- ⓱ Theater im Hafen Hamburg

Weitere Sehenswürdigkeiten
- ❶ Kehrwiederspitze
- ❹ Hamburg Dungeon
- ❼ *HafenCity S. 90 f*
- ❾ Kreuzfahrtterminal
- ❿ View Point
- ⓯ Hafen-Hochbahn

Restaurants
siehe S. 189 f
1. CARLS an der Elbphilharmonie
2. Catch of the Day
3. Oberhafen Kantine
4. Schönes Leben
5. Störtebeker Beer & Dine
6. Stricker's KehrWiederSpitze
7. VLET
8. Wandrahm

Im Detail: Speicherstadt

Die weltgrößte Hafenspeicheranlage erstreckt sich auf der Brookinsel. Der Lagerhauskomplex wurde ab 1885 für den Hamburger Freihafen erbaut. In den neogotischen Speicherhäusern aus roten Ziegeln, die an den Fleeten lange Fronten bilden, lagerten hochwertige Waren wie Kaffee, Tee, Tabak, Gewürze und Orientteppiche, die auf die Zollabfertigung warteten. Seit den 1980er Jahren verwandelt sich die Speicherstadt jedoch immer mehr in ein elegantes Büro- und Geschäftsviertel.

❹ **Im Hamburg Dungeon** werden dramatische Ereignisse aus der Geschichte der Stadt lebendig.

❷ **Miniatur Wunderland** zeigt die größte Modelleisenbahn der Welt.

Barkasse zur Fleetfahrt
An sonnigen Tagen sowie abends, wenn die Speicherhäuser beleuchtet sind, lohnt sich eine Fahrt mit der Barkasse durch die Fleete besonders.

Legende
— Routenempfehlung

0 Meter — 400

★ ❺ **Speicherstadtmuseum**
Das Museum erzählt die Geschichte der Speicherstadt. Zu besichtigen sind typische Arbeitsgeräte und Warenproben sowie historische Fotos.

Typisches Lagerhaus
Lagerhäuser haben fünf bis acht Stockwerke und sind mit Winden ausgestattet. Die meisten Bauten erinnern an die Backsteingotik norddeutscher Hansestädte.

★ ❸ **Spicy's Gewürzmuseum**
Über 900 Exponate führen in die Welt der Gewürze ein, vom Anbau über die Bearbeitung bis zum Fertigprodukt. Viele Gewürze können zwischen den Fingern gerieben, gerochen und sogar probiert werden.

SPEICHERSTADT | **83**

❽ Deutsches Zollmuseum
Das Museum im alten Zollamt »Kornhausbrücke« dokumentiert die Geschichte des Zollwesens im Laufe der Jahrhunderte anhand bemerkenswerter Ausstellungsstücke.

Zur Orientierung
Siehe Stadtplan 5–6, 9–10

Alle Brücken bildeten die Zollgrenze der 2013 aufgelösten Freihandelszone, von der die Speicherstadt ab 2003 ausgenommen war.

★ Kornhausbrücke
Die Standbilder der Seefahrer Christoph Kolumbus und Vasco da Gama, Werke von Carl Boerner und Herman Hosaeus (1903), zieren die Auflagenpfeiler der Kornhausbrücke.

Dialog im Dunkeln & Dialog im Stillen
Blinde und sehbehinderte Menschen geleiten Besucher durch absolut lichtlose Räume. Im Dialog im Stillen werden mit Kopfhörern ausgestattete Gäste von Gehörlosen geführt.

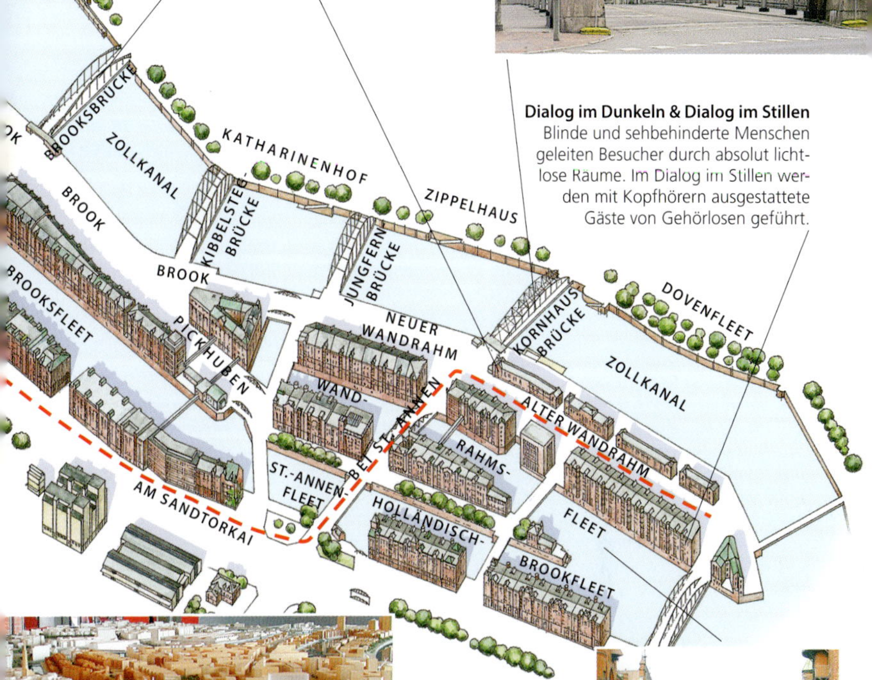

Wandrahmsfleet
Dieser Kanal hat seinen Namen den niederländischen Tuchmachern (Wandbereiter) zu verdanken, die dort ihr auf Rahmen gespanntes Tuch trockneten.

❼ HafenCity InfoCenter
Das Zentrum im früheren Kesselhaus informiert mit einem Modell über die HafenCity, den neuen Stadtteil Hamburgs.

Stadtplan siehe Seiten 242–257

❶ Kehrwiederspitze

Stadtplan 9 B5. **Karte** H9.
🅄 Baumwall. 🚌 3, 4, 6.

Der Landvorsprung auf der Insel Kehrwieder gehört zu den meistfotografierten Motiven der Hansestadt. Dies liegt vor allem an den markanten Gebäuden zwischen Fleeten und Elbe, die zusammen ein zukunftsweisendes Büroensemble bilden. Der Turm des Columbus Hauses etwa ragt 100 Meter in die Höhe.

Als Tor zur Speicherstadt und zur HafenCity kommt der Kehrwiederspitze eine große Bedeutung zu: Wer zu den historischen Speicherhäusern will oder sich ein Bild vom größten Stadtentwicklungsprojekt Europas machen möchte, muss hier vorbei.

Die Kehrwiederspitze beeindruckt mit moderner Architektur

❷ Miniatur Wunderland

Kehrwieder 2, Block D. **Stadtplan** 9 C5. **Karte** H9. 📞 (040) 300 68 00. 🅄 Baumwall. 🚌 3, 4, 6. 🕐 variieren – meist Mo–Fr 9.30–18 (Di bis 21, Fr bis 19), Sa 8–22, So 8.30–20 Uhr. 🅆 miniatur-wunderland.de

Große wie kleine Eisenbahnfans stehen mit leuchtenden Augen in dieser Miniaturwelt der Superlative: Hier befindet sich die größte, digital gesteuerte Modelleisenbahn der Welt. Auf einer Fläche von etwa 1500 Quadratmetern fahren 1040 Züge auf 15400 Metern Gleisen durch detailgenau nachgebaute Landschaften. 4300 Gebäude, 9250 Autos, 263 000 Figuren und 130 000 Bäume wurden in die Modelle integriert. Besucher können mit Schaltern in das Geschehen eingreifen und z. B. Windräder zum Drehen bringen oder aus dem Volksparkstadion Torjubel erklingen lassen.

Die bisher von mehr als 16 Millionen Menschen besuchte Modelleisenbahn wird ständig erweitert, insgesamt neun Abschnitte sind zu sehen. Die Erlebniswelten heißen etwa »Flughafen«, »Österreich«, »Schweiz« (beide mit grandiosen Alpenlandschaften), »Hamburg« (mit HafenCity), »Skandinavien«, »Amerika« (mit Naturphänomenen wie Grand Canyon und Glitzerwelten wie Las Vegas) oder »Italien«. Nach circa 35 000 Arbeitsstunden wurde Anfang 2018 »Venedig« vollendet.

Teilnehmern einer Führung wird ein Blick hinter die Kulissen gewährt. Fotografieren ist erwünscht. Da immer nur eine begrenzte Anzahl Besucher eingelassen wird, sind die Wartezeiten lang. Buchen Sie Ihr Ticket vorab im Internet.

Miniatur Wunderland – Spielplatz für Eisenbahnfans

❸ Spicy's Gewürzmuseum

Am Sandtorkai 34, Block L. **Stadtplan** 9 C5. **Karte** HJ9. 📞 (040) 36 79 89. 🅄 Baumwall. 🚌 3, 4, 6. 🕐 Di–So 10–17 Uhr (Juli–Okt: auch Mo 10–17 Uhr). ● 24. u. 25. Dez. 🅆 spicys.de

Von Anis über Curry, Gewürznelken, Kardamom und Safran bis hin zu Vanille und Zimt – im Gewürzmuseum liegt der Geruch von mehr als 50 Gewürzen in der Luft. Ein Schild mit der Aufschrift »Immer der Nase nach« weist Besuchern den Weg in den zweiten Stock dieses Speicherhauses. In dem seit 1993 hier ansässigen Museum wird der Verbraucher über Anwendung, Vorratshaltung und Qualität von Gewürzen informiert. Anhand von Fotos, Landkarten und Schautafeln können die Herkunft der Gewürze und ihr Weg von der Pflanzung bis in den Kochtopf nachvollzogen werden. Spicy's ist zudem ein Erlebnismuseum, in dem man zum Anfassen, Riechen und Probieren der Gewürze animiert wird.

Zum Inventar gehören auch viele Exponate, die Menschen in aller Welt zum Sammeln, Verarbeiten und Transportieren der Gewürze verwendet haben.

HAFEN UND SPEICHERSTADT | 85

❹ Hamburg Dungeon

Kehrwieder 2, Block D. **Stadtplan** 9 C5. **Karte** H9. 01806 66 69 01 40. Baumwall. 3, 4, 6. tägl. 10–18 Uhr.
thedungeons.com/hamburg/de

Folter, Furcht und Finsternis erwarten den Besucher in diesem dunklen Keller. In den Katakomben verbirgt sich das »Entsetzen von 2000 Jahren Hamburger Geschichte« – so der Slogan von Hamburg Dungeon, obwohl die Stadt noch nicht einmal 1200 Jahre alt ist. Dennoch: Die Zeitreise bietet allerhand Entsetzliches, führt zu den blutigsten Epochen und dokumentiert die schrecklichsten Szenen der Stadtgeschichte: Inquisition und Pest, die Enthauptung des Freibeuters Störtebeker, Feuersbrunst und Sturmflut – all dies erlebt man auf dem etwa 90-minütigen Rundgang hautnah. Spezialeffekte, Untermalung mit Geräuschen und geschickte Illumination erhöhen die schaurige Wirkung. Für Kinder unter zehn Jahren ist der Besuch dieser Art von Geisterbahn nicht zu empfehlen. Ältere Besucher werden ihren Spaß haben – entsprechende Nervenstärke vorausgesetzt.

❺ Speicherstadtmuseum

Am Sandtorkai 36. **Stadtplan** 9 C5. **Karte** H9. (040) 32 11 91. Meßberg. 3, 4, 6. März–Nov: Mo–Fr 10–17, Sa, So 10–18 Uhr; Dez–Feb: Di–So 10–17 Uhr. So 11 Uhr (März–Okt: auch Sa 15 Uhr).
speicherstadtmuseum.de

Erleben Sie ein altes Stück Hamburg! Ein mehr als 100 Jahre altes Lagergebäude bildet den authentischen Rahmen für das Speicherstadtmuseum. In dieser privat betriebenen Außenstelle des Museums der Arbeit *(siehe S. 135)* wird die Historie der Speicherstadt dokumentiert. Typische Arbeitsgeräte und Handelswaren – u. a. Zuckerklatschen und Probenstecher, Kaffeesäcke, Teekisten und Kautschukballen – geben einen bewegenden Einblick in das zum Teil sehr mühsame und entbehrungsreiche Arbeitsleben der Quartiersleute. Diese begutachteten die Waren, sortierten sie und waren außerdem für die Lagerhaltung verantwortlich.

Das Museum ist keine »herkömmliche« Sammlung – im Gegenteil: Hier darf man die Objekte nicht nur betrachten, sondern zum Teil auch berühren und manchmal sogar probieren. Ergänzt wird die Ausstellung durch historische Fotos zur Geschichte der Speicherstadt sowie durch Erklärungen zu längst vergessenen Berufen, die hier einst ausgeführt wurden. Regelmäßig finden Kaffee- und Teeverkostungen sowie Krimilesungen statt.

Die Brooksbrücke in der Speicherstadt wurde 1888 eingeweiht

Hafengeburtstag

Die Hamburger sehen den 7. Mai 1189 als Geburtstag ihres Hafens an. An diesem Tag soll Kaiser Friedrich Barbarossa den Bürgern »Zollfreiheit für ihre Schiffe auf der Elbe von der Stadt bis an die Nordsee« zugesichert haben. Damit erhielt die Stadt die lange Zeit angestrebten Handelsprivilegien. Auch wenn sich die entsprechende Urkunde später als Fälschung herausstellte – die Hamburger beharren auf dieser Version. Jedes Jahr am Wochenende um den 7. Mai kommen sie und zahlreiche Besucher der Metropole zum Hafen, um Geburtstag zu feiern. Die erste Riesenparty stieg 1977. Höhepunkte der dreitägigen Feierlichkeiten sind die Ein- und Auslaufparade von Großseglern, die Drachenbootrennen und das Schlepperballett. Auf der Hafenmeile zwischen Kehrwiederspitze und Fischauktionshalle gibt es Musik, Tanz, Shows und vieles mehr.

Der Hafengeburtstag in Hamburg ist das größte Hafenfest der Welt

Stadtplan *siehe Seiten 242–257*

◎ Maritimes Museum

Das 2008 eröffnete Museum präsentiert mit der Kollektion von Peter Tamm die weltweit größte maritime Privatsammlung. Für dieses einzigartige Schifffahrtsmuseum gibt es keinen besseren Ort als die Hamburger Waterkant. Auf zehn Ausstellungsebenen (Decks) werden mehr als 100 000 Exponate zur Schifffahrt gezeigt. Schiffsmodelle in unterschiedlichen Maßstäben, Navigationsinstrumente, Seekarten, maritime Schätze und vieles mehr dokumentieren die Bedeutung der Schifffahrt für Wirtschaft und Wissenschaft, Geschichte und Politik, Kunst und Kultur.

Kaispeicher B
Das Museum liegt in der HafenCity.

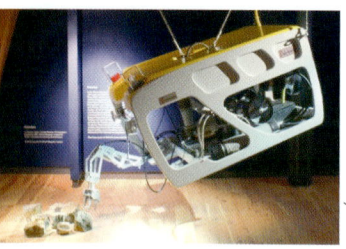

Tauchroboter Cherokee
Das bei Tauchgängen ferngesteuerte Instrument sammelt Daten und Proben aus bis zu 1000 Metern Meerestiefe.

U-Bahn Meßberg

Leuchtturm
Das Original (»Roter Sand«, 1883–85) stand an der Wesermündung und war bis 1986 in Betrieb.

★ Queen Mary 2
Das sieben Meter lange Modell des britischen Passagierschiffs wurde aus rund 780 000 LEGO-Steinen angefertigt, die Bauzeit betrug etwa 1200 Stunden.

Fähre Sandtorkai

MARITIMES MUSEUM | **87**

Kreuzfahrten
Der Anblick der Nachbildungen von Luxuslinern vor weitem Horizont weckt bei vielen Besuchern das Fernweh.

Infobox

Information
Kaispeicher B, Koreastraße 1.
Stadtplan 6 D4. **Karte** K9.
(040) 30 09 23 00. tägl. 10–18 Uhr. nach Vereinbarung (Anmeldung: Tel. 428 13 10).
w imm-hamburg.de
w musehumsgang.de

Anfahrt
Meßberg, Überseequartier.
3, 4, 6.

★ **High-Tech-Globus**
Auf die Außenhaut werden u. a. geologische Prozesse und Klimaszenarien projiziert.

Legende

Deck 10 Eventbereich und Sonderausstellungen

Deck 9 Große Welt der kleinen Schiffe

Deck 8 Marinemalerei und Schatzkammer

Deck 7 Expedition Meer

Deck 6 Moderne Seefahrt

Deck 5 Marinen der Welt seit 1815

Deck 4 Dienst an Bord

Deck 3 Geschichte des Schiffbaus

Deck 2 Schiffe unter Segeln

Deck 1 Entdeckung der Welt (Navigation und Kommunikation)

Deck 0 Foyer und Museumsshop

Eingang

★ **Wapen von Hamburg III**
Das Konvoischiff (1722) schützte Hamburger Handelsschiffe vor Piratenüberfällen. Das Modell im Maßstab 1:16 – das größte im Museum – zeigt den einstigen Stolz hanseatischer Admiralität.

Astrolabium
Navigationsinstrumente wie dieses Winkelmessgerät (Kopie eines Originals aus dem 17. Jh.) dienten der Orientierung auf hoher See.

Stadtplan *siehe Seiten* 242–257

❼ HafenCity

Siehe S. 90 f.

❽ Deutsches Zollmuseum

Alter Wandrahm 16. **Stadtplan** 10 E4–5. **Karte** K8. ☎ (040) 30 08 76 11. Ⓤ Meßberg. 🚌 3, 4, 6. ◯ Di–So 10–17 Uhr. ⬤ 1. Jan, 24., 25. u. 31. Dez. 📷🎧♿
🌐 museum.zoll.de

Kann eine trockene Thematik wie das Zollwesen spannend sein? Das Deutsche Zollmuseum beweist es: Auf zwei Stockwerken wird die Historie des Zollwesens bis ins Altertum zurückverfolgt, und das auf sehr lebendige Art – schließlich entwickelten Schmuggler erstaunliche Kreativität zur Umgehung der Zollvorschriften. So befinden sich unter den hier gezeigten Verstecken für Schmuggelware interessante Objekte: Kokain wurde in Golfschlägern oder Beinprothesen untergebracht, Zigaretten in Hüte gesteckt, Marihuana in Körbe eingeflochten.

Weitere Sektionen widmen sich Produktpiraterie oder Uniformen von Zöllnern. Zudem präsentiert das Museum einzelne Aufgabenbereiche des Zolls – von Bekämpfung des Drogenschmuggels bis Umwelt- und Verbraucherschutz.

Der View Point bietet einen guten Überblick

Am Kreuzfahrtterminal legen die größten Kreuzfahrtschiffe der Welt an

❾ Kreuzfahrtterminal

Großer Grasbrook/Chicagokai. **Stadtplan** 5 C5. **Karte** J10.
Ⓤ Überseequartier. 🚌 3, 4, 6.
🌐 hamburgcruisecenter.eu

Wenn Luxusliner wie die *Queen Mary II* oder die *Freedom of the Seas* Hamburg die Ehre geben, dann werden sie zunächst an der Schiffsbegrüßungsanlage Willkomm-Höft *(siehe S. 138f)* und später an einem der drei Kreuzfahrtterminals (Hamburg Cruise Center) willkommen geheißen. Diese Abfertigungsanlagen sind Sehenswürdigkeiten für sich. Im Jahr 2017 liefen insgesamt 197 Ozeanriesen mit rund 810 000 Passagieren die drei Kreuzfahrtterminals der Hansestadt an. Der überwiegende Teil davon landete am Terminal in der HafenCity, ein kleinerer Teil in Altona am neuen Terminal *(siehe S. 149)*. Seit dessen 2011 erfolgter Fertigstellung laufen noch deutlich mehr Kreuzfahrtschiffe Hamburg an. Das im Sommer 2015 eröffnete dritte Terminal in Steinwerder am Südufer der Elbe eignet sich vor allem für Schiffe der neuesten Generation.

Der Cruise Shop neben dem Terminal verkauft Reisebedarf und Souvenirs.

❿ View Point

🚌 3, 4, 6.

Von der Plattform des 13 Meter hohen Aussichtspunktes hat man einen fantastischen Blick über den Hafen. Der in futuristischen Formen gestaltete View Point ist seit seiner Eröffnung 2004 ein wahrer Besuchermagnet. Bis zu 25 Personen gleichzeitig können sich von der Plattform ein Bild von der HafenCity machen. Die am Kreuzfahrtterminal anlegenden Luxusliner sieht man von hier am besten.

Bei der Konzeption griffen die Architekten die Form eines Periskops auf. Der View Point wird im Zuge der Bauarbeiten in der HafenCity immer wieder »verlegt«.

⓫ Elbphilharmonie

Siehe S. 92–95.

⓬ Kaffeemuseum Burg

St. Annenufer 2. **Stadtplan** 10 DE5. **Karte** J9. ☎ (040) 55 20 42 58.
Ⓤ Meßberg. 🚌 3, 4, 6. ◯ Di–So 10–18 Uhr. 🕐 Di–Fr 10, 12, 14, 16 Uhr, Sa, So zu jeder vollen Stunde. 📷📱🌐 kaffeemuseum-burg.de

Ein Treffpunkt für Genießer: Nicht nur passionierte Kaffeetrinker zieht es in das Kaffeemuseum mit der Sammlung der Familie Burg, die auch eine Rösterei im Hamburger Stadtteil Eppendorf betreibt *(siehe S. 200)*. Im 2015 eröffneten Museum in der Speicherstadt wird die Vielfalt des Themas Kaffee anhand von Kaffeemühlen und -röstern, -kannen und -filtern sowie Werbespots und netten Kuriositäten eindrucksvoll dokumentiert. Der lange Weg der Kaffeebohnen vom Anbau bis zum Genuss wird ebenfalls beleuchtet.

In der Rösterei des Hauses werden die Kaffeebohnen in Trommelröstern aus den 1930er Jahren verarbeitet. Die Genusswelt umfasst auch ein Ladengeschäft mit einem großen Sortiment an Kaffeesorten, die frisch aus der Rösterei kommen. Im angegliederten Café kann man diese auch probieren. Dazu werden hausgemachte Kuchen sowie süße und pikante Tartes serviert.

Sehr zu empfehlen ist die Teilnahme an einer öffentlichen Führung durch den Gewölbekeller des Hauses. Im Preis ist eine Röstkaffeeprobe zum Mitnehmen enthalten, bei manchen Führungen ist auch eine Verkostung inbegriffen.

⓭ Prototyp Museum

Shanghaiallee 7. **Stadtplan** 6 D4. **Karte** K9. (040) 39 99 69 70. Meßberg. 3, 4, 6. Di–So 10–18 Uhr. 1. Jan, 24., 25. u. 31. Dez.
prototyp-hamburg.de

Die 2008 eröffnete Sammlung widmet sich unter dem Motto »Personen. Kraft. Wagen.« auf drei Ebenen der Faszination Automobil, der Schwerpunkt liegt dabei auf deutschen Renn- und Sportwagen aus den 1940er bis 1960er Jahren. Liebhaber des Motorsports sind von der Präsentation begeistert, die den Veranstaltungsort weniger als ein Museum, sondern eher als eine Begegnungsstätte von Automobil-Enthusiasten erscheinen lässt: Der Fokus des Prototyp Museums liegt nicht nur auf den rund 50 hier ausgestellten Fahrzeugen (von Borgward über Volkswagen und Mercedes bis Porsche), sondern auch auf interaktiven Stationen, die

Der Zollkreuzer *Oldenburg* liegt seit 2005 vor dem Deutschen Zollmuseum

den Besucher in die Welt der Autorennen versetzen. Ein Fahrsimulator in einem Porsche 356 Speedster begeistert ebenso wie eine Soundbox mit Originalgeräuschen alter Rennautos, in den Boden eingelassene Displays oder eine digitale Bibliothek mit Fotos von Rennfahrern in Action.

⓮ Das Feuerschiff

City-Sporthafen. **Stadtplan** 9 B5. **Karte** G9. (040) 36 25 53. Baumwall. Landungsbrücken. Mo–Sa 9–1, So 9–23 Uhr.
das-feuerschiff.de

Als gastronomischer Erlebnisort mitten im Hafen empfängt Das Feuerschiff Gäste in seinem Restaurant und in seiner Turmbar. Ein weiterer Treffpunkt ist das Pub im Maschinenraum, in dem am »Blue Monday« ab 20.30 Uhr und am letzten Sonntag im Monat ab 11 Uhr Live-Jazz geboten wird. Auch Kleinkünstler und Autoren geben hier in regelmäßigen Abständen Kostproben ihres Könnens.

Das 1952 erbaute Feuerschiff diente als Seezeichen vor der englischen Küste, bis es 1989 durch eine Großtonne ersetzt wurde. Nach dem Verkauf wurde es umgebaut und liegt seit November 1993 im Hamburger City-Sporthafen vor Anker. In einigen der original belassenen Kabinen können heute Gäste übernachten.

Dialog im Dunkeln & Dialog im Stillen

»Eine Ausstellung zur Entdeckung des Unsichtbaren« – so lautet das Motto von Dialog im Dunkeln, der seit 2000 bestehenden Erlebniswelt in der Speicherstadt (Alter Wandrahm 4). Die Idee hinter diesem Projekt klingt einfach: Blinde Menschen führen Besucher in kleinen Gruppen in stockdunklen Räumen durch eine Ausstellung, in der es absolut nichts zu sehen gibt. Beim Gang durch die Dunkelheit eröffnet sich eine Welt der Düfte, Klänge und Texturen – die Welt der Blinden und Sehbehinderten. Es wird gerochen, gehört, ertastet und gefühlt, Orientierung und Mobilität sichert das Personal. Beim Dialog im Stillen werden mit schalldichten Kopfhörern ausgestattete Besucher von gehörlosen Mitarbeitern durch einen Parcours sehr lebendiger Kommunikation geleitet. Führungen für die Ausstellungen können gebucht werden (www.dialog-in-hamburg.de).

Eingang zur Erlebniswelt Dialog im Dunkeln

Stadtplan siehe Seiten 242–257

❼ HafenCity

Ein neuer Stadtteil mit maritimem Charakter: Auf 157 Hektar entsteht eine »Stadt in der Stadt« mit Wohnungen für 14 000 Menschen, 45 000 Arbeitsplätzen sowie Kulturstätten und Freizeiteinrichtungen. Die HafenCity wird die Hamburger Innenstadt um circa 40 Prozent erweitern. Nirgendwo sonst zeigt die Hansestadt ihre Dynamik stärker als hier. Der Baubeginn erfolgte 2001, die Fertigstellung ist für 2020 bis 2025 vorgesehen. Eindrucksvoll demonstriert wird die Entwicklung im HafenCity InfoCenter im Kesselhaus.

★ Magellan-Terrassen
Wie ein Amphitheater öffnen sich die Magellan-Terrassen zum Wasser. Der Platz – ein beliebter Treffpunkt – lädt zum Verweilen ein und ist Schauplatz vieler kultureller Veranstaltungen.

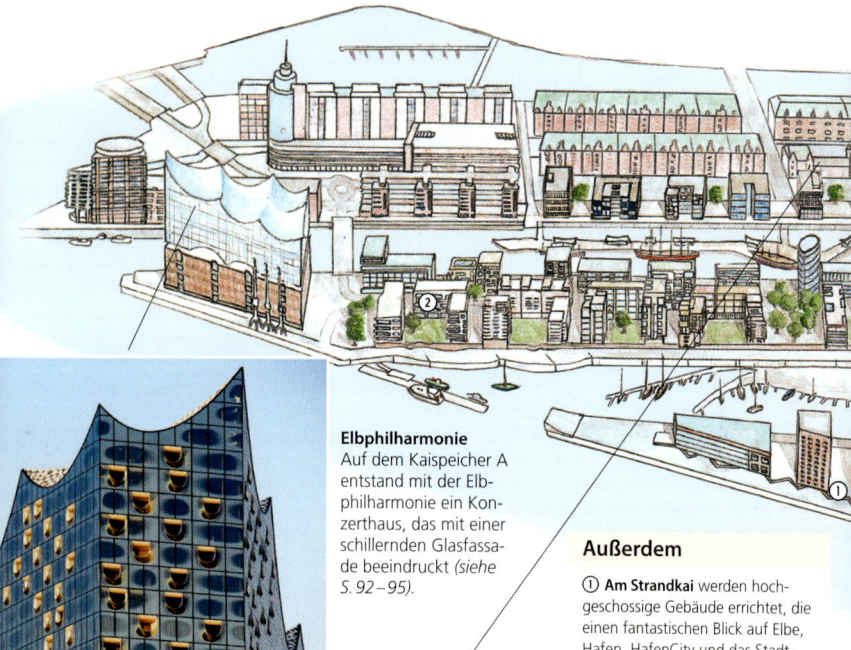

Elbphilharmonie
Auf dem Kaispeicher A entstand mit der Elbphilharmonie ein Konzerthaus, das mit einer schillernden Glasfassade beeindruckt *(siehe S. 92–95).*

★ Kesselhaus
Im Backsteinbau von 1886/87 befindet sich derzeit das HafenCity InfoCenter, in dem man sich anhand eines detailgenauen Modells über den aktuellen Entwicklungsstand der HafenCity informieren kann.

Außerdem

① **Am Strandkai** werden hochgeschossige Gebäude errichtet, die einen fantastischen Blick auf Elbe, Hafen, HafenCity und das Stadtpanorama bieten. Zu den architektonischen Highlights gehört der Marco-Polo-Tower, der mit dem benachbarten Unilever-Haus ein markantes Ensemble bildet.

② **Auf der Landzunge des Dalmannkais** entstand eine der interessantesten Wohngegenden der HafenCity. Ob Jung oder Alt, Familie oder Single – bei den Bewohnern wird auf Vielfalt gesetzt. Das Quartier wurde 2009 als erstes der HafenCity fertiggestellt.

③ **Das Überseequartier** bekommt mit dem Science Center, dem Aquarium, dem Wissenschaftstheater und einem Multiplex-Kino unterschiedlichste Kultureinrichtungen.

HAFENCITY | 91

★ Kaispeicher B
Der älteste erhaltene Speicher der HafenCity beherbergt seit 2008 das Maritime Museum *(siehe S. 86 f)*. Die Sammlung umfasst mehr als 100 000 Ausstellungsstücke zum Thema Schifffahrt, die auf zehn Ebenen präsentiert werden.

Infobox

Information
InfoCenter im Kesselhaus
Am Sandtorkai 30. **Stadtplan** 9 B5–10 F5. **Karte** H9–L10.
(040) 36 90 17 99.
Di–So 10–18 Uhr.
hafencity.com

Anfahrt
Baumwall, Überseequartier.
3, 4, 6.

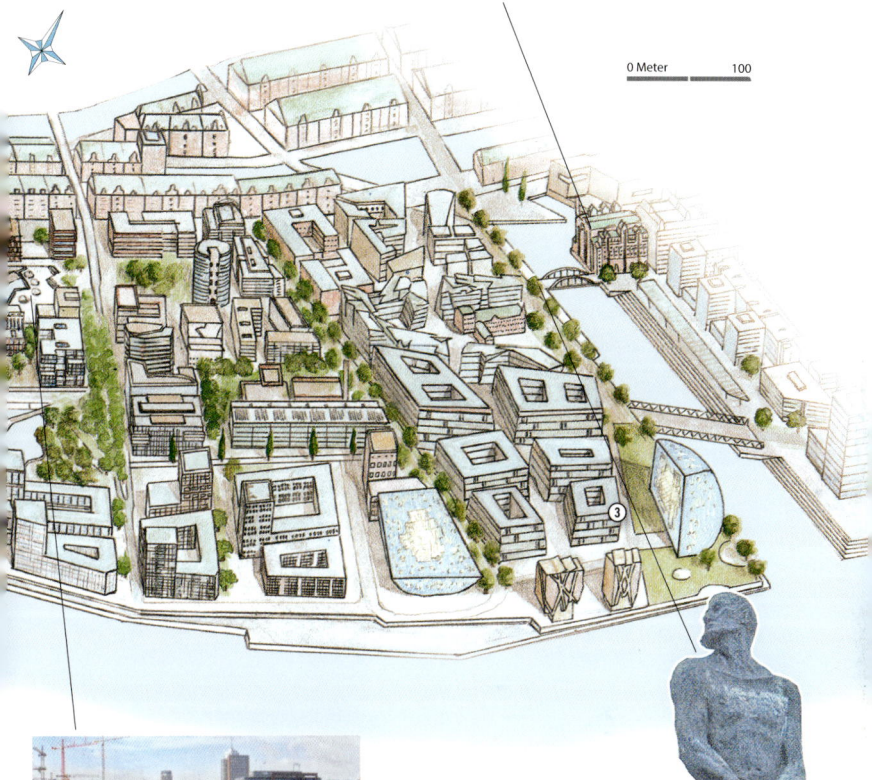

0 Meter 100

Traditionsschiffhafen am Sandtorkai
Seit 2008 liegen vor den Magellan-Terrassen mehr als 20 historische Dampfer, Motorboote und Segler vor Anker.

Störtebeker-Denkmal
Die etwa zwei Tonnen schwere Bronzeskulptur des Freibeuters Klaus Störtebeker ist ein Werk von Hansjörg Wagner. 1982 wurde sie am Magdeburger Hafen aufgestellt, 2006 aber an den Großen Grasbrook verlegt. Nach Fertigstellung des Maritimen Museums kehrte sie schließlich an ihren angestammten Platz gegenüber dem Kaispeicher B zurück.

Stadtplan *siehe Seiten 242–257*

⓫ Elbphilharmonie

Die im Januar 2017 eröffnete Elbphilharmonie in der HafenCity ist Hamburgs neue Bühne für klassische Musikkultur, Musik des 21. Jahrhunderts und anspruchsvolle Musikunterhaltung von Klassik über Weltmusik bis Pop. Der 110 Meter hohe kulturelle »Leuchtturm« ist mit seiner als Wellenlandschaft erscheinenden Zeltdachkonstruktion auch ein architektonisches Highlight in der Skyline der Elbmetropole. Das Bauwerk der Superlative umfasst u.a. auch ein Hotel und Luxusapartments. Von der frei zugänglichen Plaza genießt man einen wunderbaren Ausblick.

Die Glasfassade (ca. 21 000 m²) besteht aus rund 1100 gebogenen und bedruckten Glaselementen.

Der Große Saal mit seinen 2100 Plätzen ist das Herzstück des Konzerthauses und bietet eine begeisternde Klangkulisse. Das Orchester spielt mitten im Saal.

Außerdem

① **Der Kaispeicher A** (1963–66) bildet den Sockel des Gebäudekomplexes.

② **Der Kleine Saal** mit 550 Plätzen eignet sich sehr gut für Kammermusikkonzerte.

③ **Die Foyer-Bar** im 15. Stock ist Teil des reichhaltigen Gastronomieangebots in der Elbphilharmonie.

④ **Das Hotel** umfasst 244 luxuriös eingerichtete Zimmer, die jeglichen Komfort bieten *(siehe S. 176)*.

⑤ Über den **Klangreflektor** wird der aufsteigende Klang in jeden Winkel des Großen Saals verteilt.

⑥ **Die 45 Wohnungen** gehören zu den exklusivsten und teuersten in Hamburg.

⑦ **Das Kaistudio 1** ist der dritte und mit 170 Plätzen auch kleinste Konzertsaal der Elbphilharmonie. Er ist Bühne für zeitgenössische und experimentelle Musik.

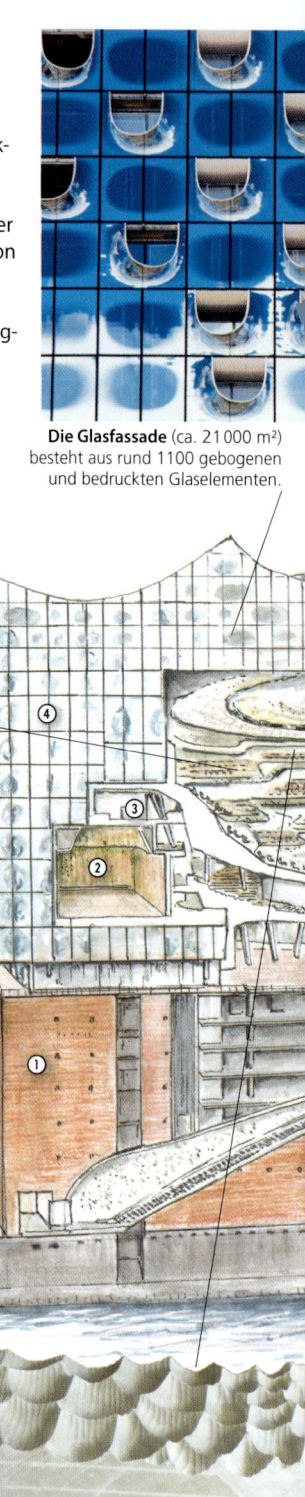

Eingang

Die weiße Haut des Großen Saals besteht aus rund 10 000 weißen Platten und garantiert perfekte Akustik.

ELBPHILHARMONIE | 93

Dem markant geschwungenen Dach (»gläserne Welle«) verdankt die Elbphilharmonie ihre unverwechselbare Silhouette.

Infobox

Information
Platz der Deutschen Einheit 4.
Stadtplan 5 B5. **Karte** H9–10.
(040) 357 66 60 (Zentrale),
(040) 35 76 66 66 (Tickets).
Zeiten bitte der Website entnehmen.
elbphilharmonie.de

Anfahrt
Baumwall. 3, 4, 6.

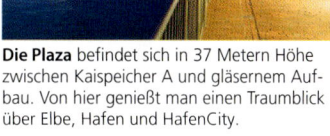

Die Plaza befindet sich in 37 Metern Höhe zwischen Kaispeicher A und gläsernem Aufbau. Von hier genießt man einen Traumblick über Elbe, Hafen und HafenCity.

Kurzführer

Die Elbphilharmonie hat drei Konzertsäle: Großer und Kleiner Saal sowie Kaistudio 1, das im ehemaligen Kaispeicher eingerichtet wurde. Der Gebäudekomplex umfasst im östlichen Teil auch ein Hotel mit 244 Zimmern, im westlichen Teil 45 Luxuswohnungen. Die Plaza zwischen Speichergebäude und neuem Glasaufbau bietet ein spektakuläres 360°-Panorama.

Die 82 Meter lange Rolltreppe (Tube) befördert Besucher zu einem Panoramafenster, eine weitere führt hinauf zur Plaza.

Stadtplan *siehe Seiten 242 – 257*

Elbphilharmonie: Baugeschichte

Mit der an der Westspitze der HafenCity gelegenen, an drei Seiten von Wasser umgebenen Elbphilharmonie präsentiert sich Hamburg von einer sehr authentischen Seite. In diesem Bauwerk gehen hanseatische Bodenständigkeit und der selbstbewusste Anspruch einer Weltstadt eine perfekte Symbiose ein. Auf den als Fundament dienenden Kaispeicher A wurde der wellenförmige Glaskörper gesetzt. Nahtstelle zwischen beiden Gebäudeteilen ist die öffentlich zugängliche Plaza, die alte und neue Bausubstanz trennt und gleichzeitig verbindet.

Kaispeicher A (1966) mit Plakat zur Elbphilharmonie (2006)

Vorgängerbauten

Als Sockel für den gläsernen Aufbau dient der zwischen Sandtorhafen und Grasbrookhafen gebaute Kaispeicher A. Der erste Speicher an dieser Stelle entstand 1875 im Zuge des Ausbaus des Hafens. Zu Ehren Kaiser Wilhelms I. wurde das zu jener Zeit größte und modernste Lagerhaus in der Speicherstadt als »Kaiserspeicher« bezeichnet. Als einziges im Hamburger Hafen konnte es von Seeschiffen direkt angefahren werden. Der im Stil der Neogotik erbaute Uhrenturm des Speichers, in dem Kaufleute ihre Handelswaren aus fernen Ländern lagerten, war ein Wahrzeichen des Hafens.

Nach schweren Beschädigungen im Zweiten Weltkrieg wurde der Speicher 1963 abgerissen. Der Hamburger Architekt Werner Kallmorgen (1902–1979) ließ 1963–66 an gleicher Stelle auf 1111 Stahlbetonpfählen ein neues Speichergebäude errichten.

Das geradlinige, trapezförmige und im Vergleich zum aufwendig gestalteten Vorgängerbau schmucklose Backsteingebäude mit Fenstern wie Schießscharten diente mehrere Jahrzehnte lang als Lager für Tabak, Tee und vor allem Kakao aus Übersee. Deshalb wurde der Kaispeicher A im Volksmund auch »Kakaobunker« genannt.

Bau der Elbphilharmonie

Mit steigender Bedeutung des Containertransports verlor der Speicher in den 1990er Jahren an Bedeutung, eine Diskussion über die Folgenutzung der Anlage begann. Im Juni 2003 präsentierte das Schweizer Architektenbüro Herzog & de Meuron den ersten Entwurf für ein neues Konzerthaus auf dem Dach des Kaispeichers. Nach einstimmigem Beschluss der Hamburger Bürgerschaft erfolgte am 2. April 2007 die Grundsteinlegung für die Elbphilharmonie, die mit ihrer geschwungenen Dachlandschaft neues Wahrzeichen Hamburgs werden sollte.

Zuerst entkernte man den Kaispeicher, seine rund 30 Meter hohen Außenmauern wurden in den Bau des Konzerthauses einbezogen. Bis 2008 wurden zur Stabilisierung des Fundaments weitere 650 Stahlbetonpfeiler ins Erdreich getrieben.

In der Folge wuchs das Gebäude auf dem Lagerhaus um weitere 17 Stockwerke auf somit 25 Etagen. Im Jahr 2010 wurde das oberste Stockwerk vollendet, noch im selben Jahr begann im neunten Stock die Montage der Glasfassade, deren letztes Element im Januar 2014 ergänzt wurde. Damit war die Fassade geschlossen, der Bau äußerlich vollendet.

In ihren ca. 1100 Glaselementen spiegeln sich je nach Blickwinkel der Himmel, die Elbe und die Gebäude der Umgebung. Als derartige Projektionsfläche bietet die Fassade reichlich Platz für Fantasien. So wird sie bei Sonnenschein als wie ein Diamant glitzernd, bei Abendsonne wie ein Rubin schimmernd beschrieben.

Währenddessen schritt auch der Innenausbau voran. 2013 wurden die ersten Wand- und Deckenplatten der weißen Haut *(siehe Kasten)* in den oberen Rängen des Großen Saals angebracht. Am 4. November 2016 wurde die Plaza *(siehe rechts)* eröffnet. Die weitläufige Terrasse war von Beginn der Planungen an als öffentlicher Bereich vorgesehen.

Nach langen Verzögerungen und einer wahren Explosion der Kosten erfolgte am 11. Januar

Der 1875 erbaute Kaispeicher A (»Kaiserspeicher«) mit Uhrenturm

ELBPHILHARMONIE: BAUGESCHICHTE

2017 die feierliche Eröffnung des Konzerthauses mit einem Konzert des NDR Elbphilharmonie Orchesters im Großen Saal *(siehe unten)*.

Weitere Ausgestaltung

Hinter der eindrucksvollen Fassade entstand ein neues kulturelles Zentrum. Der Große Saal mit 2100 Plätzen ist das Kernstück der Elbphilharmonie. Dem Konzept der »Weinberg-Architektur« entsprechend spielt das Orchester in der Mitte des Saales, die Ränge rundherum steigen steil an. Kein Besucher sitzt weiter als 30 Meter vom Dirigenten entfernt. Die Orgel mit fast 5000 Pfeifen schwebt nicht hoch oben, sondern wurde in die Sitzreihen über drei Etagen des Saals integriert (Berühren erlaubt!). Der für seine hervorragende Akustik *(siehe Kasten)* gerühmte Große Saal ist auch Spielstätte des NDR Elbphilharmonie Orchesters (bis 2016 NDR Sinfonieorchester).

Der Kleine Saal im östlichen Bereich des Gebäudes wurde im »Schuhschachtel-Prinzip« mit Bühne vor dem Zuschauerraum (550 Plätze) gestaltet. Das Kaistudio 1 mit 170 Plätzen ergänzt das Spektrum an Konzertsälen. Es wurde ebenso wie weitere Studios, die etwa als Proberäume oder – wie die Instrumentenwelt – für Workshops (auch für Anfänger) genutzt werden, im früheren Kaispeicher eingerichtet.

Im ersten Jahr seit Eröffnung besuchten etwa 850 000 Menschen die mehr als 600 Konzerte in der Elbphilharmonie.

Zum Gebäude gehören neben den Musikbühnen auch gastronomische Betriebe sowie im östlichen Teil ein Luxushotel mit 244 Zimmern, im westlichen Bereich 45 hochwertige Wohnungen und im früheren Kaispeicher ein Parkhaus.

Zugang und Plaza

Vom Haupteingang gelangt man über die konvex geschwungene, 82 Meter lange Rolltreppe (Tube) durch einen mit Tausenden von Glaspailletten verzierten Tunnel in gut zwei Minuten zu einem Panoramafenster im sechsten Stock. Von dort führt eine weitere, 20 Meter lange Rolltreppe zum Dach des Kaispeichers im achten Stock. Diese als Plaza bezeichnete, öffentlich zugängliche Plattform in 37 Metern Höhe ist ein Ort der Begegnung für Konzertbesucher, Hotelgäste und alle, die den Panoramablick genießen möchten. Im ersten Jahr seit Eröffnung verzeichnete sie rund 4,5 Millionen Besucher.

Der Zutritt (tägl. 9–24 Uhr; letzter Einlass 23.30 Uhr) ist kostenlos, wegen begrenzter Kapazität wird der Besuch über die Ausgabe von (auf der Website buchbaren) Tickets geregelt. Die Plaza ist auch über Fahrstühle und somit auch für Menschen mit eingeschränkter Mobilität erreichbar.

Die »Elphi« bei der Eröffnung am 11. Januar 2017

Wie eine gigantische Skulptur: Elbphilharmonie im Bau (Feb 2015)

Der Erfinder der weißen Haut

Akustiker, Klang-Architekt, Dr. Sound, Designer des Unsichtbaren – die Palette an Berufsbezeichnungen und respektvollen Kosenamen, mit der die Arbeit des Japaners Yasuhisa Toyota (*1952) gewürdigt wird, ist bunt. Nachdem er bereits beim Bau von Opern- und Konzerthäusern u. a. in St. Petersburg, Tokyo, New York und Kopenhagen für die Akustik verantwortlich gewesen war, engagierte man ihn auch beim Bau der Elbphilharmonie, um den bestmöglichen Klang zu erreichen. Die aus rund 10 000 hellen Gipsfaserplatten bestehende, »weiße Haut« genannte Innenwandverkleidung *(siehe S. 92)* im Großen Saal setzt Maßstäbe im Bereich Akustik.

Yasuhisa Toyota

Eine Fahrt mit der Hochbahn ermöglicht einen beeindruckenden Blick auf den Hafen

❶ Hafen-Hochbahn

Stadtplan 4 EF5, 5 A4–B3. **Karte** F8–H8. 🚇 Rödingsmarkt, Baumwall, Landungsbrücken.

Nach sechs Jahren Bauzeit war es 1912 so weit: In Hamburg wurde die erste U-Bahn-Linie eingeweiht. Damit war die Hansestadt nach Berlin die zweite Stadt in Deutschland, die eine U-Bahn hatte. In der Folgezeit kamen weitere Linien hinzu. Zu den interessantesten Strecken öffentlicher Verkehrsmittel gehört die der oberirdisch verlaufenden Hafen-Hochbahn. Es ist der Abschnitt der Linie U3 zwischen den U-Bahn-Stationen Rödingsmarkt und Landungsbrücken.

Beim Befahren dieser Strecke bietet sich eine wundervolle Aussicht auf das Treiben im Hamburger Hafen. Von der Haltestelle Rödingsmarkt kommend bewegt sich der Zug langsam über die Hochbrücke am Binnenhafen. Zwischen den Stationen Baumwall und Landungsbrücken öffnet sich der Blick auf den Elbhafen. Auch in umgekehrter Richtung ist die Fahrt ein Erlebnis. Aber auch hier gilt: Nach drei Stationen endet die Sightseeing-Tour, die Bahn fährt wieder unterirdisch.

❶ Rickmer Rickmers

Siehe S. 98 f.

❶ Theater im Hafen Hamburg

Norderelbstraße 6. **Karte** F10. 📞 01805 44 44. 🚇 Landungsbrücken. 🚇 Landungsbrücken. 🎭 Siehe auch **Unterhaltung** S. 208–211. 🌐 loewenkoenig.de

Hamburg ist Deutschlands Musical-Hauptstadt. Zu den meistbesuchten Bühnen gehört das 1995 erbaute Theater im Hafen. Das zeltähnliche Gebäude auf der Südseite des Hafens hat eine Grundfläche von über 5000 Quadratmetern und ist fast 20 Meter hoch. Beim Bau achtete man darauf, dass keiner der 1406 Plätze im Parkett weiter als 25 Meter von der Bühne entfernt ist. Weitere 624 Plätze gibt es im Rang. Durch die fünf Meter hohe Glasfassade des Foyers sieht man den Hafen und die Silhouette der Stadt – vor allem bei abendlicher Beleuchtung ein verzaubernder Anblick. Bars und das Skyline-Restaurant bieten ein erstklassiges Angebot. Seit 2001 läuft im Theater am Hafen Hamburg *Der König der Löwen*.

Unmittelbar daneben eröffnete 2014 als weitere Musicalbühne das Theater an der Elbe *(siehe S. 211)* mit dem Musical *Das Wunder von Bern*. Seit Februar 2018 steht hier *Mary Poppins* auf dem Programm.

An- und Abfahrt zu beiden Theatern erfolgt mit dem Schiffs-Shuttle von den Landungsbrücken quer über die Elbe, der Fahrpreis ist bereits im Ticket für das Musical enthalten.

Das Theater im Hafen Hamburg spielt *Der König der Löwen*

HAFEN UND SPEICHERSTADT | **97**

⓲ Cap San Diego

Siehe S. 102 f.

⓳ Landungsbrücken

Zwischen Fischmarkt und Niederhafen. **Stadtplan** 4 DE5. **Karte** E8–F9. Ⓤ Landungsbrücken. Ⓢ Landungsbrücken. 🚌 112.

Ohne die Landungsbrücken wäre Hamburg nicht Hamburg. Jeder Besucher kommt hierher, um auf den schwankenden Pontons zu flanieren, maritimes Flair zu schnuppern und sich eine Prise Hafenluft um die Nase wehen zu lassen. Im Wesentlichen bestehen die Landungsbrücken aus einer rund 700 Meter langen Zone von zehn Pontons. Das zugehörige über 200 Meter lange Abfertigungsgebäude wurde 1907–09 errichtet. Der Turm an seiner Ostseite zeigt neben der genauen Zeit auch den aktuellen Wasserstand an, jede halbe Stunde schlägt außerdem die Schiffsglocke.

Die ersten Landungsbrücken entstanden 1839 als Anlegestelle für Dampfschiffe auf dem Weg nach Übersee. Im Zweiten Weltkrieg wurde die Anlage schwer beschädigt, 1953–55 baute man neue Pontons.

An den Landungsbrücken gibt es zahlreiche Restaurants, Bars und Imbissstände, die zu einer Stärkung einladen. Hier beginnen und enden die Hafenrundfahrten der verschiedenen Anbieter, darüber hinaus sind die Landungsbrücken Ausgangspunkt der Hafenfähren *(siehe S. 240 f.)*.

Schautafeln informieren anschaulich über die Entwicklung des Hamburger Hafens, Akkordeonspieler und Souvenirstände runden das bunte Treiben ab. Unbedingt einen Besuch lohnt das Museumsschiff *Rickmer Rickmers (siehe S. 98 f)*, das am Fiete-Schmidt-Anleger vor Anker liegt.

Die Landungsbrücken sind eines der Wahrzeichen der Hansestadt

⓴ Alter Elbtunnel

An den Landungsbrücken. **Stadtplan** 4 D4. **Karte** E9. Ⓤ Landungsbrücken. Ⓢ Landungsbrücken. 🚶 für Fußgänger und Radfahrer: tägl. 24 Std.; für Autos: Mo–Fr 5.30–20 Uhr. 🚗 für Autos.

Zum baulichen Ensemble der Landungsbrücken zählt auch der Alte Elbtunnel, der die Stadtteile St. Pauli und Steinwerder verbindet. Bei seiner Eröffnung 1911 war der 426,5 Meter lange Tunnel eine Sensation. Seit dem Bau des neuen Tunnels 1975 für die Autobahn A7 ist er ein Stück Nostalgie. Gebaut wurde der Tunnel als Verkehrsweg für die Arbeiter, die an der Nordseite der Elbe lebten, aber auf den Werften südlich der Elbe beschäftigt waren.

Etwa 23,5 Meter geht es mit Aufzügen in die Tiefe, dann geht oder fährt man unter der Elbe hindurch und gelangt per Aufzug wieder nach oben. Auch Autofahrer müssen den Lift nehmen, da es keine Zufahrtsrampen gibt. Die beiden Tunnelröhren haben einen Durchmesser von sechs Metern und sind mit hellblauen Kacheln verziert.

Derzeit wird der Alte Elbtunnel saniert (bis 2019 die Ost-, danach die Weströhre). Die befahrbare Röhre bleibt werktags in jede Richtung jeweils fünf Stunden täglich in Betrieb.

Statue an der Hafenpromenade

㉑ BallinStadt – Auswandererwelt Hamburg

Veddeler Bogen 2. 📞 (040) 31 97 91 60. Ⓢ Veddel. 🚌 34. 📅 Apr–Okt: tägl. 10–18 Uhr; Nov–März: tägl. 10–16.30 Uhr. ⓧ 24. u. 31. Dez. 🅿 ♿ 🌐 ballinstadt.de

Die BallinStadt öffnete 2007 ihre Pforten. Das ausgedehnte Areal befindet sich auf dem Gelände der historischen Auswandererstadt, die der einstige Generaldirektor der HAPAG-Reederei, Albert Ballin, erbauen ließ. Hier widmet man sich dem Schicksal der mehr als fünf Millionen Menschen, die zwischen 1850 und 1934 von Hamburg aus ihre Heimat in Richtung Amerika verließen. Neben Aufbruch, Überfahrt und Ankunft in New York dokumentiert die Anlage auch Hintergründe für die Emigration und die erste Zeit der Auswanderer in der neuen Heimat.

Blick in den 426,5 Meter langen Alten Elbtunnel

Stadtplan siehe Seiten 242–257

⓰ Rickmer Rickmers

Der 97 Meter lange Dreimaster wurde 1896 auf der Rickmers-Werft in Bremerhaven gebaut und sogleich auf große Fahrt geschickt. Hongkong hieß das Ziel, von dort brachte die *Rickmer Rickmers* Reis und Bambus mit. Später wurde das Frachtschiff zum Salpeterhandel mit Chile eingesetzt. 1916 beschlagnahmte die portugiesische Marine das Schiff und nutzte es bis 1962 als Schulschiff. Wo vorher Fracht lagerte, waren nun Kadetten untergebracht. Der Verein »Windjammer für Hamburg« erwarb es 1983 und ließ es komplett restaurieren. Seit 1987 liegt der Dreimaster (letzte Sanierung: 2015) als Museumsschiff an den Landungsbrücken vor Anker.

Waschraum
Wie auf fast allen Schiffen gab es auch hier für Körperpflege nur wenig Platz – selbst der Kapitän musste sich auf das Wesentliche beschränken.

Deck
Zur Schonung des Holzdecks gilt die Regel: Keine Schuhe mit Pfennigabsätzen an Bord.

Galionsfigur
Wer auf einem Segler die Weltmeere befährt, neigt nicht ohne Grund dazu, ein wenig abergläubisch zu sein: Die Galionsfigur sollte das Schiff vor Unglück bewahren und den Kurs des Schiffes im Auge behalten. Modell für diese Figur war der vierjährige Enkel des Firmengründers der Rickmers-Werft.

★ Kino
Im Kino können sich Besucher Filme zur Geschichte der Seefahrt sowie zu einzelnen berühmten Schiffen (z. B. der *Gorch Fock*) ansehen.

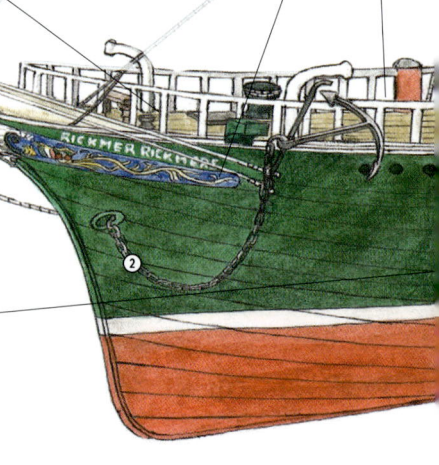

RICKMER RICKMERS | **99**

Außerdem

① **Das Kielschwein** (Binnenkiel) ist eine innen angebrachte Verstärkung des Kiels.

② **Die Ankerkette** verstärkt durch ihr Gewicht die Wirkung des Ankers.

③ **Das Museum** zeigt in seinen Dauerausstellungen unter Deck u.a. nautische Instrumente und Bilder zur Geschichte des Schiffs. Bei Sonderausstellungen werden z.B. aus Treibholz angefertigte Holzskulpturen präsentiert.

④ **Das Restaurant** an Bord der *Rickmer Rickmers* serviert täglich ab 11 Uhr.

Infobox

Information
St. Pauli Landungsbrücken (Brücke 1a).
Stadtplan 4 E5. **Karte** F9.
📞 (040) 319 59 59.
🕐 tägl. 10–18 Uhr.
🌐 rickmer-rickmers.de

Anfahrt
Ⓤ Baumwall.
Ⓢ Landungsbrücken.

★ Kartenraum
Zur Orientierung auf hoher See benutzten die Kapitäne Navigationsinstrumente und Seekarten, die man teilweise noch im Kartenraum sehen kann.

Arztraum
Die *Rickmer Rickmers* war häufig mehrere Monate auf See. Für die Gesundheitsversorgung der Besatzung war ein Arzt zuständig. Großer Wert wurde auf die Ausrüstung mit medizinischen Geräten und wichtigen Medikamenten gelegt.

Der Rettungsring, elementarer Teil eines Schiffs, ist in diesem Fall eher Zierde.

★ Offiziersmesse
Die elegant ausgestattete Offiziersmesse diente den Schiffsoffizieren als Aufenthalts- und Speiseraum.

Stadtplan *siehe Seiten 242–257*

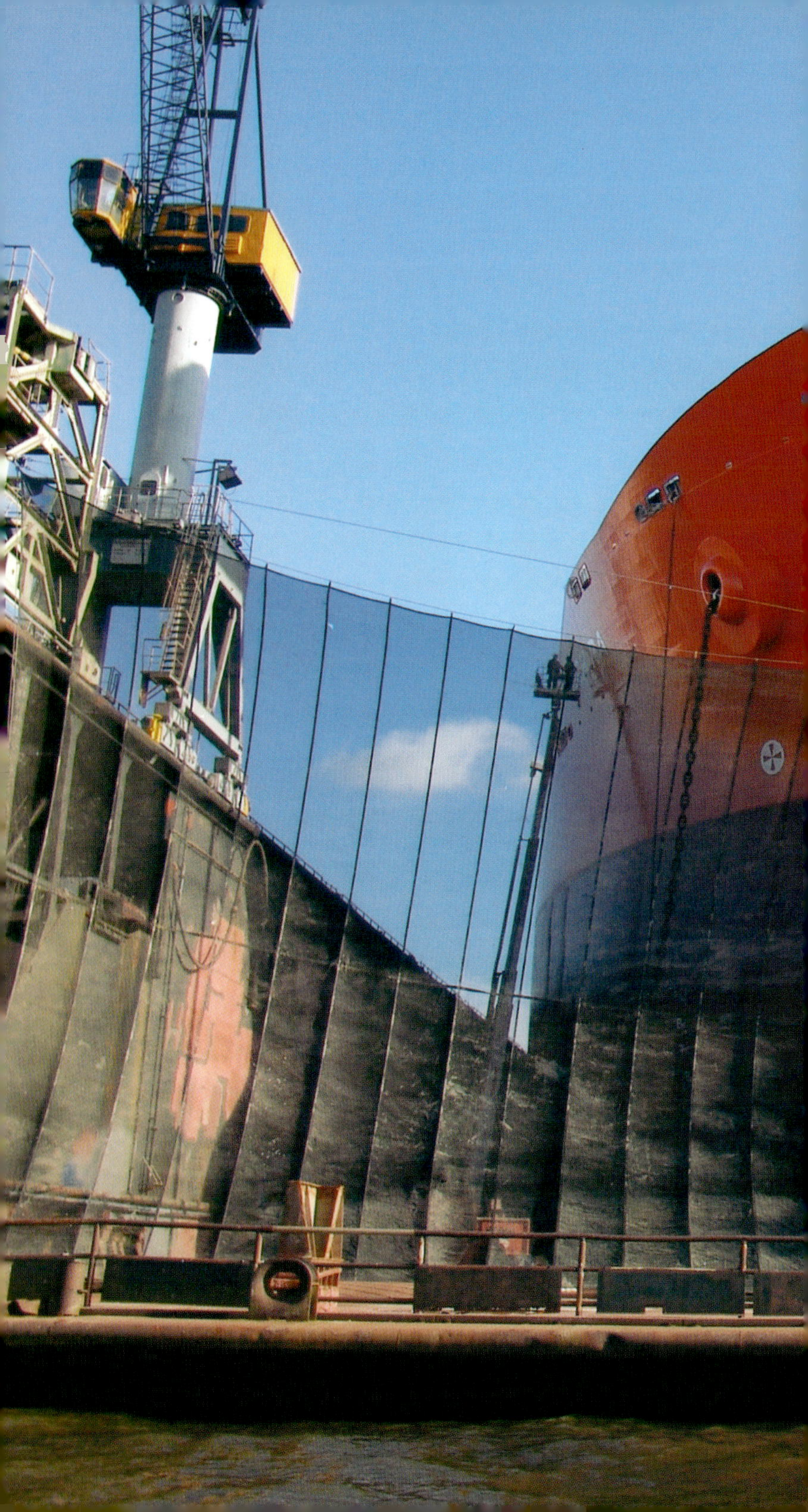

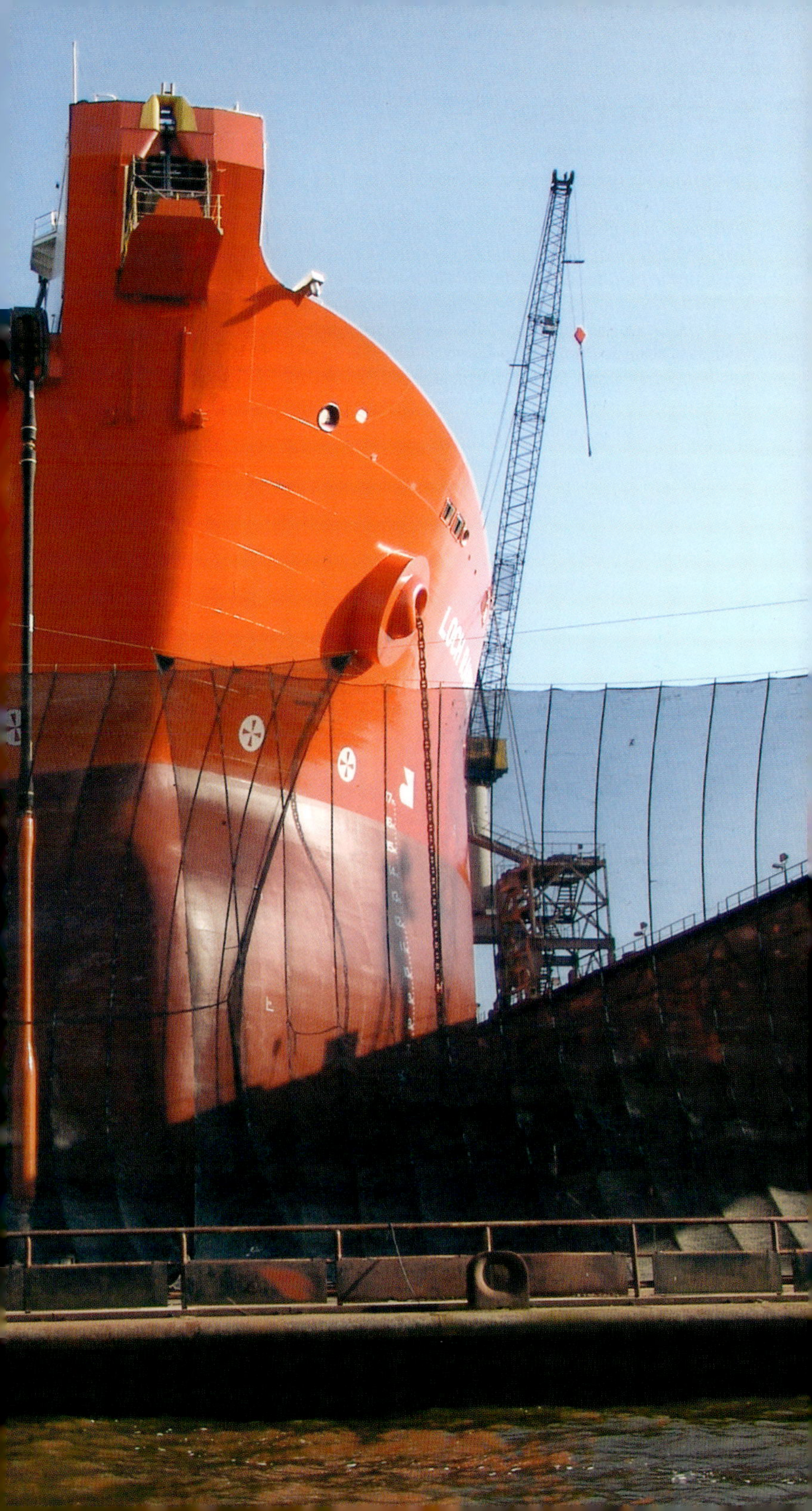

⓲ Cap San Diego

Die 1961 vom Stapel gelaufene *Cap San Diego* ist das größte Museumsschiff der Welt. Dass sie auch fahrtüchtig ist, beweist sie mehrere Male im Jahr bei Ausflügen nach Cuxhaven und auf dem Nord-Ostsee-Kanal sowie bei großen Schiffsparaden. Die restliche Zeit befindet sich der Stückgutfrachter, der einst zwischen Europa und der Ostküste Südamerikas pendelte, an seinem Liegeplatz an der Überseebrücke. Hier kann man sich in Museumsräumen über das Leben an Bord informieren oder im schiffseigenen Restaurant essen. Die Räumlichkeiten des Schiffes sind Veranstaltungsort für Konzerte und Lesungen und als Übernachtungsmöglichkeit zu mieten.

★ **Ausstellungsräume**
Die Ausstellung »Ein Koffer voller Hoffnung« zeigt das Schicksal der Auswanderer, die Europa über den Hamburger Hafen verließen.

★ **Wellentunnel**
Der Wellentunnel ist ein lang gestreckter, begehbarer Raum im Innern des Schiffes, in dem sich die Antriebswelle befindet, die den Maschinenraum mit der Schiffsschraube verbindet. Der sehr enge Wellentunnel der *Cap San Diego* hat eine Länge von über 40 Metern.

Außerdem

① **Eigene Ladebäume** ermöglichten der *Cap San Diego* Unabhängigkeit von der Infrastruktur der Häfen, in denen sie anlegte.

② **Die *Cap San Diego*** hat fünf Ladeluken, zwei Räume unter Deck sind als Kühlräume nutzbar.

Arztbesteck
Die *Cap San Diego* verfügt über einen Behandlungsraum, sodass man auch auf hoher See gegen Krankheiten gerüstet war.

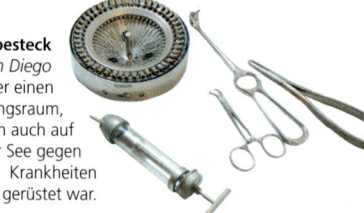

◀ Der Tanker *Loch Rannoch* (270 m lang, 46 m breit) im Trockendock

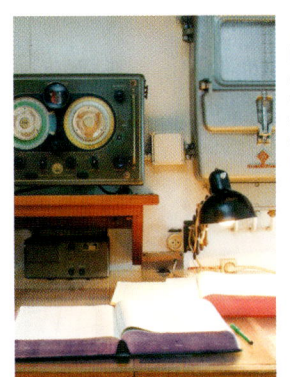

CAP SAN DIEGO | 103

★ Funkraum
Der Funkraum der *Cap San Diego* ist noch originalgetreu erhalten. Dank der Mithilfe ehemaliger Marinefunker werden die Geräte – etwa der Empfänger oder das UKW-Gerät – instand gehalten.

Infobox

Information
Museumsschiff *Cap San Diego*, Überseebrücke.
Stadtplan 9 A5. **Karte** G9.
📞 (040) 36 42 09.
🕐 tägl. 10–18 Uhr.
🌐 capsandiego.de

Anfahrt
Ⓤ Baumwall.
Ⓢ Landungsbrücken.

Brücke
Die Brücke ist der wichtigste Ort des Schiffes, an dem alles zusammenläuft. Neben einem Radargerät und der Steuersäule mit Kompass und Selbststeueranlage befinden sich hier auch Sprachrohre zum Kapitän und zum Maschinenraum.

★ Salon
Der stilvolle Salon, zu dem neben dem Speisesaal auch eine Bibliothek und eine Bar zählen, wurde nach einem Entwurf des Hamburger Architekten Cäsar Pinnau gestaltet.

Nautisches Tagebuch
Das nautische Tagebuch, in dem man die Seereisen dokumentiert, wird – zusammen mit den Seekarten – im Kartenraum aufbewahrt.

Stadtplan siehe Seiten 242–257

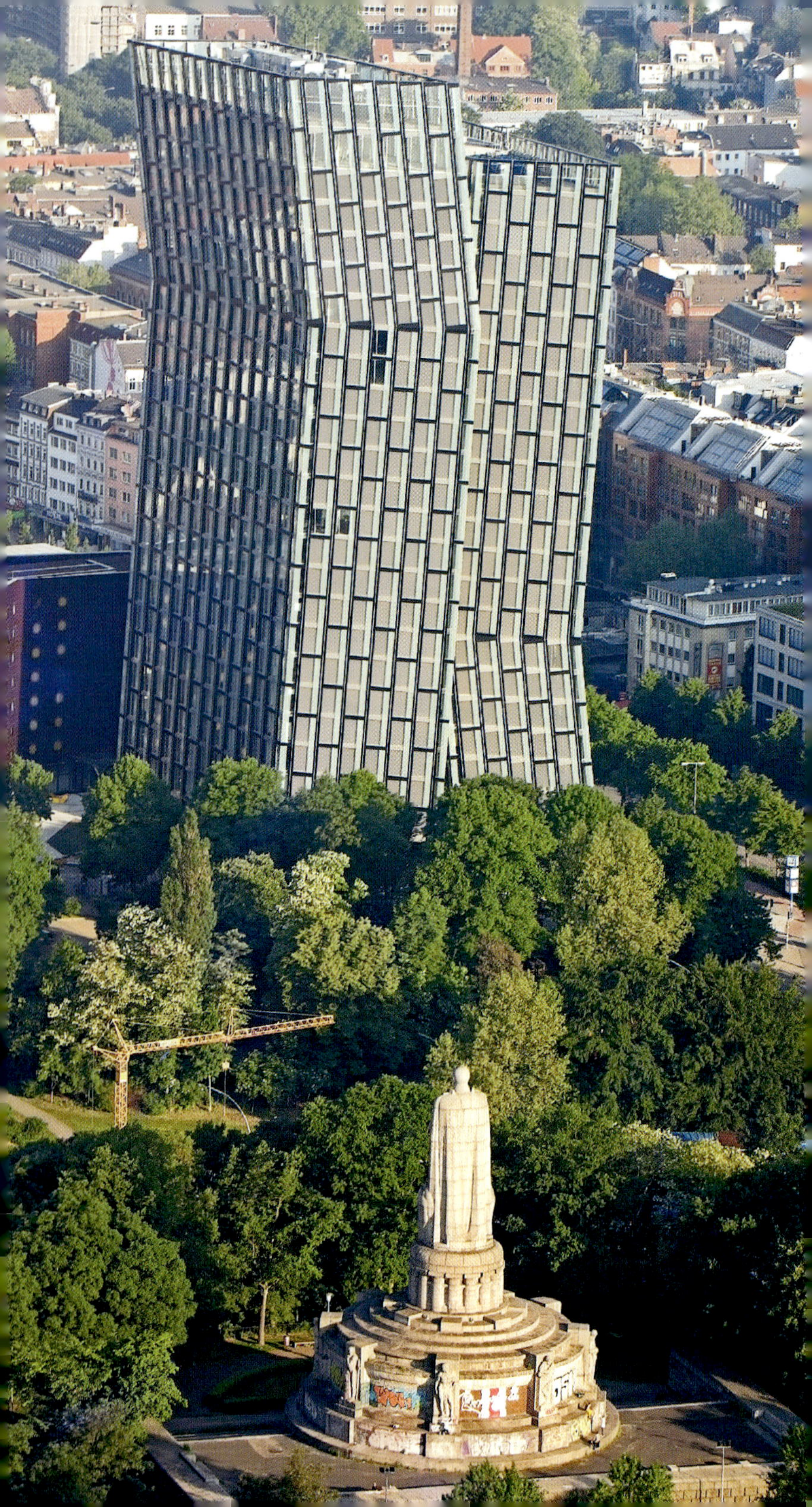

… DIE STADTTEILE HAMBURGS | 105

St. Pauli

Einst war es die ungeliebte Vorstadt, heute ist es der bekannteste Stadtteil Hamburgs. Der Amüsierbetrieb in St. Pauli begann im 18. Jahrhundert mit einigen Jahrmarktsständen auf dem Spielbudenplatz. Dann hielt das »älteste Gewerbe der Welt« Einzug: Seeleute erholten sich von ihren langen Fahrten in den Armen schöner Frauen und ließen einen Teil ihrer Heuer auf dem Nachttisch liegen. Bis heute hat Eros das Ambiente im Griff. Doch das Rotlicht wird heruntergedimmt, St. Pauli befindet sich in einem Übergangsprozess. Die Reeperbahn der Zukunft soll gesellschaftsfähiger werden und weniger den Subkulturen vorbehalten bleiben. Der Umbau des Spielbudenplatzes ist der erste Schritt in diese Richtung. Attraktionen wie etwa das Schmidt Theater werden die Planer des »neuen« St. Pauli allerdings kaum aufgeben wollen – und sicherlich wird auch der beliebte Kiez-Club FC St. Pauli weiterleben.

Sehenswürdigkeiten auf einen Blick

Museen und Sammlungen
- ① Panoptikum
- ③ PanikCity
- ⑥ Sankt Pauli Museum
- ⑦ U-434

Straßen und Parks
- ⑨ Hafenstraße
- ⑪ Schanzenviertel
- ⑫ Sternschanzenpark mit Wasserturm

Theater
- ② Schmidt Theater und Schmidts Tivoli
- ④ Stage Operettenhaus

Weitere Sehenswürdigkeiten
- ⑤ Davidwache
- ⑧ St. Pauli Fischmarkt
- ⑩ FC St. Pauli

Stadtplan *3–4*

Restaurants *siehe S. 190*
1. Bullerei
2. Fischerhaus
3. Hamburger Veermaster
4. Man Wah
5. La Sepia
6. NIL
7. Schauermann

◀ Blick auf Tanzende Türme *(siehe S. 106)* und Bismarck-Denkmal   Zeichenerklärung *siehe hintere Umschlagklappe*

Im Detail: Reeperbahn

Reeperbahn, Rotlichtmilieu, Fischmarkt, Hans Albers und dem FC St. Pauli sei Dank – dieses Stadtviertel ist eines der bekanntesten in Deutschland. Alternative Kulturszenen haben hier ihren Platz: Kultkneipen wie Zur Ritze (Reeperbahn 140), Museen wie das Sankt Pauli Museum, Erlebniswelten wie PanikCity und Theaterbühnen wie Schmidts Tivoli machen den Reiz St. Paulis aus. Der mit zwei Bühnen versehene Spielbudenplatz mitten auf der Reeperbahn ist beliebter Schauplatz für vielfältige Veranstaltungen – u. a. Konzerte, Theateraufführungen und Märkte.

★ ❶ Panoptikum
Ob Politiker, Schauspieler, Popstars, Wissenschaftler oder Sportler – im Hamburger Panoptikum sind mehr als 120 bekannte Personen als Wachsfiguren ausgestellt.

★ Stage Operettenhaus
Das Musiktheater zählt zu den großen Musicalbühnen Hamburgs. Produktionen wie *Cats* oder *Mamma Mia* waren jahrelang Kassenschlager.

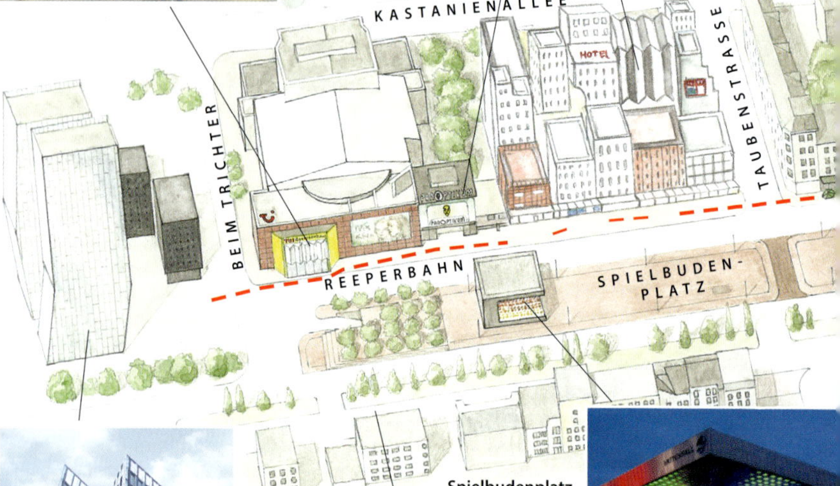

Paloma-Viertel (im Bau)

Spielbudenplatz
Die verschiebbaren Bühnen zu beiden Seiten des Platzes werden nachts spektakulär beleuchtet.

Tanzende Türme
Einen architektonischen Akzent setzen die beiden an ein tanzendes Paar erinnernden Türme – ein Werk von Hadi Teherani.

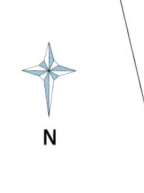

Achtung: Auf dieser Karte ist **Norden nach unten** ausgerichtet.

Udos Stern
Der seit 1996 auf der Reeperbahn funkelnde Stern ist eine Hommage an Udo Lindenberg (siehe S. 206).

0 Meter 50

REEPERBAHN | **107**

★ ❷ **Schmidt Theater**
Ob Varieté, Comedy oder Live-Musik – das Schmidt Theater ist Synonym für schillernde Kiez-Kultur.

❷ **Schmidts Tivoli**
Die Bühne für kleine, aber schrille Musicals ist berühmt für ihre Eigenproduktionen.

Zur Orientierung
Siehe Stadtplan 3–4

Legende
— Routenempfehlung

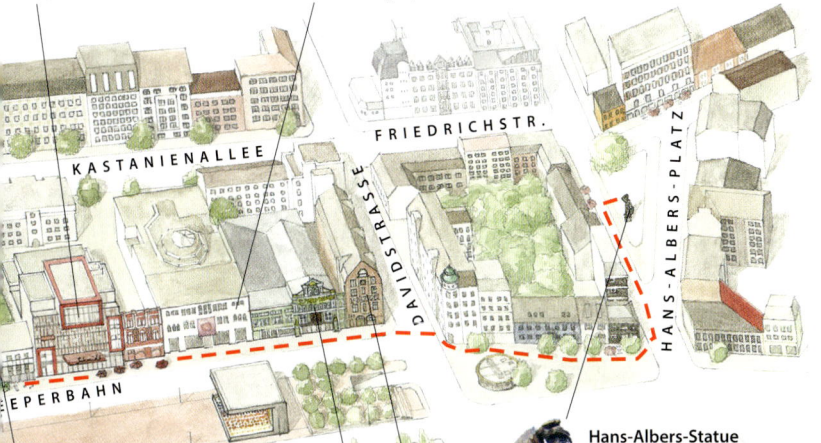

Hans-Albers-Statue
Die Bronzestatue des beliebten Hamburger Schauspielers und Sängers Hans Albers wurde 1986 von Jörg Immendorff geschaffen.

❸ **PanikCity**
In der 2018 eröffneten multimedialen Erlebniswelt begeben sich Besucher auf einen Trip durch das Leben von Udo Lindenberg.

St. Pauli Theater
Die traditionsreiche Bühne bietet ein abwechslungsreiches Programm: Neben Theater von klassisch bis modern stehen auch Musikshows, Kabarett und Comedy auf dem Spielplan.

❺ **Davidwache**
Die wohl berühmteste Polizeiwache der Welt wurde 1913/1914 errichtet und steht heute unter Denkmalschutz.

Stadtplan *siehe Seiten 242–257*

❶ Panoptikum

Spielbudenplatz 3. **Stadtplan** 4 D4. **Karte** E7–8. (040) 31 03 17. St. Pauli. Reeperbahn. 36, 37, 112. Mo–Fr 11–21, Sa 11–24, So 10–21 Uhr. 24. Dez. panoptikum.de

Das Panoptikum ist das älteste und größte Wachsfigurenkabinett in Deutschland. Mehr als 120 Personen aus Politik, Kultur, Wissenschaft, Showbiz und Sport sind hier als Wachsfiguren im passenden Gewand dargestellt. Von Napoléon bis Madonna, von Lady Di bis Albert Einstein, von Kleopatra bis Elvis Presley, von Angelina Jolie bis Karl Lagerfeld, von Michael Schumacher bis Romy Schneider als Sisi – alles, was Rang und Namen hat, ist vertreten. Auch Hamburger Originale wie Uwe Seeler und Hans Albers dürfen nicht fehlen. Jedes Jahr kommen neue Figuren hinzu. Ein Gruselkabinett ergänzt die Ausstellung.

St. Pauli verändert sein Antlitz ständig – doch das Panoptikum bleibt erhalten. Seit der Eröffnung 1879 durch Friedrich Hermann Faerber ist es in Familienbesitz und wird nun in vierter Generation geleitet.

Maske am Panoptikum

❷ Schmidt Theater und Schmidts Tivoli

Spielbudenplatz 24–25 und 27–28. **Stadtplan** 4 D4. **Karte** E8. (040) 31 77 88 99. St. Pauli. Reeperbahn. 36, 37, 112. tivoli.de

Schrille Unterhaltung, Comedy und Musiktheater sind Markenzeichen des Schmidt Theater. Schon der Zeitpunkt der Eröffnung demonstriert skurrile Absichten: 8.8.88 abends um 8 Uhr 8. Den Grundstein für den großen Erfolg der Bühne legte der Betreiber und Schauspieler Corny Littmann (alias Herr Schmidt) zusammen mit Ernie Reinhard (alias Lilo Wanders). Landesweit bekannt wurde das »Schmidt« durch die monatliche Fernsehübertragungen der Schmidt Show zu Beginn der 1990er Jahre. Das Theater gilt als Talentschmiede, für die Karriere von Künstlern wie der Gruppe Rosenstolz oder Helge Schneider war es ein Sprungbrett.

Gleich nebenan eröffnete 1991 Schmidts Tivoli. Die hier aufgeführten Musicals werden von der ersten Idee bis zur Premiere selbst produziert. Ein Dauerbrenner war die 1950er-Jahre-Revue *Fifty-Fifty*, legendär ist das St.-Pauli-Musical *Heiße Ecke* mit bisher über zwei Millionen Zuschauern (siehe S. 211).

Schrill und originell – so lässt sich das Programm des Schmidt beschreiben

❸ PanikCity

Spielbudenplatz 21–22. **Stadtplan** 4 D4. **Karte** E8. (040) 64 66 55 00. St. Pauli. Reeperbahn. 36, 37, 112. tägl. obligatorisch; Zeiten bitte der Website entnehmen. panikcity.de

Die 2018 eröffnete multimediale Erlebniswelt (700 m²) ist die neue Attraktion am Kiez. Hier wird Udo Lindenberg (siehe S. 206), dem zeitlos kultigen Panikrocker, ein Denkmal gesetzt. Besucher können bei einer 90-minütigen Führung Udos Leben und Karriere mit allen Sinnen nachempfinden.

Man muss 30 Minuten vor Beginn der Führung eintreffen. Im Ticketpreis enthalten ist ein Gläschen Eierlikör.

Die Reeperbahn gilt als die »sündigste Meile der Welt«

❹ Stage Operettenhaus

Spielbudenplatz 1. **Stadtplan** 4 D4. **Karte** E7–F8. 01805 44 44. St. Pauli. Reeperbahn. 36, 37, 112. Siehe auch **Unterhaltung** S. 208–211.
stage-entertainment.de

Bis zum Zweiten Weltkrieg stand hier ein Theater, in dem 1912 zum ersten Mal der legendäre Schlager *Auf der Reeperbahn nachts um halb eins* auf einer Bühne präsentiert wurde. Musik ist naturgemäß auch ein großes Thema des Operettenhauses – schließlich handelt es sich um eine von Hamburgs bedeutenden Musicalbühnen *(siehe S. 210)*.

Ab 1986 sangen und tanzten hier insgesamt 15 Jahre lang die *Cats*, eine der erfolgreichsten Musicalproduktionen überhaupt. In die Fußstapfen dieses Dauerbrenners trat die deutschsprachige Fassung von *Mamma Mia*. Das Musical bringt die größten Hits der schwedischen Band ABBA auf die Bühne und entwickelte sich seit der Premiere im November 2002 ebenfalls zu einem Kassenschlager.

Abgelöst wurde es von dem Udo-Jürgens-Musical *Ich war noch niemals in New York*, das im Dezember 2007 seine Weltpremiere feierte. Zum Repertoire des Musicals, das zum Teil auf hoher See spielt, gehören Songs des österreichischen Komponisten und Entertainers.

Das Nachfolge-Musical (Dez 2010–Aug 2012), *Sister Act*, erzählt die turbulente Story einer Nachtclubsängerin, die sich in einem Kloster vor Gangstern verstecken muss.

Die Produktion *Rocky* (Nov 2012–Aug 2015) zieht nicht nur Fans des Boxsports in ihren Bann. Die Show basiert auf Sylvester Stallones gleichnamigem Kultfilm. Die Boxkarriere des Protagonisten Rocky Balboa wird um eine anrührende Liebesgeschichte ergänzt.

Nachdem drei weitere Musicals jeweils etwa ein Jahr gespielt wurden, steht seit Oktober 2018 *Ghost – Das Musical* auf dem Programm.

Blickfang: das Operettenhaus mit seiner auffälligen Fassade

❺ Davidwache

Ecke Spielbudenplatz/Davidstraße. **Stadtplan** 4 D4. **Karte** E8. St. Pauli. Reeperbahn. 36, 37, 112.

Die Davidwache ist das Gebäude des Hamburger Polizeikommissariats 15. Das Haus wurde in den Jahren 1913/14 von Fritz Schumacher im Stil eines Hamburger Bürgerhauses errichtet. Die Polizeibeamten, die hier im Einsatz sind, überwachen in vier Schichten das mit etwa 0,85 Quadratkilometern zwar kleinste, aber wegen seiner Lage mitten im Rotlichtmilieu auch »heißeste« Revier der Hansestadt.

Bekannt wurde die Davidwache vor allem durch zahlreiche Film- und Fernsehproduktionen. Der Film *Polizeirevier Davidwache* kam 1964 in die Kinos, 1971 folgte *Fluchtweg St. Pauli – Großalarm für die Davidwache*. Für die Vorabendserie *Großstadtrevier* diente die Davidwache als Vorbild, gedreht wurde allerdings in anderen Gebäuden. Das unter Denkmalschutz stehende Haus aus rotem Backstein wurde 2005 um einen modernen Anbau erweitert.

❻ Sankt Pauli Museum

Davidstraße 17. **Stadtplan** 4 D4. **Karte** E8. (040) 439 20 80. St. Pauli. Reeperbahn. 36, 37, 112. Mo–Mi 11–18, Do 11–21, Fr 11–23, Sa 10–23, So 10–18 Uhr. kiezmuseum.de

In diesem Museum kann man sich einen Überblick über die mehr als illustre Geschichte des facettenreichen Stadtteils St. Pauli seit dem Mittelalter verschaffen. Ein besonderes Augenmerk wird auf die Periode der Entstehung des Vergnügungsviertels gerichtet.

Bühnenkostüme von Hans Albers gehören ebenso zum Inventar wie Beatles-Poster anlässlich ihrer Auftritte im Star-Club oder Schmuck aus dem Nachlass von Domenica, einer Ikone St. Paulis. Eine so tiefgründige wie unterhaltsame Entdeckungsreise durch das Museum ist der ideale Einstieg für einen Streifzug durch St. Pauli.

Die bekannte Davidwache liegt im »heißesten« Revier der Hansestadt

Stadtplan siehe Seiten 242–257

❼ U-434

St. Pauli Fischmarkt 10. **Stadtplan** 2 F4. **Karte** C9. ☎ (040) 32 00 49 34. Ⓤ Landungsbrücken. Ⓢ Reeperbahn, Königstraße. 🚌 112. 🕐 Mo–Sa 9–20, So 11–20 Uhr. 📷 🖥 🌐 u-434.de

Ein U-Boot als Museum – das 1976 in einer Werft im Hafen der russischen Stadt Gorki (heute Nishnij Nowgorod) gebaute U-Boot diente bis 2002 der russischen Nordmeerflotte als Spionage-U-Boot für besondere Einsätze wie etwa geheime Spionage-Missionen vor der Ostküste der Vereinigten Staaten.

Bei einer Besichtigung des 90 Meter langen und knapp neun Meter breiten U-Boots erfahren die Besucher viel über das damalige Leben an Bord. Die Besatzung bestand aus 84 Mann (je 16 Offiziere und Unteroffiziere sowie 52 Matrosen), die Proviant für bis zu 80 Tage mitnahmen. Rund 32 000 Liter Süßwasser wurden auf den Fahrten mitgeführt.

Der größte Raum der *U-434* ist der Torpedoraum mit sechs Rohren. Bis zu 24 Torpedos konnten mitgeführt werden. Einige Bereiche des U-Boots – darunter auch die Kommandozentrale – sind ausschließlich im Rahmen einer etwa 45 Minuten dauernden Führung zu besichtigen.

Statue eines Fischers

❽ St. Pauli Fischmarkt

Zwischen Hafenstraße und Großer Elbstraße. **Stadtplan** 3 B5. **Karte** DE8. Ⓤ Landungsbrücken. Ⓢ Reeperbahn, Königstraße. 🚌 112. 🕐 Apr–Okt: So 5–9.30 Uhr; Nov–März: So 7–9.30 Uhr.

Ein Bummel über den Fischmarkt ist ein Muss. Der Mix ist einzigartig: Nachtschwärmer, Schnäppchenjäger, Frühaufsteher, Erlebnis-Shopper, Punks und Geschäftsleute bevölkern den Fischmarkt ab dem frühen Morgen. Frühstück kann man sich sparen, hier lauern an jeder Ecke kleine Köstlichkeiten. Doch es geht auf diesem Markt nicht nur um Fisch. Neben Forelle, Aal, Steinbutt & Co bieten die Marktschreier die unterschiedlichsten Produkte lauthals feil: Topfpflanzen, Obst, Kleintiere, Schmuck, Trödel, Souvenirs und viele Dinge mehr. Wenn etwa »Käse-Tommi«, »Aale-Dieter« oder »Bananen-Fred« ihre Waren anpreisen, versammeln sich Menschenmengen vor den Ständen. Handeln gehört dazu, viele der »Rappos« genannten Verkäufer haben ein flottes Mundwerk und sind schlagfertig. Punkt 9.30 Uhr endet das Markttreiben schließlich mit einem Gongschlag.

Partyzentrum ist die Fischauktionshalle *(siehe S. 118f)*. Hier wird schon lange kein Fisch mehr gehandelt, hier trifft man sich zum Frühschoppen. Bei freiem Eintritt und Live-Musik wird bis zum Nachmittag gejazzt und gerockt.

Werbung mit Hamburger Motiven an einer Fassade

❾ Hafenstraße

Stadtplan 4 DE4. **Karte** EF8. Ⓤ Landungsbrücken. Ⓢ Landungsbrücken. 🚌 112.

Mehrere Jahre lang hielt der Konflikt um die Hafenstraße die Stadt Hamburg in Atem: Ein Bürgermeister trat zurück, Proteste erregten bundesweit Aufsehen, die Zustände wurden sogar als bürgerkriegsähnlich bezeichnet.

Zur Historie: Die leer stehenden Häuser der Hafenstraße (Nr. 116–126) sollten – wie auch einige in der nahe gelegenen Bernhard-Nocht-Straße (Nr. 16–24) – für eine neue, moderne Hafenrandbebauung abgerissen werden. Der Besetzung der Häuser durch Autonome und Alternative folgten wiederholt Auseinandersetzungen zwischen Polizei auf der einen Seite sowie Besetzern und mit ihnen solidarischen Demonstranten auf der anderen. Mitte der 1990er Jahre wurde der Konflikt durch den Verkauf der Häuser an eine Genossenschaft beigelegt. An diese lebhafte Zeit erinnern noch bunte Graffiti und Protestparolen an den Häusern.

In Hausnummer 89 – allerdings unterhalb der Hafenstraße an der Elbe – befindet sich der Beach Club Strand-Pauli (www.strandpauli.de).

Auf dem St. Pauli Fischmarkt herrscht jeden Sonntag reges Treiben

◀ Braukessel auf dem ehemaligen Gelände der Bavaria-Brauerei in St. Pauli

⑩ FC St. Pauli

Geschäftsstelle: Harald-Stender-Platz 1. **Stadtplan** 4 DE2. **Karte** F6. 01806 99 77 19 (Tickets). St. Pauli, Feldstraße. 3, 36, 37. Mo, Di, Do, Fr 10–18, Mi, Sa 10–15 Uhr. fcstpauli.de

Was wäre St. Pauli ohne »seinen« Fußball-Club? Der 1910 gegründete FC St. Pauli gehört zum Stadtteil wie die Reeperbahn. Die Kult-Kicker vom Kiez können sich auf ihre Fans verlassen – beste Stimmung ist bei jedem Heimspiel auf dem Heiligengeistfeld garantiert. Ausdruck der sehr speziellen Fankultur sind die zahlreichen Totenkopfflaggen.

Wer den Hexenkessel im Stadion am Millerntor einmal erleben möchte, muss jedoch langfristig planen: Die knapp 30 000 Tickets sind schnell vergriffen.

⑪ Schanzenviertel

Stadtplan 3 C1–4 E1. **Karte** D3–F5. Sternschanze, Feldstraße. Sternschanze. 3, 15.

Das von Hamburgern auch »Schanze« genannte Quartier erstreckt sich nördlich des Heiligengeistfelds zu beiden Seiten der Schanzenstraße, seiner zentralen Achse. Das kunterbunte Szeneviertel mit multikulturellem Flair wird von urigen Läden und Boutiquen sowie zahlreichen Bars und Cafés geprägt. Hotspot des Quartiers ist das Schulterblatt. Entlang dieser Straße reihen sich viele Lokale aneinander – von der Tapas-Bar über den vegetarischen Imbiss, das portugiesische Restaurant und die Bierkneipe bis zur griechischen Taverne. Daneben gibt es hier viele kleine (auch alternative) Läden, in denen man nach Herzenslust stöbern kann. Wer auf der Suche nach Secondhand-Bekleidung, literarischen Raritäten, Tonträgern (auch LPs) oder Bio-Produkten ist, wird hier fündig.

In die Schlagzeilen geriet die Schanze 1989 durch die Besetzung des früheren Theaters Flora (Schulterblatt 71). In dieser Aktion kam der Widerstand einiger Bürgerinitiativen gegen den geplanten Umbau der Flora in eine Musicalbühne zum Ausdruck. Nach längeren Auseinandersetzungen dient das seither als Rote Flora bezeichnete Gebäude als Stadtteil- und Kulturzentrum.

Viele Bewohner der Schanze schätzen die eigene Atmosphäre, mit der sich das Viertel von stärker kommerziell ausgerichteten wie etwa dem Gebiet um die Reeperbahn abhebt.

Seit Juni 2007 beherbergt der Wasserturm im Sternschanzenpark ein Hotel

⑫ Sternschanzenpark mit Wasserturm

Karte E3–F4. Sternschanze, Schlump. Sternschanze. 4.

Das Schanzenviertel ist nach dem Sternschanzenpark benannt. Die Bewohner des Quartiers kommen zu allen Jahreszeiten gerne in den etwa zwölf Hektar großen Park, um spazieren zu gehen, Sport zu treiben (z. B. Boule, joggen oder rodeln) oder eine der kulturellen Veranstaltungen zu besuchen (u. a. das populäre Sommerkino; *siehe S. 45*). Im südlichen Teil des Sternschanzenparks befindet sich auf einem Hügel das schon von Weitem sichtbare Wahrzeichen des Schanzenviertels: ein 57,5 Meter hoher, achteckiger Wasserturm, der 1909 erbaut wurde. Nach seiner Stilllegung im Jahr 1961 wurden verschiedene Konzepte zur Nutzung des inzwischen sanierungsbedürftigen Turms entwickelt, von denen jedoch keines realisiert werden konnte.

Erst 2003 und damit 13 Jahre nach dem Verkauf an einen Investor fiel eine Entscheidung über die Zukunft dieses markanten Industriedenkmals. Der Umbau in ein Hotel *(siehe S. 177)* ermöglichte eine Sanierung des denkmalgeschützten Gebäudes, sodass es seit 2007 – nach mehr als 45 Jahren – erstmals wieder genutzt wird.

Kletterwand Kilimanschanzo im Florapark im Schanzenviertel

Stadtplan *siehe Seiten 242–257*

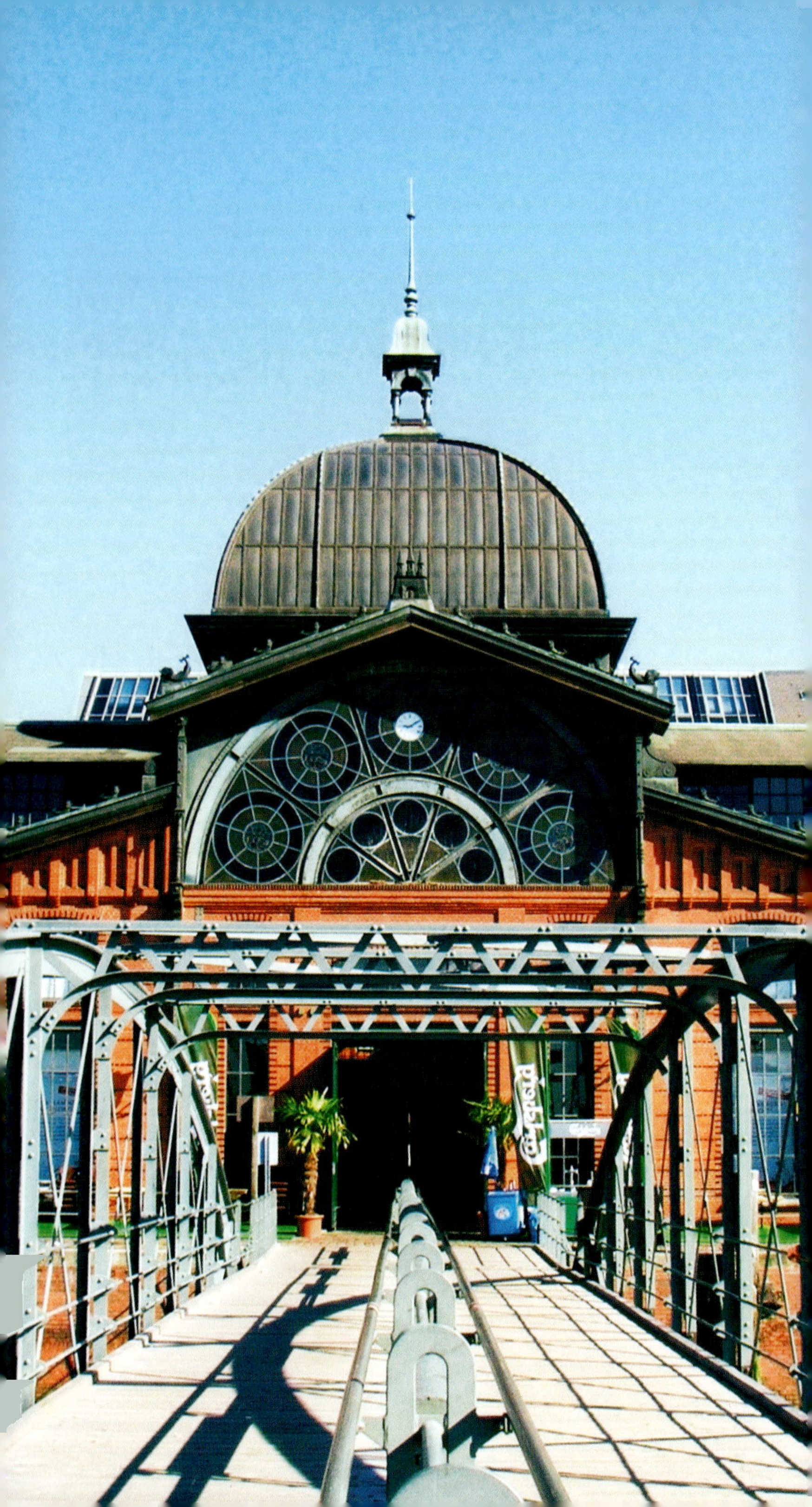

DIE STADTTEILE HAMBURGS | **113**

Altona

Bis 1937 war der Hamburger Stadtteil Altona eine selbstständige Stadt, die zu Schleswig-Holstein gehörte. Mit der Entstehung von Groß-Hamburg wurde es Teil des größeren Nachbarn, dem man seit je kritisch gegenübersteht. Noch heute fühlen sich die Bewohner Altonas als Altonaer und nicht als Hamburger. Doch auch vielen Hamburgern war Altona »all to nah« (allzu nah). Die Rivalität reicht weit in die Historie zurück, eine zentrale Frage war immer wieder, wer über den lukrativeren Fischmarkt verfügt: Altona oder Hamburg mit St. Pauli? Altona eignet sich durchaus als Ausgangspunkt für einen Bummel durch das Hamburger Hafengelände. Schließlich bietet sich vom Altonaer Balkon die allerbeste Aussicht darauf. Auch die meisten anderen Attraktionen des Stadtteils liegen südlich des Bahnhofs Altona rund um den Platz der Republik. Die edle Elbchaussee und der Elbuferweg nach Blankenese beginnen in Altona.

Sehenswürdigkeiten auf einen Blick

Museum
- ❸ Altonaer Museum

Historische Gebäude
- ❺ Rathaus Altona
- ❿ Fischauktionshalle

Straßen und Plätze
- ❶ Platz der Republik
- ❼ Elbchaussee
- ❽ Palmaille

Weitere Sehenswürdigkeiten
- ❷ Stuhlmannbrunnen
- ❹ Denkmal von Sol LeWitt
- ❻ Altonaer Balkon
- ❾ Köhlbrandtreppe
- ⓫ stilwerk
- ⓬ Neue Flora

Restaurants
siehe S. 190f
1. Au Quai
2. Breitengrad
3. Café Altamira
4. Le Canard
5. Eisenstein
6. Fischereihafen Restaurant
7. Haifischbar
8. Henssler & Henssler
9. Rive
10. Das Seepferdchen
11. Shikara
12. La Vela
13. Zum Schellfischposten

Stadtplan 1–2

◀ Altonaer Fischauktionshalle (1896, siehe S. 118 f)   Zeichenerklärung *siehe hintere Umschlagklappe*

Im Detail: Altona

Bei einem Spaziergang durch den Hamburger Bezirk Altona sollte man auf keinen Fall das weiße Rathaus versäumen, das architektonische Schmuckstück des Viertels. Gegenüber befindet sich mit dem Platz der Republik eine Oase der Ruhe. Auch auf dem Altonaer Balkon laden Bänke zum Verweilen ein. Von diesem Aussichtspunkt, einem der schönsten der Stadt, hat man einen wunderbaren Blick auf den Hafen und die Elbe mit dem 2011 eröffneten Kreuzfahrtterminal Altona, an dem gelegentlich Luxusliner anlegen. Sehenswert ist außerdem die Palmaille, eine Prachtstraße aus dem 17. Jahrhundert.

★ **Palmaille**
Die baumbestandene Prachtstraße aus dem 17. Jahrhundert mündet in die Elbchaussee.

★ ❺ **Rathaus Altona**
Vor dem prächtigen Rathaus von Altona imponiert ein Reiterstandbild von Kaiser Wilhelm I., das an die Zeit der preußischen Herrschaft (1867–71) und die darauffolgende Zugehörigkeit zum Deutschen Reich erinnert.

★ ❹ **Denkmal von Sol LeWitt**
Der schwarze Quader mit dem Titel *Black Form – Dedicated to the Missing Jews* (1987) erinnert an die durch die Nationalsozialisten ermordeten Juden Altonas (im Hintergrund das Rathaus).

❷ **Stuhlmannbrunnen**
Mittelpunkt des gewaltigen Brunnens, der im Jahr 1900 angelegt und nach seinem Stifter Günther Ludwig Stuhlmann benannt wurde, sind zwei riesige Kentauren, die um einen Fisch ringen. Sie symbolisieren die lange Zeit während Rivalität der Fischereihäfen von Hamburg und Altona.

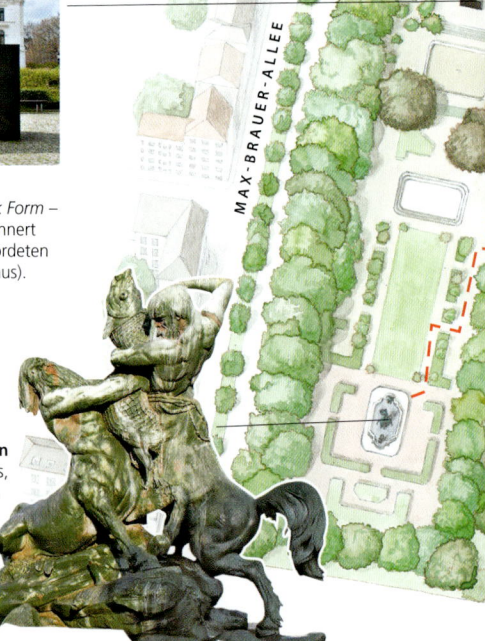

ALTONA | 115

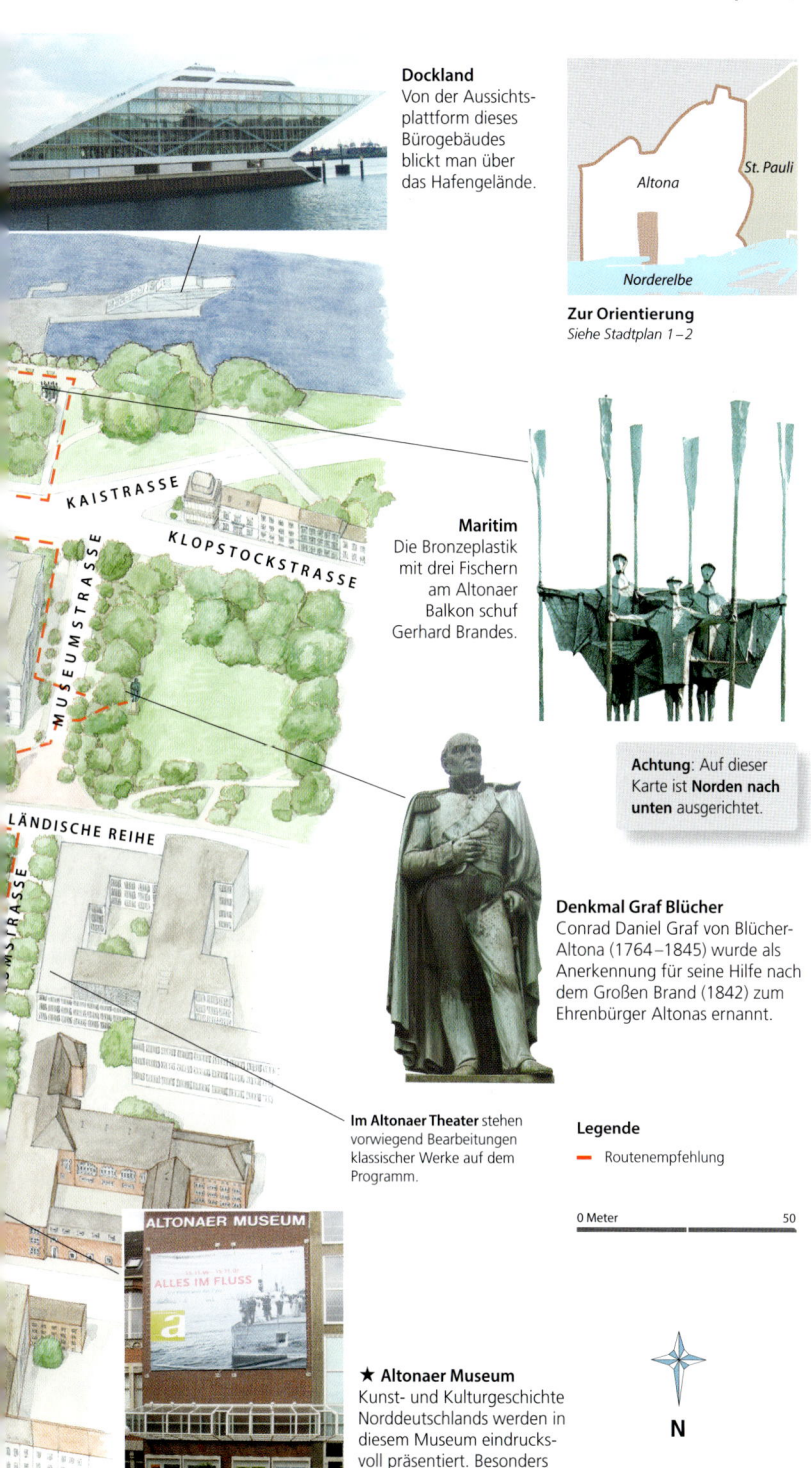

Dockland
Von der Aussichtsplattform dieses Bürogebäudes blickt man über das Hafengelände.

Zur Orientierung
Siehe Stadtplan 1–2

Maritim
Die Bronzeplastik mit drei Fischern am Altonaer Balkon schuf Gerhard Brandes.

Achtung: Auf dieser Karte ist **Norden nach unten** ausgerichtet.

Denkmal Graf Blücher
Conrad Daniel Graf von Blücher-Altona (1764–1845) wurde als Anerkennung für seine Hilfe nach dem Großen Brand (1842) zum Ehrenbürger Altonas ernannt.

Im Altonaer Theater stehen vorwiegend Bearbeitungen klassischer Werke auf dem Programm.

Legende
— Routenempfehlung

0 Meter 50

★ **Altonaer Museum**
Kunst- und Kulturgeschichte Norddeutschlands werden in diesem Museum eindrucksvoll präsentiert. Besonders sehenswert ist die Schiffbausammlung.

N

Stadtplan siehe Seiten 242–257

Der Platz der Republik ist der ideale Ort für eine Pause

❶ Platz der Republik

Stadtplan 1 C3–4. **Karte** A7–8. Ⓢ Altona, Königsstraße. 🚌 1, 2, 15, 20, 25, 36, 37, 112.

Wie ein kleiner Park wirkt die etwa 250 Meter lange Grünfläche zwischen dem Rathaus und dem Bahnhof Altona. Der 1895 angelegte Platz sollte nach dem Willen der Stadtväter eine Oase der Ruhe inmitten eines belebten Viertels sein. Um den Platz wurden einige stattliche Gebäude im Stil des Historismus errichtet – neben dem Bahnhof und dem Rathaus waren dies unter anderem das Altonaer Museum und die Königliche Eisenbahndirektion. Hier wurden Stadtverwaltung, Kultur und Wirtschaft gebündelt.

Die Bewohner Altonas nutzen die Grünanlage mit den beiden Monumenten (Stuhlmannbrunnen im Norden, Denkmal von Sol LeWitt im Süden) für Spaziergänge. Auch Besucher des Altonaer Museums kommen gerne hierher.

❷ Stuhlmannbrunnen

Platz der Republik. **Stadtplan** 1 C3. **Karte** A7. Ⓢ Altona, Königsstraße. 🚌 1, 2, 15, 20, 25, 36, 37, 112.

Der Berliner Bildhauer Paul Türpe gestaltete ein eindrucksvolles Szenario: Zwei mächtige Kentauren – Fabelwesen aus der griechischen Mythologie mit menschlichem Oberkörper und dem Unterkörper eines Pferdes – ringen um ihre Beute, einen großen Fisch. Aus seinem Maul spritzt die Hauptfontäne des 1900 angelegten Brunnens mehrere Meter hoch. Weitere mythologische Figuren (Triton, der Sohn des Meeresgottes Poseidon, sowie vier Echsen umringen die Kämpfenden und speien zusätzliche Wasserstrahlen, als seien sie über den Fang des Fisches empört.

Das imposante Brunnenschauspiel symbolisiert die bis in das 16. Jahrhundert reichende Rivalität zwischen den Fischereihäfen der ehemaligen Nachbarstädte Altona und Hamburg. Zu jener Zeit konnte Altona zwar noch als Zentrum der deutschen Fischindustrie betrachtet werden, doch Hamburg gewann immer größere Bedeutung und machte Altona die Fischereirechte mehr und mehr streitig.

Benannt wurde der 7,5 Meter hohe Brunnen nach seinem Stifter Günther Ludwig Stuhlmann, einem wohlhabenden Altonaer Bürger. In den 1970er Jahren begannen umfangreiche Restaurierungsarbeiten, da die Figuren des Brunnens zum Teil starke Korrosionsschäden aufwiesen. Die Finanzierung erfolgte überwiegend durch die Spenden von Altonaer Bürgern. 100 Jahre nach seiner Errichtung wurde der Stuhlmannbrunnen schließlich im Jahr 2000 in bestem Zustand wieder eingeweiht.

Das Museum widmet sich der Kulturgeschichte Norddeutschlands

❸ Altonaer Museum

Museumstraße 23. **Stadtplan** 1 C3. **Karte** A8. 📞 (040) 428 1350. Ⓢ Altona, Königsstraße. 🚌 1, 2, 15, 20, 25, 36, 37, 112. ⏲ Mo, Mi–Fr 10–17, Sa, So 10–18 Uhr. ⊘ 1. Jan, 1. Mai, 24. u. 31. Dez. 🎫 telefonisch erfragen. 🌐 altonaermuseum.de

Norddeutsche Alltagskultur und ihre Geschichte sind der Schwerpunkt des Altonaer Museums. Ländliches Leben wird mit originalgetreu nachgebauten Bauernstuben und Mühlen dokumentiert. Die Schiffbausammlung zeigt mit Galionsfiguren, nautischen Instrumenten und Schiffsmodellen die maritime Seite der Region. Zudem gibt es kunst-

Stuhlmannbrunnen: Zwei mächtige Kentauren ringen um einen Fisch

ALTONA | 117

Das blendend weiße Altonaer Rathaus – Wahrzeichen des Stadtviertels

handwerkliche Sammlungen (u. a. Porzellan sowie Glas- und Tonwaren). Trachten und Kostüme zeigen bäuerliche und bürgerliche Mode im 18. und 19. Jahrhundert.

❹ Denkmal von Sol LeWitt

Platz der Republik. **Stadtplan** 1 C4. **Karte** A8. Ⓢ Altona, Königstraße. 🚍 1, 2, 15, 20, 25, 36, 37, 112.

Am Südende des Platzes der Republik steht ein schwarzer Steinquader als Monument für die zerstörte jüdische Gemeinde Altonas. Es trägt den Namen *Black Form – Dedicated to the Missing Jews* und erinnert an die Vertreibung und Ermordung der Juden aus Altona während des Nationalsozialismus, ist aber auch deren nie geborenen Kindern gewidmet.

Die jüdische Gemeinde Altonas entstand im 16. Jahrhundert. 1691 vereinigten sich die jüdischen Gemeinden von Hamburg, Altona und Wandsbek zur »Dreigemeinde« mit Altona als Sitz des Oberrabbinats. Vor allem im 19. Jahrhundert wuchs sie durch die Zuwanderung von Juden aus Osteuropa. Die planmäßige Deportation der Altonaer Juden begann 1941, zwei Jahre später hatte Altona keine jüdischen Bewohner mehr. Die Synagoge wurde bei Bombenangriffen 1943 zerstört.

Der amerikanische Künstler Sol LeWitt (1928–2007), ein renommierter Vertreter der Minimal Art, schuf die Skulptur 1989. Gasbetonsteine wurden zu einem Block mit einer Fläche von 5,5 auf zwei Metern bis in eine Höhe von zwei Metern gemauert. Danach erhielt der Quader seine tiefschwarze Bemalung. Der Kunstauffassung des Bildhauers entsprechend trägt das Mahnmal keine Inschrift.

❺ Rathaus Altona

Platz der Republik 1. **Stadtplan** 1 C4. **Karte** A8. 📞 (040) 428 11 01. Ⓢ Altona, Königstraße. 🚍 1, 2, 15, 20, 25, 36, 37, 112.

Detail am Stuhlmannbrunnen

Architektonisches Prunkstück Altonas ist das Rathaus. Das vierflügelige Gebäude wurde 1891–98 auf dem Gelände des einstigen Altonaer Bahnhofs errichtet, der 1844 angelegt worden war. Dieser wurde nach Inbetriebnahme des neuen Bahnhofs Altona aufgegeben.

Das Rathaus wurde nach Entwürfen von Joseph Brix und Emil Brandt im Stil der Renaissance errichtet. Das Giebelrelief über dem Portal schufen Karl Garbers und Ernst Barlach. Es trägt den Titel *Ein Genius geleitet das Stadtschiff*. Im Zweiten Weltkrieg erlitt das Gebäude schwere Schäden, von der Innenausstattung blieb nur wenig erhalten.

Vor dem Rathaus steht ein 1898 von Gustav Eberlein angefertigtes Reiterstandbild von Kaiser Wilhelm I. Zu seinen Füßen gruppieren sich kleinere Denkmäler mit preußischen Heldenfiguren.

❻ Altonaer Balkon

Stadtplan 2 D4. **Karte** AB9. Ⓢ Altona, Königstraße. 🚍 1, 2, 15, 20, 25, 36, 37, 112.

Südlich des Rathauses erstreckt sich am Rand des Elbufers eine Grünanlage, die als Altonaer Balkon bezeichnet wird. Er zählt zu den eindrucksvollsten Aussichtspunkten Hamburgs: Von hier bietet sich ein phänomenaler Blick über die Elbe mit der sie überspannenden Köhlbrandbrücke *(siehe S. 135)* und über das Hafengelände.

In der Grünanlage steht die Bronze *Maritim* (1965) von Gerhard Brandes. Sie zeigt drei Fischer, die ihre sechs Ruder hochhalten. Vor allem bei schönem Wetter tut sich hier eine Menge. Die Bänke sind besetzt, es wird Boule gespielt, Besucher genießen den Blick.

In der Silvesternacht kommen die Bewohner Altonas und des angrenzenden Stadtviertels Ottensen hierher, um das Feuerwerk zu sehen. Am Altonaer Balkon beginnt der Elbuferweg, auf dem man am Wasser entlang Richtung Blankenese und Övelgönne gehen oder radeln kann. Von hier kann man aber auch gut ins Zentrum spazieren.

Vom Altonaer Balkon bietet sich eine wunderbare Aussicht

Stadtplan *siehe Seiten 242–257*

Eingangstür an der Palmaille

❼ Elbchaussee

Stadtplan 1 A4–C4. **Karte** A8. 36.

Auch wenn beide Straßen nicht unterschiedlicher sein könnten – die Elbchaussee ist nach der Reeperbahn die wohl bekannteste Straße Hamburgs. Dies liegt zum einen an ihrer wunderschönen Lage hoch oben am Ufer der Elbe, zum anderen an der Fülle der prachtvollen Villen.

Die Elbchaussee ist etwa neun Kilometer lang, läuft parallel zur Elbe und verbindet Altona mit Blankenese. Für gut betuchte Hanseaten ist sie die erste Adresse in der Stadt. Ein kleiner Unterschied spielt dabei eine große Rolle: Die Häuser mit den ungeraden Nummern stehen auf der Straßenseite, die der Elbe zugewandt ist, und somit auf der »richtigen Seite«. Besuchern der Stadt kann dies egal sein. Sie genießen einen Spaziergang entlang eindrucksvoller Villen, die von gepflegten Gärten umgeben sind. Viele entstanden im 18. bzw. 19. Jahrhundert, als Blankenese noch vor den Toren Hamburgs lag und den reichen Kaufleuten angemessene Distanz zu den Kontorhäusern in der Stadt bot. Einige Anwesen wurden nur am Wochenende bewohnt oder dienten ausschließlich als Sommerresidenzen.

Das Ambiente entlang der Elbchaussee inspirierte viele Künstler: Max Liebermann malte bei einem Aufenthalt im Hotel Louis C. Jacob *(siehe S. 176)* 1902 sein Bild *Die Terrasse im Restaurant Jacob in Nienstedten*, das in der Hamburger Kunsthalle *(siehe S. 64 f)* zu sehen ist.

❽ Palmaille

Stadtplan 2 D4. **Karte** B8. Königstraße. 36, 37.

Oberhalb vom Altonaer Balkon verläuft diese Prachtstraße am Elbhang entlang nach Osten. Der Straßenname leitet sich von »palla a maglio« ab, einem aus Italien eingeführten Kugelspiel, das dem Krocket ähnlich ist. Graf Otto V. von Holstein-Schaumburg ließ hier 1638/39 drei Bahnen für dieses Spiel anlegen. Nach schweren Schäden durch einen Großbrand im Jahr 1713 erfolgte Anfang des 18. Jahrhunderts eine Bepflanzung mit vier Reihen Linden. Ab 1786 errichtete der holsteinische Landbaumeister Christian Frederik Hansen einige großbürgerliche Wohnhäuser im Stil des Klassizismus. Zu den Bewohnern zählten Adlige, Mitglieder des Magistrats und reiche Kaufleute. Im Zweiten Weltkrieg wurde die alte Bebauung weitgehend zerstört, nur wenige Häuser blieben erhalten. Die Häuser Nr. 116, 118 und 120 bilden ein geschlossenes Ensemble klassizistischer Gebäude.

Emblem an der Palmaille

❾ Köhlbrandtreppe

Zwischen Carsten-Rehder-Straße und Breite Straße. **Stadtplan** 2 E4. **Karte** C9. Königstraße. 36, 37.

Die neogotische Köhlbrandtreppe wurde 1887 erbaut. Über diese vor allem vom Elbufer aus monumental wirkende Treppe gingen früher die Arbeiter von ihren Wohnquartieren in den dicht bebauten Vierteln der Oberstadt hinunter an den Hafen zur Schicht. Der Bau der Treppe wurde von Preußen finanziert, zu dem Altona damals gehörte. Noch heute bewacht eine Rolandsfigur über dem kleinen Brunnen die Wappen von Preußen und Altona. Darüber befinden sich Medaillons mit Neptun und Merkur als Symbole für Seefahrt und Handel. Von der Treppe blickt man auf die Werft Blohm + Voss am anderen Elbufer.

❿ Fischauktionshalle

Große Elbstraße 9. **Stadtplan** 2 E4. **Karte** CD9. (040) 570 10 52 00. Königstraße, Reeperbahn. 36, 37, 112. fischauktionshalle.com

Werktags ist es hier manchmal sehr ruhig, doch wenn am Sonntagvormittag in St. Pauli der Fischmarkt stattfindet, strömen Menschenmengen in die Altonaer Fischauktionshalle. Hier gibt es Live-Musik (meistens Jazz, Rock oder Oldies) und ab 5 Uhr (Winter:

Eine der prachtvollen Villen mit gepflegtem Garten an der Elbchaussee

ab 6 Uhr) auch Frühstück. Auf der Galerie stehen ein Kapitäns-Brunch und ein Bootsmann-Brunch zur Auswahl, im Parterre gibt es viele Stände mit Fischbrötchen, Krabben und Matjesheringen. Dazu trinkt man Bier oder Sekt, Kaffee oder Tee.

Die dreischiffige Halle wurde 1896 erbaut, zwei Jahre später errichteten die Hamburger in St. Pauli »ihre« Fischauktionshalle. 1933 wurden beide Fischmärkte zusammengelegt. Altona hatte dabei den Vorteil des direkten Anschlusses an die Eisenbahn, weshalb hier mehr Fisch umgeschlagen wurde. Die Hamburger Fischauktionshalle wurde 1971 abgerissen, die nach schweren Kriegsschäden vollständig rekonstruierte Altonaer Halle dient mittlerweile als Veranstaltungszentrum. Mit ihrer Kuppel und den Giebeln ist sie auch ein Blickfang – und sehr robust: Bei Sturmfluten eindringende Wassermassen können die Bausubstanz nicht schädigen.

Eingang zur Fischauktionshalle von Altona

⓫ stilwerk

Große Elbstraße 68. **Stadtplan** 2 E4. **Karte** C9. (040) 30 62 11 00. Ⓢ Königstraße, Reeperbahn. Ⓞ Mo – Fr 10 – 19, Sa 10 – 18 Uhr. 🌐 stilwerk.com/de/hamburg

Stilbewusste zieht es in dieses Center für Wohndesign und Lifestyle, das in Berlin und Düsseldorf weitere Niederlassungen hat. Das Shopping-Center zeigt auf 11 000 Quadratmetern u. a. Möbel für Haus und Garten, Betten, Wohnaccessoires, Unterhaltungselektronik, Teppiche, Leuchten, Stoffe und Geschenkartikel für den anspruchsvollen Kunden.

Doch das stilwerk ist nicht nur ein geschätztes Ladenzentrum, überaus interessant ist auch die Architektur des Gebäudes.

Das Center ist in einem 1910 errichteten Backsteinbau untergebracht, der früher Sitz einer Malzfabrik war. Besucher werden somit in die hanseatische Vergangenheit entführt. Etwa 30 Shops sind in sieben Stockwerken um einen überdachten Innenhof angeordnet, ein gläserner Aufzug bringt Besucher in die gewünschte Etage. Sehr beliebt ist die Fahrt bis ganz nach oben. Von dort wandelt man bequem durch die einzelnen Stockwerke nach unten und erhält einen guten Überblick über das erlesene Warenangebot und die Innenarchitektur des Hauses.

Zum Konzept des stilwerk gehören Ausstellungen, bei denen international renommierte Designer im Foyer des Gebäudes neueste Trends präsentieren.

Brunnen unter der Köhlbrandtreppe

⓬ Neue Flora

Stresemannstraße 159a. **Stadtplan** 2 E1. **Karte** C4. 01805 44 44. Ⓢ Holstenstraße. 🚌 3. Siehe auch Unterhaltung S. 208 – 211. 🌐 neueflora.de

Seit Eröffnung mit *Phantom der Oper* ist die 1989/90 erbaute Musicalbühne berühmt. Von *Titanic* über *Tanz der Vampire* bis *Dirty Dancing* – in der Neuen Flora werden Kassenschlager gespielt. 2008 hatte Phil Collins' Musical *Tarzan* Premiere, ab Ende 2013 stand erneut *Phantom der Oper* auf dem Programm, seit Dezember 2015 wird *Disneys Aladdin* gezeigt. Die knapp 2000 Plätze sind wie in einem Amphitheater angeordnet, die Bühne ist 1500 Quadratmeter groß.

Stadtplan *siehe Seiten* 242 – 257

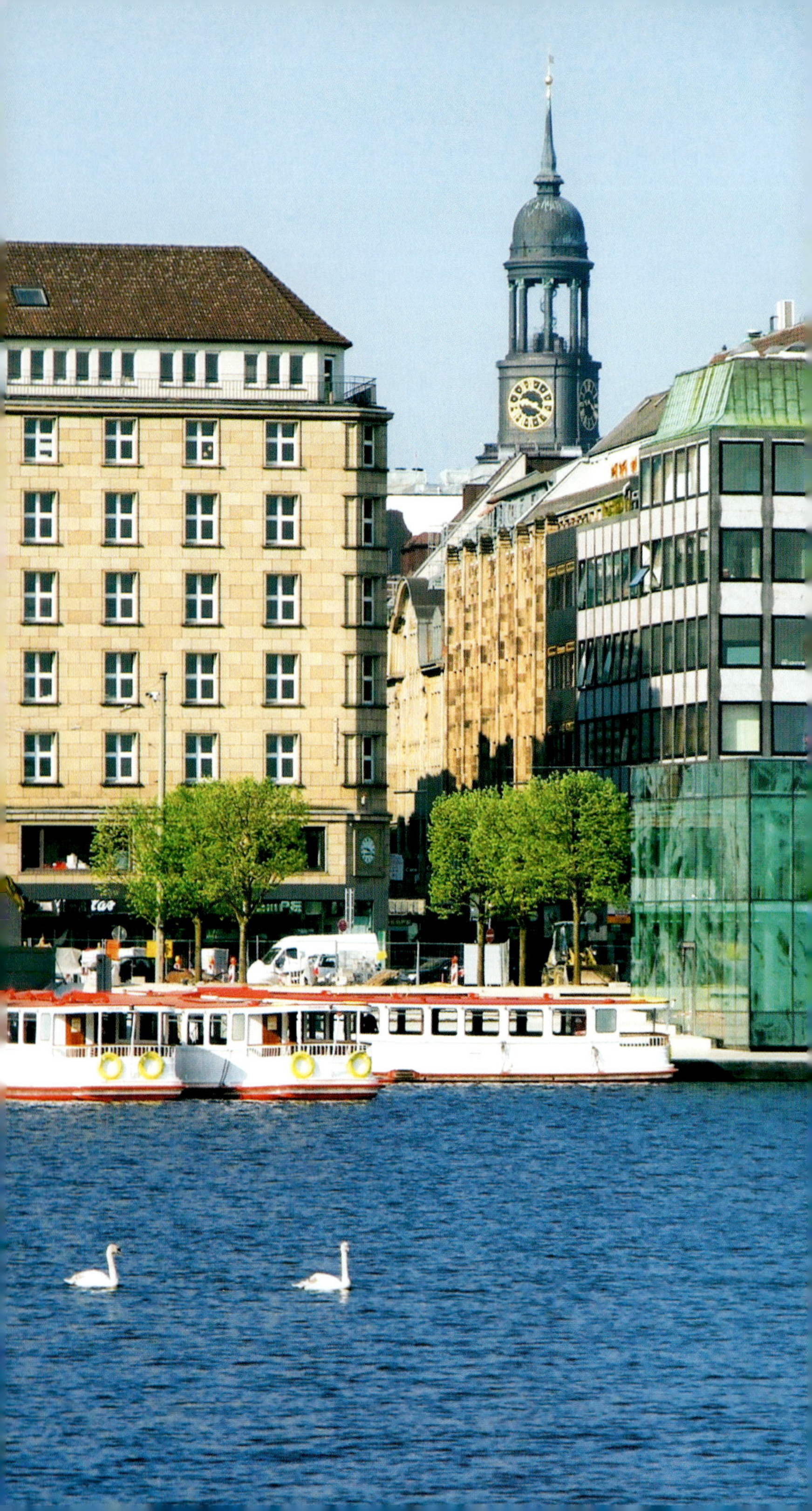

Rund um die Alster

Die 18 Hektar große Binnenalster und die 160 Hektar große Außenalster setzen höchst reizvolle Akzente im Stadtbild. Die beiden Binnenseen entstanden durch Aufstauen der Alster, die endgültige Trennung erfolgte im 17. Jahrhundert mit dem Bau der Wallanlagen. Heute verlaufen hier mit der Lombardsbrücke und der Kennedybrücke zwei wichtige Verkehrsadern. Das Stadtviertel rund um die Alster gilt als »gute Stube« Hamburgs, hier zeigt sich die Hansestadt von ihrer repräsentativsten Seite. Der Jungfernstieg zählt zu den bekanntesten Flaniermeilen Europas, in den Hotels Atlantic Kempinski und Vier Jahreszeiten steigen regelmäßig Weltstars ab. An der Außenalster erstreckt sich mit Pöseldorf das – nach Blankenese – nobelste Wohnquartier und mit Grindel, dem Standort der Universität, ein junges Studentenviertel. Die Kultur ist mit mehreren Museen und dem Deutschen Schauspielhaus sehr gut vertreten.

Sehenswürdigkeiten auf einen Blick

Museen und Sammlungen
- Museum für Völkerkunde Hamburg
- *Museum für Kunst und Gewerbe* S. 130f

Historische Gebäude
- Hotel Vier Jahreszeiten
- Bahnhof Hamburg Dammtor
- Hotel Atlantic Kempinski

Stadtviertel und Straßen
- Jungfernstieg
- Pöseldorf
- St. Georg

Weitere Sehenswürdigkeiten
- Binnenalster
- Alsterpavillon
- Außenalster
- Deutsches Schauspielhaus
- Ohnsorg-Theater
- Literaturhaus
- Imam-Ali-Moschee

Restaurants S. 191f
1. ALEX im Alsterpavillon
2. Alsterschiff Galatea
3. Bolero
4. Brasserie Flum
5. Brodersen
6. Central
7. Cox
8. Das Dorf
9. Haerlin
10. Henriks
11. Jahreszeiten Grill
12. Kajüte
13. Piazza Romana
14. Ristorante Portonovo
15. Suzy Wong

Stadtplan 7–8, 10

◄ Alsterdampfer (siehe S. 240f) auf der Binnenalster

Zeichenerklärung siehe hintere Umschlagklappe

Im Detail: Rund um die Alster

Einige an die Alster grenzende Viertel, darunter Rotherbaum und Harvestehude, zählen zu den angesagtesten Wohnadressen in Hamburg. Doch auch Besucher der Hansestadt werden sich hier wohlfühlen, denn die Binnenalster wird von mehreren repräsentativen Hotels gesäumt, und der Jungfernstieg ist eine der attraktivsten Shopping-Meilen Europas. Außerdem laden Cafés wie der Alsterpavillon dazu ein, den Blick in Ruhe übers Wasser schweifen zu lassen. Von welchem Punkt des Alsterufers sich der beste Blick auf die fast 40 Meter hohe Alsterfontäne bietet, darüber streiten sich die Hamburger.

★ **Heine-Haus**
Das von Ricardo Bahre entworfene Jugendstilhaus aus dem Jahr 1903 ist nach dem Wohnhaus Salomon Heines benannt, das zuvor an dieser Stelle stand.

★ ❷ **Alsterpavillon**
Das bekannte Café bietet einen tollen Blick auf die Binnenalster.

Binnenalster

★ ❸ **Jungfernstieg**
Der Jungfernstieg, ein bekannter Boulevard, lädt zum Shoppen, Flanieren und Entspannen ein.

0 Meter 50

Alsterschwäne leben von Frühling bis Herbst auf der Außenalster. Über ihr Wohl wacht ein offiziell bestellter »Schwanenvater«. Der Schwan ist ein Wahrzeichen Hamburgs.

RUND UM DIE ALSTER | **123**

Nivea Haus
Eine Wohlfühloase mitten in der Stadt: Gäste des Nivea Hauses können sich bei Massagen vom Shopping-Bummel erholen.

Alsterkunst
Das ufernahe Gelände der Alster wird von vielen Skulpturen gesäumt.

Zur Orientierung
Siehe Stadtplan 7, 10

Amsinck-Palais
Das von vergoldeten Geländern geprägte Haus wurde 1831 von Franz Gustav Forsmann errichtet und ging 1899 an den Kaufmann Gustav Amsinck über.

❹ Hotel Vier Jahreszeiten
Seit über 120 Jahren begrüßt das Hotel Vier Jahreszeiten Gäste aus aller Welt an der Binnenalster. Es wurde im Jahr 1897 mit ursprünglich elf Zimmern gegründet und entwickelte sich unter der Leitung seines ersten Besitzers Friedrich Haerlin zu einer Luxusherberge.

❶ Binnenalster
Die etwa 18 Hektar große Binnenalster ist von allen Seiten zugänglich. Von einem Alsterdampfer bietet sich ein schöner Blick auf die Fontäne und die prächtigen Gebäude am Ufer.

Alsterdampfer
Auf der Alster verkehren zahlreiche Ausflugsschiffe. Bei einer Fahrt kann man den Blick auf die Gebäude rundum in aller Ruhe genießen und überall aussteigen.

Legende
— Routenempfehlung

Stadtplan siehe Seiten 242–257

Von der Terrasse des Alsterpavillons hat man den besten Blick auf den Jungfernstieg

❶ Binnenalster

Stadtplan 10 DE2. **Karte** JK6.
Ⓤ Jungfernstieg. Ⓢ Jungfernstieg.
🚌 4, 5, 34, 36.

Ihren besonderen Charme erhält die Hamburger Innenstadt durch die Binnenalster. Im Zuge des Wiederaufbaus des Zentrums nach dem Großen Brand (1842) wurde das Ufer des Binnensees so gestaltet, dass es rundherum zugänglich war. Das 18 Hektar große Gewässer wird durch die Kennedy- und die Lombardsbrücke von der Außenalster getrennt. In der Mitte des Sees schießt von März bis November zwischen 9 und 24 Uhr die Alsterfontäne rund 60 Meter hoch.
Im Südwesten befindet sich eine Anlegestelle der Alsterdampfer. Den passenden Rahmen bilden erhabene Bauwerke wie das Hotel Vier Jahreszeiten, Bürobauten wie das Hauptgebäude der HAPAG-Lloyd AG sowie Einkaufsparadiese wie Alsterhaus und Nivea Haus.

❷ Alsterpavillon

Jungfernstieg 54. **Stadtplan** 10 D2. **Karte** J6. 🅒 (040) 350 18 70. Ⓤ Jungfernstieg. Ⓢ Jungfernstieg. 🚌 4, 5, 34, 36. ⏰ Mo–Do 8–1, Fr, Sa 8–2, So 9–1 Uhr.

Direkt an der Binnenalster genießt man vom Alsterpavillon eine der schönsten Aussichten, die Hamburg zu bieten hat. Die breite Treppe eignet sich zum Entspannen, wird aber auch für Veranstaltungen genutzt. Der Alsterpavillon überstand auch die Baumaßnahmen, die Anfang des 21. Jahrhunderts zur Umgestaltung des Südufers der Binnenalster führten.
Hamburgs bekanntestes Café blickt auf eine lange Geschichte zurück. Der erste Pavillon an dieser Stelle entstand 1799, im fünften Alsterpavillon (1914) traf man sich in den Goldenen Zwanzigern bei Swing-Musik zum Tanztee. Bei den Nationalsozialisten war das Tanzcafé verpönt (es bekam den Spitznamen »Judenaquarium«) und wurde 1943 in Brand gesteckt.
Der Alsterpavillon in der heutigen Form – halbkreisförmig mit Flachdach – wurde 1953 gebaut, erreichte aber nicht mehr den Glamour vergangener Tage. Mehrere Betreiber versuchten sich mit verschiedenen Konzepten, seit 2001 heißt das Café »ALEX im Alsterpavillon«. Beliebt sind die Terrassen im Sommer, auch das All-You-Can-Eat-Buffet (Mo–Fr 8–12, Sa 8–13 Uhr) und das Sunday-Brunch-Buffet (So 9–14.30 Uhr) locken Scharen an.

Windsbraut an der Binnenalster

❸ Jungfernstieg

Stadtplan 9 C2, 10 D2–3. **Karte** J6–7. Ⓤ Jungfernstieg. Ⓢ Jungfernstieg. 🚌 4, 5, 34, 36.

Der Jungfernstieg zählt zu den ältesten Straßen von Hamburg. Seinen Namen erhielt er im 17. Jahrhundert, als er sich zur beliebtesten Promeniermeile berühmter Hamburger – vor allem junger Frauen – entwickelte. An dieser Funktion änderte sich nichts, wohl aber an der Gestalt. Zunächst wurde der Jungfernstieg 1838 als erste Straße Deutschlands asphaltiert, nach dem Großen Brand 1842 bebaute man die Südseite neu. Bei Umgestaltungsmaßnahmen 2004–06 bekam der Jungfernstieg breitere Gehwege, bis auf den Alsterpavillon wurden alle Gebäude an der Wasserseite abgerissen. Mit den neuen tribünenartig angelegten Treppen am Ufer hat Hamburg nun eine der attraktivsten Flaniermeilen Europas.
Einen wesentlichen Beitrag dazu leistet auch das Alsterhaus *(siehe S. 198)*, ein traditionsreiches Warenhaus. Auch die Flagship Stores internationaler Modelabels sowie zahlreiche Läden mit Schmuck, Wohnaccessoires und vielem mehr locken mit ihrem erlese-

Die rund 60 Meter hohe Fontäne – eine Attraktion in der Binnenalster

nen Angebot zahlungskräftige Kunden an. Gemeinsam mit den nach Südwesten abzweigenden Straßen Große Bleichen und Neuer Wall ist der Jungfernstieg eine luxuriöse Shopping-Meile, komplettiert durch die weißen Bogen der Alsterarkaden *(siehe S. 58)*.

Der Neue Jungfernstieg verläuft an der Westseite der Binnenalster. Diese Straße besticht vor allem durch ihre vielen repräsentativen Gebäude.

Portier eines Hotels

❹ Hotel Vier Jahreszeiten

Neuer Jungfernstieg 9–14. **Stadtplan** 7 C5. **Karte** J6. (040) 349 40. Jungfernstieg, Gänsemarkt, Stephansplatz. Jungfernstieg. 4, 5, 34, 36. hvj.de

Seit 1897 begrüßt das Vier Jahreszeiten Gäste aus aller Welt. Der Schwabe Friedrich Haerlin hatte Häuser am Westufer der Binnenalster erworben und hier eine Luxusherberge errichten lassen, in der sich die Prominenz des Kaiserreichs und der Goldenen Zwanziger die Ehre gab. Auch unter seinem Sohn Fritz, der das Hotel 1932 übernahm, sowie unter dessen Erben blieb es Treffpunkt der Reichen. In dem weißen Prachtbau logierten Filmstars wie Sophia Loren, Opernsänger wie Luciano Pavarotti und Plácido Domingo, Großunternehmer wie Aristoteles Onassis und Rockmusiker wie die Rolling Stones. Seit 2007 gehört das Hotel zur Luxushotelgruppe Fairmont Hotels & Resorts. Hanseatisches Understatement war von Beginn an das Markenzeichen des Hotels, Glitzerwerk und prunkvolles Mobiliar sucht man hier vergeblich. Doch das Ambiente ist großartig – nicht zuletzt wegen des mit Gobelins und Eichenholz ausgestatteten Salons im Eingangsbereich.

❺ Bahnhof Hamburg Dammtor

Theodor-Heuss-Platz. **Stadtplan** 7 B4. **Karte** HJ5. Stephansplatz. Dammtor. 4, 5, 34, 112.

Hamburgs sicherlich schönster Bahnhof wurde 1903 im Jugendstil als Glas-Stahl-Konstruktion erbaut. Da er seinerzeit als Empfangsbahnhof für Staatsgäste diente, wurde er auch »Kaiserbahnhof« genannt. Wegen seiner Nähe zum Messe- und Kongresszentrum hat sich Dammtor nun den Beinamen »Messebahnhof« erworben. Jeden Tag passieren rund 200 Fernverkehrszüge (inklusive ICE und IC), 100 Nahverkehrszüge und 500 S-Bahnen (drei Linien) den Bahnhof.

Die 23 Meter hohe Bahnhofshalle ist 112 Meter lang und 35 Meter breit. Rund 100 Jahre nach dem Bau des Bahnhofs wurden das Empfangsgebäude und die Bahnsteige umfangreich renoviert. Seine besondere Atmosphäre erhält der Bahnhof durch die Decken, die wie Tonnengewölbe gestaltet sind.

❻ Pöseldorf

Stadtplan 7 C1–2, 8 D1–2. **Karte** J1–K2. Hallerstraße. 34.

Das Viertel zwischen Außenalster und Mittelweg sowie zwischen Harvestehuder Weg und Badestraße ist das feinste rund um die Alster. Den Charakter prägen Antiquitätenhändler, Galerien und Modegeschäfte – in der Milchstraße eröffnete die Modeschöpferin Jil Sander 1967 ihre erste Boutique. In Pöseldorf stehen Hamburgs schickste Villen außerhalb von Blankenese. Zu den größten Unternehmen zählte die bis 2009 am Mittelweg ansässige Verlagsgruppe Milchstraße. Trotz des elitären Ambientes siedelt sich hier eine lebhafte Kneipenszene an. Am Harvestehuder Weg 12 befindet sich die Hochschule für Musik und Theater.

Der Bahnhof Hamburg Dammtor – ein Jugendstilgebäude aus dem Jahr 1903

Stadtplan siehe Seiten 242–257

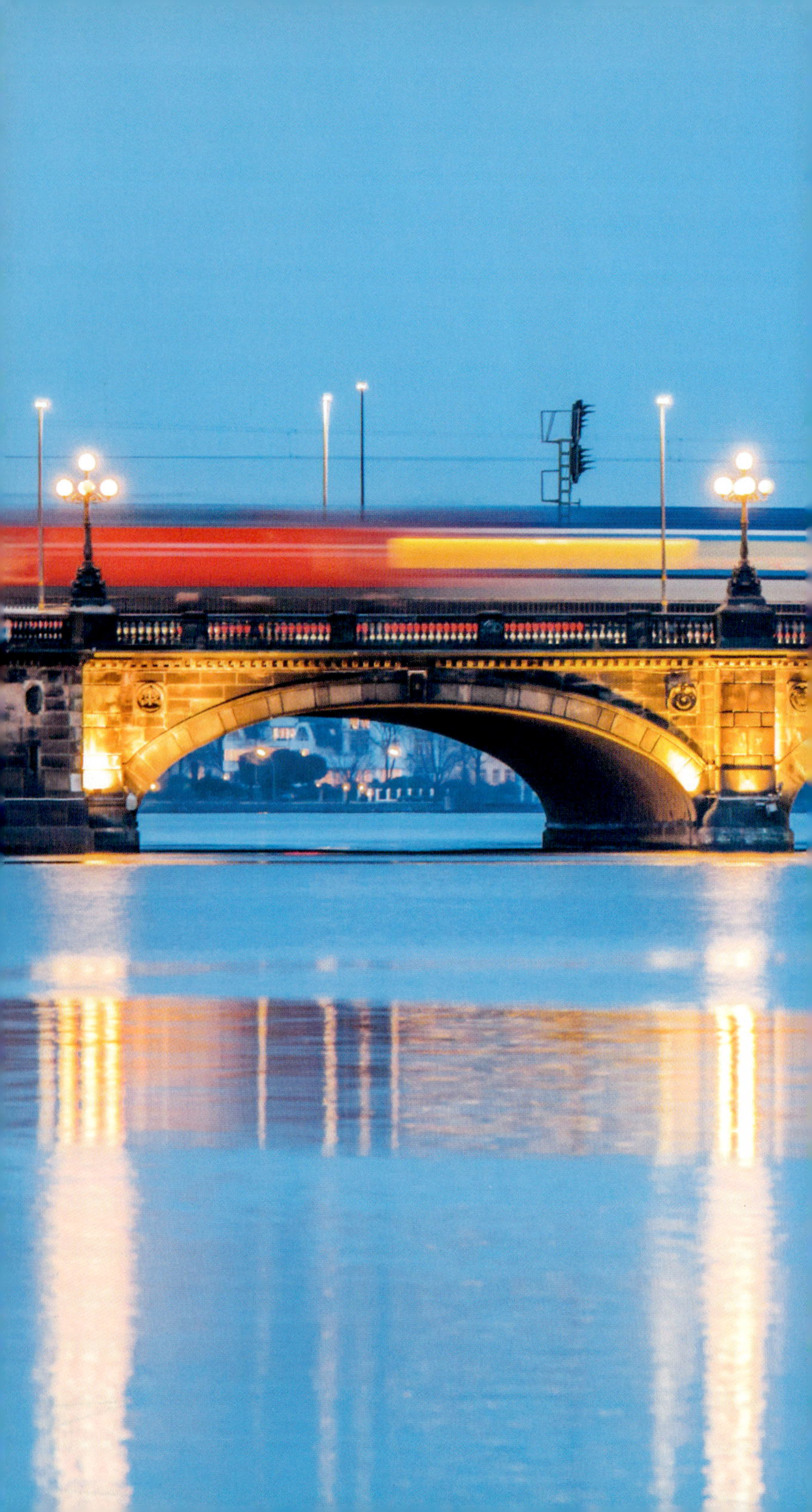

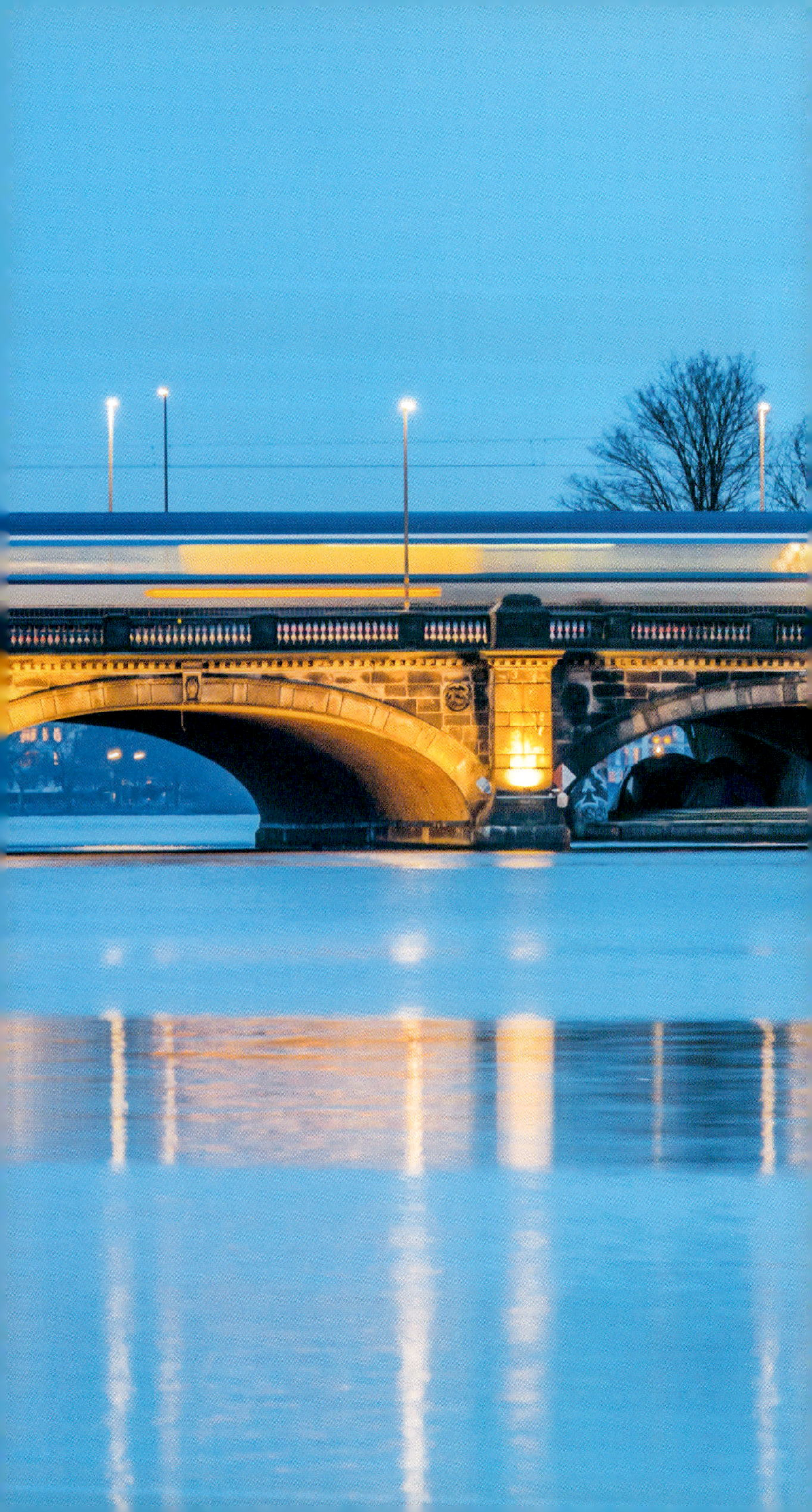

Das Hotel Atlantic Kempinski in erstklassiger Lage direkt an der Alster

❼ Außenalster

Stadtplan 8 D1–E4. **Karte** K1–L5. 6, 25, 34, 37.

Die etwa 160 Hektar große Außenalster ist ein knapp drei Kilometer langer Binnensee, der durch Aufstauen der Alster entstand. Sie eignet sich hervorragend zum Segeln und Rudern. Am Ufer sind viele Lokale, die bei schönem Wetter jedoch oft überlaufen sind. Alsterdampfer befahren die Gewässer im Zickzackkurs. Man kann an jedem der Anleger ein- und aussteigen. Am Westufer erstreckt sich mit dem Alstervorland eine ausgedehnte Grünfläche, die als Freizeitareal genutzt wird. Der 7,6 Kilometer lange Rundweg durch den Park ist besonders bei Joggern beliebt.

❽ Museum für Völkerkunde Hamburg

Rothenbaumchaussee 64. **Stadtplan** 7 B2. **Karte** H2–3. (040) 428 87 90. Hallerstraße. 34. Di–So 10–18 Uhr (Do bis 21 Uhr). 1. Jan, 1. Mai, 24., 25. u. 31. Dez.
voelkerkundemuseum.com

Ein Querschnitt durch die Kulturen der Welt wird im 1879 gegründeten Völkerkundemuseum gezeigt, das seit 1912 in einem imposanten Gebäude untergebracht ist. Insgesamt rund 350 000 Objekte werden hier präsentiert. Die Herkunftsgebiete der Exponate reichen von Afrika bis Ozeanien und von Amerika bis in den Fernen Osten. Im Herbst findet in den Museumsräumen alljährlich der »Markt der Völker« statt, bei dem Aussteller aus allen Erdteilen Kunsthandwerk präsentieren und verkaufen.

Das 2008 hinter dem Museum eröffnete chinesische Teehaus ist ein Geschenk von Hamburgs Partnerstadt Shanghai.

Skulptur am Hotel Atlantic

❾ Hotel Atlantic Kempinski

An der Alster 72–79. **Stadtplan** 8 D4. **Karte** KL5. (040) 288 80. Hauptbahnhof. Hauptbahnhof. 4, 5, 6, 31, 34, 35, 36, 37.
kempinski.com/de/hamburg/hotel-atlantic

Von den Hamburgern wird das 1909 erbaute Hotel liebevoll als »Weißes Schloss an der Alster« bezeichnet. Reisende aus aller Welt genießen in den 221 großzügigen Zimmern und Suiten alles, was zu einem perfekten Aufenthalt in Hamburg gehört. Im Gästebuch verewigten sich u. a. Herbert von Karajan, Charles de Gaulle und Michael Jackson. Im Atlantic Kempinski treffen sich auch Politiker zum Meinungsaustausch auf höchster Ebene.

Die Fassade und das facettenreiche Interieur waren oft Kulisse für Film- und Fernsehproduktionen. Ein Coup war 2004 die Eröffnung des ersten Privatkinos in einem deutschen Hotel. Auf 35 Quadratmetern bietet das Kino bis zu zwölf Zuschauern Platz.

Auf der Außenalster tummeln sich Segler, Ruderer und Kanufahrer

◀ Lombardsbrücke an der Binnenalster *(siehe S. 124)*

RUND UM DIE ALSTER | 129

❿ St. Georg

Stadtplan 8 D4–F5. **Karte** K5–M7. Ⓤ Hauptbahnhof, Lohmühlenstraße. Ⓢ Hauptbahnhof. 🚌 4, 5, 6, 31, 34, 35, 36, 37.

Ein Stadtteil der Kontraste: Von der prachtvollen Bebauung an der Alster bis zu Studenten-WGs, von teuren Restaurants bis zu Szenelokalen, von edlen Boutiquen bis zu Tante-Emma-Läden – die Vielfalt ist kaum zu übertreffen. Zu den lebendigsten Straßen gehört die Lange Reihe mit ihrem Multikulti-Flair. Hier steht das Geburtshaus von Hans Albers (Nr. 71), die »Koppel 66« (Nr. 75) birgt Ateliers (u. a. Schmuck-, Buch- und Schreibgerätedesign) sowie ein vegetarisches Café.

⓫ Deutsches Schauspielhaus

Kirchenallee 39. **Stadtplan** 8 E5. **Karte** L6. 📞 (040) 24 87 13. Ⓤ Hauptbahnhof. Ⓢ Hauptbahnhof. 🚌 4, 5, 6, 31, 34, 35, 36, 37. **Kasse** 🕐 Mo–Sa 10–19 Uhr. 🌐 schauspielhaus.de

Deutschlands größtes Sprechtheater wurde Ende des 19. Jahrhunderts im Stil des Klassizismus erbaut und 1900 mit Goethes *Iphigenie auf Tauris* eröffnet. Ruhm erreichte es unter der Intendanz von Gustaf Gründgens (1955–63), als Stücke wie Goethes *Faust* gespielt wurden. Die Ära Peter Zadek (1985–89) stach durch provozierendes Theater hervor. Bis heute hat sich das Deutsche Schauspielhaus seine Experimentierfreude bewahrt. Es wurde 1996, 1997, 2000 und 2020 zum »Theater des Jahres« gewählt.

Die Fassade zieren Büsten berühmter deutscher Literaten wie Goethe, Schiller, Lessing und Kleist. Der Zuschauerraum bietet knapp 1200 Plätze und prunkt mit zwei Rängen, Logen, vielen Goldverzierungen und klassischem Rot.

⓬ Museum für Kunst und Gewerbe

Siehe S. 130 f.

Eingang der türkisfarbenen Imam-Ali-Moschee

⓭ Ohnsorg-Theater

Heidi-Kabel-Platz 1. **Stadtplan** 10 F2. **Karte** L6. 📞 (040) 350 80 30. Ⓤ Hauptbahnhof. Ⓢ Hauptbahnhof. 🚌 4, 5, 6, 31, 34, 35, 36, 37. **Kasse** 🕐 Mo–Sa 10–18.30, So 14–18.30 Uhr. 🌐 ohnsorg.de

Das Theater ist eine Hamburger Institution. Bundesweit bekannt wurde es durch TV-Aufzeichnungen mit Heidi Kabel & Co. Pro Spielzeit feiern auch am neuen Standort (seit 2011) mehrere Komödien und Schwänke Premiere, erweitert wird das Programm gelegentlich durch ernstere Stücke wie etwa Bertolt Brechts *Mudder Courage*.

Das Schauspielhaus ist Deutschlands größtes Sprechtheater

⓮ Literaturhaus

Schwanenwik 38. **Stadtplan** 8 F2. **Karte** M3. 📞 (040) 22 70 20 11. 🚌 6, 37. 🌐 literaturhaus-hamburg.de

Hamburg verfügt über eine rege Literaturszene mit vielen bekannten Namen. Ein wichtiges Zentrum der Literaturwelt befindet sich in einer ehemaligen Kaufmannsvilla, die 1868 errichtet wurde und seit 1989 unter Denkmalschutz steht.

Das Literaturhaus versteht sich nicht nur als Bühne für Autorenlesungen – u. a. beim Hamburger Krimifestival *(siehe S. 46)* –, sondern auch als Forum für öffentliche Diskussionen. In der gut sortierten Buchhandlung können Sie nach Herzenslust stöbern.

Das Café gilt auch wegen seiner Stuckarbeiten und Deckenmalereien als eines der schönsten in Hamburg. Hier können Gäste bei einer Tasse Kaffee die ausliegenden nationalen und internationalen Tageszeitungen lesen.

⓯ Imam-Ali-Moschee

Schöne Aussicht 36. **Stadtplan** 8 E1. **Karte** L1. 📞 (040) 22 94 86 35. 🚌 6, 25. 🕐 tägl. 10–18 Uhr. 🌐 izhamburg.com

Muslime aus der ganzen Welt treffen sich in der Imam-Ali-Moschee, die zugleich Sitz des Islamischen Zentrums Hamburg ist. An der türkisfarbenen, von einer Kuppel gekrönten Fassade ragen zwei Minarette auf. Im Gebetsraum liegt einer der größten von Hand geknüpften Rundteppiche der Welt. An dem ca. 200 Quadratmeter großen und eine Tonne schweren Teppich arbeiteten 22 Teppichknüpfer drei Jahre lang – das Ergebnis lohnt allein schon einen Besuch.

Stadtplan siehe Seiten 242–257

Museum für Kunst und Gewerbe

Das MKG hat seinen Sitz in einem 1876 im Stil der Neorenaissance errichteten Gebäude und zählt zu Europas führenden Museen für angewandte Kunst. Auf vier Ebenen werden mehr als eine halbe Million Objekte aus rund 4000 Jahren Menschheitsgeschichte präsentiert – von der Antike bis zur Gegenwart. Die Sammlungen sind international ausgerichtet mit Schwerpunkten auf Kunstwerken aus Europa und Ostasien. Zu den Highlights zählen die Sammlung japanischer Kunst mit Teehaus und Farbholzschnitten, die Sammlung historischer Musikinstrumente, die Sammlung Design und die Jugendstil-Abteilung mit einem Pariser Zimmer.

Buddhakopf aus Thailand (15./16. Jh.)

Zweiter Stock

Ostasien
Der Farbholzschnitt *Die große Welle vor Kanagawa* ist das erste Blatt der Bildserie *36 Ansichten des Berges Fuji* (1829–33) des japanischen Künstlers Katsushika Hokusai und zählt zu den weltweit berühmtesten grafischen Werken.

Erdgeschoss

★ **Musikinstrumente**
Zu den Kostbarkeiten der rund 700 Instrumente umfassenden Sammlung gehört dieses zweimanualige Cembalo (1728) aus der Werkstatt von Christian Zell.

Antike
Die Antikensammlung befindet sich im ersten Stock des Museums. Sie umfasst Arbeiten aus dem Alten Orient, aus Ägypten und aus dem klassischen Altertum, etwa Grabbeigaben, Grabreliefs, Keramiken, Bronzen und Skulpturen.

Eingang zum Museum

Im Hubertus Wald Kinderreich, einer wahren Wunderwelt, können sich Kinder als Designer, Architekten oder Künstler betätigen.

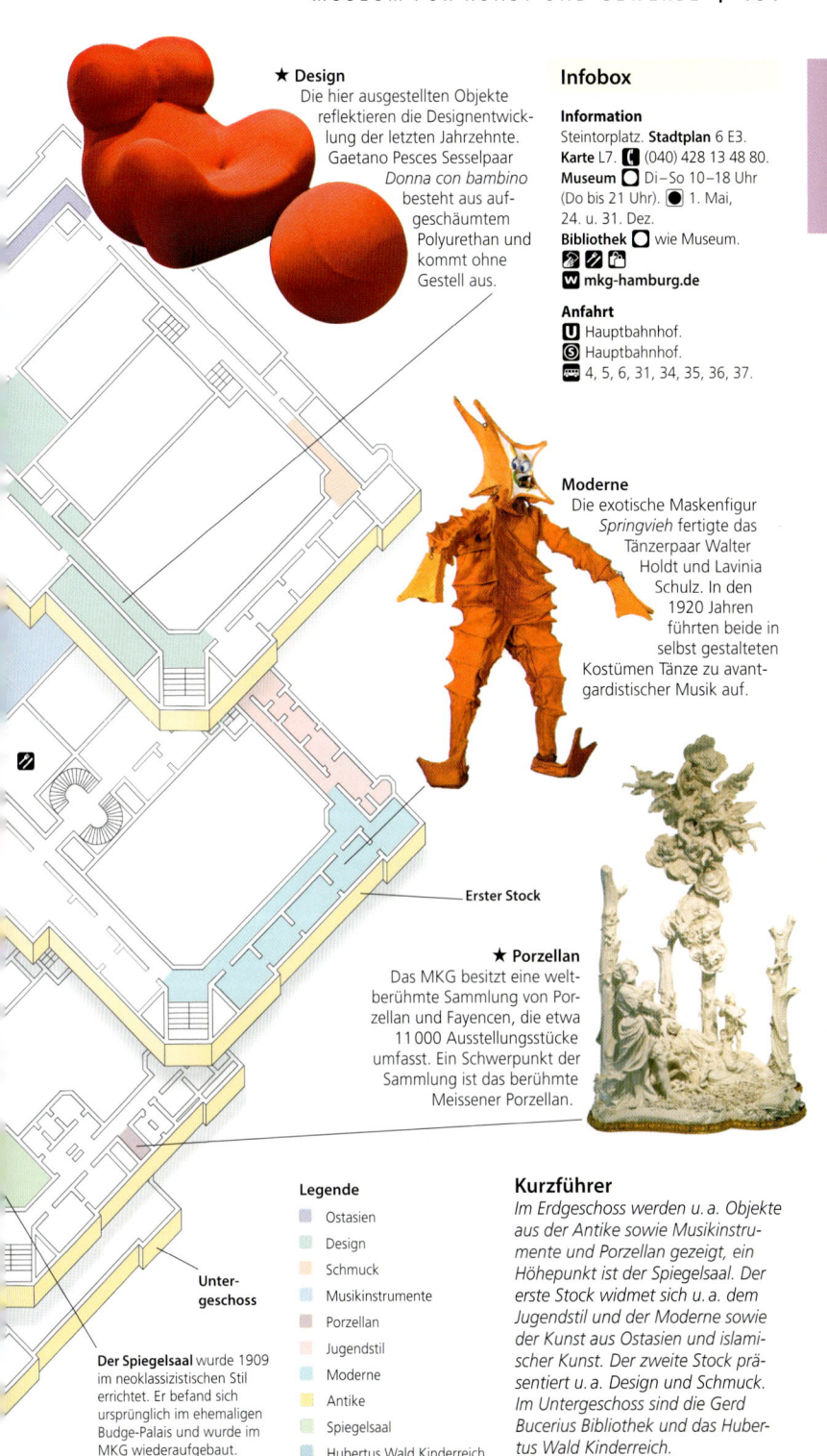

MUSEUM FÜR KUNST UND GEWERBE | **131**

★ Design
Die hier ausgestellten Objekte reflektieren die Designentwicklung der letzten Jahrzehnte. Gaetano Pesces Sesselpaar *Donna con bambino* besteht aus aufgeschäumtem Polyurethan und kommt ohne Gestell aus.

Infobox

Information
Steintorplatz. **Stadtplan** 6 E3. **Karte** L7. 📞 (040) 428 13 48 80. **Museum** 🕐 Di–So 10–18 Uhr (Do bis 21 Uhr). ⬤ 1. Mai, 24. u. 31. Dez. **Bibliothek** 🕐 wie Museum.
🅦 mkg-hamburg.de

Anfahrt
🆄 Hauptbahnhof.
🆂 Hauptbahnhof.
🚌 4, 5, 6, 31, 34, 35, 36, 37.

Moderne
Die exotische Maskenfigur *Springvieh* fertigte das Tänzerpaar Walter Holdt und Lavinia Schulz. In den 1920 Jahren führten beide in selbst gestalteten Kostümen Tänze zu avantgardistischer Musik auf.

Erster Stock

★ Porzellan
Das MKG besitzt eine weltberühmte Sammlung von Porzellan und Fayencen, die etwa 11 000 Ausstellungsstücke umfasst. Ein Schwerpunkt der Sammlung ist das berühmte Meissener Porzellan.

Untergeschoss

Der Spiegelsaal wurde 1909 im neoklassizistischen Stil errichtet. Er befand sich ursprünglich im ehemaligen Budge-Palais und wurde im MKG wiederaufgebaut.

Legende
- Ostasien
- Design
- Schmuck
- Musikinstrumente
- Porzellan
- Jugendstil
- Moderne
- Antike
- Spiegelsaal
- Hubertus Wald Kinderreich

Kurzführer
Im Erdgeschoss werden u. a. Objekte aus der Antike sowie Musikinstrumente und Porzellan gezeigt, ein Höhepunkt ist der Spiegelsaal. Der erste Stock widmet sich u. a. dem Jugendstil und der Moderne sowie der Kunst aus Ostasien und islamischer Kunst. Der zweite Stock präsentiert u. a. Design und Schmuck. Im Untergeschoss sind die Gerd Bucerius Bibliothek und das Hubertus Wald Kinderreich.

Stadtplan *siehe Seiten 242–257*

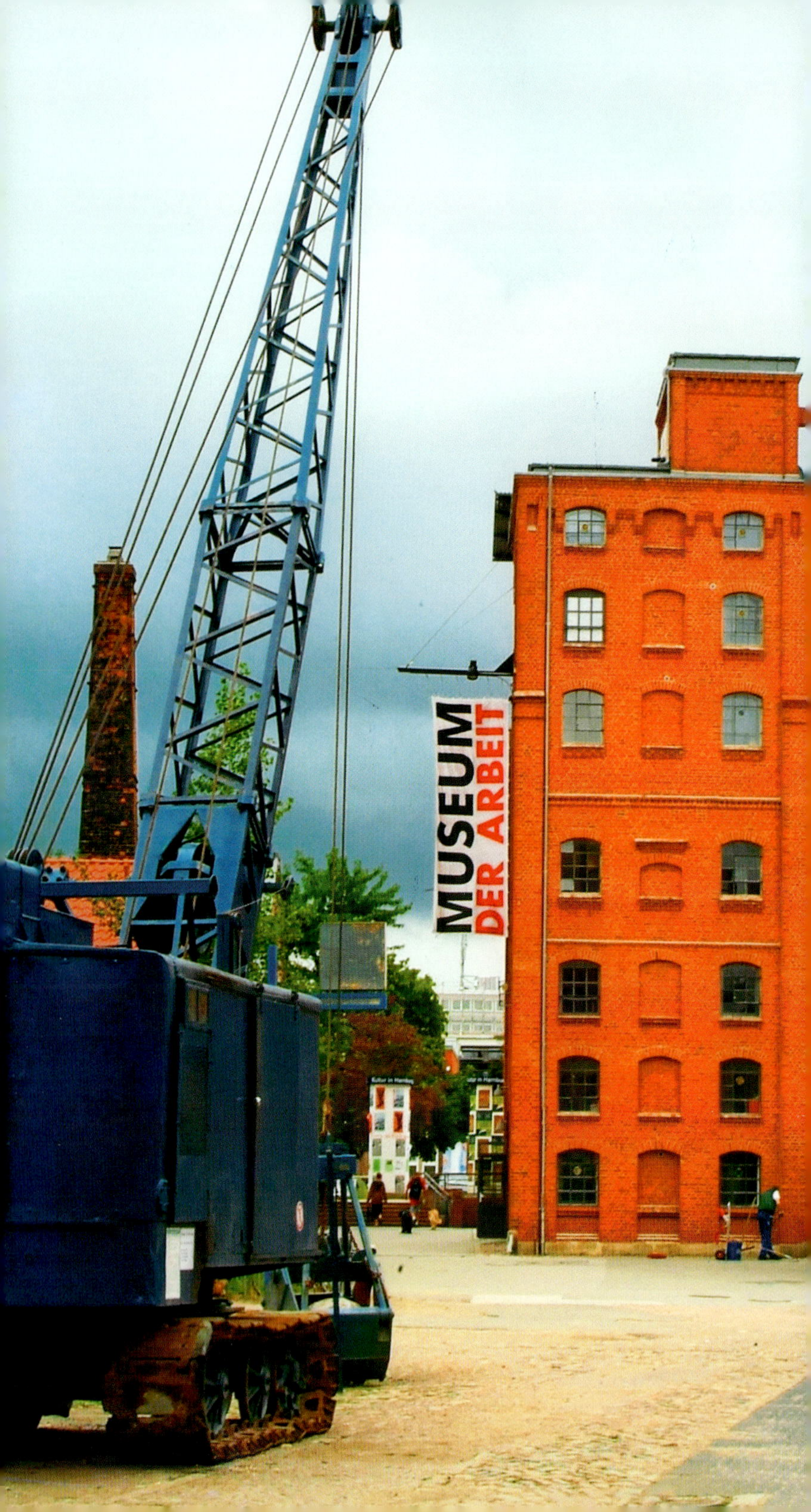
MUSEUM
DER ARBEIT

Abstecher

Neben zahlreichen Sehenswürdigkeiten im Zentrum bietet die Hansestadt auch in den angrenzenden Stadtteilen und in der näheren Umgebung eine Reihe von Attraktionen. Dazu zählen Beispiele moderner Architektur genauso wie interessante Museen und vor allem ausgedehnte Parks, in denen sich auch die Hamburger von der Hektik des Alltags entspannen. Die Ziele vor den Toren der Stadt eignen sich für einen Ausflug. Ob Sie nun in Willkomm-Höft Schiffe begrüßen oder verabschieden, im Frühling die Blütenpracht im Alten Land genießen oder an der Nordsee und im Watt Vögel und Seehunde beobachten wollen: Die Fahrten ins Umland bieten eine sehr hübsche Abwechslung zu dem pulsierenden Leben im Stadtzentrum. Die meisten Abstecher sind mit öffentlichen Verkehrsmitteln möglich, ein ganz besonderes Erlebnis ist jedoch den Autofahrern vorbehalten: eine Fahrt über die Köhlbrandbrücke mit der Hamburger Skyline vor Augen.

Sehenswürdigkeiten auf einen Blick

Museen und Sammlungen
- ❺ Museum der Arbeit
- ❼ Museumshafen Övelgönne

Parks und Grünanlagen
- ❷ Tierpark Hagenbeck S. 136 f
- ❸ Stadtpark
- ❹ Friedhof Ohlsdorf
- ❽ Jenischpark

Moderne Bauwerke
- ❶ Volksparkstadion und HSV-Museum
- ❻ Köhlbrandbrücke

Weitere Sehenswürdigkeiten
- ❾ Altes Land
- ❿ Blankenese
- ⓫ Willkomm-Höft
- ⓬ Nationalpark Hamburgisches Wattenmeer S. 140 f
- ⓭ Insel Neuwerk
- ⓮ Stadtmodell Hamburg

Legende
- Hamburg Zentrum
- Internationaler Flughafen
- Bahnhof
- Autobahn
- Bundesstraße
- Nebenstraße
- Eisenbahn

Außerhalb des Zentrums unterwegs

Die meisten Attraktionen sind mit HVV-Verkehrsmitteln erreichbar, zur Küste und auf die Inseln kommt man mit Schiffen. Für Autofahrer: Eine Fährverbindung über die Elbe gibt es bei Glückstadt.

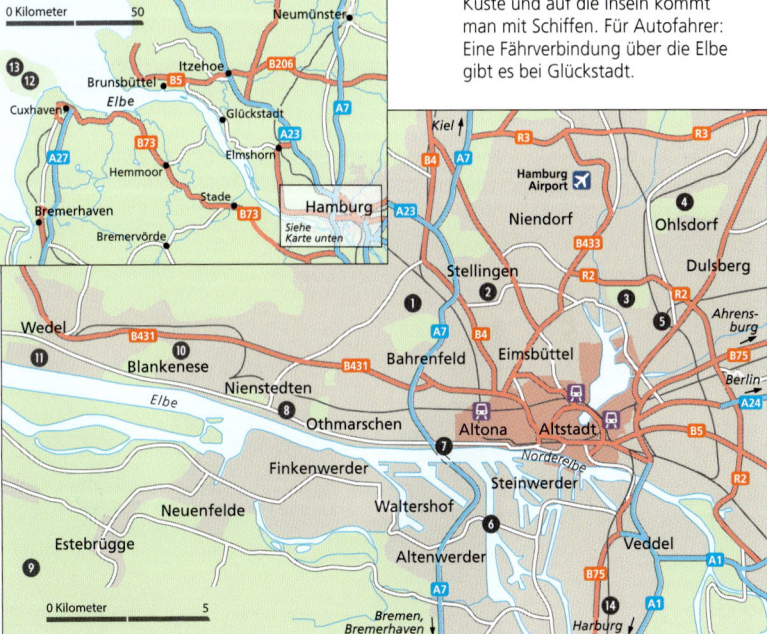

◀ Museum der Arbeit (siehe S. 135) im Kesselhaus (1871)   Zeichenerklärung siehe hintere Umschlagklappe

Im Volksparkstadion trägt der HSV seine Heimspiele aus

❶ Volksparkstadion und HSV-Museum

Sylvesterallee 7. ☎ (040) 41 55 15 50. Ⓤ Stellingen. 🚌 22. **Stadion** 📅 Apr–Okt: tägl. 12, 14, 16 Uhr; Nov–März: Mo–Do 12, 14, Fr–So 12, 14, 16 Uhr (außer an Spieltagen). **Museum** 📅 tägl. 10–18 Uhr. ⊗ 1. Jan, 24.–26. Dez. ♿
🌐 hsv-museum.de

Die »gute Stube« des HSV war bei der Fußballweltmeisterschaft 2006 Austragungsort von fünf Spielen (darunter einem Viertelfinalspiel), 2010 fand hier das Endspiel der UEFA Europa League statt. Das zeitweise auch AOL Arena, HSH Nordbank Arena, bzw. (bis Juni 2015) Imtech Arena genannte Fußballstadion ist nicht nur eines der modernsten Europas, sondern auch ein architektonisches Schmuckstück.

Interessant ist die Baugeschichte: Anders als andere FIFA WM-Stadien wurde die Arena nicht komplett neu gebaut, sondern entstand auf dem Gelände des früheren Volksparkstadions. Dieses wurde ab Juni 1998 in mehreren Bauphasen abgerissen. Dann »drehte« man das Spielfeld und baute neue Tribünen. Im August 2000 wurde die letzte Membran des Stadiondaches angebracht. Alle 57 000 Plätze (davon 10 000 Stehplätze sowie 4200 Business-Seats) sind überdacht. Bei den rund 90-minütigen Führungen erhalten Sie Einblicke in die Welt des Profifußballs. Der 2018 erstmals aus der Bundesliga abgestiegene HSV spielt oft vor vollen Rängen; Tickets für Heimspiele sollten Sie frühzeitig bestellen. Im Volksparkstadion finden auch Open-Air-Konzerte statt.

Dem Stadion angegliedert ist das im Jahr 2004 eröffnete HSV-Museum. Hier kann man alles rund um den 1887 gegründeten Verein erfahren. Neben Pokalen sind u. a. die Originaltrikots der HSV-Legenden zu sehen. Ein Kurzfilm zeigt die größten Erfolge.

❷ Tierpark Hagenbeck

Siehe S. 136 f.

❸ Stadtpark

Winterhude. Ⓤ Saarlandstraße, Borgweg, Sierichstraße, Hudtwalckerstraße. Ⓢ Alte Wöhr. 🚌 6, 20, 23, 25, 26. 🌐 hamburgerstadtpark.de

Wegen seines großen Freizeitangebots zählt der Stadtpark zu den Lieblingsplätzen der Hamburger. Die Stadt Hamburg erwarb 1902 ein Gelände, das als Jagdrevier diente, und gestaltete daraus das mit einer Fläche von etwa 150 Hektar größte Freizeitgelände der Stadt. Es umfasst u. a. Liegewiesen, einen See mit Bootsverleih, ein Freibad, eine Freilichtbühne, eine Festwiese, einen Biergarten, Lokale, Grillplätze, Wege und Fußballfelder.

Architektonisches Highlight ist ein Wasserturm (1912–15), in dem seit 1930 das **Planetarium** untergebracht ist. Es hat eine gewaltige Kuppel mit einem Durchmesser von 21 Metern und erlaubt dank modernster Computer- und Simulationstechnik einen atemberaubenden 3-D-Blick in das Weltall. Von den Liegesitzen können Besucher mit Blick nach oben entspannt der Welt entrücken. Bei Sonderveranstaltungen wie »Im Nachtflug durch die Galaxis« oder »Space Tour 3D« wird Astronomie zum Erlebnis.

Nach umfassender Renovierung wurde das Planetarium Anfang 2017 wiedereröffnet.

🏛 **Planetarium**
Linnering 1. ☎ (040) 428 86 52 10. 📅 Di 9–17, Mi, Do 9–21, Fr 9–22, Sa 12–22, So 10–20 Uhr. ♿
🌐 planetarium-hamburg.de

❹ Friedhof Ohlsdorf

Fuhlsbüttler Straße 756. ☎ (040) 59 38 80. Ⓤ Ohlsdorf. Ⓢ Ohlsdorf. 🚌 39. 📅 Apr–Okt: 9–21 Uhr; Nov–März: 9–18 Uhr.
🌐 friedhof-hamburg.de/ohlsdorf

Der etwa 400 Hektar große Friedhof Ohlsdorf – einer der größten der Welt – ist wegen seiner eindrucksvollen Gartenarchitektur und der Vielzahl kunstvoll gestalteter Grabstätten eine Anlage von internationalem Rang. Seit der Eröffnung 1877 fanden hier rund 1,4 Millionen Beisetzungen statt. Durch die Vielzahl berühmter Menschen, die hier ihre letzte Ruhe fanden (u. a. die Schauspieler Hans Albers und Gustaf Gründgens, der Tierparkgrün-

Das Planetarium im Stadtpark mit seinem Kuppelaufbau

Mehr als 3600 Meter lang überspannt die Köhlbrandbrücke die Elbe

der Carl Hagenbeck, der Schiffbauer Hermann Blohm und der Reeder Albert Ballin), wird bei einem Spaziergang durch den Friedhof Hamburger Stadtgeschichte erzählt.

❺ Museum der Arbeit

Wiesendamm 3. (040) 428 13 30. Barmbek. Barmbek. Mo 10–21, Mi–Fr 10–17, Sa, So 10–18 Uhr.
museum-der-arbeit.de

Auf drei Etagen präsentiert das 1997 in den Räumlichkeiten einer ehemaligen Gummifabrik eröffnete Museum Ausstellungen zur Industriegeschichte. Im Fokus steht die Veränderung von Leben und Arbeit seit Mitte des 19. Jahrhunderts. Ob Druckerei, Kontorhaus, Hafen oder Fischfabrik – hier kann man sich mit typischen Arbeitsbereichen Hamburgs vertraut machen. Großer Wert wird auf lebendige Präsentation gelegt: Besucher können Maschinen in Aktion sehen und in Workshops damit einfache Dinge selbst anfertigen.

Seit 2004 ist hier auch die Tabakhistorische Sammlung Reemtsma untergebracht. Rund um den blauen Dunst zeigt die Sammlung Wissenswertes aus vier Jahrhunderten Tabakkultur, u. a. Utensilien wie Tabakbeutel, Pfeifen und Werbeplakate.

Außenstellen des Museums für Arbeit sind das Speicherstadtmuseum *(siehe S. 85)* und das »Hafenmuseum Hamburg« (Australiastr., Kopfbau des Schuppens 50A; www.hafenmuseum-hamburg.de).

❻ Köhlbrandbrücke

5 km südwestlich des Zentrums.

Verkehrsweg und Hamburger Wahrzeichen gleichermaßen ist die 3618 Meter lange Köhlbrandbrücke, die nach vierjähriger Bauzeit 1974 eröffnet wurde. Die Brücke führt in einem weiten Bogen über den Köhlbrand, den 325 Meter breiten Verbindungsarm zwischen Norderelbe und Süderelbe. Von beiden Seiten führen vierspurige Zufahrtsstraßen, die auf 75 Pfeilern ruhen, zur Schrägseilbrücke mit ihren beiden 135 Meter hohen Pylonen.

Die Köhlbrandbrücke ist ausschließlich Kraftfahrzeugen vorbehalten, Radfahrer und Fußgänger haben keinen Zutritt. Mit einer lichten Höhe von 53 Metern über dem Wasser stellt die Brücke selbst bei Hochwasser kein Hindernis für große Schiffe dar.

❼ Museumshafen Övelgönne

Övelgönne, Anleger Neumühlen.
Stadtplan 1 A5. (040) 41 91 27 61. 36, 112. 62. tägl. nach Vereinbarung.
museumshafen-oevelgoenne.de

Am Fähranleger Neumühlen legen Dampfer in Richtung Landungsbrücken und Finkenwerder ab. Hier befindet sich auch der Museumshafen Övelgönne, der 1977 von der »Vereinigung zur Erhaltung historischer Wasserfahrzeuge« gegründet wurde und sich seither ohne staatliche Zuschüsse durch Spenden und Mitgliedsbeiträge finanziert.

Der Hafen ist ein magischer Anziehungspunkt für Liebhaber alter Schiffe. Zu bewundern sind u. a. deutsche und holländische Plattbodenschiffe, das ehemalige Feuerschiff *Elbe 3* (Baujahr 1888), der Ewer *Elfriede* (1904), die Dampfschlepper *Tiger* (1910) und *Claus D.* (1913) sowie der Eisbrecher *Stettin* (1933). Alle »Oldtimer« sind noch seetüchtig, einige davon gehen gelegentlich auf Fahrt – meistens an den Wochenenden. Daher bietet sich eher eine Besichtigung (vom Steg aus) unter der Woche an. Bei Anwesenheit der Eigentümer oder der Crew können Sie oft auch kurz an Bord gehen und das Innere besichtigen.

Fahrt mit dem HADAG-Schiff Nr. 62

Wer das Elbufer einmal vom Wasser aus betrachten will, sollte sich eine Fahrt mit dem HADAG-Schiff Nr. 62 nicht entgehen lassen. Die Fähre verkehrt im 15-Minuten-Takt vom Anleger Landungsbrücken im Osten nach Finkenwerder am südlichen Ufer der Elbe (und zurück). Die gesamte Strecke wird in 28 Minuten zurückgelegt. Die Fahrt unterbrechen kann man an den Anlegestellen Altona (unterhalb des Altonaer Balkons), Dockland (beim gleichnamigen spektakulären Bürohaus) und Neumühlen (mit dem Museumshafen Övelgönne). Dann schwenkt die Fähre zum anderen Elbufer und erreicht Bubendey-Ufer und Finkenwerder. Mit etwas Glück sieht man einen der dort gefertigten Airbusse starten oder landen. (www.hadag.de)

Das HADAG-Schiff Nr. 62 – ideales Verkehrsmittel für Besucher

Tierpark Hagenbeck

Die 1907 von Carl Hagenbeck eröffnete Anlage war der erste gitterlose Tierpark der Welt und revolutionierte die Tierhaltung in Zoos. Heute ist der Zoo in der sechsten Generation in Familienbesitz. Auf dem 25 Hektar großen Gelände leben rund 200 Tierarten aus allen Kontinenten in Freigehegen. Besonderes Augenmerk gilt der Elefantenzucht. 2007 entstand das Tropen-Aquarium. Es ist das einzige Großaquarium der Hansestadt, über 14 000 exotische Tiere aus über 300 Arten sind zu sehen. Das 2009 eröffnete Lindner Park-Hotel *(siehe S. 178)* ist das erste Tierpark-Themen-Hotel der Welt.

Japanische Insel
Hier gibt es Bronzestatuen, japanische Wasserspeier und drei Ginkgobäume. Am Wasser leben Flamingos.

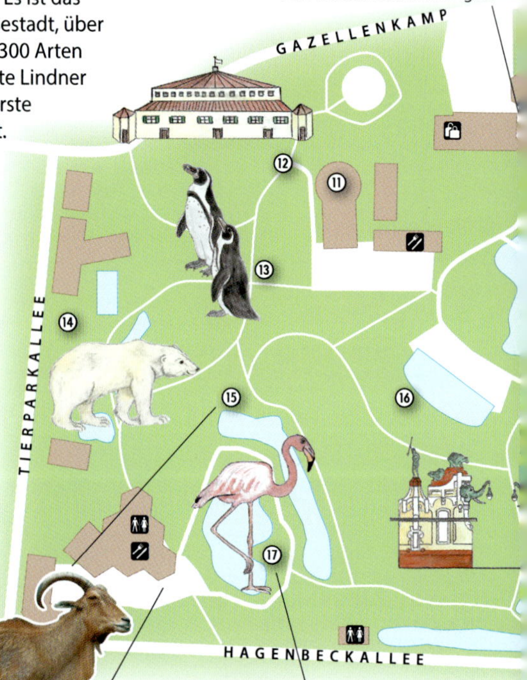

Legende
① Nepalesischer Pagodentempel
② Tropen-Aquarium
③ Elefantenhaus
④ Elefantenfreianlage
⑤ Orang-Utan-Haus
⑥ Thai-Pavillon
⑦ Sibirische Tiger
⑧ Leoparden
⑨ Rosapelikane
⑩ Japanische Insel
⑪ Vogelhaus
⑫ Alte Hagenbecksche Dressurhalle
⑬ Humboldt-Pinguine
⑭ Eisbären
⑮ Thar-Felsen
⑯ Löwenschlucht
⑰ Afrikapanorama
⑱ Pavillon
⑲ Kamtschatka-Bären
⑳ Historisches Jugendstiltor

Die Flamingo-Lodge ist nur im Sommer geöffnet

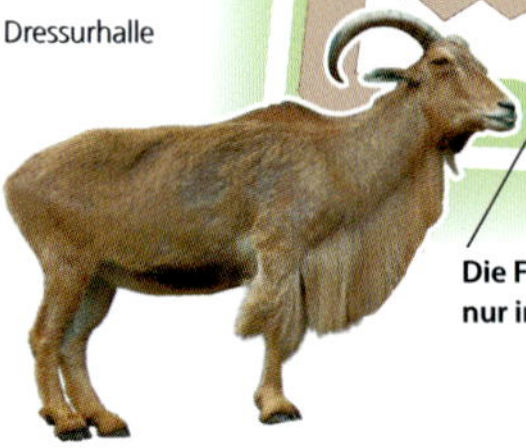

Thar-Felsen
Die Himalaya-Thare bewohnen eine künstliche Felslandschaft, die seit 1997 unter Denkmalschutz steht.

0 Meter — 100

Carl Hagenbeck mit Lebensretter

Afrikapanorama
Am Großen Vogelteich leben vor allem Chile-Flamingos und Cuba-Flamingos. Die Löwenschlucht ist eine Freianlage ohne Gitter, die von einem breiten Wassergraben umgeben ist.

TIERPARK HAGENBECK | 137

Sibirische Tiger
Diese Großkatzen sind eines der Beispiele der Zuchterfolge des Tierparks. Gleich mehrfach bekamen sie Nachwuchs. In ihrer natürlichen Umwelt sind sie dagegen vom Aussterben bedroht.

Infobox

Information
Lokstedter Grenzstraße 2.
(040) 530 03 30.
März–Okt: tägl. 9–18 Uhr (Juli, Aug: bis 19 Uhr); Nov–Feb: tägl. 9–16.30 Uhr. **Tropen-Aquarium** tägl. 9–18 Uhr.
hagenbeck.de

Anfahrt
Hagenbecks Tierpark.
22, 39.

Das Restaurant am Spielplatz hat im Winter geöffnet

★ Orang-Utan-Haus
Seit 2004 kann man hier den Orang-Utans beim Spielen und Klettern zusehen. Das Haus wird von einer Glaskuppel überspannt, die sich halb öffnen lässt.

Auf diesem Areal steht das Lindner Park-Hotel Hagenbeck

★ Kamtschatka-Bären
Seit 2007 wohnen vier dieser Braunbären im Tierpark Hagenbeck. Aufgerichtet können sie eine Höhe von etwa 3,20 Metern erreichen.

Rosapelikane wirken an Land eher unbeholfen und behäbig, sind jedoch sehr elegante Flieger. Den Winter verbringen sie in einem beheizten Quartier, da sie an warmes Klima angepasst sind.

Haupteingang an der Hagenbeckstraße

★ Tropen-Aquarium
Hier können Sie Haie erleben, aber auch viele Landtiere der Tropen und Subtropen.

❽ Jenischpark

Othmarschen. Klein Flottbek.
15, 21, 36, 39.

Nördlich der Elbchaussee in Othmarschen erstreckt sich der 42 Hektar große Jenischpark. Die Grünanlage gilt als eines der eindrucksvollsten Beispiele eines im englischen Stil angelegten Landschaftsparks in Norddeutschland. Das Gelände wurde 1797 im Auftrag des Kaufmanns Johann Caspar Voght gestaltet und ging 1828 in den Besitz des Kaufmanns und späteren Senators Martin Johann von Jenisch über. Er ließ sich 1831–34 nach Entwürfen von Karl Friedrich Schinkel am höchsten Punkt des Parks eine klassizistische Villa bauen, das **Jenisch Haus**. Als Außenstelle des Altonaer Museums zeigt es Kunst und bürgerliches Kunsthandwerk. Im Erdgeschoss befinden sich klassizistische Säle mit Möbeln und Gemälden aus der Zeit der Entstehung des Hauses. Die Räume im ersten Stock sind im Stil des Barock, des Rokoko und des Biedermeier eingerichtet. Das zweite Stockwerk widmet sich Sonderausstellungen.

Das **Ernst Barlach Haus** wurde 1962 dank des finanziellen Engagements des Tabakfabrikanten Hermann F. Reemtsma als erstes privates Kunstmuseum der Hansestadt eröffnet. Es zeigt Druckgrafik, Holzskulpturen, Bronzen sowie Keramik des norddeutschen Künstlers Ernst Barlach (1870–1938).

Im September 2017 eröffnete das **Bargheer Museum**, es zeigt Werke (u. a. Aquarelle) des Hamburger Malers und Grafikers Eduard Bargheer (1901–1979).

Jenisch Haus
Baron-Voght-Straße 50. (040) 82 87 90. Di–So 11–18 Uhr. eingeschränkt. jenisch-haus.de

Ernst Barlach Haus
Baron-Voght-Straße 50a. (040) 82 60 85. Di–So 11–18 Uhr. 24., 31. Dez. barlach-haus.de

Bargheer Museum
Hochrad 75. (040) 89 80 70 97. Di–So 11–18 Uhr. bargheer-museum.de

Das Ernst Barlach Haus im Jenischpark

❾ Altes Land

Südwestl. von Hamburg. (04142) 81 38 38. Neugraben, dann Bus. urlaubsregion-altesland.de oder tourismus-altesland.de

Mit über 14 000 Hektar ist das Alte Land das größte zusammenhängende Obstanbaugebiet Mitteleuropas. Die Marschlandschaft erstreckt sich vor den Toren Hamburgs zwischen Stade und Buxtehude am Südufer der Elbe. Etwa drei Viertel des Alten Landes sind mit Apfelbäumen bepflanzt, hohe Ernteerträge werden vor allem bei den Sorten Gravensteiner, Jonagold, Holsteiner Cox und Elstar erzielt. Daneben gibt es Kirsch- und Birnbäume.

Die Region wurde schon im 12./13. Jahrhundert von Holländern besiedelt und urbar gemacht. Zum Schutz der Pflanzungen legte man Deiche an. Das Alte Land ist vor allem im Frühling ein beliebtes Ausflugsziel – dann ist die Region ein einziges Blütenparadies. Doch auch im Sommer bietet sich das Gebiet für längere Wanderungen und vor allem für Radtouren an. Zur Erntezeit im Herbst herrscht Hochbetrieb in der Region.

Das **Museum Altes Land** in Jork zeigt die Entwicklung der Region. HADAG-Dampfer (siehe S. 240) bringen Sie im Sommer an Wochenenden von den Landungsbrücken (Brücke 2), die Lühe-Schulau-Fähre ganzjährig von Willkomm-Höft zum Lühe-Anleger, einem der Tore ins Alte Land.

Museum Altes Land
Jork, Westerjork 49. (04162) 57 15. Apr–Okt: Di–So 11–17 Uhr; Nov–März: Mi, Sa, So 14–17 Uhr.

❿ Blankenese

Blankenese. 1, 22, 36, 48, 49.

Hamburgs vornehmster Stadtteil ging aus einem Fischerdorf hervor. Bis ins 18. Jahrhundert lebten die Blankeneser vor allem von Schifffahrt und Fischfang. Dann entdeckten Hamburger Kaufleute die Idylle und ließen hier ihre Landhäuser bauen. Dies hat sich bis heute nicht geändert: Wer sehr viel Geld hat, residiert in Blankenese.

Sehr interessant ist ein Spaziergang durch das Treppenviertel, ein Gewirr aus Treppen und Gassen zwischen dem Strandweg am Elbufer und der am Hang verlaufenden Straße Am Kieckeberg. Das Treppensteigen wird mit einer wunderbaren Aussicht belohnt. Auch Grünanlagen wie Goßlers Park, Hessepark oder Baurs Park laden zum Spazierengehen ein.

⓫ Willkomm-Höft

Wedel, Parnaßstraße 29, Schulauer Fährhaus. (04103) 920 00. Wedel. 189. tägl. 9 Uhr bis Sonnenuntergang (maximal 20 Uhr). tägl. 11.30–23 Uhr (So ab 9.30 Uhr). schulauer-faehrhaus.de

Das Jenisch Haus steht am höchsten Punkt des Parks

ABSTECHER | 139

An der Schiffsbegrüßungsanlage Willkomm-Höft der holsteinischen Stadt Wedel kommen alle Schiffe vorbei, die den Hamburger Hafen ansteuern bzw. die Hansestadt auf die Elbe verlassen. Die 1952 eröffnete Anlage befindet sich am Elbufer, im Ausflugslokal Schulauer Fährhaus. Mit einer Lautsprecheransage wird jedes vorbeifahrende Schiff, das mehr als 1000 GT (Gross-Tonnage) hat, in der jeweiligen Landessprache begrüßt oder verabschiedet, dazu spielt man die entsprechende Nationalhymne ein. Auf der Festplatte des computergesteuerten Systems sind mehr als 150 Nationalhymnen gespeichert.

Darüber hinaus erhalten die Gäste des Schulauer Fährhauses Informationen zur Route und Ladung des Schiffs, das soeben begrüßt oder verabschiedet wurde. Wichtigste Informationsquellen des Meldedienstes sind dabei die tagesaktuellen Hafenberichte.

Das Restaurant & Café im Schulauer Fährhaus verfügt über eine große Terrasse, von der man natürlich den besten Blick auf die vorbeiziehenden Schiffe genießt. Ein sehr schöner Platz ist auch die von April bis Oktober geöffnete Strandbar. Beliebt ist der Sonntagsbrunch des Restaurants (ab 9.30 Uhr).

⓬ Nationalpark Hamburgisches Wattenmeer

Siehe S. 140 f.

⓭ Insel Neuwerk

110 km nordwestlich von Hamburg.
🌐 insel-neuwerk.de

Die drei Quadratkilometer große Nordsee-Insel mit etwa 40 Bewohnern gehört zum Gebiet der Freien und Hansestadt Hamburg. Zu erreichen ist sie bei Niedrigwasser von Cuxhaven aus im Rahmen einer Wattwanderung (auf die Gezeiten achten!), auf dem Pferderücken oder in der Pferdekutsche, bei Hochwasser mit dem Schiff.

Wahrzeichen von Neuwerk ist der 35 Meter hohe Leuchtturm. Er ging aus einem Wehrturm (Anfang 14. Jh.) hervor, von dem aus die Elbmündung vor Piraten geschützt wurde. Die Umrundung der Insel auf dem Hauptdeich dauert etwa eine Stunde. Ein Teil Neuwerks ist Vogelschutzgebiet. Wenn Sie auf der Insel übernachten möchten, um auf die nächste Ebbe zu warten: Gästezimmer stehen zur Verfügung.

Reederei Cassen Eils
Cuxhaven, Bei der Alten Liebe 12.
📞 (04721) 66 76 00.
🌐 cassen-eils.de

Wattwagenfahrten Werner Stelling
Cuxhaven, Swiensweg 1.
📞 (04721) 297 26.
🌐 wattwagen-cux.de

Im gediegenen Stadtteil Blankenese

⓮ Stadtmodell Hamburg

Neuenfelder Straße 19. 📞 (040) 428 40 50 50. Ⓢ Wilhelmsburg. 🚌 3, 35. 🕘 Mo–Fr 9–19, So 13–17 Uhr.

Im Ausstellungsraum der Behörde für Stadtentwicklung und Umwelt steht ein 111 Quadratmeter großes Holzmodell der Innenstadt von Hamburg im Maßstab 1:500. Es zeigt das Gebiet von Övelgönne im Westen bis Rothenburgsort im Osten und von Harvestehude im Norden bis zur HafenCity im Süden. Auch Straßen, Grün- und Wasserflächen sind integriert. Das Modell wird ständig aktualisiert – so kann man Stadtentwicklung »live« beobachten.

Schiffsbegrüßungsanlage Willkomm-Höft: Hier kommen große Pötte aus aller Welt vorbei

Nationalpark Hamburgisches Wattenmeer

Zum Schutz der Wattlandschaft westlich der Elbmündung wurde 1990 der Nationalpark Hamburgisches Wattenmeer eingerichtet. Das Areal umfasst mehrere Inseln sowie das von den Gezeiten geprägte Wattgebiet. Der 137 Quadratkilometer (davon 97 Prozent Wasserfläche) große Nationalpark bietet vielen Tierarten ein Zuhause: Seevögel finden geeignete Brutplätze, unzählige Zugvögel machen hier Rast. Auch Seehunde und Kegelrobben fühlen sich wohl. Beliebte Aktivitäten sind Wattwanderungen, Vogelbeobachtung und Ausflüge zu Seehundbänken. Der Nationalpark wurde 2011 von der UNESCO zur Welterbestätte erklärt. Es gibt einen Badeplatz und mehrere Bootsanlegestellen.

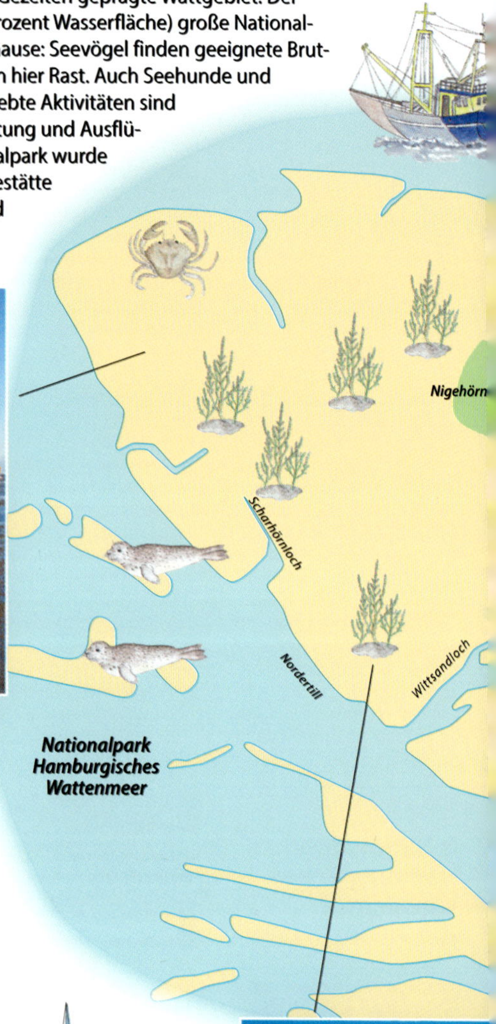

Nigehörn

Scharhörnloch

Nordertill

Wittsandloch

Nationalpark Hamburgisches Wattenmeer

★ **Kutschfahrt**
Auf den Inseln im Nationalpark Hamburgisches Wattenmeer sind Pferdewagen probate Fortbewegungsmittel. Eine Fahrt über den bei Ebbe trockenfallenden Meeresboden ist ein Erlebnis.

Austernfischer
Zu den charakteristischen Vögeln an der Nordseeküste zählen vor allem Austernfischer. Ausgewachsen haben sie lange, leuchtend rote Schnäbel.

Salzwiesen
Das Wattenmeer ist ein einzigartiger Lebensraum. Im Übergangsbereich zwischen Land und Meer ist der Salzgehalt der Böden sehr hoch, salztolerante Pflanzen siedeln sich hier an. Die Salzwiesen sind ein wichtiges Brutgebiet für Vögel.

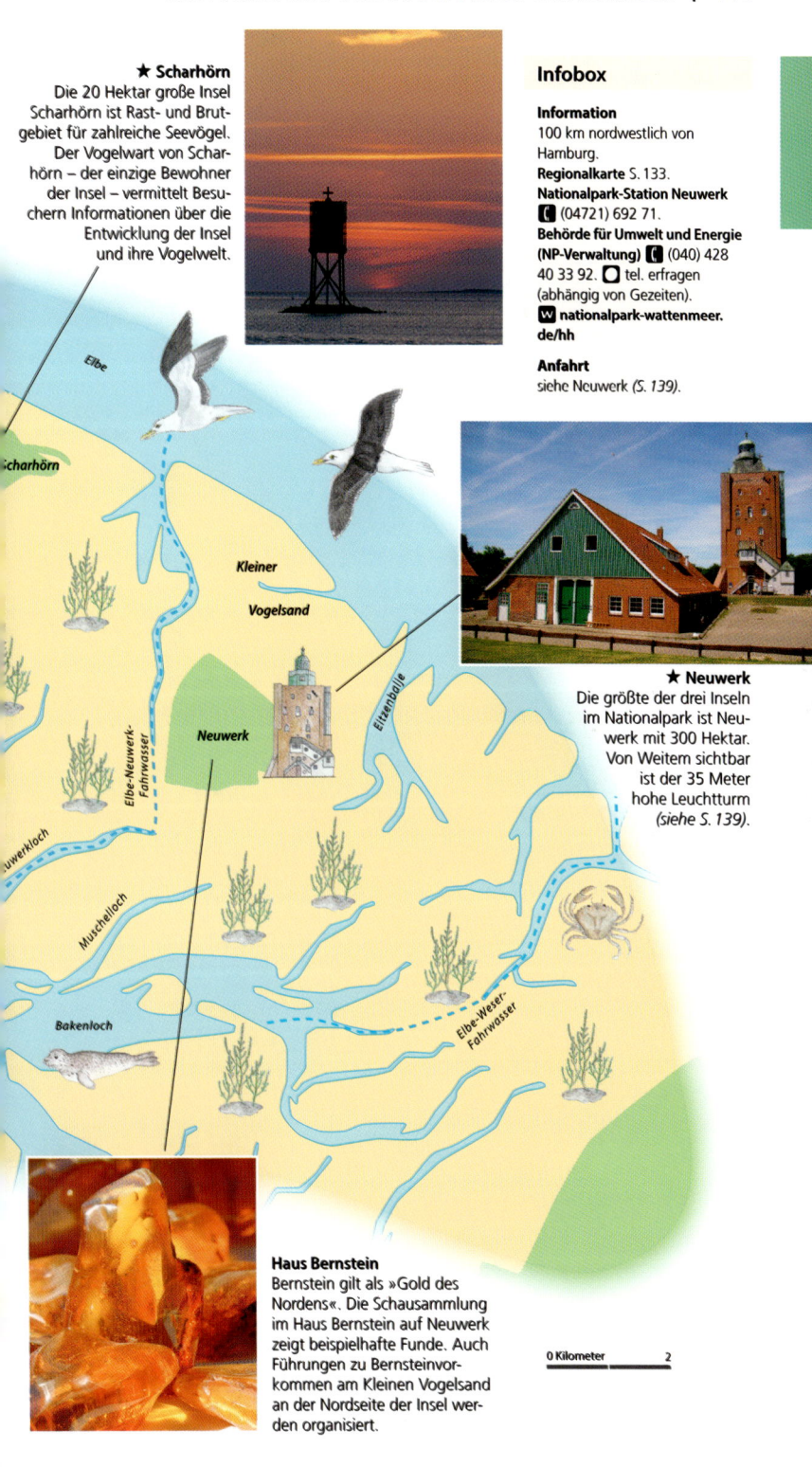

NATIONALPARK HAMBURGISCHES WATTENMEER | 141

★ Scharhörn
Die 20 Hektar große Insel Scharhörn ist Rast- und Brutgebiet für zahlreiche Seevögel. Der Vogelwart von Scharhörn – der einzige Bewohner der Insel – vermittelt Besuchern Informationen über die Entwicklung der Insel und ihre Vogelwelt.

Infobox

Information
100 km nordwestlich von Hamburg.
Regionalkarte S. 133.
Nationalpark-Station Neuwerk
(04721) 692 71.
Behörde für Umwelt und Energie (NP-Verwaltung) (040) 428 40 33 92. tel. erfragen (abhängig von Gezeiten).
nationalpark-wattenmeer.de/hh

Anfahrt
siehe Neuwerk (S. 139).

★ Neuwerk
Die größte der drei Inseln im Nationalpark ist Neuwerk mit 300 Hektar. Von Weitem sichtbar ist der 35 Meter hohe Leuchtturm *(siehe S. 139)*.

Haus Bernstein
Bernstein gilt als »Gold des Nordens«. Die Schausammlung im Haus Bernstein auf Neuwerk zeigt beispielhafte Funde. Auch Führungen zu Bernsteinvorkommen am Kleinen Vogelsand an der Nordseite der Insel werden organisiert.

0 Kilometer 2

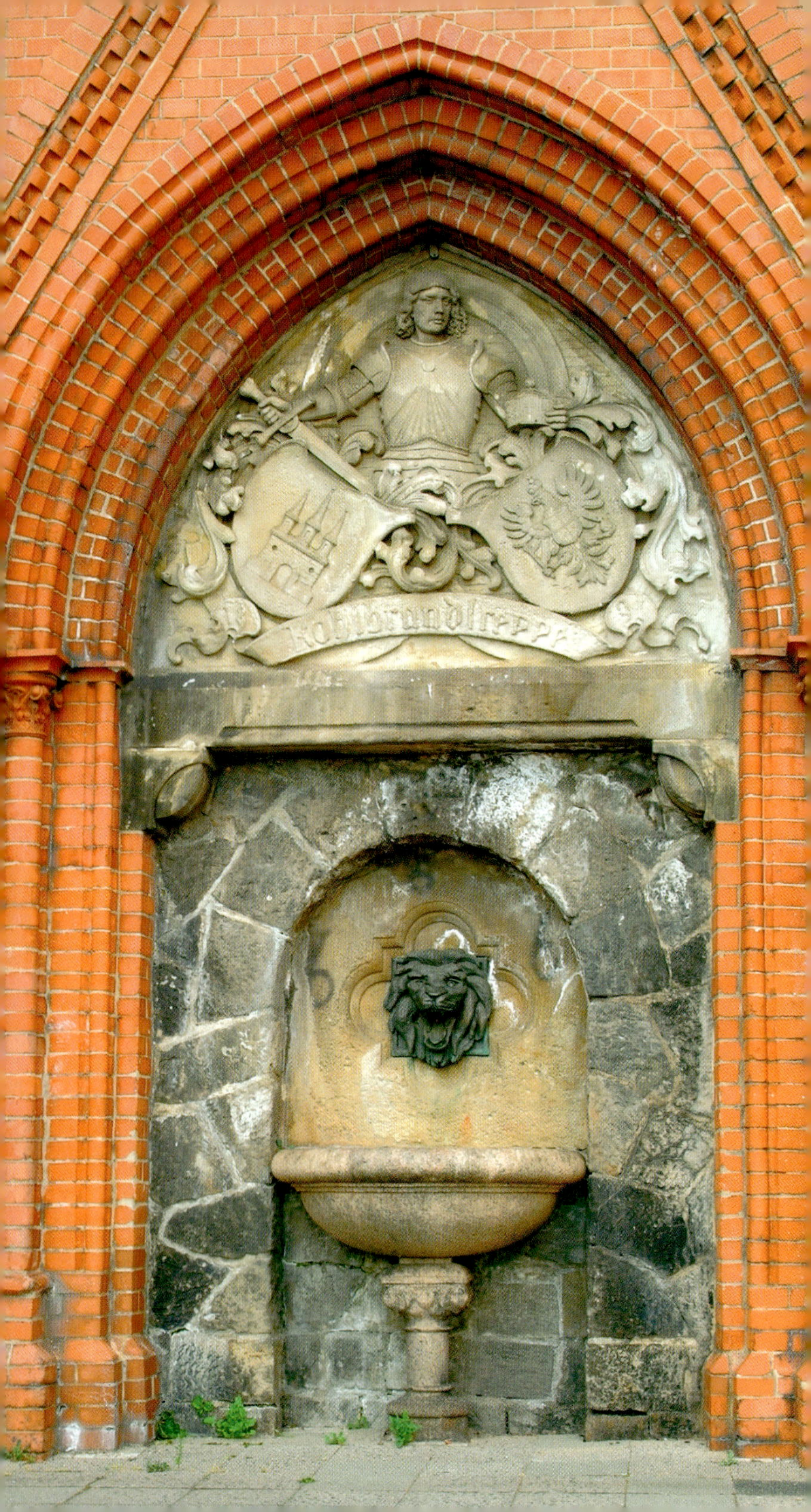

DIE STADTTEILE HAMBURGS | 143

Spaziergänge

Die Metropole an der Elbe eignet sich ganz hervorragend für Spaziergänge, da die allermeisten Sehenswürdigkeiten recht nahe beieinanderliegen. Einige Einkaufsstraßen und Passagen sowie die Hafenpromenade sind Fußgängern vorbehalten. Viele Grünanlagen sind Oasen der Ruhe und bieten eine willkommene Abwechslung vom Treiben in den zentral gelegenen Vierteln. Auch weite Strecken am Elbufer, von dem sich immer wieder schöne Panoramen bieten, sind autofrei. Auf den in diesem Kapitel vorgestellten Spaziergängen erschließen Sie sich in jeweils nur wenigen Stunden ganz unterschiedliche Teile der Stadt.

Die erste Route führt durch die von vielen Fleeten durchzogene Altstadt, vom Hamburger Rathaus durch das Kontorhausviertel bis zur Deichstraße, und dokumentiert anhand von markanten Bauwerken die Epochen der Stadtgeschichte – von den Ursprüngen bis ins 21. Jahrhundert.

Der zweite Spaziergang bringt Sie auf der Hafenpromenade von den Landungsbrücken nach Osten und weiter in die Speicherstadt und die HafenCity. Beeindruckend ist der Kontrast zwischen den dunkelroten Backsteinbauten und den hochmodernen Gebäuden. In der HafenCity spürt man die Dynamik, mit der sich die Hansestadt entwickelt.

Die dritte Route führt von den Landungsbrücken am Elbufer entlang nach Westen bis Altona. Von vielen Stellen bieten sich faszinierende Ausblicke auf die Hafenanlagen. Alle Ausgangs- und Endpunkte sind gut mit öffentlichen Verkehrsmitteln erreichbar. Bei jedem Spaziergang finden Sie Tipps zum Einkehren.

Spaziergänge auf einen Blick

Drei Spaziergänge
Die Orientierungskarte zeigt Ihnen die Lage und den Verlauf der drei vorgeschlagenen Routen in Hamburg.

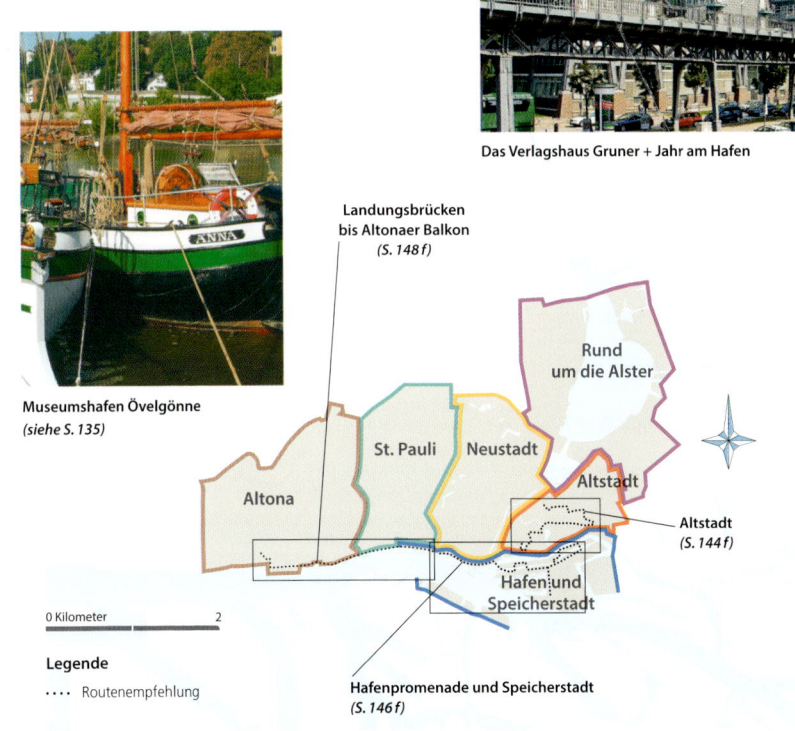

Das Verlagshaus Gruner + Jahr am Hafen

Museumshafen Övelgönne
(siehe S. 135)

Landungsbrücken bis Altonaer Balkon
(S. 148 f)

Rund um die Alster

St. Pauli

Neustadt

Altona

Altstadt

Altstadt
(S. 144 f)

Hafen und Speicherstadt

0 Kilometer 2

Legende
···· Routenempfehlung

Hafenpromenade und Speicherstadt
(S. 146 f)

◀ Kleiner Brunnen an der neogotischen Köhlbrandtreppe *(siehe S. 149)* von 1887

Spaziergang in der Altstadt (2 Std.)

Ein Spaziergang durch die Altstadt ist eine Spurensuche zu den Ursprüngen Hamburgs, auch wenn viele Gebäude dem Großen Brand von 1842 zum Opfer fielen oder im Zweiten Weltkrieg zerstört wurden. Ein jüngeres Kapitel der Stadtgeschichte dokumentiert das Kontorhausviertel, ab den 1920er Jahren die Keimzelle des Wirtschaftsstandorts Hamburg. Auch einige markante Kirchenbauten, mehrere Verlagshäuser, die noch verbliebenen Fleete sowie die teils als Fußgängerzonen gestalteten, modernen Geschäftsstraßen prägen das Ambiente der Altstadt.

⑥ Sprinkenhof

Vom Rathaus ins Kontorhausviertel

Das 1897 eingeweihte Hamburger Rathaus ① mit dem 112 Meter hohen Turm beeindruckt nicht nur durch seine Ausmaße, sondern auch durch seine reich mit Skulpturen verzierte Fassade. Auf den ersten Blick mag diese Pracht untypisch für die ansonsten eher zweckmäßig wirkende Architektur Hamburgs wirken, doch ihren Sitz von Bürgerschaft und Senat ließen sich die Hamburger etwas kosten. Auch der Rathausmarkt ② wirkt repräsentativ, für seine Anlage ließen sich die Baumeister vom Markusplatz in Venedig inspirieren.

③ Türklopfer an St. Petri

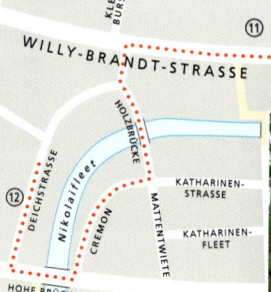

Verlassen Sie den Rathausmarkt auf der nach Osten führenden Mönckebergstraße, einer der Haupteinkaufsstraßen Hamburgs. Biegen Sie nach etwa 200 Metern rechts in die Kreuslerstraße ein, wo sich der Eingang zu St. Petri ③ befindet. Im Keller des Gemeindehauses zeigt ein Schauraum die Fundamente der annähernd 1000 Jahre alten Bischofsburg. Wenn Sie die Straße Speersort überqueren, erreichen Sie den vom Helmut-Schmidt-Haus (Sitz der Wochenzeitschrift *DIE ZEIT*) flankierten Domplatz ④. Er präsentiert sich nach lange dauernden Grabungsarbeiten nun als grüne Oase mitten in der Altstadt. Der Speersort geht nach Osten in die Steinstraße über. Auf ihr erreichen Sie den Jacobikirchhof, der St. Jacobi ⑤ umrahmt. Auf Höhe der Kirche zweigt von der Steinstraße südwärts die Mohlenhofstraße ab, die zum Burchardplatz führt. Er liegt im Herzen des Kontorhausviertels, einem architektonischen Ensemble der 1920er Jahre. Das größte dieser von Klinkerfassaden geprägten Kontorhäuser ist der

④ Pressehaus DIE ZEIT

② Rathausmarkt mit den Alsterarkaden im Hintergrund

Sprinkenhof ⑥ an der Ostseite des Burchardplatzes. Terrakotta-Ornamente mit Symbolen von Handel und Handwerk schmücken die Fassade. Wegen seines an einer Seite spitzwinkligen Grundrisses auffälliger ist das 1922–24 von Fritz Höger erbaut Chilehaus ⑦ schräg gegenüber.

Vom Kontorhausviertel zum Rödingsmarkt

Gehen Sie um die »Bugspitze« des Chilehauses im Osten herum, und folgen Sie nun der Straße Pumpen nach Westen. Im weiteren Verlauf ändert diese Straße mehrfach ihren Namen. Kurz bevor sie unter dem Namen Große Reichenstraße die Domstraße kreuzt, steht auf der linken Seite (Nr. 27) das Afrikahaus ⑧. Es wurde 1899 im Auftrag der Reederei Woermann erbaut

⑧ Eingang zum Afrikahaus

und verbindet Zweckmäßigkeit mit auffälliger Fassadengestaltung. Zu den markanten afrikanischen Motiven gehören auch die Figur eines Kriegers am Eingang sowie zwei gusseiserne Elefanten und ein Palmenmosaik im Innenhof. Der Kontrast zwischen Alt und Neu zeigt sich eindrücklich beim Abbiegen nach links in die Domstraße, wenn man am Zürichhaus ⑨ vorbeikommt. Dieses 1989–92 erbaute Gebäude führt die Tradition der Kontorhäuser weiter, folgt jedoch mit den für die Fassade verwendeten Materialien Backstein, Stahl und Glas einer für den Beginn der 1990er Jahre in Hamburg typischen Gestaltung von Geschäftshäusern. Überqueren Sie nun die Domstraße, und gehen Sie zurück zur Großen Reichenstraße. Nach einem kurzen Stück biegen Sie nach links auf die Trostbrücke ⑩. Die erste Brücke an dieser Stelle wurde 1266 erwähnt, sie verband die bischöfliche Stadt um die Hammaburg und die neue Kaufmannstadt. Statuen der Gründer – Bischof Ansgar von Hamburg und Bremen sowie Graf Adolf III. von Schauenburg – flankieren die Brücke. Folgen Sie der kurzen Straße

Statue an der Mönckebergstraße

Legende
• • • Routenempfehlung
☼ Aussichtspunkt
Ⓤ U-Bahn-Station

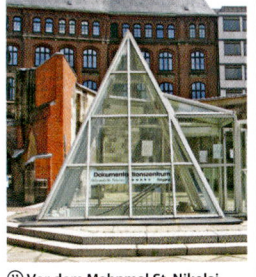

⑪ Vor dem Mahnmal St. Nikolai

Neue Burg, biegen Sie dann rechts in die Willy-Brandt-Straße ein. Die Ruine der zerstörten Nikolaikirche ⑪ ist nun Mahnmal. Nach 150 Metern geht es links auf der Holzbrücke über das Nikolaifleet und dann rechts in die von alten Speicherbauten gesäumte Straße Cremon. An deren Ende halten Sie sich rechts, überqueren das Nikolaifleet erneut und biegen wieder rechts in die Deichstraße ⑫ ein, die einen Eindruck von Alt-Hamburg liefert. Tafeln an den Fassaden vermitteln Informationen über die Geschichte einzelner Häuser.

Die Deichstraße mündet in die Willy-Brandt-Straße, die nach Westen zur Straße Rödingsmarkt führt. Von hier kommen Sie mit der U-Bahn 3 zurück zum Ausgangspunkt.

⑩ Blick von der Trostbrücke

Routeninfos

Start: Rathaus.
Länge: 3 Kilometer.
Dauer: 2 Stunden.
Anfahrt: U-Bahn 3.
St. Petri: ⓞ Mo–Fr 10–18.30 (Mi bis 19), Sa 10–17, So 9–20 Uhr *(siehe S. 58 f)*.
St. Jacobi: ⓞ Apr–Sep: Mo–Sa 10–17 Uhr; Okt–März: Mo–Sa 11–17 Uhr *(siehe S. 62)*.
St. Nikolai: ⓞ Mai–Sep: tägl. 10–18 Uhr; Okt–Apr: tägl. 10–17 Uhr *(siehe S. 66)*.
Rasten: Lokale gibt es in der Altstadt in großer Zahl. Einige beliebte Restaurants sind in der Deichstraße, darunter auch der Kartoffelkeller (Nr. 21) und die auf Fischgerichte spezialisierten Deichgraf (Nr. 23) und Alt Hamburger Aalspeicher (Nr. 43).

Hafenpromenade und Speicherstadt (3 Std.)

Wohl jeder Besucher der Hansestadt kommt mindestens einmal zu den Landungsbrücken. Neben dem einzigartigen Ambiente und dem traumhaften Ausblick über das Wasser locken auch die Museumsschiffe viele Gäste an. Die Speicherstadt verkörpert mehr als ein Jahrhundert Hafen- und Handelsgeschichte. Hinter den Backsteinfassaden lagern vor allem Teppiche, Kaffee, Tee und Kakao. In den letzten Jahren erfuhr die Speicherstadt große Veränderungen vor dem Hintergrund des kleiner gewordenen Bedarfs an Lagerfläche. In einstige Speicher zogen Museen und sogar ein Theater ein. Südlich der Speicherstadt entsteht mit der HafenCity ein neuer Stadtteil.

① Akkordeonspieler an den Landungsbrücken

Von den Landungsbrücken zur Kehrwiederspitze

Von den Landungsbrücken ① aus folgen Sie der breiten Promenade nach Osten. Beim Passieren von Akkordeonspielern, die Seemannslieder singen, und Kapitänen, die für eine Rundfahrt auf ihrem Boot werben, erleben Sie das typische Hafenflair. Der 1896 gebaute, 97 Meter lange Dreimaster *Rickmer Rickmers* ② liegt seit 1987 als Museumsschiff vor Anker. Etwas weiter östlich können Sie den 160 Meter langen Frachter *Cap San Diego* ③ besichtigen, der 1986 wieder in den Hafen geholt wurde. Dann gelangen Sie zum Feuerschiff ④, das seit 1993 im Hamburger City-Sporthafen liegt. Auf der anderen Straßenseite steht das Verlagshaus Gruner + Jahr ⑤. Hinter der U-Bahn-Station Baumwall sieht man links das Slomanhaus (1908/09) ⑥. Das Kontorhaus ist Sitz der Reederei Sloman. Wenden Sie sich nach rechts. Mit Überqueren der Niederbaumbrücke nähern Sie sich der Kehrwiederspitze ⑦ am Eingang zur Speicherstadt.

Routeninfos

Start: S- und U-Bahn-Station Landungsbrücken.
Länge: 5 Kilometer.
Dauer: 3 Stunden.
Anfahrt: S-Bahn 1/3, U-Bahn 3.
Rickmer Rickmers: ☐ tägl. 10–18 Uhr *(siehe S. 98f.)*
Cap San Diego: ☐ tägl. 10–18 Uhr *(siehe S. 102f.)*
Hamburg Dungeon: ☐ tägl. 10–18 Uhr *(siehe S. 85)*
Miniatur Wunderland: ☐ variieren – meist Mo–Fr 9.30–18 (Di bis 21, Fr bis 19), Sa 8–23, So 8–21 Uhr *(siehe S. 84)*.
Rasten: An den Landungsbrücken gibt es Cafés und Imbissbuden, in der Kaffeerösterei ein Café, im HafenCity InfoCenter ein Bistro.

① Die Landungsbrücken, von den Pontons aus gesehen

HAFENPROMENADE UND SPEICHERSTADT | 147

⑱ Marco-Polo-Tower – ein architektonisches Wahrzeichen der HafenCity

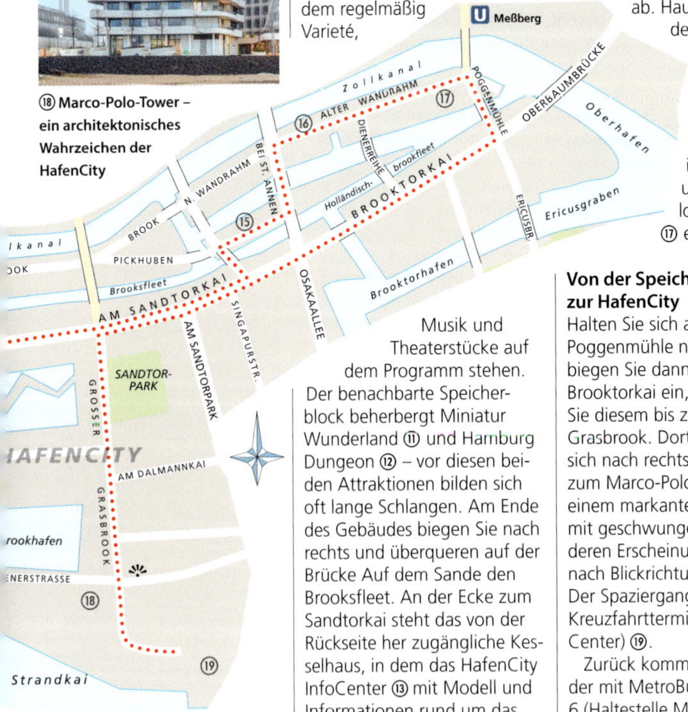

Legende
- ••• Routenempfehlung
- ☼ Aussichtspunkt
- Ⓤ U-Bahn-Station
- Ⓢ S-Bahn-Station

In der Speicherstadt

Vorbei an der Kehrwiederspitze gehen Sie weiter nach Süden und biegen dann links in die Straße Am Sandtorkai, die zunächst von Gebäuden des Hanseatic Trade Center flankiert wird. Hinter dem Kehrwiedersteg erwartet Sie im Persienhaus ⑧ Exotisches: Neben einem Teppichlager, dessen Schätze besichtigt werden können, gibt es auch eine Verkaufsausstellung persischer Waren. Daneben befindet sich das Speicherstadtmuseum ⑨. Sie gehen nun den Sandtorkai ein kurzes Stück zurück, biegen nach rechts ab und überqueren auf dem Kehrwiedersteg das Kehrwiederfleet. Dann halten Sie sich rechts und erreichen das Theater Kehrwieder ⑩, in dem regelmäßig Varieté, Musik und Theaterstücke auf dem Programm stehen. Der benachbarte Speicherblock beherbergt Miniatur Wunderland ⑪ und Hamburg Dungeon ⑫ – vor diesen beiden Attraktionen bilden sich oft lange Schlangen. Am Ende des Gebäudes biegen Sie nach rechts und überqueren auf der Brücke Auf dem Sande den Brooksfleet. An der Ecke zum Sandtorkai steht das von der Rückseite her zugängliche Kesselhaus, in dem das HafenCity InfoCenter ⑬ mit Modell und Informationen rund um das Projekt HafenCity zu Hause ist.

Anschließend geht es ein kurzes Stück nach Westen. Am Sandtorkai 32 befindet sich Spicy's Gewürzmuseum ⑭.

Wenden Sie sich auf dem Sandtorkai nach Osten. Nach etwa 500 Metern halten Sie sich links, gehen über die Neuerwegsbrücke und dann nach rechts. Am St. Annenufer befindet sich das Kaffeemuseum Burg ⑮. Dahinter biegen Sie nach links in die Straße Bei St. Annen und dann rechts in den Alten Wandrahm ab. Haus Nr. 16 ist der Sitz des Deutschen Zollmuseums ⑯, in Nr. 4 kann man den »Dialog im Dunkeln« und den »Dialog im Stillen« ⑰ erleben.

Von der Speicherstadt zur HafenCity

Halten Sie sich auf der Straße Poggenmühle nach Süden, biegen Sie dann rechts in den Brooktorkai ein, und folgen Sie diesem bis zum Großen Grasbrook. Dort wenden Sie sich nach rechts und gehen bis zum Marco-Polo-Tower ⑱, einem markanten Gebäude mit geschwungener Fassade, deren Erscheinungsbild sich je nach Blickrichtung ändert. Der Spaziergang endet am Kreuzfahrtterminal (Cruise Center) ⑲.

Zurück kommen Sie entweder mit MetroBus Nr. 3, 4 oder 6 (Haltestelle Marco-Polo-Terrassen) zum Rathaus und von da mit der U3 oder aber mit der U4 (Haltestelle Überseequartier) bis Jungfernstieg und von da mit der S1 bzw. S3.

Bei Dunkelheit werden die Häuser der Speicherstadt prachtvoll illuminiert

Landungsbrücken bis Altonaer Balkon (2 Std.)

Der Spaziergang entlang der Elbe nach Westen führt von den Landungsbrücken über den Fischmarkt – am Sonntagmorgen eine Attraktion für Nachtschwärmer und Besucher – bis nach Altona mit dem Altonaer Balkon. Von einigen Punkten bieten sich mit die schönsten Panoramen, die man in Hamburg finden kann. Darüber hinaus können Sie die jüngsten baulichen Veränderungen am Elbufer entdecken. Hier zeigt sich – neben der Anlage der HafenCity weiter östlich – am eindrucksvollsten die architektonische Entwicklung der Hansestadt.

④ Fischauktionshalle

⑤ Stadtlagerhaus – Speicherhaus mit modernem Glaskubus

Von den Landungsbrücken zur Köhlbrandtreppe

Von der S-/U-Bahn-Station Landungsbrücken gehen Sie nach Westen – vorbei am markanten Kuppelgebäude der Abfertigungshalle der Landungsbrücken ① und dem Eingang zum Alten Elbtunnel ②, durch den man auch zu Fuß oder mit dem Fahrrad das südliche Flussufer erreichen kann. Dann folgen Sie der Hafenstraße bis zum St. Pauli Fischmarkt ③. Hier geht es am Sonntagvormittag hoch her. Die hier nach Norden verlaufende Straße Pepermölenbek markierte früher die Grenze zwischen Altona und Hamburg. Auf der Großen Elbstraße steht linker Hand die architektonisch interessante, 1896 erbaute Fischauktionshalle ④. Vor der Halle liegt das Museumsschiff *U-434* vor Anker.

Die Große Elbstraße erfährt seit einiger Zeit eine Veränderung – ganz im Sinne der Stadtväter, die den Ausbau der Straße zu einer Flaniermeile mit maritimem Flair planen. Hierzu werden alte Industriebauten und Speichergebäude ihrer neuen Nutzung als exklusive Wohngebäude, Einkaufshallen oder Firmensitze entsprechend modern erweitert oder komplett umgebaut. Die Umgestaltung der Kaianlagen des alten Holzhafens beginnt im Stadtlagerhaus (Nr. 27, ⑤), einem Speichergebäude, dem zwischen 1998 und 2001 ein mehrgeschossiger Glaskubus aufgesetzt wurde. Diese auch von der internationalen Fachwelt gerühmte Konstruktion zählt zu den architektonischen Perlen am Ufer der Elbe. Der Umstrukturierung der Großen Elbstraße entspricht auch das stilwerk ⑥, ein sieben Stockwerke hohes Einkaufszentrum für Wohndesign und Lifestyle, das 1996 in einem Backsteinbau von 1910 eröffnet wurde. Im Foyer des stilwerk finden gelegentlich Ausstellungen

Legende

- ••• Routenempfehlung
- ☀ Aussichtspunkt
- U U-Bahn-Station
- S S-Bahn-Station

Die einst umkämpfte Hafenstraße im Stadtteil St. Pauli

LANDUNGSBRÜCKEN BIS ALTONAER BALKON | 149

statt, bei denen man sich ein Bild von den allerneuesten Einrichtungstrends machen kann. Wenige Hundert Meter weiter lohnt sich ein Blick nach rechts zur 1887 im Stil der Neogotik angelegten Köhlbrandtreppe ⑦ mit dem kleinen Brunnen. Hier befindet sich die traditionsreiche und viel besungene Haifischbar ⑧ *(siehe S. 190)*, zu deren urigem Inventar noch immer Buddelflaschen, verstaubte Schiffsmodelle und alte Fotos von Größen der Hamburger Unterhaltung (u. a. Hans Albers, Heidi Kabel und Freddy Quinn) zählen. In den letzten Jahren erhielt sie Konkurrenz von modernen Lokalen, die in der Nähe eröffneten.

③ **Brunnenfigur am Fischmarkt**

Ansehen Hamburgs als international renommierter Hafen für Kreuzfahrtschiffe erheblich. Westlich davon ist das schiffsbugartige Dockland ⑩, ein in Form eines Parallelogramms gestaltetes Bürohaus mit frei schwebendem Bug. Terminal und Dockland sind wesentliche Bestandteile der »Perlenkette«, wie die ständig erweiterte Reihe moderner Gebäude am Ufer von den Stadtplanern auch genannt wird. Gehen Sie nun die rechts abzweigende Straße Elbberg hinauf. Oben erreichen Sie den Altonaer Balkon ⑪, eine knapp 30 Meter über der Großen Elbstraße gelegene Aussichtsterrasse, die den wohl eindrucksvollsten Blick über weite Teile des Hafengeländes

⑧ **Entspannen vor der Haifischbar**

Westen bis nach Blankenese spazieren oder radeln kann.

Zurück zum Ausgangspunkt des Spaziergangs am Elbufer kommen Sie mit der S-Bahn (Linie 1, 3, 11 oder 31) vom Bahnhof Altona aus. Um ihn zu erreichen, wenden Sie sich nach Norden, überqueren die Klopstockstraße, passieren das Rathaus Altona, dann den Platz der Republik und gehen geradeaus zum Bahnhof.

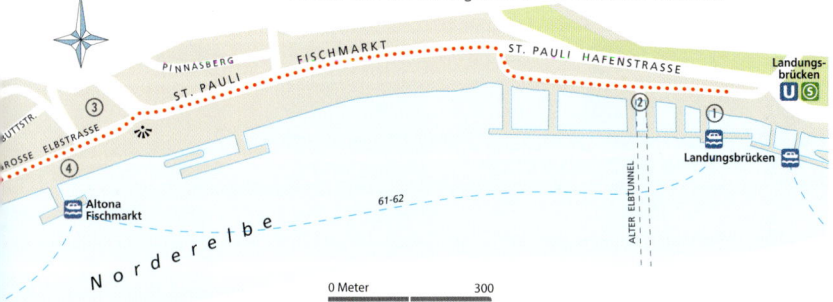

Von der Köhlbrandtreppe zum Altonaer Balkon

Ein Stück am Elbufer entlang gelangen Sie zum 2011 fertiggestellten Kreuzfahrtterminal Altona ⑨, an dem gelegentlich ein Luxusliner anlegt. Diese Anlage dient der Entlastung des Kreuzfahrtterminals in der HafenCity und erweitert das

und die Köhlbrandbrücke gewährt – genießen Sie die Aussicht ein wenig. An dieser Grünanlage mit dem schier atemberaubenden Panorama beginnt der Elbuferweg, auf dem man ohne störenden Autoverkehr immer am Wasser entlang zum Museumshafen Övelgönne und weiter gen

Routeninfos

Start: S-und U-Bahn-Station Landungsbrücken.
Länge: 3 Kilometer.
Dauer: 2 Stunden.
Anfahrt: S-Bahn 1 oder 3, U-Bahn 3.
Rasten: Entlang der gesamten Strecke gibt es ein großes Angebot an Restaurants, einige von ihnen liegen direkt am Ufer der Elbe und verfügen über Terrassen mit wunderbarer Aussicht. Zu den renommiertesten Lokalen gehören Rive (Van-der-Smissen-Straße 1), Henssler & Henssler (Große Elbstraße 160) und Au Quai (Große Elbstraße 145 b–d); bodenständig-hanseatische Küche gibt es in der Haifischbar (Große Elbstraße 128).

⑩ **Das schiffsbugartige Bürohaus Dockland**

Pavillon an der Strandpromenade von Borkum *(siehe S. 160)* ▶

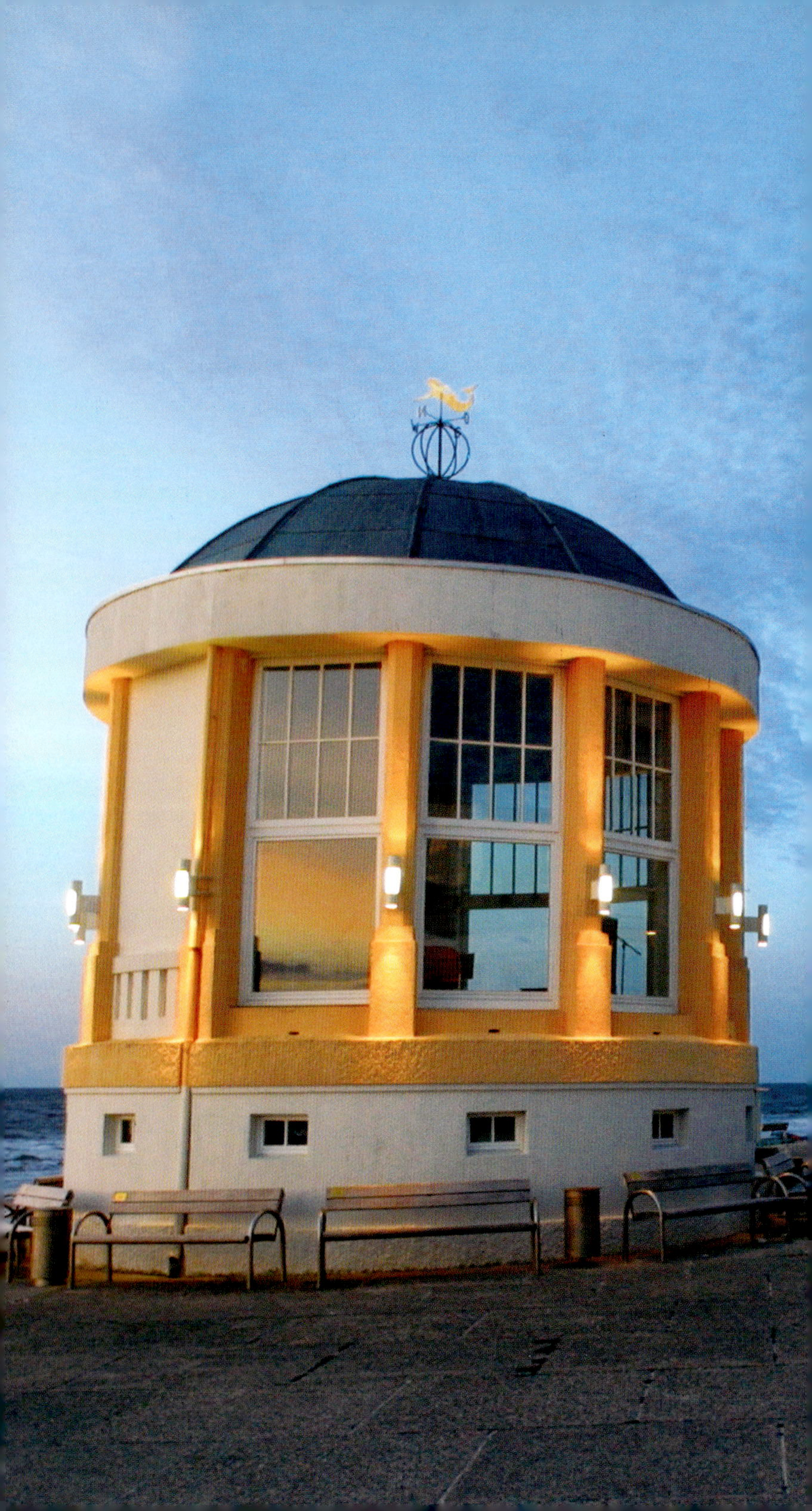

AUSFLÜGE

Sylt	156–157
Nordfriesische Inseln	158
Helgoland	159
Ostfriesische Inseln	160–161
Nord-Ostsee-Kanal	161
Bremen	162–167
Museumsdorf Cloppenburg	168–169

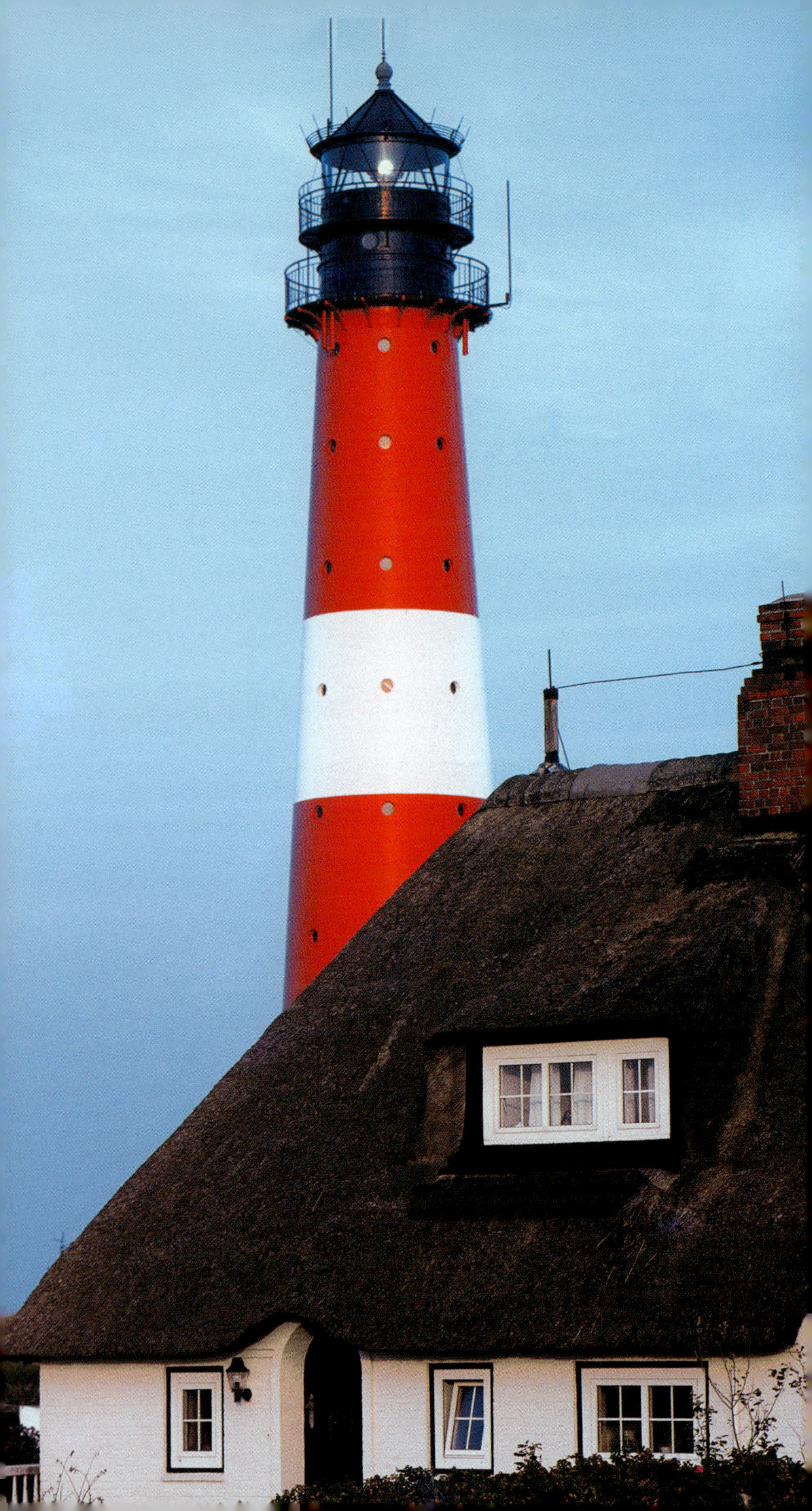

Ausflüge

Steht Ihnen nach einem intensiven Besichtigungsprogramm vielleicht der Sinn nach ein wenig Erholung von der Stadt? Lohnenswerte Alternativen gibt es in großer Zahl: Die Freie und Hansestadt Hamburg wird von Niedersachsen und Schleswig-Holstein begrenzt. Beide Bundesländer bieten – genauso wie der Stadtstaat Bremen – eine ganze Menge Attraktionen für ein- oder mehrtägige Ausflüge. Zu den faszinierendsten Zielen in der Umgebung gehören zweifellos die Nordfriesischen und die Ostfriesischen Inseln.

Naturliebhaber, Wassersportler und Ruhesuchende lockt die Nordseeküste an. Vor der Küste erstrecken sich die ausgedehnten, ökologisch wertvollen Nationalparks Niedersächsisches Wattenmeer und Schleswig-Holsteinisches Wattenmeer als Teil des Wattenmeers, das seit 2009 UNESCO-Welterbestätte ist. Die vorgelagerten Inseln werden von Sandstränden und Dünenlandschaften geprägt. Wassersportler finden in diesem Gebiet ideale Bedingungen vor, an warmen Sommertagen scheinen sich die Strandkörbe bis an den Horizont zu reihen. Einige Inseln sind für den Autoverkehr gesperrt – zu Fuß, mit dem Fahrrad oder mit der Pferdekutsche kann man hier Natur pur genießen.

Einen besonderen Reiz erhält das Land am Meer durch den Wechsel der Gezeiten. Wattwanderungen, die man am besten unter fachkundiger Leitung unternimmt, gehören zu den beliebtesten Aktivitäten. Bei den Führungen erfährt man jede Menge Wissenswertes über die Dynamik des Lebensraums Watt.

Wer es lebhafter mag, kann sich auf der »Party- und Promi-Insel« Sylt ins ausgedehnte Nachtleben stürzen, sich tagsüber wunderbar davon erholen und die Zwischenzeiten für exklusives Shopping nutzen.

Die Altstadt der mit Hamburg konkurrierenden Hansestadt Bremen ist mit ihren herausragenden Beispielen der Weserrenaissance architektonisch spannend. Bremens Rathaus und die Roland-Statue im Zentrum wurden von der UNESCO 2004 zum Welterbe erklärt. Alternativ kann man im Museumsdorf Cloppenburg die Vielfalt der bäuerlichen Lebenskultur kennenlernen. Große Schiffe ziehen auf dem Nord-Ostsee-Kanal fast hautnah an einem vorüber.

Ostfriesische Inseln: Dünenlandschaft unter weitem Himmel

◀ Leuchtturm und reetgedecktes Haus auf Sylt *(siehe S. 156f)*

Überblick: Ausflüge

Hamburg bietet sich als Ausgangspunkt für Ausflüge in die weitere Umgebung an, etwa zu den Nordsee-Inseln oder nach Bremen. Nord- und Ostfriesische Inseln bilden zu Hamburg ein attraktives Kontrastprogramm. Neben Watt, Strand und Wassersport locken auf den Inseln auch vielfältige Kur- und Wellness-Einrichtungen – genau das Richtige zum Entspannen. Das Stadtzentrum von Bremen ist wegen seiner Renaissance-Bauwerke interessant, der Weserhafen Bremerhaven hat einen völlig anderen Charakter als der Hamburger Hafen. Das Museumsdorf Cloppenburg dokumentiert das entbehrungsreiche bäuerliche Leben früherer Zeiten.

Die Bremer Stadtmusikanten – Symbol der Hansestadt

Sonnenuntergang im Hamburgischen Wattenmeer

Sehenswürdigkeiten auf einen Blick

1. Sylt
2. Nordfriesische Inseln
   - Amrum
   - Föhr
   - Halligen
   - Nordstrand
   - Pellworm
3. Helgoland
4. Ostfriesische Inseln
   - Baltrum
   - Borkum
   - Juist
   - Langeoog
   - Norderney
   - Spiekeroog
   - Wangerooge
5. Nord-Ostsee-Kanal
6. Bremen
7. Museumsdorf Cloppenburg

Zeichenerklärung *siehe hintere Umschlagklappe*

Der Nordstrand von Borkum

AUSFLÜGE | 155

Nach Sylt verkehrt ein Autozug ab Niebüll

Die Lange Anna ist das Wahrzeichen Helgolands

Legende
- Autobahn
- Bundesstraße
- Nebenstraße
- Eisenbahn (Hauptstrecke)
- Fährverbindung
- Bundeslandgrenze
- Staatsgrenze
- Nationalpark

An der Nordseeküste unterwegs

Am einfachsten erkundet man die Umgebung von Hamburg mit dem Auto. Die Autobahn A1 führt nach Bremen. Zu den Ostfriesischen Inseln kommt man über Bremen und Oldenburg, zu den Nordfriesischen am besten über die A23 und ab dem Autobahnende über gut ausgebaute Landstraßen. Von der Küste legen Fähren zu den einzelnen Inseln ab. Nach Kiel, dem östlichen Endpunkt des Nord-Ostsee-Kanals, führt die A7. Es bestehen auch regelmäßige Zugverbindungen. Viele Nordsee-Inseln sind autofrei.

❶ Sylt

Sylt ist mit einer Fläche von 99 Quadratkilometern die größte Nordfriesische Insel. Seit 1927 ist sie über den Hindenburgdamm, der ausschließlich dem Eisenbahnverkehr dient, mit dem Festland verbunden. Berühmt sind die feinen Sandstrände von Sylt, an schönen Sommertagen stehen hier Tausende von Strandkörben. In der Inselmetropole Westerland ist das ganze Jahr über viel geboten: Schlemmen und Shoppen, Wellness und Nachtleben, Strandsauna und Vernissage, Beach Party und Silvester-Gala. In Westerland gilt ganz besonders: sehen und gesehen werden. Auch die anderen Inselorte haben ihren Charme, und für Wassersportler ist Sylt ein Paradies.

★ **Dünenlandschaft**
Lang gestreckte Dünen prägen das Landschaftsbild. Einige der »Sandhügel« sind bewachsen, zum Teil gedeihen hier auch geschützte Pflanzen.

★ **Rotes Kliff**
Der 30 Meter hohe Steilabfall zwischen Wenningstedt und Kampen hat seine rote Farbe von der Oxidation von Eisenpartikeln. Das Kliff ist Erkennungsmerkmal der Insel und für Segler Orientierungshilfe.

★ **Westerland**
Stadtambiente umrahmt von traumhafter Natur – Westerland ist Herz und Seele von Sylt. Beim Urlaub hier kombiniert man Partynächte mit Entspannung im Syltness-Center.

Sandstrände
Ein typisches Bild: Strandkörbe so weit das Auge reicht.

SYLT | 157

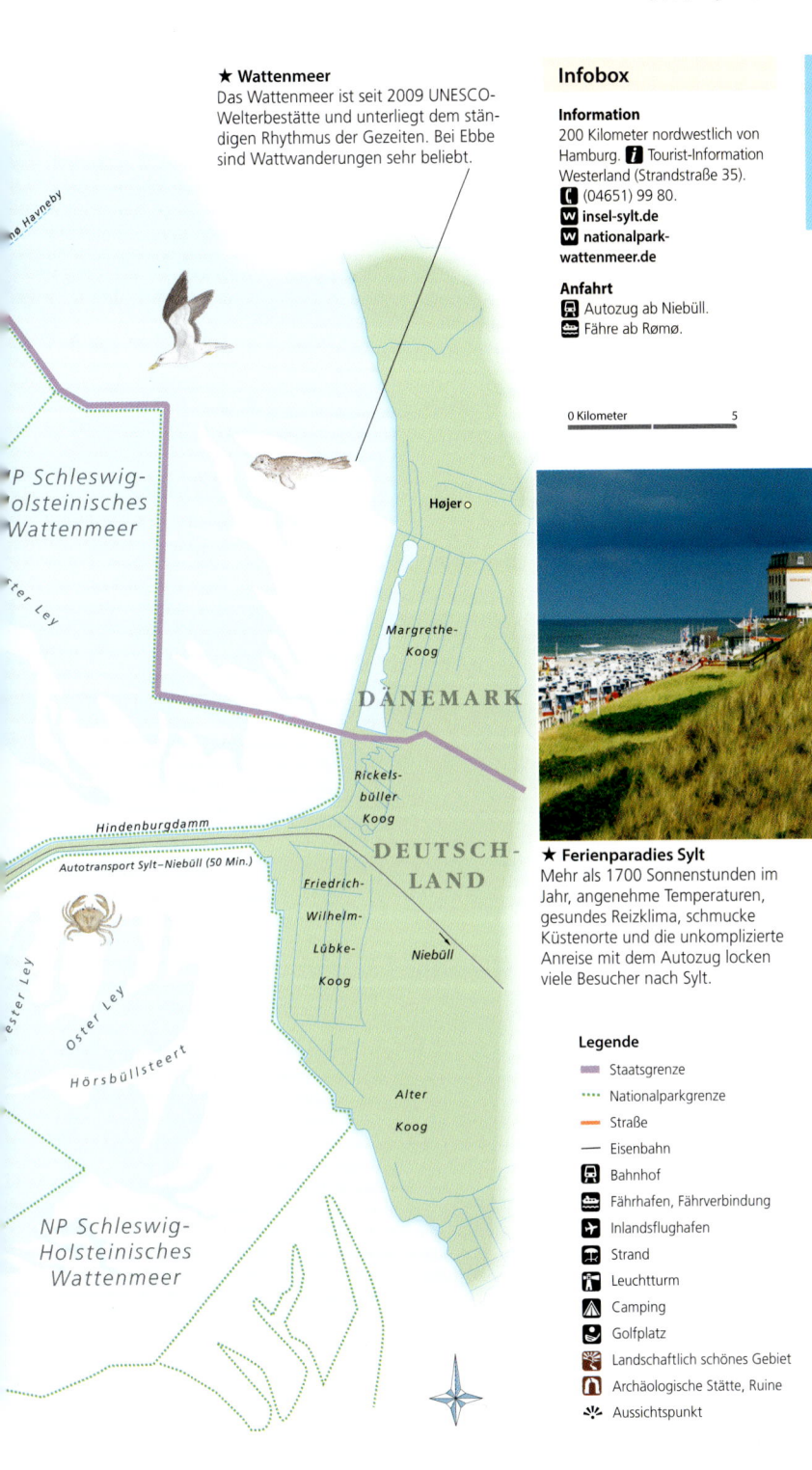

★ **Wattenmeer**
Das Wattenmeer ist seit 2009 UNESCO-Welterbestätte und unterliegt dem ständigen Rhythmus der Gezeiten. Bei Ebbe sind Wattwanderungen sehr beliebt.

Infobox

Information
200 Kilometer nordwestlich von Hamburg. 🛈 Tourist-Information Westerland (Strandstraße 35).
📞 (04651) 99 80.
🌐 insel-sylt.de
🌐 nationalpark-wattenmeer.de

Anfahrt
🚉 Autozug ab Niebüll.
⛴ Fähre ab Rømø.

0 Kilometer   5

★ **Ferienparadies Sylt**
Mehr als 1700 Sonnenstunden im Jahr, angenehme Temperaturen, gesundes Reizklima, schmucke Küstenorte und die unkomplizierte Anreise mit dem Autozug locken viele Besucher nach Sylt.

Legende

- ▬ Staatsgrenze
- ⋯ Nationalparkgrenze
- ▬ Straße
- — Eisenbahn
- 🚉 Bahnhof
- ⛴ Fährhafen, Fährverbindung
- ✈ Inlandsflughafen
- 🏖 Strand
- 🗼 Leuchtturm
- ⛺ Camping
- ⛳ Golfplatz
- 🌄 Landschaftlich schönes Gebiet
- 🏛 Archäologische Stätte, Ruine
- ☀ Aussichtspunkt

Regionalkarte *siehe Seiten 154 f*

❷ Nordfriesische Inseln

Die Inselgruppe erstreckt sich vor der Westküste Schleswig-Holsteins. Zwischen den größeren Inseln Föhr, Amrum, Pellworm und Nordstrand liegen die Halligen. Sturmfluten hinterließen wiederholt ihre Spuren, so trennte 1634 eine Flut die Inseln Pellworm und Nordstrand voneinander. Zu den meistbesuchten Badeorten der Nordfriesischen Inseln gehören Westerland und Kampen auf Sylt *(siehe S. 156f)* sowie Wyk auf Föhr. Die Inseln sind vom Nationalpark Schleswig-Holsteinisches Wattenmeer umgeben, selbst aber nicht Teil des Schutzgebiets.

Die Sanddünen sind Teil des Naturschutzgebiets im Norden von Sylt, der größten Nordfriesischen Insel

Föhr

160 km nordwestlich von Hamburg. 8300. von Dagebüll. foehr.de

Größter Ort auf der 82 Quadratkilometer großen Insel ist das Seebad Wyk im Südosten. Bekannt ist es vor allem für seinen ganzjährigen Kurbetrieb. Eine besondere Attraktion auf Föhr ist das Meerwasserwellenbad AQUAFÖHR (www.aquafoehr.de). Als Kontrastprogramm dazu lohnt sich ein Besuch der bronzezeitlichen Grabhügel im Südwesten von Föhr. Von keinem Punkt der Insel sind es mehr als 15 Gehminuten zum nächsten Strand. Jedes Jahr am 21. Februar ist »Biikebrennen« angesagt: Bei dem Ritual, das auch auf anderen Nordsee-Inseln zelebriert wird, verbrennen die Inselbewohner Holzstapel, um den Winter zu vertreiben.

Robben sieht man auf den Sandbänken im Watt

Amrum

150 km nordwestlich von Hamburg. 2200. von Dagebüll. amrum.de

Die höchsten Dünen Amrums ragen bis 32 Meter auf, Wanderdünen stoßen in der Inselmitte auf Wald- und Heideflächen. Im Hafen des Hauptorts Wittdün tummeln sich Fähren und Fischkutter. Gräber aus der Wikingerzeit sind ein Ausflugsziel, Ornithologen schätzen die reiche Vogelwelt. Früher lebte man auf der 20 Quadratkilometer großen Insel vom Walfang, seit dem 19. Jahrhundert vor allem vom Fremdenverkehr.

Pellworm

140 km nordwestlich von Hamburg. 1200. von Strucklahnungshörn auf Nordstrand. pellworm.de

Ein großer Teil von Pellworm (36 km²) liegt unter dem Meeresspiegel. Ein acht Meter hoher, 28 Kilometer langer Deich schützt vor Überflutung. Es gibt keine Sandstrände, Baden ist jedoch möglich. Wahrzeichen ist die teils nur noch als Ruine erhaltene Alte Kirche St. Salvator (12. Jh.) im Westen, auf deren Orgel (1711) noch heute Konzerte gespielt werden.

Nordstrand

120 km nordwestlich von Hamburg. 2300. nordstrand.de

Im Unterschied zu den anderen Nordfriesischen Inseln ist Nordstrand (50 km²) mit dem Festland verbunden – seit 1987 über den Beltringharder Koog. Viele Besucher kommen zu den Nordfriesischen Lammtagen zwischen Mai und Juli, bei denen man einen Einblick in die Schafhaltung bekommt. Mit Ausstellungen, Musik und Märkten ist dann für Unterhaltung gesorgt. Auch der Rosengarten am Osterdeich lohnt einen Besuch.

Halligen

300. halligen.de

Die zehn Marschinseln rings um Pellworm haben insgesamt 23 Quadratkilometer und sind teils Reste größerer Inseln, die von Sturmfluten abgetrennt wurden. Einige Halligen sind nicht durch Deiche geschützt und werden bei Sturmfluten immer wieder überschwemmt. Auf den bewohnten Halligen befinden sich die Gebäude auf künstlich aufgeschütteten Hügeln (Warften). Wattführungen, Salzwiesenerkundungen und vogelkundliche Exkursionen sind beliebte Aktivitäten. Besonders schön ist es hier im Spätsommer, wenn der Halligflieder die Inseln in ein violettes Blütenmeer verwandelt.

❸ Helgoland

Deutschland tauschte Helgoland, das vorher im Besitz Englands war, 1890 gegen die ostafrikanische Insel Sansibar. Durch ihre Lage rund 70 Kilometer vom Festland entfernt war die Nordsee-Insel von großer strategischer Bedeutung. 1945 zerstörten britische Bomben den Ort, 1952 wurde die Insel aus englischer Besatzung an Deutschland zurückgegeben. Die Hauptinsel hat eine Größe von etwa einem Quadratkilometer, die benachbarte Badedüne ist 0,7 Quadratkilometer groß.

Infobox

Information
Ca. 70 km vom Festland entfernt.
1400. Lung Wai 28 (04725 80 88 08). helgoland.de

Anfahrt
von Hamburg, Bremerhaven, Cuxhaven, Wilhelmshaven.
von Büsum, Bremerhaven, Cuxhaven.

① Hafen
Der flache Teil der Insel heißt Unterland. Der nach dem Krieg wieder aufgebaute Ort besitzt einen Hafen. Hier findet man auch die malerischen denkmalgeschützten Hummerbuden, die typisch für Helgoland sind.

③ Lange Anna
Der 48 Meter hohe Felsenturm, das Wahrzeichen Helgolands, besteht aus rotem Sandstein.

② Oberland
Auf dem oberen Teil der Insel Helgoland befindet sich die 1959 erbaute Nikolaikirche. In der Nähe des Gotteshauses findet man Gräber aus dem 17. Jahrhundert.

Legende
— Routenempfehlung

Routeninfos
Start: Hafen.
Länge: 1,7 Kilometer.
Rasten: Restaurants und Cafés auf der ganzen Insel.
Tipp: Am Lummenfelsen kann man Vögel beobachten.

Regionalkarte *siehe Seiten 154 f*

❹ Ostfriesische Inseln

Die Inseln Borkum, Juist, Norderney, Baltrum, Langeoog, Spiekeroog und Wangerooge (von Westen nach Osten) bilden eine Inselkette vor der Küste Niedersachsens. Die Westseiten der Ostfriesischen Inseln werden durch die vorherrschenden Westwinde allmählich erodiert, Schutzbauten verhindern zu starke Abtragungen. Die Ostfriesischen Inseln und das angrenzende Watt gehören zum Nationalpark Niedersächsisches Wattenmeer. Bis auf Borkum und Norderney sind die Inseln autofrei.

Borkum

220 km westlich von Hamburg. 5200. von Emden. borkum.de

Die westlichste Ostfriesische Insel ist mit 31 Quadratkilometern auch die größte der Kette. Als Nordseeheilbad verfügt der Ort Borkum über viele Kureinrichtungen. Bekannte Bauwerke sind u. a. Alter Leuchtturm (1576) und Neuer Leuchtturm (1879). Ein großer Spaß für die ganze Familie ist das Wellness- und Erlebnisbad Gezeitenland (www.gezeitenland.de). Es bietet u. a. eine Panoramasauna mit Blick auf die Nordsee. Alljährlich im Juni ist die Insel Schauplatz der Borkumer Jazztage.

Juist

210 km westlich von Hamburg. 1600. von Norddeich. juist.de

Den Charme der 16,4 Quadratkilometer großen, lang gestreckten Insel Juist mit ihren 17 Kilometern Sandstrand beschreibt der Tourismusverband mit dem Wort »Töwerland« (Zauberland). Die Insel umfasst mehrere Vogelschutzgebiete und mit dem Hammersee den größten Süßwassersee der Ostfriesischen Inseln. 2008 wurde die Seebrücke Juist (334 m) eingeweiht, auf der man bis zur Hafeneinfahrt spazieren kann. Jedes Jahr im Mai findet das traditionsreiche Juister Musikfestival mit Bands aus ganz Europa statt.

Norderney

190 km westlich von Hamburg. 6000. von Norddeich. norderney.de

Sandstrände mit einer Gesamtlänge von mehr als 14 Kilometern bieten Erholung pur. Das Netz an Wanderwegen auf Norderney ist etwa 80 Kilometer lang. Auch das 1894 eröffnete Kurtheater und die Sternwarte sind beliebte Attraktionen der 26 Quadratkilometer großen Insel. 1797 wurde Norderney das erste Nordseeheilbad in Deutschland. Das Bademuseum widmet sich der Geschichte der Badekultur auf der Insel.

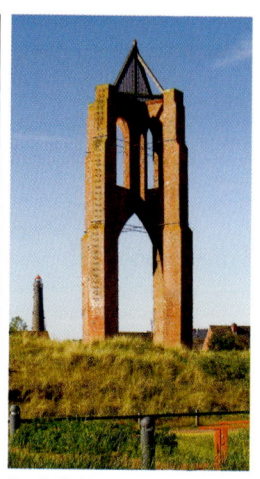

Das Große Kaap (1872) auf Borkum, ein historisches Seezeichen

Baltrum

190 km westlich von Hamburg. 600. von Neßmersiel. baltrum.de

Vielfältige Wellness-Angebote und geradezu märchenhaftes Badevergnügen im SindBad machen Baltrum bei Besuchern, die Erholung suchen, beliebt. Die Insel ist mit etwa 6,5 Quadratkilometern so klein, dass man alle Ziele bequem zu Fuß erreicht.

Langeoog

170 km westlich von Hamburg. 1800. von Bensersiel. langeoog.de

Sandstrände und Dünen prägen die 20 Quadratkilometer große Insel. Gäste des Kur- und Wellness-Centers erhalten

Autofähre über den Nord-Ostsee-Kanal bei Brunsbüttel

Behandlungen jeder Art. Auf der Insel kann man sich die Seenot-Beobachtungsstation, das Schifffahrtsmuseum, das Heimatmuseum und den Wasserturm ansehen. Lale Andersen (»Lili Marleen«) wurde auf dem Dünenfriedhof bestattet.

Spiekeroog

160 km westlich von Hamburg.
🚗 800. ⛴ von Neuharlingersiel.
🌐 spiekeroog.de

Untypisch für eine Nordsee-Insel sind die vergleichsweise großen Baumbestände, denen Spiekeroog (18 km²) auch seinen Beinamen »Grüne Insel« verdankt. Die ersten Wälder wurden Mitte des 19. Jahrhunderts angelegt. Die Inselkirche (1696) ist das älteste Gotteshaus auf den Ostfriesischen Inseln, das Spiekerooger Muschelmuseum präsentiert eine Sammlung von mehr als 4000 Muscheln. Eine schöne Abwechslung ist eine Fahrt mit der von Mitte April bis Mitte Oktober fahrenden Museumspferdebahn. Lust auf eine Partie Bosseln? Das Wurfspiel ist auf den Ostfriesischen Inseln sehr beliebt.

Wangerooge

150 km westlich von Hamburg.
🚗 1300. ⛴ von Harlesiel.
🌐 wangerooge.de

Mit der nur fünf Quadratkilometer großen Insel endet die Kette der Ostfriesischen Inseln im Osten. Seit 1884 ist Wangerooge anerkanntes Seeheilbad. Der Alte Leuchtturm (1856) beherbergt das Inselmuseum. Interessante Ausstellungen rund um das Thema Wattenmeer zeigt das ganzjährig dienstags bis sonntags geöffnete Nationalpark-Haus, dessen Besuch gratis ist.

❺ Nord-Ostsee-Kanal

Silbermöwe

Der in der internationalen Schifffahrt »Kiel Canal« genannte Nord-Ostsee-Kanal ist die meistbefahrene künstliche Seeschifffahrtsstraße der Welt. Ungefähr 30 000 Schiffe jährlich nutzen den Nord-Ostsee-Kanal zwischen Elbmündung und Kieler Förde als Abkürzung, um sich den ungefähr 320 Kilometer langen Umweg um Dänemark zu sparen. Die Endpunkte in Brunsbüttel an der Nordsee und in Kiel an der Ostsee liegen 98,637 Kilometer auseinander. An der Oberfläche hat der elf Meter tiefe Kanal eine Breite von bis zu 162 Metern, an der Sohle von maximal 90 Metern. Nach achtjähriger Bauzeit wurde der Kaiser-Wilhelm-Kanal am 21. Juni 1895 eröffnet. Die Umbenennung in Nord-Ostsee-Kanal erfolgte 1948. Der Kanal wird von acht Straßen und vier Eisenbahnlinien auf insgesamt zehn Brücken überquert. Zwischen Nord- und Südufer verkehren Fähren. An beiden Endpunkten werden gezeitenbedingte Unterschiede in den Wasserständen durch Schleusen ausgeglichen.

Vor allem für den Gütertransport ist der Kanal von großer Bedeutung

14 Fähren für Pkw überqueren den Nord-Ostsee-Kanal

0 Kilometer 50

Infobox

Information
ℹ Tourist-Information, Altstädter Markt 1–5, Rendsburg.
📞 (04331) 233 73. 🌐 tinok.de

Regionalkarte siehe Seiten 154 f

Bremen

Bremen bildet zusammen mit Bremerhaven einen eigenständigen Stadtstaat. Das Bild der Bremer Innenstadt wird geprägt von der »guten Stube« rund um den Roland, vom prachtvollen Dom und dem Rathaus. 787 wurde Bremen Bischofssitz, 965 erhielt es das Marktrecht, 1358 trat die Stadt der Hanse bei. 1827 wurde der »Bremer Haven« gegründet. Der Überseehandel mit Waren wie Tabak, Kaffee und Baumwolle begründete Bremens Wohlstand im 19. Jahrhundert. Heute besitzt Bremerhaven den größten Fischerei- und Autoverladehafen Europas.

Die Bremer Stadtmusikanten, Statue von Gerhard Marcks

Rathaus
Siehe S. 164 f.

Schütting
Marktplatz.
Gegenüber dem Rathaus steht das alte Gildehaus der Bremer Kaufmannschaft, heute Sitz der Handelskammer. Erbaut wurde es 1537–39 im Stil der Renaissancebauten Flanderns. Den Ostgiebel errichtete der Bremer Baumeister Carsten Husmann im Jahr 1565.

Pfarrkirche Unser Lieben Frauen
Unser-Lieben-Frauen-Kirchhof 27.
Mo–Sa 11–16, So 11.30–12.30 Uhr.
Die dreischiffige frühgotische Hallenkirche wurde ab 1229 erbaut. Der romanische nördlichen Turm stammt von einer Vorgängerkirche. Ende des 14. Jahrhunderts wurde der Chor erweitert und ein südliches Seitenschiff hinzugefügt, das man im 19. Jahrhundert abtrennte. In der Krypta sind Fresken (14. Jh.) zu sehen.

Giebelhäuser am Bremer Marktplatz, davor der Roland

Überblick: Bremen
Bremens Altstadt mit den meisten Sehenswürdigkeiten liegt auf der nordöstlichen Weserseite und ist umgeben von einem grünen Gürtel, den Wallanlagen. Vom Überseemuseum am Bahnhof gelangt man mit der Straßenbahn in zehn Minuten zum Marktplatz und in 15 Minuten zum Focke-Museum im Stadtteil Schwachhausen.

Marktplatz
Am historischen Bremer Marktplatz stehen Rathaus, Dom und Schütting, auf der Westseite Giebelhäuser. Das harmonische Gesamtbild wird nur durch das in den 1960er Jahren erbaute Haus der Bürgerschaft gestört. Vor dem Rathaus wurde der fast zehn Meter hohe **Roland** 1404 aus Sandstein errichtet. 2004 nahm die UNESCO das Bauwerk (mit dem Rathaus) in die Liste der Welterbestätten auf. Es ist die größte und älteste erhaltene Rolandsfigur. Als Symbol städtischer Freiheit ist der Blick der Figur auf den Dom gerichtet, den Sitz des Erzbischofs, der Bremens Eigenständigkeit immer wieder einzuschränken suchte. Rolands Schwert symbolisiert die unabhängige Gerichtsbarkeit, die Inschrift auf dem kaiserlichen Wappenschild bestätigt die durch den Kaiser verliehenen Stadtrechte. Auch die Bronzeplastik der **Bremer Stadtmusikanten** von 1953 steht am Marktplatz.

Die Renaissancefassade des Bremer Rathauses

BREMEN | 163

St.-Petri-Dom

Sandstraße 10–12. (0421) 36 50 40. Mo–Fr 10–17, Sa 10–14, So 14–17 Uhr (Juni–Sep: Mo–Fr, So bis 18 Uhr). **Turm** Apr–Okt: Mo–Fr 10–16.30, Sa 10–13.30, So 14–16.30 Uhr (Juni–Sep: Mo–Fr, So bis 17.30 Uhr). **Bleikeller** Apr–Okt: Mi–Fr 10–16.45, Sa 10–13.45, So 12–16.45 Uhr (Juni–Sep: Mo–Fr, So bis 17.45 Uhr). **Dom-Museum** Mo–Fr 10–16.45, Sa 10–13.30, So 14–16.45 Uhr.
stpetridom.de

Die Kirche mit den hohen Zwillingstürmen wurde vom 11. bis 16. Jahrhundert gebaut und in der Folgezeit mehrfach erweitert. Das Gebäude weist Elemente von Hochromanik bis Spätgotik auf. Ende des 19. Jahrhunderts wurde der Dom umfassend renoviert.

Der Schütting, das alte Gildehaus der Bremer Kaufleute

Sehenswert im Innenraum sind die ehemalige Chorschranke (1518) und jetzige Orgelbrüstung, Fragmente des zerstörten gotischen Chorgestühls und die Kanzel von 1638. Zudem hat der Dom mehrfarbige Grabplatten wie die für Segebade Clüver aus dem Jahr 1547. Die Ostkrypta weist fein verzierte Würfelkapitelle auf.

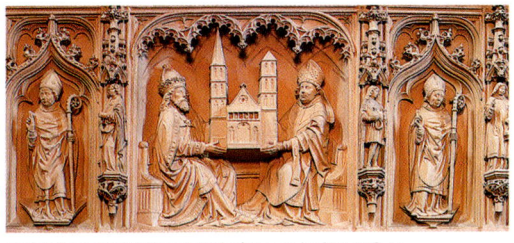

Basreliefs an der Brüstung der Orgelempore im Bremer Dom

Infobox

Information

560 000. Findorffstr. 105. (0421) 308 00 10. **Hafenrundfahrt** (1,5 Std.) Martinianleger, (0421) 33 89 89. Mai–Sep: tägl. 11.45, 13.30, 15.15 Uhr (Sa, So auch 16.45 Uhr); Apr, Okt: tägl. 11.45, 13.30, 15.15 Uhr (Sa, So auch 10.15, 16.45 Uhr).
Sa, So. Bremer Sambakarneval (Feb); Osterwiese (März/Apr); Bremer Freimarkt (Ende Okt/Anfang Nov).
bremen-tourismus.de

Anfahrt

100 km südwestl. von Hamburg. 5 km südwestlich.

In der Westkrypta sind die Steinskulptur *Thronender Christus* (um 1050) und ein Bronzetaufbecken (1220) zu bewundern, das von vier Löwenreitern getragen wird.

Im **Bleikeller** sind Mumien von sechs Menschen. Das 1987 eröffnete **Dom-Museum** dokumentiert die Baugeschichte des Doms und die Geschichte des Erzbistums. Es bewahrt Kostbarkeiten aus den Gräbern der Bremer Erzbischöfe.

Zentrum von Bremen

① Marktplatz
② Rathaus
③ Schütting
④ Pfarrkirche Unser Lieben Frau
⑤ St.-Petri-Dom
⑥ Böttcherstraße
⑦ Schnoorviertel
⑧ Kunsthalle
⑨ Überseemuseum

0 Meter 500

Zeichenerklärung
siehe hintere Umschlagklappe

Regionalkarte *siehe Seiten 154 f*

Bremer Rathaus

Das Rathaus, ein ursprünglich spätgotischer Backsteinbau (1405–10), ist mit mannshohen mittelalterlichen Sandsteinfiguren geschmückt, unter ihnen Karl der Große und die sieben Kurfürsten. 1608–12 wurde das Rathaus von Baumeister Lüder von Bentheim mit einer prächtigen Fassade im Stil der Weserrenaissance versehen. Auf dem Fries des Laubengangs sind allegorische Darstellungen der Menschheitsgeschichte zu sehen. Die UNESCO nahm das Rathaus und den Roland 2004 in die Liste der Welterbestätten auf.

Fassade
Im 17. Jahrhundert wurde die Fassade mit zahlreichen Figuren und Reliefs im Stil der Weserrenaissance ausgeschmückt und verziert.

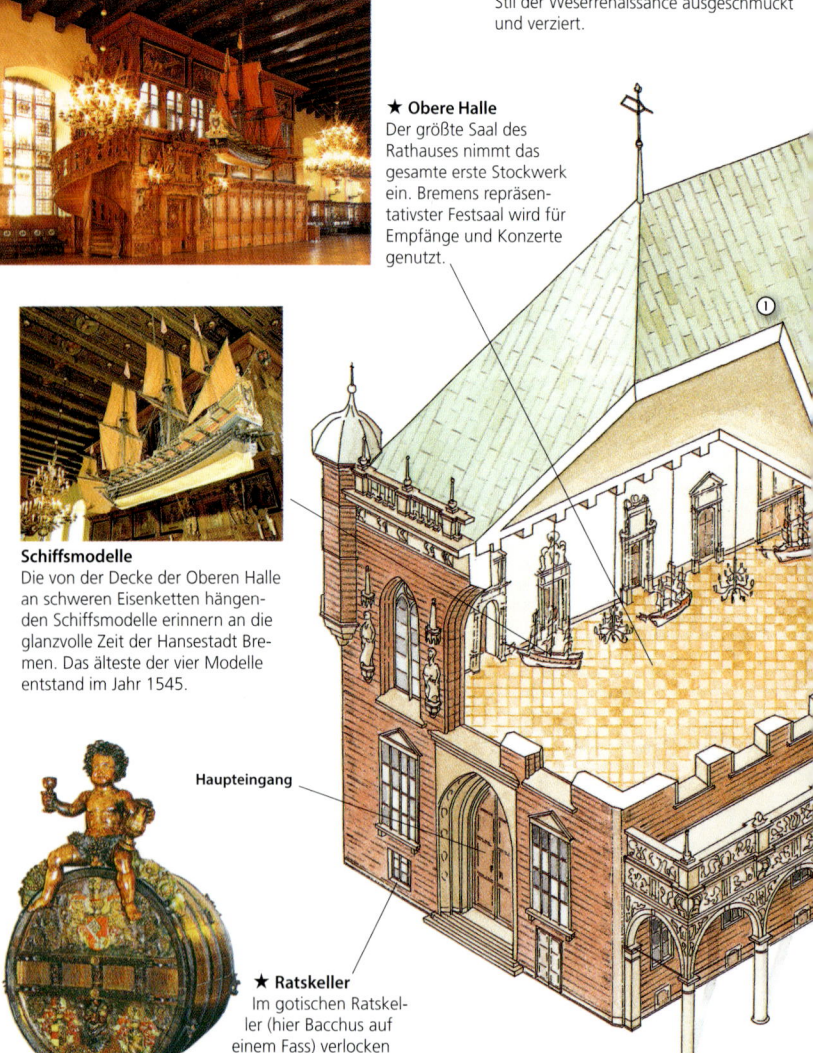

★ Obere Halle
Der größte Saal des Rathauses nimmt das gesamte erste Stockwerk ein. Bremens repräsentativster Festsaal wird für Empfänge und Konzerte genutzt.

Schiffsmodelle
Die von der Decke der Oberen Halle an schweren Eisenketten hängenden Schiffsmodelle erinnern an die glanzvolle Zeit der Hansestadt Bremen. Das älteste der vier Modelle entstand im Jahr 1545.

Haupteingang

★ Ratskeller
Im gotischen Ratskeller (hier Bacchus auf einem Fass) verlocken Hunderte von Weinen.

BREMER RATHAUS | 165

★ Ziergiebel
Der Baumeister des Rathausumbaus, Lüder von Bentheim, verschönte die Rathausfassade mit einem fünfstöckigen flandrischen Treppengiebel.

Infobox

Information
Am Markt 21. **Zentrumskarte** siehe S. 163. (0421) 361 61 32. Termine telefonisch erfragen. rathaus-bremen.de
Bremer Touristik-Zentrale
Findorffstr. 105. (0421) 308 00 10. bremen-tourismus.de

Anfahrt
2, 3, 4, 5, 6, 8. 24, 25.

Salomonisches Urteil
Das Wandgemälde (1532) in der Oberen Halle knüpft an ihre einstige Bestimmung als Sitzungssaal des Rates und des Gerichts an.

Arkaden
Über jeder Arkade sind Figuren, die Episoden der Stadtgeschichte oder staatliche Tugenden symbolisieren.

Jugendstilraum
Den unteren Raum der zweigeschossigen Güldenkammer gestaltete Heinrich Vogeler 1905 im Jugendstil neu. Die vergoldete Ledertapete wurde Anfang des 17. Jahrhunderts angebracht.

Außerdem

① **Das Dach** des Rathauses ist mit grünem Kupfer gedeckt.

② **Ein Mittelrisalit** mit Ziergiebel wurde dem Rathaus im 17. Jahrhundert hinzugefügt.

Böttcherstraße
Paula-Modersohn-Becker-Museum, Ludwig Roselius Museum, Sammlung Bernhard Hoetger Böttcherstraße 6–10. (0421) 338 82 22. Di–So 11–18 Uhr. 24. u. 31. Dez.
museen-boettcherstrasse.de

Die Straße wurde 1924–31 im Auftrag des Kaffee-Unternehmers Ludwig Roselius in eine Museums- und Ladengasse mit Expressionismus-Elementen umgestaltet. Unter den Nationalsozialisten galt die Architektur als entartete Kunst. Über dem Eingangstor des Gebäudes prangt das vergoldete Bronzerelief *Der Lichtbringer* (1920) von Bernhard Hoetger.

Das **Paula-Modersohn-Becker-Museum** und die **Sammlung Bernhard Hoetger** geben Einblick in das Schaffen der beiden expressionistischen Künstler. Das angegliederte **Ludwig Roselius Museum** präsentiert neben bürgerlicher Wohnkultur auch einige bedeutende Werke nordeuropäischer Kunst vom Mittelalter bis zum Barock.

Der Erzengel Michael im Kampf mit dem Drachen, Relief am Tor der Böttcherstraße

Schnoorviertel
Der Schnoor gehört zur ältesten urkundlich erwähnten Siedlung Bremens. Er war früher ein ärmliches Viertel, blieb als einziges geschlossen bebautes Gebiet von den Zerstörungen im Zweiten Weltkrieg weitgehend verschont und wurde ab 1958 renoviert. Heute bietet der Schnoor Restaurants, Kneipen und Galerien. Im Zentrum steht die gotische in Backstein ausgeführte **Johanniskirche** (14. Jh.). Die frühere Franziskanerkirche hat keinen Turm. Den Westgiebel zieren Schmuckelemente wie etwa Blendarkaden.

Kunsthalle Bremen
Am Wall 207. (0421) 32 90 80. Di 10–21, Mi–So 10–17 Uhr. 24. Dez.
kunsthalle-bremen.de

Das vom Kunstverein in Bremen getragene Museum präsentiert Malerei, Grafik und Plastik ab dem 14. Jahrhundert. Zum Bestand der überaus renommierten Kulturstätte gehören Werke von Dürer, Altdorfer, Rubens und Rembrandt. Sehenswert sind auch die französischen Künstler sowie die deutschen Maler des 19. und 20. Jahrhunderts wie Beckmann und Kirchner.

Camille Pissarro, *Liegendes Mädchen am Rasenhang*, Kunsthalle Bremen

Überseemuseum
Bahnhofsplatz 13. (0421) 16 03 80. Di–Fr 9–17, Sa, So 10–17 Uhr. Ostern, 1. Mai, Pfingsten, 3. u. 31. Okt, 24. u. 31. Dez.
uebersee-museum.de

Das Museum wurde schon 1896 als »Städtisches Museum für Natur-, Völker- und Handelskunde« eröffnet und 1951 umbenannt. Es entführt in ferne Kontinente und informiert über Kulturgeschichte, Ökologie und die aktuelle Situation der Länder und Völker. Im Zentrum stehen außereuropäische Nationen, es gibt aber auch eine Abteilung »Bremen – Hansestadt am Fluss«. In Lichthöfen wandelt man zwischen Palmen, Südseehäusern, Schiffen, Tempeln und einem japanischen Garten. Neben völkerkundlichen Objekten entdeckt man unzählige Pflanzen und ausgestopfte Tiere.

Focke-Museum
Schwachhauser Heerstraße 240. (0421) 699 60 00. Di 10–21, Mi–Sa 10–17, So 10–18 Uhr. 24. u. 31. Dez.
focke-museum.de

Im Bremer Landesmuseum für Kunst- und Kulturgeschichte werden Schausammlungen zur Stadtgeschichte und allgemeinen Kulturgeschichte gezeigt. Objekte aus Patrizierhäusern und Originalskulpturen der Rathausfassade zeugen vom Wohlstand der Hansestadt. Auch die Archäologie der Region und der Walfang werden anschaulich gemacht.

Im nahen **Rhododendron-Park** im Bürgerpark finden auf 46 Hektar mehr als 600 Arten von Rhododendren und Azaleen Platz und verwandeln das Areal von Ende April bis Anfang Juni in ein Blütenmeer.

Universum Science Center
Wiener Straße 1a. (0421) 334 60. Mo–Fr 9–18, Sa, So 10–18 Uhr.
universum-bremen.de

Die Wunder der Welt werden hier gezeigt. Die Fantasiereise durch die Kontinente Mensch, Erde und Kosmos beinhaltet u. a. Experimentierstationen und Rauminszenierungen.

Paula Modersohn-Becker (1876–1907)

Die Schülerin von Fritz Mackensen und Ehefrau von Otto Modersohn war die bedeutendste Künstlerpersönlichkeit Worpswedes. In Paris lernte sie den Impressionismus kennen. Ihre einfühlsamen, naturalistischen Bilder von armen und hungernden bäuerlichen Frauen und Kindern, aber auch Selbstporträts und Stillleben machten sie berühmt. Sie schuf auch Aquarelle und Druckgrafiken. Die Künstlerin starb mit 31 Jahren im Kindbett. An sie erinnert ein Grabstein von Bernhard Hoetger auf dem Dorffriedhof von Worpswede.

Blasendes Mädchen im Birkenwald (1905)

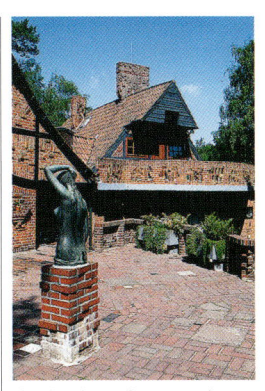

Plastik in der Großen Kunstschau in Worpswede bei Bremen

Umgebung: 50 Kilometer nördlich von Bremen liegt **Bremerhaven** mit dem Deutschen Schifffahrtsmuseum. Es wurde von Hans Scharoun entworfen und präsentiert die Schifffahrtsgeschichte von den Anfängen bis zur Gegenwart. Die Hansekogge (1380), ein 1962 aus der Weser geborgenes Handelsschiff aus Eichenholz, hat 2000 das Konservierungsbecken verlassen. Im Außenbereich kann man den Windjammer *Seute Deern*, das Polarexpeditionsschiff *Grönland* und die *Wilhelm Bauer*, ein U-Boot aus dem Zweiten Weltkrieg, besichtigen.

Das 2009 eröffnete Klimahaus Bremerhaven 8° Ost widmet sich den Themen Klima und Klimawandel. Besucher der Erlebniswelt lernen auf einer Reise entlang dem achten Längengrad unterschiedliche Klimazonen kennen. Viele interaktive Exponate regen zum Mitmachen an.

Worpswede, 28 Kilometer nordöstlich von Bremen, war von 1884 bis zum Zweiten Weltkrieg eine berühmte Künstlerkolonie am Rand des Teufelsmoors. Neben Dichtern wie Rainer Maria Rilke und Architekten wie Bernhard Hoetger wirkten hier Maler wie etwa Fritz Mackensen, Otto Modersohn, Hans am Ende, Fritz Overbeck, Heinrich Vogeler und Paula Modersohn-Becker. Werke der Gründungsmitglieder der Kolonie zeigen die Große Kunstschau Worpswede und die Worpsweder Kunsthalle.

Verden an der Aller, die Bischofsresidenz und einstige Freie Reichsstadt, ist bekannt als Zentrum der Pferdezucht und für das Deutsche Pferdemuseum. Im Zentrum stehen Andreaskirche (frühes 13. Jh.) mit einer Messinggrabplatte von Bischof Yso und Johanniskirche (12.–15. Jh.) mit gotischen Wand- und Deckengemälden. Der Dom (1290–1490) hat ein kupfernes Satteldach. Die dreischiffige gotische Hallenkirche hat den ältesten Hallenumgangschor Deutschlands. Turm, Kreuzgang und Ostteil sind romanischen Ursprungs. Im Domherrenhaus von 1708 zeigt das Historische Museum volkskundliche Sammlungen.

Deutsches Schifffahrtsmuseum
Bremerhaven, Hans-Scharoun-Platz 1. (0471) 48 20 70. tägl. 10–18 Uhr (Mitte Nov–Mitte März: Di–So). dsm.museum

Klimahaus Bremerhaven 8° Ost
Am Längengrad 8. (0471) 902 03 00. Apr–Aug: Mo–Fr 9–19, Sa, So 10–19 Uhr; Sep–März: tägl. 10–18 Uhr. klimahaus-bremerhaven.de

Große Kunstschau Worpswede
Lindenallee 5. (04792) 13 02. tägl. 10–18 Uhr (Nov–März: Di–So). worpswede-museen.de

Worpsweder Kunsthalle
Bergstraße 17. (04792) 12 77. tägl. 10–18 Uhr (Nov–März: Di–So). worpswede-museen.de

Deutsches Pferdemuseum
Verden, Holzmarkt 9. (04231) 80 71 40. Di–So 10–17 Uhr. dpm-verden.de

Historisches Museum – Domherrenhaus
Verden, Untere Str. 13. (04231) 21 69. Di–So 10–13, 15–17 Uhr. domherrenhaus.de

Der Dom in Verden an der Aller mit seinem hohen Satteldach

● Museumsdorf Cloppenburg

Auf dem 20 Hektar großen Areal des Freilichtmuseums wurden mehr als 50 Gebäude, die im nordwestlichen Niedersachsen zwischen dem 16. und dem 19. Jahrhundert gebaut wurden, wiedererrichtet. Sie dokumentieren die Entwicklung und Vielfalt der ländlichen Bauweise, die Wohnkultur und das für Niedersachsen typische Handwerk. Wesentliche Bautypen der Region sind das niederdeutsche Hallenhaus und das ostfriesische Gulfhaus, in dem Mensch und Vieh unter einem Dach wohnten. Thematische Sonderausstellungen erweitern und ergänzen das Angebot des Museumsdorfs.

★ **Kappenwindmühle**
Bei dem Mühlentyp (1764, aus Bokel bei Cappeln) muss nur der obere Kranz in den Wind gedreht werden.

★ **Erbwohnhaus Haake**
Das Hallenhaus Haake aus Cappeln von 1793 ist ein sogenanntes Vierständerhaus, bei dem vier Ständerreihen die Dachkonstruktion stützen.

Speicher-Remise
Diese Art Mehrzweckgebäude (vor 1792, aus Norddöllen) diente als Wagenschuppen und Werkstatt, sein Dachboden als Speicher.

Grundriss eines Gehöfts
Das Zentrum des Hauses bildete die Diele, eine Art überdachter Hof mit dem Hoftor und den Stalltüren. Der Wohnteil gruppierte sich rings um die Stube.

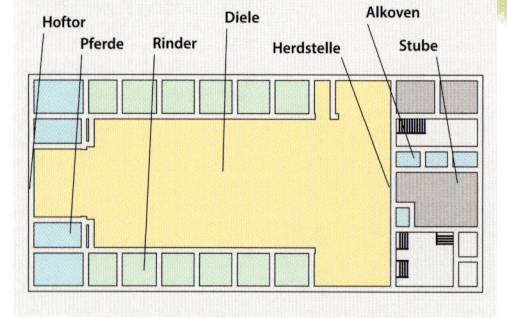

Hoftor · Diele · Alkoven
Pferde · Rinder · Herdstelle · Stube

Außerdem

① **Zehntscheune** aus dem südöstlich gelegenen Varenesch
② **Brauhaus** aus Visbek im Oldenburger Münsterland

★ Herdstelle
An der Wand zum Wohnteil des Hallenhauses befand sich eine offene Feuerstelle, die das gesamte Haus erwärmte und auch der Speisenzubereitung diente.

Infobox

Information
150 km südwestl. von Hamburg. (04471) 948 40. März–Okt: tägl. 9–18 Uhr; Nov–Feb: tägl. 9–16.30 Uhr. (04471) 948 40.
w museumsdorf.de

Alkoven
Neben der Stube befanden sich winzige Schlafkammern, die tagsüber abgeschlossen wurden.

★ Stube
Dieser Ort diente als Aufenthaltsraum im Winter sowie an Sonn- und Feiertagen als Ess- und Repräsentierzimmer. Er war mit den besten Möbeln ausgestattet.

Diele
Die Diele eines Hallenhauses war Hauptraum und Innenhof des Gebäudes zugleich. Von dort gelangte man in den Stallbereich, den Wohnteil und auf den Dachboden mit dem Speicher.

Schweinestall
Der kleine Schweinestall (18. Jh.) aus Klein Mimmelage hat an der Längsseite ein weit hervorstehendes Dach, das die Futtertröge, die unmittelbar an der Wand standen, vor Regen schützte.

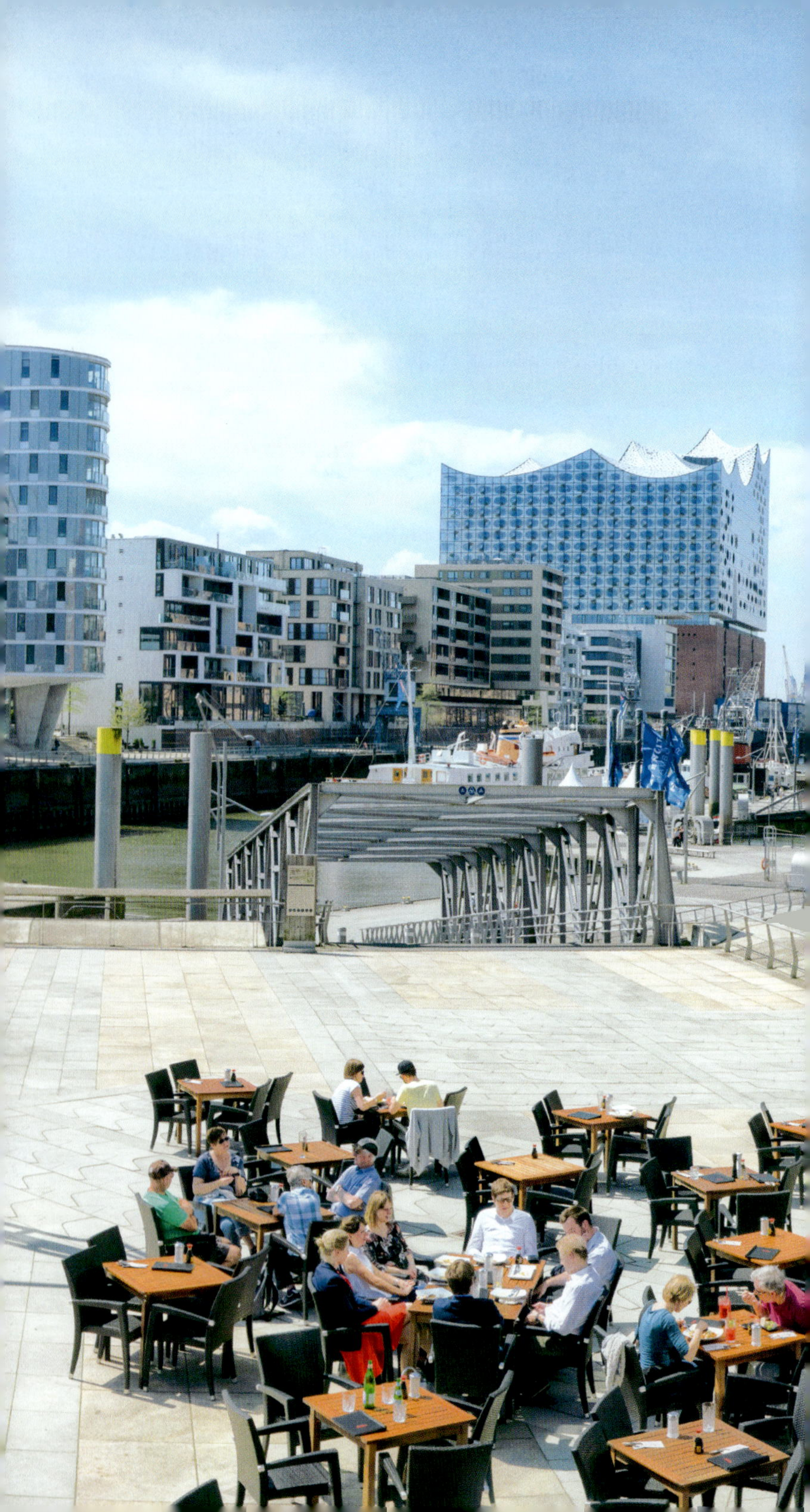

ZU GAST IN HAMBURG

Hotels	172–181
Restaurants	182–197
Shopping	198–201
Unterhaltung	202–213
Sport und Aktivurlaub	214–215
Hamburg mit Kindern	216–217

Hotels

Ob Sie einen Urlaub, eine Geschäftsreise oder nur einen Kurztrip planen – die Hansestadt ist zu allen Jahreszeiten eine Reise wert. Mit nicht weniger als 300 Hotels bietet Hamburg für jeden Geschmack und Geldbeutel die geeignete Unterkunft. Das Angebot reicht von Luxus bis Low Budget, vom perfekt ausgestatteten Fünf-Sterne-Hotel über avantgardistische Boutique-Hotels und Ableger von preisgünstigen Hotelketten bis hin zu klassischen Pensionen mit solidem Preis-Leistungs-Verhältnis. Einige Häuser bieten einen gut ausgestatteten Spa-Bereich, in dem sich Gäste nach einem aufregenden Tag nach Herzenslust verwöhnen lassen können. Auch wer das Ausgefallene sucht, wird in Hamburg bestens bedient: Was entspricht dem maritimen Flair der Stadt besser als eine Übernachtung auf einem Schiff? Die Hotelauswahl *(siehe S. 176 – 181)* präsentiert nach Stadtteilen und Preisklassen geordnete Unterkünfte unterschiedlicher Kategorien.

Eingang zum noblen Hotel Atlantic Kempinski (siehe S. 176)

Hotelsuche

Die meisten Sehenswürdigkeiten von Hamburg befinden sich in den zentralen Stadtvierteln und sind sehr gut zu Fuß oder mit öffentlichen Verkehrsmitteln zu erreichen. Wenn Sie vor allem Sehenswürdigkeiten besuchen wollen, dann sollten Sie ein Hotel in oder nahe der Innenstadt wählen. Für Geschäftsreisende kann hingegen die Nähe zum Flughafen oder zum Messegelände ein wesentliches Kriterium sein.

Einige der nobelsten Hotels von Hamburg befinden sich in den eleganten Stadtvierteln rund um Binnen- und Außenalster. Auch der ein paar Kilometer weiter westlich gelegene Stadtteil Blankenese wartet mit einigen exklusiven Hotels in ruhiger Umgebung auf. Wenn Sie ein entspanntes Ambiente in schöner Umgebung suchen, dann sind Sie hier gut aufgehoben.

In der Altstadt und in St. Pauli gibt es eine ganze Reihe von Unterkünften für preisbewusste Urlauber, denen ein gewisser Lärmpegel nicht allzu viel ausmacht. Besonders das Amüsierviertel St. Pauli scheint nie ganz zur Ruhe zu kommen. Unabhängig von der Preiskategorie – ein Hotelzimmer mit Blick auf den Hamburger Hafen ist natürlich immer eine gute Wahl.

Ausstattung

Hamburg verfügt in allen Preiskategorien über eine große Anzahl an Hotels. Fünf-Sterne-Hotels bieten jeden Komfort, den sich ein Reisender nur wünschen kann. Die Hotelzimmer in diesen Domizilen der Spitzenklasse sind großzügig geschnitten, mit edlem Mobiliar eingerichtet, in der Regel sehr hell und technisch auf dem allerhöchsten Niveau ausgestattet (u. a. mit Schallschutzfenstern, ausgeklügelter Badezimmertechnik sowie modernsten Kommunikationseinrichtungen). Neben erlesenen Gourmet-Restaurants mit perfektem Ambiente zählen zur Ausstattung der Luxushotels meist auch Fitness-Center und Wellnessbereiche mit Sauna, Dampfbad, Massagen und häufig auch ein Schwimmbad.

Eine Option für Gäste, die das Extravagante schätzen, sind Boutique- bzw. Design-Hotels. Dazu gehören auch einige kühn gestylte Hotels, die durch spezielle Form- und Farbgebung sowie raffinierte Lichtspiele bestechen. Schon beim Betreten eines derartigen Hotels taucht man in eine andere Welt ein. Interessanterweise entstanden einige dieser außergewöhnlichen Unterkünfte in Gebäuden, die eigentlich für eine andere Nutzung vorgesehen waren, etwa in einer alten Kohlenlagerhalle oder einem ehemaligen Edelbordell. Stil muss nicht teuer sein, einige Boutique- bzw. Design-Hotels rangieren im mittleren Preissegment.

Dies gilt ebenso für komfortable Hotels oder Pensionen, die in schönen historischen

Hotel Vier Jahreszeiten (siehe S. 176) – traumhafte Lage an der Binnenalster

◀ *Magellan-Terrassen (siehe S. 90) am inneren Ende des Sandtorhafens*

Lounge des HENRI Hotels *(siehe S. 176)* im Vintage-Stil

Gebäuden, etwa prachtvollen Jugendstilvillen, untergebracht sind. Viele dieser Unterkünfte verströmen hanseatisches Flair und familiäre Atmosphäre. Gäste fühlen sich hier schnell wie zu Hause. Auch in diesen Hotels (und Pensionen) muss sich ein bezauberndes Ambiente nicht unbedingt in sehr hohen Preisen niederschlagen.

Geschäftsreisende steigen gerne in Business-Hotels großer Hotelketten ab *(siehe unten)*.

Am unteren Ende der Preisspanne liegen einfache Zimmer, die in der Regel über Fernseher verfügen, aber zum Teil das Badezimmer auf dem Flur haben. Diese Unterkünfte werden häufig von Urlaubern gewählt, die ihr Zimmer »nur zum Schlafen« brauchen und bei der Übernachtung sparen wollen.

Hotelketten

Bei der Übernachtung in einem Hotel von Ketten wie etwa **Best Western**, **Dorint**, **Mercure** oder **Sofitel** können Sie sich auf ein hohes Maß an Komfort und Sauberkeit verlassen. Der Gast weiß hier immer, was ihn erwartet. Die meisten dieser Hotels sind speziell auf die Bedürfnisse von Geschäftsreisenden ausgerichtet und bieten Konferenzräume mit dem benötigten technischen Equipment. Oft lohnt es sich, die attraktiven Wochenendangebote der Hotelketten zu nutzen. Erkundigen Sie sich auch nach Bonusprogrammen, wenn Sie mit dem Flugzeug oder einem Mietwagen nach Hamburg anreisen. Einige Hotelketten pflegen Kooperationen mit Airlines oder Mietwagenfirmen, als Gast erhalten Sie dann unter Umständen Preisrabatte, Bonusmeilen oder andere Vergünstigungen.

Der Veranstalter **einfach Hamburg** listet eine Reihe von Hotels, die sich vor allem durch familiäres Ambiente auszeichnen. Sie gehören zu den schönsten kleineren (und unabhängigen) Hotels der Stadt und verstehen sich als Alternative zu den Niederlassungen internationaler Hotelketten.

Schiffhotels

Übernachten kann man auch dort, wo Hamburg mit Sicherheit am typischsten ist – im Hafen. Die Passagierkabinen des seit 1986 im Hamburger Hafen vor Anker liegenden Museumsschiffes *Cap San Diego* *(siehe S. 102 f)* wurden im Stil der 1950er Jahre renoviert

Durchgestylt – das Design-Hotel East *(siehe S. 177)*

und verströmen noch immer den Charme der großen Tage der Seefahrt. Eine zweite Karriere im Fremdenverkehr macht auch **Das Feuerschiff** *(siehe S. 89)* nur ein paar Schiffe weiter. Hier werden die Gäste in den ehemaligen Kabinen des Kapitäns und seiner Crew sanft in den Schlaf gewiegt. Das Ambiente in diesen »schwimmenden Hotels« ist etwas eng, dafür aber urgemütlich.

Reservierung

Sie können jederzeit ein Hotelzimmer telefonisch oder online vorbestellen. Eine gute Möglichkeit, sich im Voraus über Ausstattung und Preise zu informieren, sind die Websites der einzelnen Hotels. In unserer Hotelauswahl *(siehe S. 176–181)* sind Internet-Adresse und Telefonnummer jedes aufgelisteten Hotels angegeben. Für nahezu alle Hotels in Hamburg kann man Zimmer über die **Hamburg Tourismus GmbH** buchen.

Machen Sie von der Möglichkeit der Reservierung Gebrauch, denn vor allem im Sommer, zu Zeiten renommierter Messen und Ausstellungen und um den Hafengeburtstag Anfang Mai *(siehe S. 85)* kann es schwierig werden, kurzfristig ein Zimmer zu finden. Andererseits bieten viele Hotels Preisnachlässe auf frei gebliebene Zimmer an. In Geschäftshotels sind Buchungen über ein Wochenende in vielen Fällen wesentlich günstiger als während der Woche.

Arrangements

Manche Unterkünfte offerieren interessante Rabatte, etwa in Kombination mit dem Kauf von Eintrittskarten für ein Musical oder andere Veranstaltungen. Im Rahmen dieser Arrangements werden oft auch begehrte – und entsprechend schnell vergriffene – Tickets für Bootsfahrten am Hafengeburtstag angeboten. Sehr beliebt sind »Rundum-Packages«, die Anreise, Übernachtung und den Besuch von einer oder zwei Veranstaltungen beinhalten.

Das Elyseum Wellness & Spa im Grand Elysée Hamburg (siehe S. 176)

Zusätzliche Kosten

In einigen Hotels ist das Frühstück nicht im Preis inbegriffen. Auch für einen Parkplatz muss nicht selten gesondert bezahlt werden. Die Benutzung von Fitness-Centern und Spa-Bereichen kann in manchen Hotels ebenfalls extra berechnet werden.

Telefongespräche vom Hotel bzw. vom Zimmer aus können sehr teuer sein, Getränke aus der Minibar sind häufig kostspieliger als erwartet. Trinkgelder werden in der Regel nur in großen und teuren Hotels erwartet.

Behinderte Reisende

Viele größere Hotels bieten barrierefreie Zimmer und behindertengerechten Service. Für kleinere Unterkünfte gilt dies häufig nicht, sie verfügen oft nicht einmal über einen Lift. Setzen Sie sich vor der Buchung mit dem Hotel in Verbindung, und erkundigen Sie sich gegebenenfalls nach Fahrstühlen und Türmaßen.

Der **Senatskoordinator für die Gleichstellung behinderter Menschen der Freien und Hansestadt Hamburg** gibt eine Broschüre mit Informationen für Behinderte heraus. Nützliche Hinweise für Menschen mit Handicap finden Sie außerdem im Internet (www.handicap-info.de).

Mit Kindern unterwegs

In vielen Hotels können Kinder ohne oder gegen geringen Aufpreis im Zimmer der Eltern übernachten. Kinderbetten, die bei Bedarf ins Zimmer gestellt werden können, sind in der Regel vorhanden. Die Hotelrestaurants bzw. Frühstücksräume in diesen Häusern stellen Hochstühle zur Verfügung und bieten auch Kinderportionen an. Einige Häuser offerieren spezielle Familienarrangements, z. B. zwei Hotelzimmer mit direkter Verbindungstür oder ein großes Hotelzimmer mit abgetrennten Schlafbereichen. Mehr Raum für die ganze Familie steht natürlich in Ferienwohnungen zur Verfügung.

Die **Hamburg Tourismus GmbH** hat spezielle Angebote für Familien, die mit der Bahn nach Hamburg reisen. Das Paket beinhaltet Zugfahrt und Unterkunft zu sehr attraktiven Preisen.

Das nur rund 400 Meter vom Hauptbahnhof entfernte **A&O Hostel** bietet neben Einzel- und Doppel- auch eine ganze Reihe Mehrbettzimmer (alle mit Bad). Zudem verfügt die Hostelkette in Hamburg über drei weitere Niederlassungen.

Privatzimmer und Ferienwohnungen

Eine einfache, aber relativ preisgünstige Alternative zu Hotelzimmern sind Privatzimmer, die häufig in Kombination mit Frühstück gemietet werden können. Der Reiz für preisbewusste Reisende liegt darin, bei Einheimischen untergebracht zu sein, die mit Tipps und Informationen zur Seite stehen.

Die Privatzimmeragentur **bed & breakfast** vermittelt zweckmäßig eingerichtete Zimmer zu interessanten Konditionen. Für Geschäftsreisende etwa stehen sogenannte Messezimmer bereit. Die Agentur hilft auch bei der Planung des Aufenthalts in Hamburg und erstellt individuelle Angebote. Das Online-Portal **Airbnb** bietet schöne, zum Teil auch ungewöhnliche Privatunterkünfte (Zimmer, Apartments und Wohnungen) in den zentralen Stadtteilen. Der Anbieter **Bedroomforyou** vermittelt stilvoll eingerichtete Zimmer in Bürgerhäusern.

Ideal für Familien oder für längere Aufenthalte sind Ferienwohnungen. Komplett eingerichtete Unterkünfte für bis zu sechs Personen kann man z. B. über **Ferienwohnungen in Hamburg** reservieren. Privatzimmer (zum Teil mit eigenem Bad), Apartments und Ferienwohnungen in mehreren Stadtteilen Hamburgs vermittelt auch **Zimmer in Hamburg**.

Jugendherbergen

Eine sehr preisgünstige Unterkunftsmöglichkeit sind Jugendherbergen. Voraussetzung für eine Übernachtung dort ist die Mitgliedschaft im Deutschen Jugendherbergswerk, den Ausweis kann man online (www.jugendherberge.de) oder schriftlich (DJH Service Center, Leonardo-da-Vinci-Weg 1, 32760 Detmold; Tel. 05231-740 10) beantragen.

Sehr beliebt ist die **Jugendherberge auf dem Stintfang**, eine Herberge oberhalb der Landungsbrücken. Die Zwei- bis Sechsbettzimmer sind mit

Gemütliche Bibliothek im Hotel das Smolka (siehe S. 178)

Dusche und WC ausgestattet. Die **Jugendherberge Hamburg »Horner Rennbahn«** liegt nur wenige U-Bahn-Stationen vom Zentrum entfernt. Weitere preiswerte Optionen für Übernachtungen finden Sie in der Hotelauswahl auf Seite 181.

Camping

Direkt am Elbufer von Blankenese – also im äußersten Westen von Hamburg – erstreckt sich der Campingplatz **Elbe Camp**. Rund 25 Kilometer südöstlich des Zentrums (ca. 30 Autominuten) findet man an der Elbe den **Campingplatz Stover Strand** mit flachem Sandstrand und Bootshafen mit 100 Liegeplätzen für Segel- und Motorboote. Etwa ebenso weit vom Zentrum in Richtung Nordosten (ca. 35 Autominuten) liegt der **Campingplatz ABC am Großensee** überaus idyllisch.

Novum Hotel am Holstenwall in einem schönen Backsteinhaus (siehe S. 180)

Hotelkategorien

Die Hotels in der Hotelauswahl (siehe S. 176–181) sind in fünf Kategorien (Luxus, Boutique, Komfort, Business, Preiswert) eingeteilt und innerhalb dieser nach Stadtvierteln und Preiskategorien gegliedert. Die ausgewählten Hotels bieten ihren Gästen eine Reihe von Annehmlichkeiten, darunter WLAN (in vielen Hotels gratis), manche Hotels eignen sich auch für Familien. Erkundigen Sie sich schon vorher nach den Gegebenheiten.

Details zur Ausstattung der Kategorien finden Sie auf Seite 172f. Hotels mit spezieller Ausstattung oder besonderem Design werden als **Vis-à-Vis-Tipp** hervorgehoben.

Auf einen Blick

Hotelketten

Best Western
📞 0800 212 58 88.
🌐 bestwestern.de

Dorint
📞 (0221) 48 56 70.
🌐 dorint.com

Mercure
📞 (069) 95 30 75 92.
🌐 mercure.com

Sofitel
📞 (069) 95 30 75 94.
🌐 ramada.de

einfach Hamburg
Bleicherstr. 3.
📞 (040) 279 29 50.
🌐 einfach-hamburg.de

Schiffhotels

Cap San Diego
Überseebrücke.
📞 (040) 36 42 09.
🌐 capsandiego.de

Das Feuerschiff
City-Sporthafen.
📞 (040) 36 25 53.
🌐 das-feuerschiff.de

Reservierung

Hamburg Tourismus GmbH
Wexstr. 7.
📞 (040) 30 05 13 00.
🌐 hamburg-tourism.de

Behinderte Reisende

Senatskoordinator für die Gleichstellung behinderter Menschen
Osterbekstr. 96.
📞 (040) 428 63 50 66.

Mit Kindern unterwegs

A & O Hostels
Amsinckstr. 2–10.
📞 (040) 644 21 04-56 00.
Hammer Landstr. 170.
📞 (040) 57 01 06 93-55 00.
Reeperbahn 154.
📞 (040) 317 69 99-46 00.
Spaldingstr. 160.
📞 (040) 18 12 98-40 00.
🌐 aohostels.com/de/hamburg

Privatzimmer und Ferienwohnungen

Airbnb
🌐 airbnb.de

bed & breakfast
Markusstr. 9.
📞 (040) 491 56 66.
🌐 bed-and-breakfast.de

Bedroomforyou
Tornquiststr. 1.
📞 (040) 40 18 61 37.
🌐 bedroomforyou.de

Ferienwohnungen in Hamburg
Giffeyweg 1.
📞 (040) 643 14 34.
🌐 hamburg ferienwohnungen.de

Zimmer in Hamburg
Nordalbingerweg 124.
📞 (040) 55 59 96 74.
🌐 zimmervermietung-schoenemann.de

Jugendherbergen

Jugendherberge auf dem Stintfang
Alfred-Wegener-Weg 5.
📞 (040) 570 15 90.
🌐 hamburg-stintfang.jugendherberge.de

Jugendherberge Hamburg »Horner Rennbahn«
Rennbahnstr. 100.
📞 (040) 570 15 90.
🌐 hamburg-horn.jugendherberge.de

Camping

Campingplatz ABC am Großensee
Trittauer Str. 11, 22946 Großensee.
📞 (04154) 606 42.
🌐 campingplatz-abc.de

Campingplatz Stover Strand
Stover Strand 10, 21423 Drage.
📞 (04177) 430.
🌐 camping-stover-strand.de

Elbe Camp
Falkensteiner Ufer 101.
📞 (040) 81 29 49.
🌐 elbecamp.de

Stadtplan siehe Seiten 242–257

Hotelauswahl

Luxus

Altstadt

Park Hyatt Hamburg €€€
Bugenhagenstr. 8, 20095
📞 (040) 3332 1234
SP 10 F3 K K7
🌐 hamburg.park.hyatt.de
Luxushotel in einem ehemaligen Kontorhaus mit einem Mix aus maritimem Charme, hanseatischer Eleganz und zeitlosem Design. Der Club Olympus Spa & Fitness (u. a. mit Pool, Whirlpool, Sauna, Dampfbad, Sanarium, Yogaraum und Fitnessraum) hält, was sein Name verspricht. Sehr beliebt: Cocktailkurse in der Apples Bar.

Steigenberger Hotel Hamburg €€€
Heiligengeistbrücke 4, 20459
📞 (040) 36 80 60 SP 9 C3 K H7
🌐 steigenberger.com
Luxus und Entspannung hinter einer Backsteinfassade. Das Hotel der Spitzenklasse ragt wie ein gewaltiges Schiff am Alsterfleet auf. Beliebter Treffpunkt in der Hotelhalle ist die Pianobar (tägl. bis 2 Uhr), die Davidoff Cigar Lounge (tägl. bis 23 Uhr) führt circa 30 Sorten Zigarren und Zigarillos.

Hafen und Speicherstadt

The Westin Hamburg €€€
Platz der Deutschen Einheit 2, 20457
📞 (040) 800 01 00
🌐 westinhamburg.com
Das Luxushotel in der Elbphilharmonie (siehe S. 92–95) ist eine wahre Ode an Hamburg. Viele Gäste übernachten hier vor oder nach einer Kreuzfahrt. Ein Wellness-Heaven ist das Elbspa (1300 m²) mit 20 Meter langem Innenpool. Attraktive Packages mit Tickets für Konzerte in der »Elphi«. Sagenhafter Ausblick.

Rund um die Alster

The George Hotel €€€
Barcastr. 3, 20087
📞 (040) 280 03 00 SP 8F4 K M4
🌐 thegeorge-hotel.de
Zurückhaltende Eleganz ganz im britischen Stil prägt das Ambiente in dem 2008 eröffneten Hotel. Die Zimmer sind überwiegend in Brauntönen gehalten und mit edlen Tapeten ausgestattet. Die Bar DaCaio bietet alles vom Afternoon Tea bis zum Cocktail. Spa mit Sauna und Dachterrasse.

Grand Elysée Hamburg €€€
Rothenbaumchaussee 10, 20148
📞 (040) 41 41 20 SP 7 B3 K J4
🌐 grand-elysee.com
Exklusive Suiten und Gastronomie der Spitzenklasse – das Elysée zählt zu den Top-Adressen Hamburgs. Restaurants, Bars und die Boutique machen die Empfangshalle (»Boulevard«) zu einer Flaniermeile. Der Wellnessbereich Elyseum ist eine Erlebniswelt.

Hotel Atlantic Kempinski €€€
An der Alster 72–79, 20099
📞 (040) 288 80 SP 8 D4 K KL5
🌐 kempinski.com/de/hamburg/hotel-atlantic
Residieren wie die Prominenz (siehe S. 128). Seit der Eröffnung 1909 ist das 2011 letztmals restaurierte Grandhotel erste Wahl für Berühmtheiten. Fassade und Interieur des Palasts waren schon oft Kulisse für Filmklassiker.

Hotel Vier Jahreszeiten €€€
Neuer Jungfernstieg 9–14, 20354
📞 (040) 349 40 SP 7 C5 K J6
🌐 hvj.de
Altehrwürdiges Grandhotel in flottem Design an der Binnenalster (siehe S. 125). Edle Materialien werden in raffinierten Farbkonzepten wirkungsvoll in Szene gesetzt. Die Zimmer sind hochmodern, die Restaurants wahre Gourmet-Tempel.

Le Méridien Hamburg €€€
An der Alster 52–56, 20099
📞 (040) 210 00 SP 8 E4 K L5
🌐 lemeridienhamburg.com
Gelungene Synthese aus modernem Luxus und erhabener Eleganz. Die Art & Tech-Einrichtungskonzepte in den Zimmern sind vorbildlich. Köstliche Fusions-Küche genießt man im Restaurant Heritage im 9. Stock.

Abstecher

Vis-à-Vis-Tipp

Louis C. Jacob €€€
Elbchaussee 401–403, 22609
📞 (040) 82 25 50
🌐 hotel-jacob.de
Hanseatische Gastlichkeit auf höchstem Niveau ist Ehrensache in diesem Luxushotel in Nienstedten nahe dem Elbufer. Die vielen Antiquitäten und die Gemäldesammlung sind ein wahrer Kunstgenuss. Der Elbblick von der Lindenterrasse inspirierte schon den hier weilenden Impressionisten Max Liebermann.

Zollenspieker Fährhaus €€€
Zollenspieker Hauptdeich 141, 21037
📞 (040) 793 13 30
🌐 zollenspieker-faehrhaus.de
Gäste haben die Wahl zwischen dem Hotel mit modern eingerichteten Zimmern und dem restaurierten Traditionshaus (13. Jh.), in dem Holzbalken zur rustikalen Atmosphäre beitragen. Von der Lounge genießt man einen wundervollen Blick auf die Elbe.

Boutique

Altstadt

HENRI Hotel €€
Bugenhagenstr. 21, 20095
📞 (040) 554 35 70 SP 5 D3 K K7
🌐 henri-hotel.com
2012 eröffnetes Hotel im Design der 1950er Jahre. Gäste wählen zwischen Studios und Loftsuiten. Eine Spezialität aller Zimmer sind HENRI-Clubsessel und dreieckige Tische. Henris Spa & Gym – ideal für Stressgeplagte.

Hotel City House €€
Pulverteich 25, 20099
📞 (040) 280 08 10 SP 6 F2 K M6
🌐 cityhouse.de

Preiskategorien
Preise für ein Standard-Doppelzimmer pro Nacht, inklusive Frühstück, Steuer und Service:

€	unter 100 Euro
€€	100 – 200 Euro
€€€	über 200 Euro

Hotel Atlantik Kempinski – das legendäre Grandhotel

Hotelkategorien *siehe Seite 175*

LUXUS, BOUTIQUE | 177

Ein architektonisches Schmuckstück: Das Hotel ist in einer um 1890 erbauten Stadtvilla untergebracht. Zimmer mit hohen, stuckverzierten Decken, Bibliothek mit Sofas, Ohrensesseln und Kamin.

Hotel Village €€
Steindamm 4, 20099
(040) 480 64 90   SP 6 E2   K L6
hotel-village.de

An die erlebnisreiche Vergangenheit des Village als Edelbordell erinnert nur noch das plüschige Ambiente. Extravagante Zimmer mit Seidentapeten, Baldachinen und teils mit Himmelbetten. Kaffee rund um die Uhr gratis.

Junges Hotel €€
Kurt-Schumacher-Allee 14, 20097
(040) 41 92 30   SP 6 F2   K M7
jungeshotel.de

Das etwas andere Hotel – ob Superior-, Komfort- oder Design-Zimmer: strahlende Farben im Innen- und Außenbereich. Studio 405 mit 15 Meter langer Fensterfront. Bio-Sauna, Massagen.

Neustadt

The Madison Hamburg €€
Schaarsteinweg 4, 20459
(040) 37 66 60   SP 9 B4   K G8
madisonhotel.de

Die hochwertige Ausstattung vereint Exklusivität und Funktionalität. Farblich harmonisch abgestimmte Zimmer (35 bis 110 m²) mit breiten Fensterfronten.

Scandic Hamburg Emporio €€
Dammtorwall 19, 20355
(040) 432 18 70   SP 9 C2   K H5
scandichotels.com/hamburg

Bodentiefe Fenster, Naturholzböden und skandinavisches Design prägen das Ambiente der 340 Zimmer (Mindestgröße: 24 m²). Restaurant H2O mit Schwerpunkt auf norddeutschen und schwedischen Gerichten.

Vis-à-Vis-Tipp

SIDE €€€
Drehbahn 49, 20354
(040) 309 990
SP 9 C2   K H6
side-hamburg.de

Luxus meets Lifestyle. Futuristische Architektur ist das Markenzeichen des zwölf Etagen hohen Design-Hotels. Hinter der Fassade (Naturstein und Glas) dominiert die minimalistische Formensprache. Die atriumartige Lobby erstreckt sich bis zum achten Stockwerk, die Lichtinstallationen wechseln computergesteuert.

Hotel Louis C. Jacob – Luxushotel mit Elbblick *(siehe S. 176)*

Hafen und Speicherstadt

Leonardo Hotel Hamburg Elbbrücken €€
Sieldeich 5–7, 20539
(040) 78 96 60
carat-hotel-hamburg.de

Stilvolles Hotel in idealer Lage, um die rasante Entwicklung des städtebaulichen Projekts HafenCity aus nächster Nähe zu erleben. Die Zimmer sind originell gestaltet. Das Restaurant Limerick serviert deutsche und internationale Küche, die Shannon Bar eher Irisches.

The Rilano Hotel Hamburg €€
Hein-Saß-Weg 40, 21129
(040) 300 84 90
rilano-hotel-hamburg.de

2011 eröffnetes Hotel im Stadtteil Finkenwerder, nicht weit vom Airbus-Werk. Vom Fähranleger aus ist die Innenstadt bequem auf dem Wasserweg zu erreichen. Die Mindestgröße der ausnahmslos modern eingerichteten, eleganten Zimmer liegt bei 20 Quadratmetern. Sauna mit speziellem Lichtkonzept.

St. Pauli

Arcotel Onyx Hamburg €€
Reeperbahn 1a, 20359
(040) 209 40 90   SP 4 D3   K F7
arcotelhotels.com/de/onyx_hotel_hamburg

Am östlichen Ende der Reeperbahn ragt das 2012 eröffnete Hotel auf, dessen teils transparente Fassade an den Schmuckstein Onyx erinnert. Funktionaler Design, exklusives Mobiliar, extravagantes Flair. Bar Wiener Café mit Lounge-Charakter.

Mövenpick Hotel Hamburg €€
Sternschanze 6, 20357
(040) 334 41 10
moevenpick.com

Das Hotel befindet sich in dem 57,5 Meter hohen ehemaligen Wasserturm des Sternschanzenparks. Zimmer auf 16 Ebenen, Restaurant (u. a. mit Schweizer Küche), Lifestyle-Bar CAVE. Die Tower Suite (70 m²) bietet einen grandiosen 360°-Blick.

East €€€
Simon-von-Utrecht-Str. 31, 20359
(040) 30 99 30   SP 4 E2   K E7
east-hamburg.de

Nicht weit vom Kiez wurde eine alte Eisengießerei von Stararchitekt Jordan Mozer in ein Design-Hotel der Extraklasse umgestaltet. Der luxuriöse Wohlfühltempel von internationalem Rang vereint Stil, Trend und Emotion. Die Zimmer, Lofts und Suiten sind großzügig geschnitten. Beauty Center mit Massagen und Kosmetik.

Empire Riverside Hotel €€€
Bernhard-Nocht-Str. 97, 20359
(040) 31 11 90   SP 4 D4   K E8
empire-riverside.de

Auf dem Gelände der ehemaligen Bavaria-Brauerei erhebt sich der bronzeverkleidete Hotelturm. Klare Linien prägen die Zimmer zwischen viertem und 20. Stock. Bodenlange Panoramaverglasung über eine volle Wandfläche. Traumhafte Aussicht von der Skyline Bar 20up im 20. Stock.

Altona

Boston Hamburg €€€
Missundestr. 2, 22769
(040) 589 666 700
SP 2 E1   K C4
boston-hamburg.de

Modern wie schlicht eingerichtetes Design-Hotel direkt neben der Neuen Flora – der ideale Standort für ein Musical-Wochenende. Die Zimmer verfügen über Bad mit Regendusche oder Eckbadewanne. Bar- und Lounge-Bereich mit Kamin.

SP = *Stadtplan siehe Seiten 242–257*   K = *Karte Extrakarte zum Herausnehmen*

HOTELS

Gastwerk Hotel Hamburg €€€
Beim Alten Gaswerk 3, 22761
☎ (040) 89 06 20 SP 1 A1
w gastwerk.com
Ein gelungener Mix aus Industrieromantik und modernem Design. Für dieses Hotel mit Loftcharakter wurde die Kohlenlagerhalle eines alten Gaswerks umgebaut. In einigen Zimmern liegen alte Backsteinmauern unverputzt offen.

Rund um die Alster

Aussen Alster €€
Schmilinskystr. 11, 20099
☎ (040) 284 078 570
SP 8 E4 K L5
w aussenalsterhotel.de
Hinter der weißen Fassade verbirgt sich ein Haus, das durch lichtes Design und klare Linien besticht. Vom Aussen Alster bis zur Außenalster sind es nur 50 Meter. Dort wartet ein hoteleigenes Segelboot auf die Hotelgäste. Das italienische Restaurant mit idyllischer Gartenterrasse offeriert kreative Küche.

Hotel Amsterdam €€
im Dammtorpalais
Moorweidenstr. 34, 20146
☎ (040) 441 11 10 SP 7 B3 K H4
w hotelamsterdam.de
Die ehemalige großbürgerliche Residenz in einem der schönsten Teile der Stadt sorgt für ruhiges Wohnen in außergewöhnlichem Ambiente. Individualität bis ins letzte Detail prägt die Zimmer (viele mit hohen, stuckverzierten Decken). Stilreigen von blumigtraditionell bis modern.

Romantik Hotel das Smolka €€
Isestr. 98, 20149
☎ (040) 48 09 80
w hotel-smolka.de
Das Hotel liegt im Stadtviertel Harvestehude, einer bevorzugten Wohngegend mit vielen Grünflächen. Die Zimmer sind individuell eingerichtet, Hotelhalle, Restaurant und Bar sehr elegant. Bibliothek mit offenem Kamin. Gleich um die Ecke findet der Isemarkt, einer der größten Wochenmärkte Hamburgs, statt.

Hotel Vorbach €€
Johnsallee 63–67, 20146
☎ (040) 44 18 20 SP 7 B3 K H3
w hotel-vorbach.de
Das ungewöhnliche Hotel in Harvestehude erstreckt sich über ein Ensemble von drei Belle-Époque-Häusern. Hohe Decken, Stuckverzierungen und Art-déco-Elemente geben den großzügig dimensionierten Zimmern einen eigenen Charme. Auch für längere Aufenthalte geeignet.

Hotel Wagner €€
im Dammtorpalais
Moorweidenstr. 34, 20146
☎ (040) 450 13 10 SP 7 B3 K H4
w hotel-wagner-hamburg.de
Das denkmalgeschützte Jugendstilpalais beherbergt mehrere sehr unterschiedliche Hotels. Die Zimmer im Hotel Wagner sind zeitgemäß eingerichtet und technisch modern ausgerüstet. Glasduschen mit farblich variierendem Wasserstrahl sind ein besonderes Extra. Der Frühstücksraum verströmt die Atmosphäre eines Kaffeehauses.

Vis-à-Vis-Tipp

Hotel Wedina €€
Gurlittstr. 23, 20099
☎ (040) 2808 900
SP 8 E4 K L5
w hotelwedina.de
Das charmante Hotel setzt sich aus fünf in satten Farben gehaltenen Häusern zusammen: Das »Rote Haus« bietet Winter- und Sommergarten, das »Gelbe« nordische Schlichtheit, das »Blaue« jeweils einem anderen Autor gewidmete Zimmer, das »Grüne« mit Zen-Garten spricht Avantgardisten aus der Seele, das »Pinke« birgt viele Sammlerstücke.

Nippon €€
Hofweg 75, 22085
☎ (040) 227 11 40 SP 8 E1 K M1
w nipponhotel.de
Klare Linien und Formen, helle Farben, Reduktion auf wenige Möbel, papierbespannte Schiebewände, außergewöhnlich arrangierte Blumengestecke, Futons und japanische Tatami-Matten als Bodenbeläge – das Hotel Nippon folgt japanischer Ästhetik bis ins kleinste Detail und bietet Entspannung für Körper und Seele.

Abstecher

Lindner Park-Hotel €€
Hagenbeck
Hagenbeckstraße 150, 22527
☎ (040) 800 80 81 00
w lindner.de
Exotik und Gastlichkeit in einem verströmt das erste Tierpark-Themen-Hotel der Welt direkt am weltberühmten Tierpark Hagenbeck *(siehe S. 136 f.)*. Die Zimmer sind komplett im afrikanischen oder asiatischen Stil eingerichtet. Die Gäste begeben sich auf eine authentische wie spannende Expedition durch ferne Kontinente. Wer den Zoo mag, wird das Hotel lieben.

Steigenberger Hotel €€
Treudelberg
Lemsahler Landstr. 45, 22397
☎ (040) 85 59 92 86
w steigenberger.com
Individueller Charme gepaart mit einem Höchstmaß an Komfort und gepflegter Gastlichkeit. Im Alstertal am nördlichen Stadtrand Hamburgs finden Urlauber maximale Entspannung. Zimmer im Landhaus und im Atrium. Das Treudelberg verfügt über einen eigenen 27-Loch-Golfplatz und einen Wellnessbereich mit allen nur erdenklichen Anwendungen. Pianobar (tägl. bis 1 Uhr).

Strandhotel Blankenese €€€
Strandweg 13, 22587
☎ (040) 86 13 44
w strandhotel-blankenese.de
Maritime Leichtigkeit und hanseatische Tradition gehen in diesem Haus eine gelungene Symbiose ein. Das erhabene Jugendstilpalais mit seinen verspielten Türmchen und Erkern befindet sich im Treppenviertel von Blankenese. Jedes Zimmer hat seinen eigenen Charakter, im Restaurant speist man mit Blick auf die Elbe.

Reduktion als Konzept – Rezeption des YoHo *(siehe S. 179)*

Hotelkategorien *siehe Seite 175* Preiskategorien *siehe Seite 176*

Komfort

Altstadt

Hotel Senator €€
Lange Reihe 18–20, 20099
📞 (040) 24 19 30   SP 6 E2   K L6
🌐 hotel-senator-hamburg.de
Inhabergeführtes Hotel im Stadtteil St. Georg. Die Zimmer bieten eine Atmosphäre zum Wohlfühlen. Attraktionen des Hauses sind der Wintergarten und die »Wellnesszimmer« mit Wasserbett und teils auch mit Dampfdusche.

Novum Hotel Continental €€
Kirchenallee 37, 20099
📞 (040) 188 811 50   SP 6 E2   K L6
🌐 novum-hotels.com/hotel-continental-hamburg
Hanseatisches Ambiente und modernster Komfort – das Haus der gehobenen Mittelklasse schafft eine persönliche Atmosphäre. Alle Zimmer sind in freundlichen Farben und mit Parkettböden gestaltet. Üppiges Frühstücksbuffet.

Novum Hotel Graf Moltke €€
Steindamm 1, 20099
📞 (040) 24 42 41 10
SP 6 E2   K L6
🌐 novum-hotels.com/hotel-graf-moltke-hamburg
Das moderne Hotel ist ein idealer Ausgangspunkt zur Erkundung der Innenstadt. Die großzügig geschnittenen Zimmer des fünfstöckigen Hauses sind zeitgemäß eingerichtet und überwiegend in Braun- und Rottönen gehalten.

Europäischer Hof €€€
Kirchenallee 45, 20099
📞 (040) 24 82 48   SP 6 E2   K L6
🌐 europaeischer-hof.de
Das Hotel bietet großzügig gestaltete Zimmer und ein breites Angebot rund um Fitness und Wellness. Besonders beliebt ist die Euro-Therme mit Pool, Whirlpool und 150 Meter langer Wasserrutsche. Der Zimmerausweis dient drei Tage lang als HVV-Ticket. Ein schöner Treffpunkt ist die Bar mit Raucher-Lounge.

Neustadt

Baseler Hof €€
Esplanade 11, 20354
📞 (040) 35 90 60   SP 10 D1   K J5
🌐 baselerhof.de
Eines der letzten großen privat betriebenen Hamburger Hotels. Im Zimmerpreis ist ein Drei-Tage-Ticket für den HVV enthalten. Das Restaurant Kleinhuis bietet moderne deutsche Küche, das gleichnamige Bistro erlesene Weine. Genuss und Spannung verbindet das Krimidinner.

Citadines Michel Hamburg €€
Ludwig-Erhard-Str. 7, 20459
📞 (040) 300 61 80   SP 9 A4   K G7
🌐 citadines.com/de/germany/hamburg/michel.html
Das 2014 in unmittelbarer Nähe des Michel eröffnete Hotel umfasst Zimmer, Studios und Apartments mit schönen Farbakzenten sowie einen Fitnessbereich und entspricht den Bedürfnissen von Geschäftsreisenden wie Urlaubern gleichermaßen.

Hafen und Speicherstadt

Hotel am Elbufer €€
Focksweg 40a, 21129
📞 (040) 742 19 10
🌐 hotel-am-elbufer.de
Viele Stammgäste genießen die familiäre Atmosphäre des kleinen Hotels. Von den Zimmern mit Elbblick wirken die Ozeanriesen zum Greifen nah. Mit der Fähre ist man rasch in der City.

Stella Maris €€
Reimarusstr. 12, 20459
📞 (040) 319 20 23   SP 9 A4   K G8
🌐 hotel-stellamaris.de
Ein Hotel wie Hamburg: maritim und modern. Die Zimmer im Stella Maris (Sailor's, Officer's und Captain's Class) sind in hellen Farbtönen gehalten. Idyllischer Sommergarten mit Liegestühlen und Strandkorb.

St. Pauli

Fritz im Pyjama €€
Schanzenstr. 101–103, 20357
📞 (040) 82 22 28 30
🌐 fritz-im-pyjama.de
Unkonventionell und einfallsreich – die geeignete Unterkunft für Gäste, die das Schanzenviertel schätzen. Die Farbgebung der Zimmer ist dezent, das Design fast minimalistisch, aber stilvoll.

Vis-à-Vis-Tipp

Hafen Hamburg €€
Seewartenstr. 9, 20459
📞 (040) 311 130   SP 4 E4   K F8
🌐 hotel-hafen-hamburg.de
Das privat geführte Traditionshaus oberhalb der Landungsbrücken gilt als maritimstes unter den Hamburger Hotels. Schiffsmodelle und Borduhren hängen an den Wänden, von der Tower Bar in 62 Meter Höhe ist der Blick über den Hafen grandios. Wählen Sie zwischen Seemanns-, Kajüten-, Leutnants-, Kapitäns- und Kommandantenklasse.

Lindner Park-Hotel Hagenbeck mit Tiermotiven *(siehe S. 178)*

YoHo €€
Moorkamp 5, 20357
📞 (040) 284 19 10   SP 6 E2   K E2
🌐 yoho-hamburg.de
Der Name steht für »Young Hotel« und ist Programm. Das Ambiente in der weißen Jugendstilvilla ist erfrischend jung, Gäste unter 27 Jahren erhalten Preisermäßigungen. Das Frühstück in geselliger Runde ist ideal zum Knüpfen von Kontakten.

Rund um die Alster

Hotel-Pension Fink €
Rothenbaumchaussee 73, 20148
📞 (040) 44 05 71   SP 7 B2   K H2
🌐 hotel-fink.de
Gepflegte Gastlichkeit erwartet den Gast in der liebevoll renovierten Unterkunft. Die denkmalgeschützte Jugendstilvilla im eleganten Stadtteil Rothenbaum hat geschmackvolle Zimmer.

Hotel Fresena im Dammtorpalais €€
Moorweidenstr. 34, 20146
📞 (040) 410 48 92   SP 7 B3   K H4
🌐 hotelfresena.de
Das gutbürgerliche Hotel ist im dritten Stock des architektonisch reizvollen Dammtorpalais untergebracht. Zimmer im skandinavischen oder maritimen Stil. Ticketbuchung für kulturelle Veranstaltungen möglich.

relexa hotel Bellevue Hamburg €€
An der Alster 14, 20099
📞 (040) 28 44 40   SP 8 E4   K L5
🌐 relexa-hotel-hamburg.de
Das Hotel östlich der Außenalster umfasst das im Jugendstil gestaltete Stammhaus (1880), das moderne Haus St. Georg und das in klassischem Chic gehaltete Haus Hohenfelde. Zwei Restaurants zur Auswahl: Alster-Charme (mittags) und Unter Deck (abends).

Abstecher

Hotel Reiterhof Ohlenhoff €€
Ohlenhoff 18, 22848 Norderstedt
(040) 528 73 20
hotel-ohlenhoff.de
Schnell in der Stadt, schnell am Flughafen und immer mitten im Grünen – das Hotel vor den Toren Hamburgs zieht vor allem Gäste an, die nach einem Tag in der Stadt ländliche Idylle in typisch norddeutscher Umgebung genießen wollen.

Landhaus Flottbek €€
Baron-Voght-Str. 179, 22607
(040) 822 74 10
landhaus-flottbek.de
Ein altes Bauernhaus (18. Jh.) wurde behutsam restauriert und vereint seither nostalgischen Charme eines Landhauses mit modernem Komfort. Brasserie Hygge mit internationaler Küche.

Nige Hus €€
Insel Neuwerk, 27499
(047 21) 295 61
inselneuwerk.de
Erholung zwischen Wolken, Watt und Meer bietet das Hotel auf der Insel Neuwerk *(siehe S. 139)*. Idealer Ausgangspunkt für Wattwanderungen oder Spaziergänge zum Leuchtturm. Großzügig geschnittene Zimmer. Organisation von Wattwagenfahrten.

Business

Altstadt

Best Western Plus €€
Hotel St. Raphael
Adenauerallee 41, 20097
(040) 24 82 00   SP 6 F2   K M6
straphael-hamburg.
bestwestern.de
Bei Geschäftsreisenden beliebt. Moderne, individuell eingerichtete Zimmer. Das Hotelrestaurant St. Raphael bietet kulinarische Genüsse, die Bar Captain's Corner maritimes Flair. Fitnessbereich und Sauna.

IntercityHotel Hamburg €€
Hauptbahnhof
Glockengießerwall 14/15, 20095
(040) 24 87 00   SP 6 D2   K K6
intercityhotel.com
Typisch für Hotels dieser renommierten Kette ist die zentrale Lage. Die Zimmer sind schallisoliert und in warmen Tönen gehalten. Fünf Tagungsräume, Business-Corner. Das Restaurant ist auf regionale Küche spezialisiert. Mit dem FreeCity Ticket ist die HVV-Benutzung für Gäste des Hauses gratis.

Perfekte Aussicht vom Radisson Blu, Hamburgs höchstem Hotel (118 m)

Novum Hotel Eleazar €€
Hamburg
Bremer Reihe 12–14, 20099
(040) 878 87 70   SP 6 E2   K L6
novum-hotels.com/
hotel-eleazar-hamburg
Die Zimmer sind mit Schallschutzfenstern ausgestattet und in Rot- und Brauntönen gehalten. In der Lobby liegt gratis die Tagespresse aus. Wellnessbereich mit Sauna.

Quality Hotel Ambassador €€
Heidenkampsweg 34, 20097
(040) 238 82 30
ambassador-hamburg.de
Das Hotel orientiert sich vornehmlich an den Bedürfnissen von Geschäftsreisenden. Die Einrichtung der technisch perfekt ausgestatteten Zimmer basiert auf klaren Formen und hellen Materialien. Ausgedehnter Wellnessbereich mit Pool (15 m), Sauna und Infrarotkabine.

Signature Hotel Königshof €€
Hamburg
Pulverteich 18, 20099
(040) 284 07 40   SP 6 E2   K M6
signature-hotels.com
Bei der Innenausstattung des 2013 komplett renovierten Hotels wurde großer Wert auf modernes, funktionales Design gelegt. Viele Geschäftsreisende steigen hier ab.

Sofitel Hamburg Alter Wall €€€
Alter Wall 40, 20457
(040) 36 95 00   SP 9 C3   K H7
accorhotels.de
Hanseatische Eleganz trifft hier auf französische Lebensart. Von Business-Services bis zum Beauty Salon – dies ist ein Hotel der Extraklasse in bester Innenstadtlage. Überaus beliebt bei Geschäftsreisenden wie Urlaubern. Exklusives Design und klare Formen bestimmen das Interieur. Seagull Spa mit Canyon und Wasserfall.

Neustadt

Mercure Hotel Hamburg Mitte €€
Schröderstiftstr. 3, 20146
(040) 45 06 90   SP 7 A3   K G3
mercure.com
Gegenüber von Fernsehturm und Messehallen. Tagungsräume für bis zu 80 Gäste. Zeitungsladen im Haus. Das Restaurant Relax – Food, Drinks & You serviert internationale Küche.

Novum Hotel am Holstenwall €€
Holstenwall 19, 20355
(040) 31 80 80   SP 9 A3
novum-hotels.com/
hotel-holstenwall-hamburg
Hinter der Fassade (19. Jh.) verbergen sich komfortable Zimmer. Jüngste Renovierung 2013. Ein Pluspunkt ist die Nähe zur Messe.

Renaissance Hamburg Hotel €€
Große Bleichen, 20354
(040) 34 91 80   SP 9 C3   K H7
marriott.com
Das Hotel in einem Backsteinhaus überzeugt mit klarem, modernem Design. Das Restaurant mit dem Flair einer Brasserie serviert norddeutsche Gerichte. Shopping-Begeisterte schätzen die Nähe zu den Passagen.

Vis-à-Vis-Tipp

Radisson Blu Hotel €€€
Marseiller Straße 2, 20355
(040) 350 20   SP 5 B1   K H4
radissonblu.de
Die zeitlos eingerichteten 556 Zimmer in drei Stilrichtungen – »Natural«, »Urban«, »New York Mansion« (mit Lounge-Ambiente) – bieten alle Vorzüge eines erstklassigen Hotels. Filini Restaurant und Bar verströmen italienischen Charme. Exklusives Fitness- und Beauty-Angebot im Health & Sport Botanical Spa.

Hotelkategorien siehe Seite 175   Preiskategorien siehe Seite 176

KOMFORT, BUSINESS, PREISWERT

Hafen und Speicherstadt

Holiday Inn Hamburg €€
Billwerder Neuer Deich 14, 20539
(040) 788 40
hi-hamburg.de
Eines der größten und bestausgestatteten Hotels in Hamburg. Design und Farbauswahl in den Zimmern sind perfekt aufeinander abgestimmt. Lichtdurchflutete Lobby mit modernen Kunstwerken. Kinder bis einschließlich 17 Jahre übernachten im Zimmer ihrer Eltern gratis. Fitness-Center und Wellnessbereich mit Sauna und beheiztem Pool.

Altona

IntercityHotel Hamburg Altona €€
Paul-Nevermann-Platz 17, 22765
(040) 38 03 40 SP 1 C3 K A7
intercityhotel.com
Die Lage des Hotels am Altonaer Bahnhof ist ideal für Zugreisende. In den Zimmern dominieren die Farben Weiß, Blau und Rot. Restaurant mit Terrasse direkt an Gleis 12. Mit dem FreeCity Ticket fährt man im öffentlichen Nahverkehr kostenlos.

Rund um die Alster

Barceló Hamburg €€
Ferdinandstr. 15, 20095
(040) 226 36 20 SP 6 D2 K K6
barcelo.com
Das 2012 eröffnete Hotel beeindruckt durch innovatives, avantgardistisches Design. Sechs Konferenzsäle bieten Platz für bis zu 200 Personen. Restaurant mit mediterraner Küche (u. a. Tapas) und angeschlossener Vinothek.

Crowne Plaza Hamburg-City Alster €€
Graumannsweg 10, 22087
(040) 22 80 60 SP 8 F3 K M4
crowneplaza.com
Die Zimmer sind mit modernster Technik ausgestattet. Vielfältige Business-Services. Zum Entspannen geht es in den komfortablen Wellnessbereich oder in die King George Bar.

Abstecher

NH Hamburg Horner Rennbahn €€
Rennbahnstr. 90, 22111
(040) 65 59 70
nh-hotels.com
Das Hotel liegt im Osten Hamburgs an der Galopprennbahn Horn (siehe S. 215). Einige Zimmer mit Blick zur Rennbahn, Restaurant mit Panoramafenster.

Preiswert

Altstadt

Generator Hostel Hamburg €
Steintorplatz 3, 20099
(040) 226 358 460 SP 6 E2 K L6
generatorhostels.com
Kaum aus dem Zug ausgestiegen, ist man schon da. Das 2012 eröffnete Hostel am Hauptbahnhof verfügt über helle Zimmer mit Bad. Waschmaschinen und Trockner vorhanden. Im Travel Shop gibt es Tickets für Stadtführungen.

Neustadt

Motel One Hamburg am Michel €
Ludwig-Erhard-Str. 26, 20459
(040) 35 71 89 00
SP 9 A3 K G7
motel-one.com/de/hotels/hamburg/hotel-hamburg-am-michel
Wie alle Hotels der Kette, die in Hamburg mit vier Niederlassungen vertreten ist, trifft auch hier funktionales Design auf modernen Chic – Türkis- und Brauntöne dominieren.

St. Pauli

A & O Hamburg Reeperbahn €
Reeperbahn 154, 20359
(040) 317 69 99 46 00
SP 3 C4 K D7
aohostels.com
Warum nicht an der berühmtesten Meile der Stadt übernachten? Der Charakter der Unterkunft passt zum kultigen Ambiente im Kiez – ideal für Nachtschwärmer.

Superbude St. Pauli €
Juliusstr. 1–7, 22769
(040) 807 915 820
SP 3 C1 K E5
superbude.de
Recyceltes Mobiliar und kräftige Farben tragen zum unvergleichlichen Charme der Superbude

Speisesaal der 2012 eröffneten Superbude

mitten im Schanzenviertel bei. Alle Zimmer mit eigenem Bad. Durchgehend geöffnete Küche (Kitchenclub), Frühstücksbuffet mit großer Auswahl an Kaffeespezialitäten. 24/7 Bar.

Hotel St. Annen €€
Annenstr. 5, 20359
(040) 317 71 30 SP 4 D3 K E6
hotelstannen.de
Kieznah und trotzdem sehr ruhig. Individuelles Design und warme Farben prägen das Flair der Zimmer, die alle mit hochwertigen Möbeln aus Kirschholz eingerichtet sind. Die Weinbar lädt zu Degustationen (v. a. südafrikanische Weine). Idyllische Gartenterrasse.

Altona

Vis-à-Vis-Tipp

25 Hours Hotel Hamburg No. 1 €
Paul-Dessau-Str. 2, 22761
(040) 85 50 70 SP 1 A1
25hours-hotels.com/no1
Für Anhänger unkonventioneller Bleiben genau das Richtige. Wer im 2003 als Hamburgs erstem »Low-Cost-Design-Hotel« eröffneten 25 Hours eincheckt, beamt sich in eine andere Welt. Grelle Farben und schräge Formen wohin man sieht. Trenddesign prägt kommunikative Plätze wie die Open-Air-Lounge auf dem Dach – toll zum Chillen.

ibis budget Hamburg Altona €
Holstenkamp 3, 22525
(040) 85 37 98 20
ibis.com
Wer bei der Unterkunft sparen will, erlebt hier keine böse Überraschung. Alle 180 Zimmer in dieser Filiale einer Hotelkette sind identisch eingerichtet und verfügen über Dusche und WC. Großzügiges Frühstücksbuffet. Mit der U-Bahn ist man gleich in der City.

Schanzenstern Altona €
Kleine Rainstr. 24–26, 22765
(040) 39 91 91 91 SP 1 C3
schanzenstern.com/altona.html
Im Schanzenstern steigen zwar auch Rucksacktouristen ab, doch das Hotel ist weit mehr als ein Backpacker-Hostel. Vor allem die Apartments (mit Küche oder Kochzeile) sind groß genug für Familien. Frühstücksbuffet mit Backwaren aus eigener Produktion. Bio-Restaurant mit täglich wechselndem Mittagsgericht. Leihfahrräder sind vorhanden.

SP = *Stadtplan siehe Seiten 242–257* K = **Karte** *Extrakarte zum Herausnehmen*

Restaurants

Die gastronomische Szene der Hansestadt ist vielfältig und besonders in Vierteln wie Pöseldorf oder St. Georg sowie in der HafenCity permanent im Wandel. Die Trends ändern sich, ständig eröffnen neue Lokale mit teils ausgefallenen Konzepten. Hamburg ist ein ausgewiesenes Paradies für Feinschmecker, in nur wenigen anderen deutschen Städten gibt es derart viele Restaurants mit Spitzenküche. Doch neben Gourmet-Tempeln bietet die Stadt auch eine große Auswahl an günstigen Restaurants mit sehr gutem Essen. Einen kulinarischen Schwerpunkt der einheimischen Küche bilden Fischgerichte in vielen Variationen. Als kosmopolitische Weltstadt offeriert Hamburg natürlich auch Spezialitäten aus aller Herren Länder, man kann hier z. B. wunderbar portugiesisch oder griechisch, vietnamesisch oder arabisch speisen. Einige der besonders empfehlenswerten Lokale sind in der Restaurantauswahl *(siehe S. 188–193)* beschrieben. Für einen kleinen Imbiss stehen natürlich auch viele Cafés und Snackbars *(siehe S. 194–197)* zur Auswahl.

Bekannt für klassische Fischgerichte: das Fischerhaus *(siehe S. 190)*

Wegweiser zu den Restaurants

Da viele Hamburger erstklassige Küche zu schätzen wissen, ist es ein gutes Zeichen, wenn ein Restaurant viele Einheimische zu seinen Gästen zählt. Bei Ihrem Aufenthalt werden Sie schnell merken, welche Lokale sich eher an Touristen wenden und welche authentisch hanseatisches Ambiente bieten. Natürlich bringt der Hafen viel Atmosphäre in die Stadt. Mit Blick auf den Hamburger Hafen zu speisen und die kleinen Barkassen oder einen großen Pott vorbeiziehen zu sehen steigert den kulinarischen Genuss beträchtlich.

Vor allem zwischen Fischmarkt und Övelgönne, dem von Hamburgern als »Perlenkette« bezeichneten Abschnitt am Hafen, hat sich zwischen den in der Sonne blitzenden neuen Bürohäusern gehobene Gastronomie etabliert. Zu den meisten Restaurants an der Hafenmeile gehören Terrassen. Auch in vielen Restaurants rund um die Alster blickt man beim Speisen aufs Wasser, besonders in Lokalen, die Terrassen auf Holzstegen haben.

Spezielles Flair bieten Lokale in einstigen Speicherhäusern (etwa in der Deichstraße; *siehe S. 67*) oder anderen alten Bauwerken (z. B. bei der Kramer-Witwen-Wohnung; *siehe S. 72*).

Unter den vielen internationalen Gemeinden ist vor allem die portugiesische sehr aktiv: Im Portugiesenviertel *(siehe S. 72)* rund um die Ditmar-Koel-Straße nördlich der Elbe gibt es viele Lokale, die beste Qualität anbieten.

Als Hit hat sich eine Hamburger »Erfindung« erwiesen: Die auf Steaks spezialisierte Restaurantkette Block House, 1968 in der Hansestadt gegründet, hat 14 Lokale in Hamburg, aber auch Filialen in ganz Deutschland und anderen Ländern Europas.

Reservierung und Kleidung

Eine Reservierung ist vor allem bei gehobeneren Restaurants zu empfehlen, bei den beliebtesten Lokalen (vor allem mit Hafenblick) bereits mehrere Tage im Voraus. Bei den meisten anderen Restaurants ist dies nur am Freitag und Samstag erforderlich.

In Luxusrestaurants ist entsprechende Garderobe anzuraten, auch wenn es offiziell keinen Dresscode gibt. Hamburger sind tolerant, achten aber durchaus auf das Äußere.

Preise und Trinkgeld

Das Spektrum an Restaurants umfasst alle Preiskategorien. Neben dem Eingang der allermeisten Lokale hängt eine Speisekarte mit den Preisen aus. Werfen Sie einen Blick darauf, um Überraschungen zu vermeiden.

Ein wesentliches Kriterium für das Preisniveau ist die Lage des Restaurants. In der ersten

Im Stil der Zeit: Bar im Foyer des stilwerk *(siehe S. 119)*

Brasserie Die Bank *(siehe S. 189)* – früher wirklich eine Bank

Reihe des Elbufers sowie an Promeniermeilen wie dem Jungfernstieg oder dem Neuen Wall liegen die Preise in der Regel höher. In günstigen Lokalen erhalten Sie ein Drei-Gänge-Menü (ohne alkoholische Getränke) bereits für unter 20 Euro, in Lokalen der Spitzenklasse und/oder in Spitzenlage müssen Sie unter Umständen mit weit über 50 Euro rechnen. Vor allem der Genuss guter Weine kann die Rechnung nach oben treiben.

Alle Preise verstehen sich inklusive Steuer und Service. Geben Sie etwa zehn Prozent Trinkgeld. Wenn Sie mit der Bedienung sehr zufrieden waren, kann es auch etwas mehr sein. In den meisten gehobenen Restaurants können Sie mit Kreditkarte bezahlen.

Vegetarisch und vegan essen

Für Vegetarier und Veganer ist es in Hamburg kein Problem, leckeres, gesundes und liebevoll zubereitetes Essen zu finden. Es gibt zahlreiche vegetarische oder auch rein vegane Restaurants, Cafés und Bistros *(Auswahl siehe S. 194–197)*. Und auch in nicht ausschließlich vegetarischen Restaurants stehen in der Regel immer diverse vegetarische Gerichte auf der Speisekarte.

Fischliebhaber finden in Hamburg selbstverständlich eine noch größere Auswahl vor. Viele Restaurants sind auf Fischgerichte spezialisiert.

Mit Kindern essen

Einige Restaurants in Hamburg – vor allem solche der oberen Preiskategorie – sind nicht speziell auf die Bedürfnisse von Kindern eingestellt, doch die meisten stellen Hochstühle zur Verfügung und bieten Kindergerichte an. Wenn Sie einen Kinderwagen dabeihaben, sollten Sie das Personal fragen, wo Sie ihn am besten hinstellen können.

Wenn Sie tagsüber mit Kindern unterwegs sind, bieten sich Schnellimbisse und Snackbars geradezu an *(siehe S. 194–197)*. Dort gibt es nicht nur, was Kindern schmeckt, sondern im Idealfall sogar einen Kinderbereich, in dem sich die Kleineren austoben können.

Rauchen

In allen Hamburger Restaurants, Cafés und Bars gilt seit 2008 Rauchverbot. Erlaubt ist Rauchen in belüfteten, abgeschlossenen Nebenräumen und im Freien auf Terrassen.

Behinderte Gäste

In vielen Restaurants ist Rollstuhlfahrern der Zugang nur eingeschränkt möglich, außerdem stehen in den Lokalen die Tische oft eng beieinander. Erkundigen Sie sich bei Reservierung nach den Gegebenheiten des Restaurants, das Sie besuchen möchten. Zu beachten ist auch, dass die Toiletten mancher Restaurants im Souterrain liegen und nur über eine Treppe erreichbar sind. In anderen Fällen muss ein schmaler Gang durchquert werden, was ebenfalls beschwerlich sein kann.

Die windschiefe Oberhafen Kantine *(siehe S. 189)* ist Kult

Restaurantkategorien

Die Lokale in der Restaurantauswahl dieses Reiseführers *(siehe S. 188–193)* wurden aufgrund der Qualität ihrer Speisen, ihres sehr guten Preis-Leistungs-Verhältnisses, ihrer Ausstattung, ihrer schönen Lage und ihres besonderen Ambientes ausgewählt. Die Restaurants sind nach Stadtvierteln aufgelistet. Die meisten liegen in der Nähe von touristischen Hotspots, einige lohnen sogar eine längere Anfahrt. Innerhalb der Viertel sind sie nach Preiskategorien alphabetisch geordnet.

Restaurants mit besonderem Charakter oder Charme werden als **Vis-à-Vis-Tipp** hervorgehoben.

Im Rialto *(siehe S. 189)* speist man stilvoll mit Blick auf das Fleet

Hamburger Küche

Die Weltoffenheit der Elbmetropole spiegelt sich auch in der Küche wider. Viele Zutaten und Gewürze aus Übersee erreichten das europäische Festland über den Hamburger Hafen und traten von hier ihren Siegeszug über den Kontinent an. Die Küche der Hansestadt wird von einer großen Vielfalt an Fischgerichten geprägt. Deftige Eintöpfe mit verschiedensten Gemüsesorten bereichern das Angebot. Der weltbekannte »Hamburger« (gemeint ist das Softbrötchen diverser Fast-Food-Ketten) hat mit der Stadt übrigens rein gar nichts zu tun.

Knackige, pflückfrische Äpfel aus dem Alten Land

Tageskarte vor einem Hamburger Restaurant

Fischküche

Um einen Eindruck von der großen Bandbreite an Fisch in der Hamburger Küche zu bekommen, muss man nur einmal sonntagmorgens über den St. Pauli Fischmarkt *(siehe S. 110)* schlendern. Der Fang kommt täglich frisch aus der Elbe sowie aus der Nord- oder Ostsee, einige Feinschmeckerlokale lassen sich mit Mittelmeer- und Atlantikfisch direkt aus den Markthallen von Paris beliefern. Fisch wird in Hamburg in allen nur denkbaren Variationen gegessen, vor allem Aal, Scholle, Hecht, Hering und Zander sind die Grundlage für vielerlei Gerichte: gebraten oder gedünstet, gebacken oder eingelegt, zu Suppen oder Fischtöpfen verarbeitet.

Als Beilage werden in der klassischen norddeutschen Küche bei vielen Gerichten Kartoffeln gereicht – als Salz-, Pell- oder Bratkartoffeln bzw.

Franzbrötchen mit Schokolade
Franzbrötchen mit Streusel
Franzbrötchen mit Kürbiskernen
Croissant
Roggenbrötchen
Vollkornbrot

Franzbrötchen, Croissant, Brötchen und Vollkornbrot

Typische Gerichte des Nordens

Hamburger Küche wird durch den gelungenen Mix aus Fischgerichten und deftiger Hausmannskost geprägt. Einige Speisen sind untrennbar mit dem Namen der Stadt verbunden, darunter etwa Labskaus, Finkenwerder Scholle und einige Matjesgerichte. Die Hamburger Aalsuppe enthielt ursprünglich alles, nur keinen Aal. Ist Aal dennoch Bestandteil des Gerichtes, so ist dies ein Zugeständnis an die Besucher der Stadt. Ihren süßsauren Geschmack erhält die Suppe durch das verwendete Trockenobst (meist Äpfel). Eine gewöhnlich klingende, aber beliebte Kreation ist »Birnen, Bohnen und Speck«. Die geschmackliche Spannung resultiert aus dem Kontrast zwischen dem rauchigen Speck, der leicht bitteren Note der Bohnen und der Süße der Birnen. Wenn es einmal schnell gehen muss, geht für viele Hamburger nichts über eine Frikadelle oder ein Fischbrötchen von einer Fischbude.

Kohlrouladen auf Karottengemüse

Labskaus ist ein altes Seemannsgericht, das seine charakteristische Farbe von Roter Bete erhält (Zubereitung *siehe Kasten rechts*).

HAMBURGER KÜCHE | 185

Garnelen, Crevetten, Flusskrebse, Rollmöpse, Miesmuscheln & Co.

als Kartoffelsalat. Häufig gibt es auch Bohnen oder Salat zum Fischgericht. Viele Saucen werden auf Senf- oder Sahnebasis zubereitet. Alles in allem: Hamburg ist ideal für schmackhafte Hausmannskost, aber auch für ideenreiche moderne Variationen.

Eintöpfe

Im Umland von Hamburg sieht man viele landwirtschaftlich genutzte Flächen, auf den Wiesen und Feldern weiden Nutztiere und gedeihen Kulturpflanzen (Gemüse, Kartoffeln und Obst), die wichtige Ingredienzien diverser Eintöpfe sind. Das Alte Land *(siehe S. 138)* vor den Toren der Stadt ist das größte zusammenhängende Obstanbaugebiet in Mitteleuropa. Aus all diesen Zutaten werden deftige Eintöpfe wie »Birnen, Bohnen und Speck«, »Hanseatischer Grünkohltopf mit Kassler und Kochwurst«, »Herbstlicher Kohleintopf« oder eine »Grüne Bohnensuppe mit Äpfeln« zubereitet.

Filiale von Dat Backhus an der Binnenalster

Backwaren und Desserts

Ob zum Frühstück oder nachmittags zum Kaffee/Tee – der Reigen an typischen Hamburger Backwaren ist groß. Er reicht von diversen Brotsorten bis zu Süßgebäck wie Franzbrötchen (Hefegebäck mit süßem Inhalt) und Hanseat (Mürbeteigscheiben mit rotweißer Zuckerglasur). Kopenhagener, ein beliebtes Blätterteiggebäck, sind mit Marzipan oder Marmelade gefüllt, braune Kuchen sind kross gebackene Kekse, die an Lebkuchen erinnern. Als leckere Desserts locken Rote Grütze, Hamburger Sandkuchen und Appelpankoken.

Labskaus

Dieser Klassiker unter den Hamburger Gerichten ist ein altes Seemannsessen, das an der ganzen norddeutschen Küste beliebt ist – auch wenn es auf den ersten Blick ein wenig ungewöhnlich wirkt. Der Eintopf wird aus gepökeltem Rindfleisch, Kartoffeln, Roter Bete (und weiteren Gemüsesorten wie Sellerie und Lauch) sowie Salzheringen zubereitet und mit Gewürzgurken serviert – obenauf kommt noch ein Spiegelei. Dazu gibt es würziges Bauernbrot. Zum Labskaus passt ein kühles Bier.

Finkenwerder Scholle ist eine weitverbreitete Zubereitungsform der Scholle. Typisch ist die Füllung mit Speck und Zwiebeln.

Matjes mit grünen Bohnen zählt zu den beliebten Heringsgerichten und ist besonders im Frühsommer, wenn es »junge« Matjes gibt, eine Delikatesse.

Rote Grütze ist ein Mix aus gekochten roten Beeren und etwas Rotwein. Das Dessert wird oft mit Vanillesauce oder Sahne serviert.

Hamburger Getränke

Wie in weiten Regionen Deutschlands ist auch in Hamburg Bier unter den alkoholischen Getränken die Nummer eins. Kein Wunder, blickt die Stadt doch auf eine Jahrhunderte währende Brautradition zurück. Vor allem Bier der Marke Astra ist der Stolz zahlreicher Hamburger. Typisch für den Norden sind auch (nicht nur klare) Schnäpse und Tee. Bei den alkoholfreien Erfrischungsgetränken gewannen fritz-kola (aus Hamburg) oder Bionade in den letzten Jahren große Marktanteile hinzu.

Bierdeckel und Kronkorken beliebter Biermarken

Bier

Die Bierproduktion hat in der Hansestadt eine sehr lange Geschichte, schließlich stand und fiel der Ruf Hamburgs im Mittelalter mit der Qualität des hier gebrauten Bieres. Renommierteste Produktionsstätte ist die 1879 gegründete, 2004 in die Carlsberg-Deutschland-Gruppe integrierte und 2014 von dieser vollständig übernommene Holsten-Brauerei. Sie braut u. a. auch die Premium-Marke Duckstein. Das Holsten-Logo mit dem Ritter auf dem galoppierenden Pferd ist weltbekannt. Auch Biere anderer norddeutscher Brauereien sind in Hamburg verbreitet, darunter etwa Jever, Beck's und Flensburger.

Wicküler-Bier   Holsten-Bier   Jever-Bier

Astra

Mehr als »nur« eine Hamburger Biermarke ist Astra. Unter diesem Namen werden im Großraum Hamburg mehrere Biere vermarktet: Urtyp, das etwas stärkere Rotlicht und Rakete (mit Citrus-Wodka-Aroma). Bis 2003 wurde Astra-Bier (wie Astra-Alsterwasser) von der Bavaria-St.-Pauli-Brauerei zwischen Reeperbahn und Landungsbrücken produziert. Die Gebäude wurden abgerissen, die Astra-Brauerei wurde der Holsten-Brauerei *(siehe oben)* angegliedert. Doch das Hamburger Original bleibt weiterhin eine untrügliche Kiez-Ikone.

Das leuchtende Rot der Astra-Werbung ist aus St. Pauli nicht wegzudenken

Rotlicht und Urtyp – zwei Biere aus dem Hause Astra

Alsterwasser (Kiezmische)

Das Mischgetränk – in Süddeutschland als Radler bekannt – besteht je zur Hälfte aus Zitronenlimonade und Pils. Früher wurde der Durstlöscher in Gaststätten oder privat ausschließlich frisch gemischt. Seit der Änderung des Biersteuergesetzes 1993 wird Alsterwasser von den Getränkeherstellern in Flaschen angeboten. Ein Tipp, wenn Sie sich Ihr Alsterwasser selbst mixen möchten: Erst die Limonade, dann das Bier – nur auf diese Art kann sich die für Biere typische Schaumkrone so richtig entfalten.

Alsterwasser (Kiezmische), Mixgetränk aus Bier und Zitronenlimonade

Spirituosen

An Hochprozentigem gibt es in den Lokalen und Läden eine große Auswahl. Ein Gläschen rundet das Mahl ab oder schafft bei einer feuchten Brise wohlige Wärme. Zu den Klassikern gehören Kräuterliköre wie Wattenläufer, Anisschnäpse wie Küstennebel oder der auf Kümmelbasis gebrannte Aquavit. Griffen die Seemänner früher zur Buddel Rum, genießt man in Hamburg heute bei Schmuddelwetter einen Grog (ein Schuss Rum mit heißem Wasser).

Wattenläufer  — Eierlikör  — Aquavit  — Küstennebel

Alkoholfreie Getränke

Das Hamburger Leitungswasser kann man – nicht erst seit den Zeiten von Wasserträger Hummel – ganz ohne Bedenken trinken. Bei Tisch bestellt man aber in der Regel Mineralwasser – mit oder ohne Kohlensäure. Neben den üblichen Softdrinks gibt es in Hamburg noch einige neuere Spezialitäten, die inzwischen nicht nur in Deutschland in aller Munde sind.

Aus der Hansestadt stammt fritz-kola, ein seit 2003 im Handel erhältliches Cola-Getränk mit höherem Koffeingehalt als die Cola-Marktführer. Sie wurde erst nur in Hamburger Bars verkauft, bevor sie über die Stadtgrenzen hinaus bekannt wurde. Neben fritz-kola umfasst die fritz-Familie auch die Limonadenreihe fritz-limo, die Schorlereihe fritz-spritz, die Cola-Orangen-Limo MISCHMASCH und das Mategetränk fritz-mate.

Bionade ist ein feinherb-fruchtiger Drink auf natürlicher Basis in den Geschmacksrichtungen Holunder, Litschi, Kräuter, Schwarze Johannisbeere-Rosmarin, Zitrone-Bergamotte, Ingwer-Orange, Himbeer-Pflaume und Streuobst. 1997 trat Bionade ihren Siegeszug an – zunächst als Szene-, später als Massengetränk.

fritz-limo und fritz-kola – Erfrischungsgetränke aus Hamburg

Bionade, eine andere Art der Limonade  — Mineralwasser und Apfelsaftschorle  — Mineralwasser

Heiße Getränke

Obwohl sich mittlerweile auch in Hamburg die amerikanische Coffee-Shop-Szene mit ihren schier zahllosen »flavoured« Kaffeevariationen etabliert hat, geht für viele Einheimische und Besucher nichts über eine gute Tasse Kaffee – ohne zusätzliche Aromen. Außer dem klassischen Filterkaffee werden auch Espresso und Cappuccino gerne getrunken. Neben den vielen Cafés locken einige Teestuben, in denen die Zubereitung noch ein wahres Ritual ist, den Genießer an.

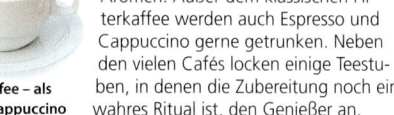

Eine Tasse Kaffee – als Espresso oder Cappuccino

Ostfriesischer Schwarztee

Restaurantauswahl

Altstadt

Daniel Wischer €
Hanseatisch SP 10 D3 K J7
Spitalerstr. 12, 20095
☎ (040) 36 09 19 88 ⊙ So
Hamburgs älteste Fischbratküche eröffnete 1924. Seither heißt das Motto des Hauses: »Wir machen den Fisch«. Die Variationen für den schnellen Hunger reichen von Fischbrötchen über Matjes, Scholle, Goldbarsch und Scampi bis Seelachs. Dazu passt der hausgemachte Kartoffelsalat. Weiterer Standort: Steinstraße 15a.

Ti Breizh €
Französisch SP 9 C4 K H8
Deichstr. 39, 20459
☎ (040) 37 51 78 15
Das französische Lokal bringt den Esprit der Bretagne in die Hansestadt. Köstliche Galettes und gefüllte Crêpes mit pikanter oder süßer Füllung (von Ziegenkäse bis Kastaniencreme, von Dijon-Senfsauce bis Geflügel) begeistern.

Vis-à-Vis-Tipp

Café Paris €€
Französisch SP 10 D3 K J7
Rathausstr. 4, 20095
☎ (040) 32 52 77 77
Französische Gerichte in illustrem Jugendstilambiente am Rathaus. Eine kunterbunte Downtown-Mischung aus Börsianern, Shoppern und Besuchern genießt im Saal, im Atelier oder im Salon *coq au vin*, Rotbarschfilet, Flammkuchen, Tatar mit Kapern und Senf oder Salade Niçoise. Essen wie bei *maman*.

Speisen unter himmelblauen Decken im Marblau

Restaurantkategorien siehe Seite 183

Fillet of Soul €€
Europäisch SP 10 F4 K L8
Deichtorstr. 2, 20095
☎ (040) 70 70 58 00
Kunst meets Kulinarisches. Das Restaurant in den Deichtorhallen versteht sich als Pendant zu der dort gezeigten Kunst. Schwarzwurzel-Sauerkraut-Suppe oder Penne rigate mit Ente sind eine gute Basis für das anschließende Kunsterlebnis.

Mama €€
Italienisch SP 10 D3 K J7
Schauenburgerstr. 44, 20095
☎ (040) 36 09 99 93
Mama ist die moderne Interpretation einer Trattoria. Die Gerichte wie Pizza oder Pasta, Antipasti oder Desserts sind tadellos. Man sitzt auf niedrigen Hockern, auf klassischen Holzbänken oder an einem sechs Meter langen Tisch. Weitere Niederlassungen finden sich in Eppendorf, Winterhude, Pöseldorf und Blankenese.

Le Plat du Jour €€
Französisch SP 9 C3 K J8
Dornbusch 4, 20095
☎ (040) 32 14 14
Bistro-Küche vom Feinsten. Der Gast isst à la carte oder stellt sich sein eigenes Menü zusammen. *Scampi à la provençale* oder Heilbuttfilet mit Olivenkruste versetzen in Urlaubsstimmung. Die hausgemachten Pasteten gibt es mit leichter oder deftiger Füllung.

Saliba Alsterarkaden €€€
Syrisch SP 10 D3 K J7
Neuer Wall 13, 20354
☎ (040) 34 50 21
Arabisches Flair mitten in der Hamburger Altstadt. Gerichte wie Lammwürste mit Pinienkernen oder Scampi auf Curry-Apfel-Sauce zählen zu den Köstlichkeiten. Das Saliba bietet auch viele vegetarische und vegane Optionen. Unter weißen Arkaden direkt am Alsterfleet genießt man dazu den Blick auf das Rathaus.

Weltbühne €€
Europäisch SP 10 E3 K K7
Gerhart-Hauptmann-Platz 70, 20095
☎ (040) 30 39 32 50
Das Café und Bistro im Thalia Theater ist ideal für Theaterbesucher. Zu den Klassikern gehören etwa Kalbsrückensteak, Gnocchi in Basilikumpesto und Chateaubriand. Als Desserts gibt's Kaffeehausklassiker wie Wiener Apfelstrudel und Apfel-Kaiserschmarrn sowie hausgemachte Kuchen.

Preiskategorien

Preise für ein Drei-Gänge-Menü pro Person mit einer halben Flasche Wein, inklusive Steuer und Service:
€   unter 30 Euro
€€   30–50 Euro
€€€ über 50 Euro

Alt Hamburger Aalspeicher €€€
Hanseatisch SP 9 C4 K H8
Deichstr. 43, 20459
☎ (040) 36 29 90
Zu den Spezialitäten des Hauses in einem Speicher (16. Jh.) gehört Aal. Gäste wählen »ihren« Aal selbst aus und ziehen dem frisch geräucherten Fisch die Haut ab. Dann gibt es Kornbrannt – für die Finger. Alternativen: Matjeshering mit Bratkartoffeln, Kutterscholle mit Salatbouquet oder Seezungenfilet mit Blattspinat.

Deichgraf €€€
Hanseatisch SP 9 C4 K H8
Deichstr. 23, 20459
☎ (040) 36 42 08 ⊙ So, Mo
Möchten Sie in traditionsbewusster Atmosphäre klassisch-hanseatisch speisen? Zu den Klassikern zählen Scholle Finkenwerder Art, Hamburger Pannfisch, gebratenes Rotbarschfilet und Seeteufel mit Rote-Bete-Salat.

Tschebull €€€
Österreichisch SP 10 D3 K K7
Mönckebergstr. 7, 20095
☎ (040) 32 96 47 96 ⊙ So
Auf der Speisekarte finden sich Spezialitäten wie Wiener Schnitzel, Schwammerlgulasch oder Kärntner Käsenudeln sowie Fischgerichte und Seafood. Verführerisch ist auch die Auswahl an Nachspeisen – z. B. Salzburger Nockerln.

Neustadt

Vis-à-Vis-Tipp

Marblau €€
Mediterran SP 9 B2 K G6
Poolstr. 21, 20355
☎ (040) 226 16 15 55
Südeuropa meets Orient. Das Restaurant serviert Spezialitäten des Mittelmeerraums. Klassiker aus Spanien und Italien werden mit orientalischen Gewürzen und Kräutern zubereitet – eine wahre Fusion für die Sinne. Perfektes Ambiente: Die Decken sind so azurblau wie der Sommerhimmel.

ALTSTADT, NEUSTADT, HAFEN UND SPEICHERSTADT | 189

Marinehof €€
Europäisch   SP 9 B4 K H8
Admiralitätstr. 77, 20459
(040) 374 25 79   So
Das lichtdurchflutete Lokal auf der Fleetinsel hat sich zu einem Treff der Medienbranche entwickelt. Kartoffel-Gnocchi und Linsen-Spinatsuppe sind besonders gefragt. Der italienische Mandelkuchen ist vom Feinsten.

Matsumi €€
Japanisch   SP 9 C1 K J5
Colonnaden 96, 20354
(040) 34 31 25   So, Mo
Ältestes japanisches Restaurant in Hamburg. Mit Papier bespannte Fenster und Raumteiler prägen das Ambiente. Die kalten Grüner-Tee-Nudeln mit säuerlichem Dip sind gewagt, aber beliebt. Große Sake-Auswahl, japanisches Bier.

Die Bank €€€
Europäisch   SP 9 C2 K H6
Hohe Bleichen 17, 20354
(040) 238 00 30
Brasserie mit sechs Meter hohen Decken in einer früheren Bank. Die Speisekarte listet Gerichte wie Filet vom Weiderind, Blauschimmelravioli, Kalbstafelspitz und Bouillabaisse. Lange Cocktailbar.

[m]eatery €€€
Amerikanisch   SP 9 C2 K H6
Drehbahn 49, 20354
(040) 30 99 95 95
Auf Steaks spezialisiertes Restaurant im Design-Hotel SIDE *(siehe S. 177)*. Das Fleisch kommt aus Argentinien, USA und Schleswig-Holstein. Auch Burger und Salate.

Vis-à-Vis-Tipp
La Mirabelle €€€
Französisch   SP 7 A3 K G3
Bundesstr. 15, 20146
(040) 410 75 85   So, Mo
»Wo Wein und Küche sich das Jawort geben« lautet die Devise des französischen Restaurants. Die Speisen sind authentisch, das Flair elegant. Zu den Gaumenkitzlern gehört Zicklein. Der Chef persönlich berät bei der Weinauswahl, die viele Raritäten umfasst.

Old Commercial Room €€€
Hanseatisch   SP 9 A4 K G8
Englische Planke 10, 20459
(040) 36 63 19
Rinderroulade mit Rotkohl und Kartoffelklößen, Aalsuppe und Labskaus zählen zu den Favoriten auf der Speisekarte. Gutbürgerliches Ambiente, viele Gäste aus dem Ausland. Die Wände sind mit Bildern und Fotos übersät.

Rialto €€€
Europäisch   SP 9 C4 K H8
Michaelisbrücke 3, 20459
(040) 36 43 42
Europäische Küche in schönem Ambiente: Red Snapper im Bananenblatt mit Spinatsalat, Pasta in diversen Variationen oder Wiener Schnitzel sind typische Gerichte. Elegante Tische, Blumenschmuck und gedämpftes Licht schaffen Behaglichkeit.

Tarantella €€€
International   SP 9 C1 K H5
Stephansplatz 10, 20354
(040) 65 06 77 90   So
Der ideale Ort für eine kulinarische Reise um die Welt. Genießen Sie Seezunge aus der Nordsee, Lüneburger Ochsenfiletsteak, australisches Rinderfilet, Thai-Brokkoli oder ein klassisches Wiener Schnitzel.

Zu den alten €€€
Krameramtsstuben am Michel
Hanseatisch   SP 9 B4 K G8
Krayenkamp 10, 20459
(040) 36 58 00
Dem »Michel« zu Füßen befindet sich ein einzigartiges Ensemble einer alten Wohnhofanlage aus dem 17. Jahrhundert *(siehe S. 72)*. Unter Holzdecken serviert man typische Hamburger Speisen wie Labskaus und Pannfisch.

Hafen und Speicherstadt

Oberhafen Kantine €
Hanseatisch   SP 6 E4 K L9
Stockmeyerstr. 39, 20457
(040) 32 80 99 84
Das Traditionslokal bietet bodenständige Kost wie etwa Blutwurst mit Birnenkompott, Matjesfilet oder Griebenschmalz mit Brot.

Catch of the Day €€
Hanseatisch   SP 10 E5 K K9
Koreastr. 1 (Kaispeicher B), 20457
(040) 45 06 06 27
Der Name ist Programm: Frischer Fisch steht im Fokus. Weitere Spezialitäten sind Grünkohl und Ofenkartoffeln. Viele Gäste kommen vor oder nach einem Besuch des Maritimen Museums.

Schönes Leben €€
Europäisch   SP 6 D4 K K8
Alter Wandrahm 15, 20457
(040) 180 48 26 80
Ab 10 Uhr gibt es Frühstück, mittags ein Hauptgericht mit Beilagen vom Buffet, nachmittags Kaffee und Kuchen, abends werden Fleisch-, Fisch-, Gemüse- und Nudelgerichte geboten.

Pierre Moissonnier, der Chef im La Mirabelle

Stricker's KehrWiederSpitze €€
Hanseatisch   SP 9 B5 K H9
Am Sandtorkai 77, 20457
(040) 51 90 30 61
Jan, Feb: Mo
Am westlichsten Ende der Hafen-City liegt dieses Restaurant mit seiner tollen Aussicht (auch Terrasse). Kalbsrückensteak und Elbzanderfilet werden gern gewählt.

CARLS an der €€€
Elbphilharmonie
Europäisch   SP 5 B5 K H9
Am Kaiserkai 69, 20457
(040) 300 32 24 00
Brasserie, Bistro und Bar. Der gastronomische Ableger des Hotels Louis C. Jacob *(siehe S. 176)* bietet französisch-hanseatische Küche. Dunkle Holzböden, riesige Leuchter, bodentiefe Fenster.

Vis-à-Vis-Tipp
Störtebeker Beer & Dine €€€
Hanseatisch   SP 5 B5 K H9–10
Platz der Deutschen Einheit 3, 20457
(040) 60 53 38 10
Das Restaurant mit Bar- und Lounge-Bereich im fünften Stock der Elbphilharmonie *(siehe S. 92–95)* bietet nordische Gerichte wie Räucheraal, Garnelen-Kartoffel-Eintopf und Lachsfilet. Sehr beliebt ist das Konzertmenü. Große Auswahl an (Bier-)Cocktails.

VLET €€€
Hanseatisch   SP 5 C4 K J9
Am Sandtorkai 23/24, 20457
(040) 334 75 37 50   So
Gourmet-Restaurant in einem Speichergebäude. Ob Zander- oder Kalbsfilet, Geflügelleber oder Kürbisauflauf – alles nur vom Feinsten. Die Käsevariationen sind konkurrenzlos.

SP = Stadtplan *siehe Seiten 242–257*   **K** = Karte *Extrakarte zum Herausnehmen*

Wandrahm €€€
Europäisch SP 5 C5 K J9
Am Kaiserkai 13, 20457
(040) 31 81 22 00   ● So
Außergewöhnlicher Genuss auf zwei Ebenen. Mittags ideal für einen schnellen Lunch, der Nachmittag wird mit selbst gebackenen Kuchen versüßt, abends werden ausgefallene Gerichte serviert. Raffiniertes Lichtkonzept.

St. Pauli

Vis-à-Vis-Tipp
Hamburger Veermaster €
Hanseatisch SP 3 C4 K D7
Reeperbahn 162, 20359
(040) 31 65 44
● Jan–Feb: So–Do
Das Motto der Traditionsgaststätte lautet: »Ältestes Speise- & Stimmungslokal auf der Reeperbahn«. Serviert wird echte Hamburger Küche (Labskaus, Krabbensuppe, Pannfisch). Wählen Sie als Nachspeise »Rote Grütt«. Bei der Innenausstattung dominiert Holz, das Flair ist maritim.

Man Wah €
Chinesisch SP 4 D4 K E7
Spielbudenplatz 18, 20359
(040) 319 25 11
Das chinesische Lokal auf dem Kiez hat bis weit nach Mitternacht geöffnet. Hier frittiert man Teigbällchen mit Fleisch oder Gemüse.

Fischerhaus €€
Hanseatisch SP 2 E4 K D8
St. Pauli Fischmarkt 14, 20359
(040) 31 40 53
Norddeutsche Küche und rustikales Ambiente. Neben Klassikern wie Aalsuppe und Labskaus sind Seelachsfilet, Steinbutt und Riesengarnelen beliebt.

La Sepia €€
Portugiesisch SP 4 D1 K E5
Neuer Pferdemarkt 16, 20359
(040) 432 24 84
Das Restaurant bietet köstliches Seafood – u. a. Minikraken in Knoblauch, Stockfisch, Austern und Seeteufelmedaillons.

Bullerei €€€
International K E4
Lagerstr. 34b, 20357
(040) 33 44 21 10
Restaurant von TV-Koch Tim Mälzer, das bei Fans handfester Kost beliebt ist. Ochsenschulter, Adlerfischfilet und Schweinebauch sind sehr beliebt.

VLET – angesagte Adresse in der Speicherstadt *(siehe S. 189)*

NIL €€€
Europäisch SP 4 D2 K E6
Neuer Pferdemarkt 5, 20359
(040) 439 78 23 ● Jan–Nov: Di
Lokal mit Dekor der 1950er Jahre. Maishähnchenbrust und Vanille-Safran-Polenta sind sehr beliebt.

Schauermann €€€
Mediterran SP 3 C4 K D8
St. Pauli Hafenstr. 136–138, 20359
(040) 31 79 46 60 ● So, Mo
Eine Oase des Minimalismus mit Sitzgelegenheiten aus schwarzem Leder. Tipp: Filet vom Seehecht oder Kokos-Kichererbsen-Curry.

Altona

Vis-à-Vis-Tipp
Haifischbar €
Hanseatisch SP 2 E4 K C9
Große Elbstr. 128, 22767
(040) 380 93 42
Das Mobiliar hat schon etwas Staub angesetzt, und kulinarische Highlights darf man nicht erwarten (eher Matjes, Scholle und Labskaus). Doch immer noch strahlt die Haifischbar echte Seemannsromantik aus, die von zahlreichen Besuchern geschätzt wird. Hier gingen schon Hans Albers, Freddy Quinn und Lale Andersen vor Anker. Ein Besuch in der Haifischbar hier ist ein Erlebnis.

Zum Schellfischposten €
Hanseatisch SP 2 E4 K C9
Carsten-Rehder-Str. 62, 22767
(040) 38 34 22
Älteste Seemannskneipe Altonas. Das Lokal bietet Hausmannskost wie Fischbrötchen und war oft Schauplatz von TV-Dreharbeiten (u. a. für die Serie *Großstadtrevier*). Ina Müllers Sendung *Inas Nacht* wird hier aufgezeichnet.

Breitengrad €€
Ceylonesisch SP 2 E1 K C4
Gefionstr. 3, 22769
(040) 43 18 99 99 ● Mo
Spezialitäten aus Sri Lanka: Zu den pikanten Gerichten (u. a. Geflügel-Curry mit Ananas und Cashewnüssen, Lamm-Kashmiri und Gemüseteller) werden Reis und bunte Salate gereicht. Ganzjährig beheizter Gartenpavillon.

Café Altamira €€
Spanisch SP 1 C1
Thomasstr. 4, 22761
(040) 85 37 16 00
Angeblich gibt es hier die besten Tapas nördlich von Barcelona. Jeden Tag werden etwa 70 verschiedene Tapas frisch zubereitet, darunter viele vegetarische. Dazu gibt es eine große Auswahl an Salaten sowie köstliche Desserts (u. a. spanischen Mandelkuchen).

Eisenstein €€
Europäisch SP 1 B2
Friedensallee 9, 22765
(040) 390 46 06
Szenerestaurant, Frühstückslokal und Biergarten in einem. Hier genießt man Ochsenbäckchen mit Aprikosenpolenta, Gnocchi mit Kürbis, Tomatenrisotto oder Holzofenpizza.

Shikara €€
Indisch SP 1 C2 K A7
Bahrenfelder Str. 243, 22765
(040) 480 89 59
Indische Spezialitäten in allen Farben aus der weiten Welt der Düfte und Gewürze. Neben vielen Tandoorigerichten gibt es auch Linsengerichte mit Curry, Chicken Tikka und Pakhora – und zum Dessert Honigbällchen mit Eis. Viele Gerichte werden mit Nüssen verfeinert.

La Vela €€
Italienisch SP 2 E4 K C9
Große Elbstr. 27, 22767
(040) 38 69 93 93

Italienisches Restaurant in Spitzenlage am Beginn der »Gastromeile« zwischen Fischmarkt und Övelgönne. Wer stilvolles Ambiente bevorzugt, ist hier richtig. Kaninchenrücken mit Scampi oder Tagliatelle mit Spargelspitzen bieten sich als Hauptgang an. Am Sonntag ist Familientag.

Au Quai €€€
International SP 2 D4 K A9
Große Elbstr. 145b–d, 22767
☎ (040) 38 03 77 30 ● So
Kanadischer Hummer, argentinische Riesengarnelen, indisches Gemüse-Kokos-Curry, italienische Pasta oder schottische Jakobsmuscheln – auf der Speisekarte findet man kulinarische Highlights aus aller Welt. Der Elbblick ist kaum zu toppen. Von der Terrasse des denkmalgeschützten Gebäudes sieht man die Sonne über Hamburg untergehen.

Le Canard €€€
Südostasiatisch SP 1 B5
Elbchaussee 139, 22763
☎ (040) 88 12 95 31 ● So, Mo
In hellen, lichtdurchfluteten Räumen geniest man Spezialitäten wie *entrecôte*, Salzwiesenlamm, Stubenküken, Lachsfilet oder Steinbutt. Verführerische Desserts wie etwa Quarkauflauf mit eingelegten Aprikosen runden das Menü ab.

Vis-à-Vis-Tipp

**Fischereihafen €€€
Restaurant**
International SP 2 D4 K A9
Große Elbstr. 143, 22767
☎ (040) 38 18 16
Auch Hamburger Prominenz weiß die exquisite Fischküche dieser kulinarischen Institution zu schätzen. Neben regionalen Fischgerichten mit Seezunge, Steinbutt oder Räucheraal werden im Restaurant der Familie Kowalke auch französische Austern und Thunfisch auf asiatischem Wokgemüse kredenzt. Der ideale Platz für edlen Genuss.

Henssler & Henssler €€€
Fusion SP 2 D4 K B9
Große Elbstr. 160, 22767
☎ (040) 38 69 90 00 ● So
Kontrastreiche Küche, die klassische japanische Kochkunst mit modernen internationalen Einflüssen verbindet. Beliebt: Heilbutt-Sashimi mit Peperoni und Zitronen-Sojabutter, Black-Tiger-Garnelen, gefülltes Maishuhn mit Erdnuss oder Hähnchenspieß »Flower Power«.

Rive €€€
Europäisch SP 2 D4 K B9
Van-der-Smissen-Str. 1, 22767
☎ (040) 380 59 19 ● Mo
Das Restaurant mit Oyster Bar bietet zu bestem Elbblick alles, was das Meer hergibt. Delikatessen sind z. B. der Meeresfrüchteteller mit Austern, Langostinos und Muscheln oder der Angelschellfisch mit Blattspinat.

Das Seepferdchen €€€
Hanseatisch SP 2 D4 K B9
Große Elbstr. 212, 22767
☎ (040) 38 61 67 49 ● So
Das Dekor dieses hanseatischen Restaurants in einer ehemaligen Fischhalle ist in S(tr)andtönen gehalten. Das Angebot an Seafood auf der Karte ist riesig, u. a. gegrillter Hummer, gebratener Schellfisch oder Riesengarnelen. Auch Steaks sind zu haben.

Rund um die Alster

ALEX im Alsterpavillon €
Europäisch SP 10 D2 K J6
Jungfernstieg 54, 20354
☎ (040) 350 18 70
Das ehemals plüschige Kaffee, seit Langem eine feste Institution am Jungfernstieg, wurde von einer Restaurantkette übernommen. Vor allem junge Menschen bevölkern seither das ALEX, viele von ihnen kommen zum Brunch. Toller Blick über die Binnenalster.

Alsterschiff Galatea €€
Italienisch SP 10 E2 K K6
Ballindamm, 20095
☎ (040) 33 72 27
Hier zeigt sich Hamburger Gastronomie von einer ganz speziellen Seite. Das Restaurantschiff am Ufer der Binnenalster serviert italienische und regionale Gerichte. Die Tische schaukeln – naturgemäß – leicht, was dem Essgenuss aber keinesfalls abträglich ist.

Bolero €€
Mexikanisch SP 7 B2 K H2
Rothenbaumchaussee 78, 20148
☎ (040) 41 49 77 00
Mexikanische Küche direkt an der Tennisanlage mit Fajitas, Enchiladas, Chilis, Tortillas und Nachos. Außerdem gibt es Burger, Steaks, Pastagerichte, Suppen und Salate. Große Auswahl an Bier (u. a. mexikanisches Corona) und Cocktails mit und ohne Alkohol für jeden Geschmack.

Brodersen €€
Hanseatisch SP 7 B3 K H3
Rothenbaumchaussee 46, 20148
☎ (040) 45 81 19

Ein Restaurant für die Anhänger hanseatischer Kost: Ob Büsumer Krabben, Heidekartoffeln oder Fleisch aus dem Alten Land – die Zutaten für die bodenständigen Gerichte wie Hanseatentopf, Labskaus, Grünkohl mit Kassler, Krabbenbrot oder Pannfisch sind aus der Region.

Das Dorf €€
Deutsch SP 6 E2 K L6
Lange Reihe 39, 20099
☎ (040) 24 56 14
Gehobene deutsche Hausmannskost (von Gulasch bis Rostbraten) genießt man hier im bezaubernden Ambiente eines Souterrain-Gewölbes (19. Jh.). Die Gäste sitzen teils auf Kirchenbänken, auch zwei Kachelöfen sowie Bilder und Masken prägen das Flair. Brot aus eigener Backstube.

Kajüte €€
An der Alster 10a (Steg), 20099
Hanseatisch SP 8 E4 K M5
☎ (040) 24 30 37
Die Kajüte liegt buchstäblich nicht »an«, sondern »in der Alster« (auf einem Privatsteg mit mietbaren Liegeplätzen) mit traumhafter Aussicht auf Alster und Stadt. Super Sonnenterrasse und Wintergarten. Solide leckere Küche mit kleiner Karte mit Schwerpunkt Fisch, aber auch mit Erbsensuppe und Wiener Schnitzel.

Suzy Wong €€
Mittelweg 141, 20148
Chinesisch SP 7 C2 K J2
☎ (040) 45 41 12
Feinste Küche aus dem Reich der Mitte. Zu den gefragtesten Spezialitäten bei Suzy Wong gehören Rindfleisch mit Sojasprossen, geröstete Ente mit Brokkoli sowie Garnelen in Chilisauce oder mit exotischem Gemüse.

Die Brasserie Flum lockt mit frischen Meeresfrüchten

SP = *Stadtplan siehe Seiten 242–257*   **K** = *Karte Extrakarte zum Herausnehmen*

Brasserie Flum €€€
Französisch SP 7 B3 K J4
Rothenbaumchaussee 10, 20148
📞 (040) 41 41 27 23
Authentisches Pariser Flair erwartet Gäste der vom Architekten Max Flum konzipierten Brasserie im Hotel Grand Elysée Hamburg *(siehe S. 176)*. Unter einer wundervoll gestalteten Jugendstildecke genießt man hier Klassiker der französischen Küche wie *bouillabaisse, filet de loup, entrecôte* oder *bœuf bourguignon*.

Central €€€
International SP 6 E2 K L5
Lange Reihe 50, 20099
📞 (040) 28 05 37 04
Hähncheninvoltini gefüllt mit Weinkraut und Pinienkernen, Steakburger aus Bio-Fleisch und Krautstrudel mit Kapern-Zitronensauce zählen zu den Klassikern des Restaurants. Dazu passen Bier der Hamburger Brauerei Wildwuchs und Bio-Weine.

Cox €€€
Europäisch SP 6 E1 K M5
Lange Reihe 68, 20099
📞 (040) 24 94 22
Szenelokal mit einer Prise frankophilem Charme und Bistro-Flair mitten in St. Georg. Die Gäste sitzen auf roten Lederbänken an kleinen Tischen und genießen etwa gebratenes Rotbarschfilet, Krustentier-*minestrone* oder Schweinerückensteak.

Vis-à-Vis-Tipp

Haerlin €€€
Neuer Jungfernstieg 9–14, 20354
International SP 10 D2 K J6
📞 (040) 34 94 33 10
⏺ So, Mo
Beim Blick durch das majestätische Restaurant im Hotel Vier Jahreszeiten *(siehe S. 125)* und über die faszinierende Speise-

---

karte spürt man die »große weite Welt«. Ein Schwerpunkt liegt auf französischer Küche; besonders raffiniert ist z. B. *loup de mer* mit Fenchelpüree und Pestoschaum.

Henriks €€€
Hanseatisch SP 7 C3 K J4
Tesdorpfstr. 8, 20148
📞 (040) 288 08 42 80
Das nach Chefkoch Claas-Henrik Anklam benannte, 2013 eröffnete Restaurant im Stadtteil Rotherbaum rühmte sich schon nach wenigen Monaten zahlreicher Stammgäste. Fisch und Seafood bilden einen Schwerpunkt auf der Speisekarte. Fleischgerichte und vegetarische Optionen ergänzen das Angebot. Das Personal empfiehlt zu jedem Gericht den passenden Wein. Die Bar bietet eine große Auswahl an Longdrinks und Cocktails.

Jahreszeiten Grill €€€
International SP 10 D2 K J6
Jungfernstieg 9–14, 20354
📞 (040) 34 94 33 12
Das edle Restaurant im Hotel Vier Jahreszeiten *(siehe S. 125)* an der Binnenalster versetzt seine Gäste in die 1920er Jahre zurück. Das prachtvoll gestaltete Interieur mit Art-déco-Lampen, Stuckverzierungen und Holzvertäfelungen schickt die Gäste auf illustre Zeitreise. Für einige Gerichte (darunter Grillspezialitäten) stellt man sich die Beilagen selbst zusammen. Die üppige Weinauswahl ist faszinierend.

Piazza Romana €€€
Mediterran SP 7 B3 K J4
Rothenbaumchaussee 10, 20148
📞 (040) 41 41 27 34
Das Restaurant im Hotel Grand Elysée Hamburg *(siehe S. 176)* serviert Köstlichkeiten aus dem Mittelmeerraum, ein Schwer-

punkt liegt auf italienischer Kost, z. B. Filet vom Wolfsbarsch mit umbrischem Trüffel. Oder wie wäre es mit Skrei von den Lofoten? Gute Auswahl an *dolci*.

Ristorante Portonovo €€€
Italienisch SP 7 C4 K J5
Alsterufer 2, 20354
📞 (040) 41 35 66 16
Genießen Sie italienische Küche und Lebensart direkt an einem Bootssteg der Außenalster oder – bei schlechtem Wetter – im Speiseraum. Populäre Speisen sind vor allem die Fischsuppe Portonovo, Kabeljaufilet mit Kürbispüree und Seeteufelmedaillons.

Abstecher

Tassajara €
Vegetarisch
Eppendorfer Landstr. 4, 20249
📞 (040) 48 38 01
Vegetarische und vegane Gerichte mit Einflüssen von ayurvedisch bis mediterran sind Markenzeichen des Tassajara. Die Speisekarte listet Köstlichkeiten wie süßsaure Feuerpfanne und Crêpe mit gedünstetem Gemüse. Die orangefarbenen Wände schaffen ein freundliches Ambiente.

Brücke €€
Europäisch
Innocentiastr. 82, 20144
📞 (040) 422 55 25
Das Restaurant ist klein und relativ schlicht eingerichtet, die Karte wird täglich von Hand geschrieben. Die Brücke rühmt sich vieler Stammgäste. Vielleicht liegt es am köstlichen Lachsfilet mit Blattspinat oder am Sauerkrautwickel.

Engel €€
Europäisch
Fähranleger Teufelsbrück, 22609
📞 (040) 82 41 87
⏺ Winter: Di
Das Ausflugsrestaurant auf dem Fähranleger Teufelsbrück ist eine Adresse für den Sonntagsbrunch oder ein gutes Abendessen. Genuss pur bieten gebratener *loup de mer* mit ligurischem Linsengemüse oder Heilbuttfilet mit Muscheln. Das leichte Schwanken des Pontons lässt mit zunehmendem Weingenuss nach.

Fischclub Blankenese €€
Europäisch
Strandweg 30a, Blankeneser Landungsbrücken, 22587
📞 (040) 86 99 62
Mediterrane und regionale Fischspezialitäten kommen hier auf den Teller. Am besten schmecken

Strandperle – Restaurant mit Terrasse am Elbstrand (siehe S. 193)

Restaurantkategorien siehe Seite 183 **Preiskategorien** siehe Seite 188

RUND UM DIE ALSTER, ABSTECHER | 193

Nordseescholle, Dithmarscher Grünkohl mit karamellisierten Kartoffeln oder Wiener Schnitzel mit Preiselbeeren natürlich nahe der 16 Meter langen, komplett verglasten Fensterfront beim Blick auf die vorbeiziehenden Schiffe.

Landhaus Walter €€
Hanseatisch
Otto-Wels-Str. 2, 22303
(040) 27 50 54 ● Mo
Eigenartige Kombination oder der Beweis, dass Biergärten auch im Norden funktionieren? Hier stehen Strandkörbe neben Bierbänken, die Speisekarte listet Fischgerichte neben Brezeln. Beliebt ist der Frühschoppen am Sonntag mit Live-Musik. Bei schlechtem Wetter macht man es sich innen bequem.

Sâi gón €€
Vietnamesisch
Martinistr. 14, 20251
(040) 46 09 10 09
Vietnamesische Speisen wie Glasnudelsuppe mit Hühnerfleisch und Morcheln, Papageienfischfilet mit Tomaten und Ananas oder diverse Tofugerichte werden an großzügig dimensionierten Tischen gegessen.

Strandperle €€
Hanseatisch
Övelgönne 60, 22605
(040) 880 11 12
Hier macht man es sich bei gutem Wetter auf der Terrasse bequem. Wer doch keinen Platz ergattert, setzt oder legt sich in den Sand – Hafenblick inklusive. Die Strandperle, einen beliebten Treffpunkt, erreicht man mit dem HADAG-Schiff Nr. 62.

Witthüs €€
Hanseatisch
Elbchaussee 499a, 22587
(040) 86 01 73 ● Mo
In der klassizistischen Villa mit Reetdach mitten im Blankeneser Hirschpark sitzt man an Tischen mit Blümchendecken, was am Nachmittag von Damenkränzchen geschätzt wird. Abends wird das Café und Teehaus zum Restaurant, in dem u. a. Kalbsleber in Salbeibutter und Ente auf Apfelrotkohl serviert werden.

Vis-à-Vis-Tipp

Zollenspieker Fährhaus €€
Hanseatisch
Zollenspieker Hauptdeich 141, 21037
(040) 793 13 30
Ob Sonne oder Schmuddelwetter – ein Ausflug zum Zollenspieker Fährhaus lohnt sich immer. Schließlich schmecken Roastbeef mit Bratkartoffeln, Steinbuttfilet mit Kräuterkruste oder Zollenspieker Pannfisch draußen wie drinnen sehr gut. Für kleine Gäste gibt es u. a. Käpt'n Kuddl (Fischstäbchen mit Kartoffelpüree).

Dal Fabbro €€€
Italienisch
Blankeneser Bahnhofstr. 10, 22587
(040) 86 89 41
Für viele ist Dal Fabbro (»Zum Schmied«) das beste italienische Restaurant in Blankenese. Kalbfleisch mit Salbei und Parmaschinken oder Seewassergarnelen vom Grill sind Klassiker. Und wer kann zu Limonensorbet con Prosecco als Dessert schon Nein sagen?

Jacobs Restaurant €€€
Europäisch ● Mo, Di
Elbchaussee 401–403, 22609
(040) 82 25 50
Elegant, klassisch, hanseatisch bis in die Serviettenspitzen und an kulinarischer Vielfalt kaum zu übertreffen. Das Restaurant mit der angrenzenden Lindenterrasse gehört zum Hotel Louis C. Jacob *(siehe S. 176)* und ist der Darling aller Gourmets. Sie genießen zu Steinbuttfilet oder rosa gebratenem Rehrücken den wundervollen Elbblick.

Landhaus Scherrer €€€
Hanseatisch SP 1 A4
Elbchaussee 130, 22763
(040) 883 07 00 30 ● So
An den Spitzenplatz Hamburger Gastronomie bereitet Sternekoch Heinz Otto Wehmann regionale Spezialitäten als Haute Cuisine zu. Die von einem Künstler gestaltete Speisekarte birgt Feines wie Holsteiner Damwildrücken und Skreifilet mit Trüffelrisotto.

Sagebiels Fährhaus €€€
International
Blankeneser Hauptstr. 107, 22587
(040) 86 15 14 ● Mo
Das Fachwerkhaus zieht Gäste an, die zum kulinarischen Genuss eine eher gediegene Atmosphäre schätzen. Ob geschmorte Kaninchenkeule, gebratenes Zanderfilet, Risotto mit Safran oder handgemachte Gnocchi – die Qualität ist hervorragend. Und als Dessert: Dreierlei von der Quitte.

Seven Seas €€€
International
Süllbergsterrasse 12, 22587
(040) 866 25 20 ● Mo, Di
Das Traditionshaus zieht alle Register, um die Gäste mit feinster Kost zu beglücken. Die Kochkunst wird mit edler Tisch- und Tafelkunst präsentiert. Der Stil der Küche ist klassisch-französisch mit Einflüssen aller Weltmeere.

Stock's Fischrestaurant €€€
Internationale
An der Alsterschleife 3, 22399
(040) 611 36 20 ● Mo
Das Landhaus mit Terrasse birgt eines der besten Fischrestaurants im Alstertal. Als Vorspeise wird oft Lachstatar mit Kartoffelrösti gewählt, beliebte Hauptgänge sind Riesengarnelen oder Rinderfiletspitzen. Die angegliederte gemütliche Kaminstube ist im Stil einer Almhütte gestaltet.

Das Weiße Haus €€€
International SP 1 A5
Neumühlen 50, 22763
(040) 390 90 16
Im ehemaligen Lotsenhaus genießt man zum Blick auf den alten Museumshafen Övelgönne *(siehe S. 135)* die ausgefallenen Kreationen des Küchenchefs. Das Spektrum an Gerichten reicht von Weiderind bis zu Frikassee von der Jakobsmuschel.

Hübsch gedeckter Tisch im Witthüs

SP = Stadtplan *siehe Seiten 242–257* K = Karte *Extrakarte zum Herausnehmen*

Cafés und Snackbars

Für den schnellen Hunger unterwegs bieten sich in Hamburg viele Möglichkeiten an: Imbissbuden mit Fischbrötchen oder Würstchen gibt es in großer Zahl. Wenn Sie sich lieber etwas mehr Zeit nehmen wollen, gehen Sie in eine Snackbar, in ein Bistro oder einen Sandwich-Store – oder aber in eines der zahlreichen gemütlichen Cafés, die es in Hamburg nahezu an jeder Ecke gibt. Ob Latte macchiato, Café au Lait oder auch das klassische Kännchen: »Ihr« Kaffee wird Ihnen sicher munden. In aller Ruhe können Sie sich hier entspannen, Menschen beobachten, Zeitung lesen oder ein wenig in Ihrem Reiseführer blättern.

Cafés

Die Auswahl an Cafés, in denen Gäste einen kleinen Imbiss zu sich nehmen oder einfach eine Tasse Kaffee trinken können, ist riesengroß. Einige dieser Lokalitäten haben eine Terrasse, auf der bei schönem Wetter meist nur schwer ein Platz zu ergattern ist. Die meisten Cafés öffnen gegen 9 Uhr und schließen am mittleren bis späteren Abend. Frühstück gibt es à la carte oder vom Buffet, mittags wird neben einer Auswahl an warmen Speisen in der Regel auch noch das eine oder andere Gericht aus dem breiten Frühstücksangebot serviert. Doch zu welcher Tageszeit Sie auch kommen – die Auswahl an Kuchen und Desserts ist in jedem Café eine Versuchung.

Stimmungsvolle Cafés sind über das ganze Stadtgebiet verteilt, doch zentraler und prachtvoller als das **Café Paris** ist keines. Es liegt nicht nur perfekt am Rathausmarkt, sondern lockt mit einem verführerischen Angebot an kleinen wie größeren Snacks sowie mit seinen berühmten Kaffeespezialitäten à la française.

Die Rösterei nimmt Kunden mit auf eine Reise durch die vielfältige Welt des Kaffees. Zu den stilvollsten Adressen für eine gemütliche Kaffeestunde gehört das stuckverzierte **Literaturhaus Café**. Für einen Aufenthalt hier lohnt es sich sogar, einen Alsterspaziergang zu unterbrechen. Vielleicht wollen Sie einen Besuch mit einer Veranstaltung im Literaturhaus verbinden oder einfach das erhabene Ambiente genießen. An einem Seitenarm der Alster stößt man auf das **Café Canale**. Günstig für Paddler: Sie können ihre Bestellung direkt am Küchenfenster abgeben und werden prompt bedient. Einen Logenplatz am Ufer der Alster genießen die Gäste des **Café Hansasteg**.

Zu den Favoriten im Stadtteil Ottensen westlich von Altona gehört das **Knuth** (Frühstück mit vielen vegetarischen und anderen Brotaufstrichen). In Planten un Blomen genießt man im **Park Café** Kaffeespezialitäten und Kuchen inmitten grüner Umgebung.

Ofenfrischen Kuchen in gemütlichem Wohnzimmerambiente gibt es im verwinkelten **Petit Café**. Hier finden Sie auch eine besonders große Auswahl an Kaffeespezialitäten. Zu den Vorzügen des **TH²** gehören das italienische Frühstück (mit Tomate und Mozzarella) und das Fresh-up-Frühstück (mit Obstsalat und Birchermüsli). Das Angebot an köstlichen Kuchen wechselt täglich. Ein breites Sortiment an Speisen offerieren **Die Herren Simpel** – Café und Bar in einem. Das Angebot reicht vom »Sylter Frühstück« bis zum »Herrengedeck«, vom Obstsaft bis zum Cocktail. Die **Zuckermonarchie** in St. Pauli ist für zuckersüße Kreationen wie Cupcakes und Macarons bekannt.

Viele Studenten und Künstler zieht das **Café Koppel** an, das in einer schön renovierten ehemaligen Maschinenfabrik untergebracht ist. Bekannt ist es insbesondere für leckeren Kuchen und vielfältige vegetarische Kreationen. Ein weiteres Beispiel für eine gelungene Umgestaltung ist das **Hadley's**. Kaum vorstellbar, dass sich hier früher einmal die Notaufnahme befand, denn das sterile Flair eines Krankenhauses ist schon längst einer urbanen Kaffeehausatmosphäre gewichen.

Das **Eisenstein** – Café und Restaurant in einem – verwöhnt mit Brunch und Holzofenpizza – oder ganz einfach mit einer Tasse Kaffee. Für ein Frühstück (z. B. Wiener Art) im Schanzenviertel bietet sich das **Café unter den Linden** an, das zahlreichen Studenten als Stammcafé dient. Viele Frühstücksvariationen bietet das **Funk-Eck** beim Rundfunkhaus des NDR.

Die meisten Museen verfügen ebenfalls über Cafés, von denen einige zu den schönsten von Hamburg gehören. Im **THE CUBE** können Besucher der Kunsthalle (siehe S. 64 f) das Erlebte noch einmal in aller Ruhe Revue passieren lassen. Weil Historie alleine nicht satt macht, gibt es im Museum für Hamburgische Geschichte (siehe S. 73) das nicht nur Museumsbesuchern zugängliche **Café Fees**, dessen stilvolle Beleuchtung (u. a. mit prachtvollen Kronleuchtern) besonderes Ambiente schafft. Landschaftsbilder an leuchtend orangeroten Wänden prägen das einzigartige Flair im **Café Destille** im Museum für Kunst und Gewerbe (siehe S. 130 f).

Eine Besonderheit ist die **Speicherstadt Kaffeerösterei**. Hier kann man den gasbefeuerten Trommel-Kaffeeröster mehrmals täglich in Aktion erleben und viele Kaffeespezialitäten röstfrisch kosten.

Wegen ihres netten Ambientes und ihrer großen Auswahl an köstlichen Gerichten und Kuchen zu empfehlen sind u. a. auch **Café Backwahn**, **Café Johanna**, **Café Klatsch**, **Café Schmidt Elbe**, **Café Stenzel**, **Café SternChance**, **Café Tarifa**, **La Caffèteria**, **Elbgold**, **Kyti Voo**, **MAY** und **Westwind**.

Suppen-Bistros

Vor allem an kalten Tagen ist eine Suppe der ideale Snack bei einem Stadtbummel oder einer Shopping-Tour. Eine schnelle und leckere Suppe (die auch satt macht) gibt es z. B. bei den Filialen der Kette **Soup City**. Das Angebot umfasst Standards wie Lauchcreme-Kartoffelsuppe, Chili con carne oder Tomatensuppe sowie täglich wechselnde Suppenkreationen wie etwa Asiatische Kokos-Currysuppe. Kleine Pastagerichte und Backkartoffeln mit Sour Cream ergänzen das Spektrum.

Einen Teller Warmes und Leckeres gibt es auch bei **Soup & Friends**. Dort können Sie etwa für Minestrone, Indischen Linseneintopf, Argentinische Rindfleischsuppe oder Karotten-Orangen-Suppe nicht nur die Gewürze, sondern auch das Topping (z. B. Käse, Kräuter, Crème fraîche, Croûtons) selbst auswählen. Klassiker der Sommerkarte sind Gazpacho und kalte Joghurtsuppe. Zur Auswahl stehen jeweils eine Normal- und Maxi-Version.

Paradiese für Suppenliebhaber sind auch die beiden Filialen von **Souperia** im Schanzenviertel und in Ottensen. Rotes Hähnchencurry, Karibischer Pfeffertopf und Kartoffelgulasch zählen zu den gefragtesten Gerichten.

Sandwich-Stores

Sandwiches, Baguettes, Panini, Bagels und andere belegte Brote gibt es in vielen entsprechenden Läden. Die oft fantasievoll zusammengestellten Kreationen sind mittlerweile kein Pausenbrot mehr, sondern vollwertige Mahlzeiten. In Hamburg gibt es unterschiedlichste Sandwich-Stores, die leichte und dazu vitaminreiche Kost anbieten.

Sandwiches, Bagels, Panini, Vollkornbrote und Wraps mit vielen bunten und gesunden Belägen bietet **Oh it's fresh!**, das zudem auch knackige Salate mit einer Reihe von Dressings (u. a. American-, Balsamico-, Curry-Dressing) anbietet. Beliebt sind auch Club-Sandwiches, The Vegano (mit Falafelbällchen), Fingerfood, Antipasti, Chicken- und Garnelenspieße sowie Süßes wie Brownies und Muffins.

Von Veggie bis Chicken, von Tuna (mit Thunfisch) bis Fajita (mit Geflügelsalat), von Caprese (mit Mozzarella) bis Antipasti (mit getrockneten Tomaten) – die Filiale von **Bagel Brothers** offeriert Bagels mit unterschiedlichsten Belägen.

Die **Wohnhalle** im Hotel Vier Jahreszeiten *(siehe S. 125)* serviert nicht nur für Gäste des Hauses vielfältige Sandwich-Variationen.

Gourmet-Bistros

Fast Food einmal anders – in Hamburg gibt es einige Bistros, deren Speisen Restaurantqualität erreichen. In den beiden Niederlassungen der **Küchenfreunde** gibt es neben Lüneburger Bratwurst mit hausgemachter Currysalsa und Riesengarnelen mit Papaya-Karottensalat auch Gemüsegerichte wie Mangold-Semmelknödel mit Waldpilzrahm.

Über ein Qualitätssiegel verfügt **Döner Queen**, hier beeindruckt die Vielfalt an Saucen – von Avocado bis süßsauer. Alle Gerichte gibt es auch in vegetarischen Varianten. Vegetarische Spezialitäten wie Sojaschnitzel oder Tofuburger gibt es an vielen Ecken. Die schön designten Bistros von **Otto's Burger** sind auf drei Stadtviertel verteilt. »Frisch, saftig und cheesy« ist das Motto für die Gourmet-Burger der Kette.

Konditoreien und Confiserien

In Hamburg kann man bei einer Tasse Kaffee an vielen Orten die wunderbare Welt der Schokolade kennenlernen. Die seit 1928 existierende **Confiserie Paulsen** führt neben eigenen Produkten wie Trüffelpralinen und Ingwerschokoladen auch Waren internationaler Chocolatiers.

Liebhaber der Kakaobohne kommen in **Schokovida**, einer Kombination aus Café und Shop, auf ihre Kosten. Torten, Kuchen, Tartes und Muffins in üppiger Auswahl führt die Patisserie **Herr Max**. Im traditionsreichen Familienbetrieb **die kleine Konditorei** kreiert man u. a. feinste Pralinen und verführerische Torten. Gäste der **Konditorei Lindtner** in Eppendorf genießen u. a. Baumkuchen, Petits fours und Torten in nostalgischem Ambiente.

Kaffee-Bars

Seit einigen Jahren hat auch in Hamburg die amerikanische Coffee-Shop-Szene Einzug gehalten. Steht Ihnen der Sinn nach einer Kaffeespezialität wie Espresso con panna, Vanilla latte oder Caramel macchiato? Dann sollten Sie in eine der Filialen von Starbucks oder von **Balzac Coffee** gehen. Das Hamburger Unternehmen verbindet klassische Kaffeekultur mit der modernen Philosophie des »Coffee-to-go«. Die Auswahl an Sirupen zum Aromatisieren des Kaffees ist schier grenzenlos. Kaffeespezialitäten und dazu passende Snacks in gepflegter Lounge-Atmosphäre bieten die Filialen von **Campus Suite**. Für einen schnellen, aber guten Kaffee ist **Carlos Coffee** in Ottensen eine gute Option.

Teestuben

Nach einem Spaziergang an der Elbe ist eine Tasse Tee bei **Witthüs** an der Elbchaussee in Blankenese genau das Richtige. Das Flair in dem etwa 200 Jahre alten reetgedeckten Haus ist anheimelnd. Wie wäre es mit Russischem Rauchtee auf Rumkirschen und dazu einem Gewürzbrot aus der eigenen Bäckerei? »Very British« ist die Atmosphäre in **Lühmanns Teestube**. Die **Teeteria** mit überdachtem Teegarten bietet neben Tees auch »Teemonaden« genannte Erfrischungsgetränke aus Tee mit frischen Früchten. Im **Teekontor** in der HafenCity wird das Heißgetränk zelebriert. Neben einem reichen Angebot an Sorten gibt es auch Accessoires rund um den Tee. Spezielle Kreationen genießt man bei **Meßmer Momentum**.

Auf einen Blick

Cafés

Café Backwahn
Grindelallee 148.
Stadtplan 7 A2.
(040) 410 61 41.
Mo–Fr 8–19,
Sa, So 10–19 Uhr.
cafebackwahn.de

Café Canale
Poelchaukamp 7.
(040) 270 01 01.
tägl. 10–19 Uhr.
cafecanale.de

Café Destille
Steintorplatz 1.
Stadtplan 6 E2.
(040) 280 33 54.
Di–So 11–17 Uhr
(Sep–Mai: Do bis 20 Uhr).
mkg-hamburg.de/de/besuch/restaurant.html

Café Fees
Holstenwall 24.
Stadtplan 9 A3.
(040) 35 31 32.
Di–Sa 10–17,
So 10–18 Uhr.
fees-hamburg.de

Café Hansasteg
Schöne Aussicht 20.
Stadtplan 8 E2.
(040) 220 00 30.
Mai–Sep: tägl. ab 11 Uhr; Okt–Apr: Sa, So ab 11 Uhr.
cafehansasteg.de

Café Johanna
Venusberg 26.
Stadtplan 4 F4.
(040) 38 64 52 78.
Mo–Fr 8–18,
Sa 10–18 Uhr.
cafejohanna.de

Café Klatsch
Glashüttenstr. 17.
Stadtplan 4 E1.
(040) 439 04 43.
tägl. 10–20 Uhr.
cafe-klatsch-hamburg.de

Café Koppel
Lange Reihe 75.
Stadtplan 8 E4.
(040) 24 92 35.
tägl. 10–22 Uhr.
cafekoppel.de

Café Paris
Rathausstr. 4.
Stadtplan 10 D3.
(040) 32 52 77 77.
Mo–Fr 9–23.30,
Sa, So 9.30–23.30 Uhr.
cafeparis.net

Café Schmidt Elbe
Große Elbstr. 212.
Stadtplan 2 D4.
(040) 413 067 10 13.
Mo 8–18, Sa, So 10–18 Uhr.
schmidt-und-schmidtchen.de

Café Stenzel
Schulterblatt 61.
Stadtplan 3 C1.
(040) 43 43 64.
Mo–Sa 7–20,
So 8–20 Uhr.
cafe-stenzel.de

Café SternChance
Schröderstiftstr. 7.
(040) 430 11 68.
Mo–Fr 12–23, Sa 10–23, So 10–22 Uhr.
sternchance.de

Café Tarifa
Große Rainstr. 23.
Stadtplan 1 C3.
(040) 39 90 35 29.
Mo–Fr ab 9, Sa, So ab 10 Uhr.
cafe-tarifa.de

Café unter den Linden
Juliusstr. 16.
Stadtplan 3 C1.
(040) 43 81 40.
tägl. 9.30–1 Uhr.
cafe-unter-den-linden.net

La Caffètteria
Abendrothsweg 54.
(040) 46 77 75 33.
Mo–Fr 10–23,
Sa, So 10–19 Uhr.
la-caffetteria.de

THE CUBE
Ferdinandstor 1.
Stadtplan 10 F3.
(040) 30 37 51 96.
Di, Mi, So 10–18,
Do–Sa 11.30–23 Uhr.
the-cube-restaurant.de

Eisenstein
Friedensallee 9.
Stadtplan 1 B2.
(040) 390 46 06.
tägl. 11–1 Uhr.
restaurant-eisenstein.de

Elbgold
Jungfernstieg 16–20.
Stadtplan 10 D2.
(040) 23 51 75 20.
Mo–Sa 10–20 Uhr.

Lagerstr. 34c.
(040) 23 51 75 20.
Mo–Fr 8–19,
Sa, So 9–19 Uhr.

Mühlenkamp 59.
(040) 23 51 75 20.
Mo–Fr 8–19,
Sa, So 9–19 Uhr.
elbgold.com

Funk-Eck
Rothenbaumchaussee 137.
Stadtplan 7 B1.
(040) 44 41 74.
tägl. 8–20 Uhr.
funkeck.com

Hadley's
Beim Schlump 84a.
Stadtplan 7 A2.
(040) 450 50 75.
Mo–Mi 10–23,
Do–Sa 10 Uhr–open end, So 10–19 Uhr.
hadleys.de

Die Herren Simpel
Schulterblatt 75.
Stadtplan 3 C1.
(040) 38 68 46 00.
Mo–Do 17–1, Fr, Sa 17 Uhr–open end.
dieherrensimpel.de

Knuth
Große Rainstr. 21.
Stadtplan 1 C3.
(040) 46 00 87 08.
Mo–Sa 9 Uhr–open end, So 10–20 Uhr.
dasknuth.com

Kyti Voo
Lange Reihe 82.
Stadtplan 8 E4.
(040) 28 05 55 65.
Mo–Sa 17 Uhr–open end, So 14 Uhr–open end.
kytivoo.com

Literaturhaus Café
Schwanenwik 38.
Stadtplan 8 F2.
(040) 220 13 00.
Di–So ab 9.30 Uhr.
literaturhauscafe.de

MAY
Hein-Hoyer-Str. 14.
(040) 33 39 88 38.
Mo–Do 7–1, Fr 7–3,
Sa 8–3, So 8–1 Uhr.

Lappenbergsallee 30.
(040) 32 03 81 62.
tägl. 8–23 Uhr
(Fr, Sa bis 24 Uhr).
may-cafebar.de

Park Café
Holstenwall 30.
Stadtplan 9 A3.
(040) 228 63 89 60.
tägl. ab 10 Uhr.
parkcafe hamburg.de

Petit Café
Hegestr. 29.
Stadtplan 9 C2.
(040) 460 57 76.
Di–Fr 9.30–19,
Sa, So 10–19 Uhr.
petitcafe-hamburg.de

Die Rösterei
Steinstr. 19b.
Stadtplan 10 E3.
(040) 32 52 63 64.
Mo–Sa 10–19 Uhr.
die-roesterei.com/kaffeehaus

Speicherstadt Kaffeerösterei
Kehrwieder 5, im Kultur- und Gewerbespeicher Block D.
Stadtplan 9 C5.
(040) 537 99 85 10.
tägl. 10–19 Uhr.
speicherstadt-kaffee.de

TH²
Klosterallee 67.
(040) 42 10 79 44.
Mo–Sa 9–19,
So 10–19 Uhr.
th2.de/cafe

Westwind
Spadenteich 1.
Stadtplan 8 E5.
(040) 41 92 43 44.
tägl. 10–24 Uhr.

Zuckermonarchie
Taubenstr. 15.
Stadtplan 4 D4.
(040) 38 63 06 82.
Mi–Fr 11–19, Sa, So 10–1 Uhr.
zuckermonarchie.de

CAFÉS UND SNACKBARS | **197**

Auf einen Blick

Suppen-Bistros

Soup & Friends
Valentinskamp 18.
Stadtplan 9 C2.
(040) 34 10 78 10.
Mo–Fr 10–19,
Sa 11.30–16 Uhr.
w soupandfriends.de

Soup City
Am Sandtorkai 30
(im HafenCity
InfoCenter).
Stadtplan 10 D5.
(040) 28 41 04 90.
Di–So 10–18 Uhr
(Mai–Sep: bis 20 Uhr).

Neuer Wandrahm
(Ecke Kornhausbrücke).
Stadtplan 10 E5.
(040) 87 87 66 95.
Mo–Fr 8–16 Uhr.

Steinhöft 9.
Stadtplan 9 B5.
(040) 28 41 04 90.
Mo–Fr 11.30–
15 Uhr.
w soupcity.de

Souperia
Bartelsstr. 21.
Stadtplan 4 D3.
(040) 43 09 95 55.
Mo–Fr 11–19,
Sa 12–17 Uhr.

Friedensallee 28.
Stadtplan 1 C2.
(040) 38 04 23 08.
Mo–Fr 11–19,
Sa 12–17 Uhr.
w souperia.de

Sandwich-Stores

Bagel Brothers
Osterstr. 9.
Stadtplan 1 C3.
(040) 21 99 89 97.
Mo–Fr 7.30–19.30,
Sa, So 8.30–18 Uhr.
w bagelbrothers.com/
hamburg

Oh it's fresh!
Am Sandtorkai 40.
Stadtplan 9 C5.
(040) 37 50 30 25.
Mo–Fr 7–17 Uhr.

Carsten-Rehder-Str. 71.
Stadtplan 3 A5.

(040) 38 03 78 61.
Mo–Fr 7–17, Sa, So
8.30–17.30 Uhr.

Ericusspitze 2.
Stadtplan 10 F5.
(040) 24 43 14 93.
Mo–Do 7–17, Fr
7–16 Uhr.

Sachsenfeld 7.
Stadtplan 6 F4.
(040) 98 26 87 75.
Mo–Do 7–16.30,
Fr 7–15.30 Uhr.
w ohitsfresh.de

Wohnhalle
Neuer Jungfernstieg
9–14.
Stadtplan 10 D2.
(040) 349 40.
tägl. 8–24 Uhr.
w hvj.de/de/
wohnhalle.php

Gourmet-Bistros

Döner Queen
Jarrestr. 57.
(040) 60 00 89 05.
tägl. 10–23 Uhr.

Schloßmühlendamm 7.
(040) 32 52 88 50.
tägl. 10–2 Uhr.
w doenerqueen.com

Küchenfreunde
Grindelhof 64.
Stadtplan 7 B2.
(040) 45 00 08 38.
Mo–Fr 12–15,
17.30–23 Uhr.

Lehmweg 30.
(040) 49 02 19 65.
Mo–Fr 12–15,
18–24, Sa 17–24 Uhr.
w kuechenfreunde.net

Otto's Burger
Grindelhof 33.
Stadtplan 7 B2.
(040) 38 04 65 25.

Lange Reihe 40.
Stadtplan 8 E5.
(040) 23 95 33 82.

Schanzenstr. 58.
(040) 33 45 82 70.
Mo–Do 11.30–
22.30, Fr, Sa 11.30–
23, So 11.30–22 Uhr.
w ottosburger.com

Konditoreien und Confiserien

Confiserie Paulsen
Große Bleichen 36.
Stadtplan 9 C3.
(040) 36 77 81.
Mo–Sa 10–20.
w confiserie-paulsen.de

Herr Max
Schulterblatt 12.
Stadtplan 4 D1.
(040) 69 21 99 51.
tägl. 10–21 Uhr.
w herrmax.de

die kleine Konditorei
Osterstr. 176.
(040) 60 03 90 90.
Mo–Fr 6–19, Sa
7–18, So 7.30–18 Uhr.
w kleine-konditorei.com

Konditorei Lindtner
Eppendorfer Landstr. 88.
(040) 480 60 00.
Mo–Sa 8.30–19.30,
So 10–19 Uhr.
w konditorei-lindtner.de

Schokovida
Hegestr. 33.
(040) 87 87 08 08.
Mo–Fr 10–19,
Sa 10–16 Uhr.
w schokovida.de

Kaffee-Bars

Balzac Coffee
Zentrale:
(040) 355 10 80.
(Auswahl an Filialen:)
Gustav-Mahler-Platz 1.
Stadtplan 9 C2.
Mo–Fr 7–20,
Sa 8–20, So
9–19.30 Uhr.

Lange Reihe/
Danziger Str. 70.
Stadtplan 6 E1.
Mo–Fr 6.30–20,
Sa, So 8–20 Uhr.

Mittelweg 130.
Stadtplan 7 C2.
Mo–Fr 6.30–19.30,
Sa 7.30–19.30, So
8.30–19 Uhr.

Ottenser Hauptstr. 19.
Stadtplan 1 C3.
Mo–Fr 6.30–20.30,
Sa 7.30–20.30, So
8.30–19.30 Uhr.

Rathausstr. 7.
Stadtplan 10 D3.
Mo–Fr 7–19,
Sa 9–19, So
11–18.30 Uhr.
w balzaccoffee.com

Campus Suite
Zentrale:
(040) 23 85 83 80.
(Auswahl an Filialen:)
Großer Grasbrook 10.
Stadtplan 5 C5.
Mo–Fr 7–18.30,
Sa 8–19.30, So
9–18.30 Uhr.

Valentinskamp 91.
Stadtplan 9 C2.
Mo–Fr 6.30–19, Sa
8–19.30, So 9–19 Uhr.
w campussuite.de

Carlos Coffee
Bahrenfelder Str. 169.
Stadtplan 1 C2.
(040) 39 90 99 90.
Mo–Sa 6.30–20,
So 8.30–20 Uhr.
w carlos-coffee.de

Teestuben

Lühmanns Teestube
Blankeneser Landstr. 29.
(040) 86 34 41.
Mo–Fr 9–23, Sa
9–18, So 10–23 Uhr.
w luehmanns-
teestube.de

Meßmer Momentum
Am Kaiserkai 10.
Stadtplan 5 C5.
(040) 73 67 90 00.
tägl. 11–20 Uhr.
w messmer.de/
messmer-momentum

Teekontor
Dienerreihe 4.
Stadtplan 6 D4.
(040) 558 982 630.
tägl. 10–19.
w wasserschloss.de/
teekontor.html

Teeteria
Hellkamp 11–13.
Stadtplan 3 C1.
(040) 76 99 23 51.
Di–So 9–18 Uhr.
w teeteria.com

Witthüs
Elbchaussee 499a.
(040) 86 01 73.
Di–Sa 14–23,
So 10–23 Uhr.
w witthues.com

Stadtplan *siehe Seiten 242–257*

Shopping

Hamburg ist ein wahres Paradies für Shopper. Mode und Schmuck, Möbel und Antiquitäten, Design und Kunsthandwerk – das Spektrum reicht jeweils von edel und chic über originell und ausgefallen bis hin zu praktisch und bewährt. Wer zum ersten Mal durch Hamburg flaniert, wird aus dem Staunen nicht mehr herauskommen. Hamburg präsentiert sich weltoffen und stilvoll, es gilt nicht umsonst als Shopping-Hauptstadt Deutschlands. Die prachtvollen Einkaufsmeilen sind einzigartige Erlebniswelten in bester Innenstadtlage. Ob Sie die großen Shopping-Zentren, die glanzvollen Passagen oder lieber die zahllosen kleineren Boutiquen bevorzugen – Shopping wird in Hamburg zum Genuss.

Shopping-Meilen und Passagen

In den vergangenen Jahren wurde der Jungfernstieg (siehe S. 124 f) an der Binnenalster vollkommen umgestaltet und zählt nun zu den eindrucksvollsten Prachtboulevards in Europa. Einen bedeutenden Beitrag dazu liefert das glamourös restaurierte **Alsterhaus**.

Vom Jungfernstieg zweigt der Neue Wall ab. Flagship Stores international bedeutender Labels (u. a. Armani, Dolce & Gabbana, Cartier und Louis Vuitton) reihen sich an dieser Luxusmeile aneinander, doch auch einige traditionsreiche hanseatische Geschäfte mit exklusivem Warenangebot sind hier vertreten.

Große Vielfalt auf wenig Raum bietet die Mönckebergstraße, kurz »Mö« genannt. Hier – zwischen Rathaus und Hauptbahnhof – stehen die großen Kaufhäuser zwischen renommierten Läden. In der von der »Mö« abzweigenden Spitalerstraße bieten überwiegend Ableger größerer Ketten ihre Waren an. Mediterranes Flair verströmen die Alsterarkaden (siehe S. 58).

Shoppen im Trockenen ist auch in den Passagen (siehe S. 76) zwischen Rathausmarkt und Gänsemarkt garantiert. Bleichenhof, Galleria, **Gänsemarkt-Passage**, **Hanse-Viertel** und einige andere überdachte Einkaufspassagen bieten Shopping-Genuss bei jedem Wetter. Größte Shopping-Mall Hamburgs ist die 160 Meter lange **Europa Passage** zwischen Jungfernstieg und Mönckebergstraße – die mehr als 120 Läden verteilen sich auf fünf Stockwerke.

In der Wandelhalle im Hauptbahnhof (siehe S. 62) ist Einkaufen auf zwei Ebenen möglich – und das an sieben Tagen pro Woche von 6 bis 23 Uhr. Die meisten anderen Geschäfte und Boutiquen haben montags bis samstags bis 19 oder 20 Uhr geöffnet. Viele von ihnen locken mit verlängerten Ladenzeiten (teils bis 22 Uhr) am Donnerstag oder Freitag.

Mehrwertsteuer

Die im angezeigten Preis enthaltene Mehrwertsteuer beträgt in Deutschland 19 Prozent. Der ermäßigte Steuersatz von sieben Prozent wird auf einige Waren wie Bücher und Zeitschriften sowie auf Grundnahrungsmittel erhoben.

Bürger aus Nicht-EU-Staaten können sich die Mehrwertsteuer bei der Ausreise rückerstatten lassen.

Einkaufen im Alsterhaus, einem Warenhaus der Extraklasse

Mode

Luxus-Designer wie Gucci, Prada, Louis Vuitton und René Lezard sind mit eigenen Shops am Jungfernstieg, am Neuen Wall oder in den Passagen vertreten. Neben Haute Couture und Prêt-à-porter-Modellen der Mode-Elite findet man auch erschwingliche internationale Labelshops, darunter etwa Benetton, H&M, Diesel und Tommy Hilfiger.

Doch nicht nur bei Ware von internationalen Designern ist Hamburg Spitze. Dass auch hier edle Kreationen ersonnen und geschneidert werden, beweist Jil Sander. Und auch die zahlreichen kleineren Boutiquen bieten Mode für jeden Geschmack. Die Kollektionen von **Hello** in Eimsbüttel und Ottensen locken mit Kleidung in zeitloser Eleganz die oft wenig wagemutigen Hanseatinnen aus der Reserve.

Funktional, modisch und zu fairen Preisen: **GuteJacke** in der HafenCity führt ein großes Sortiment an Jacken für jeden Geschmack (und jedes Wetter). Wie wäre es mit einem Trenchcoat im maritimen Look? Auch

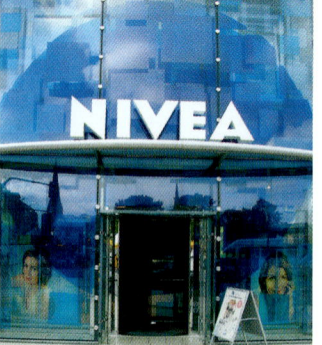

Verwöhnprogramm mit Produkten und Anwendungen im Nivea Haus (siehe S. 200)

Outdoor-Sportler werden hier sicher fündig. Geradlinige Schnitte müssen nicht langweilig sein – dies beweist die Kollektion von **DFM** in Ottensen. Dörte F. Meyer führt dort ein illustres Sortiment an Mode und Accessoires. **Prayed** präsentiert ein Patchwork aus klaren Schnitten und verspielten Details. Viele Unikate sind Kombinationen diverser Stoffe und Farben, doch jedes zeigt Eleganz und Lässigkeit zugleich. Die Kollektion der Damenboutique reicht von mädchenhaft bis feminin, von verträumt bis elegant. Gekonnt dezent kommt **Garment** daher. In der Boutique stehen klassische Linien im Vordergrund.

Große Auswahl an Möbeln und Design im stilwerk *(siehe S. 119)*

Secondhand

Dass Secondhand nicht »zweitrangig« sein muss, beweisen viele Shops. Bestes Beispiel ist der Designerladen **Secondella** mit rund 100 Labels, darunter fabrikneue edle Stücke der letzten Saison von Armani, Gucci, Prada, Versace und Chanel. Bei **Classen Secondhand** stöbert man nach No-Names und Designerware (u. a. von Prada und Hermès), auch Taschen und Schuhe gehören zum Sortiment.

Vintage & Rags bietet auf rund 350 Quadratmetern Kleidung und Accessoires von den 1950er Jahren bis heute. Bei **Kleiderrausch** im quicklebendigen Viertel Ottensen findet man hochwertige Damenmode vom ausgefallenen Einzelstück bis zum zeitlosen Basic.

Trendige Taschen von FREITAG im Hamburger Store

Möbel und Design

Auch bei den Einrichtungsgegenständen steht Hamburg ganz oben – viele Möbel aus Hochglanzmagazinen stammen aus der Elbmetropole. Profanes wie ein Bilderrahmen oder eine Kaffeetasse wird bei **Toni Thiel** zum Designklassiker erhoben. Praktisch allein ist hier nicht genug, es muss schon von erlesener Schönheit sein. Zu Möbeln und Accessoires gibt es hier gleich die passenden Tapeten, denn zu einem futuristisch anmutenden Korbsessel passt eine 3-D-Designertapete gut.

Wer sich den Stil der großen weiten Welt in die Wohnung holen will, ist im **Octopus** richtig. Möbel aus vielen Ländern – vom schwedischen Sofa bis zur italienischen Kommode – gehören zum Sortiment. Auch Wohn- und Schlafmöbel in asiatischen Stilen sind zu haben.

Die Wäscherei ist das Richtige für Shopper, die stundenlang zwischen Möbeln, Lampen und Stoffen verschiedener Stilrichtungen stöbern können.

Noch passender als im **stilwerk** *(siehe S. 119)*, einem Mekka für Liebhaber des guten Geschmacks, könnte das Ambiente eines exklusiven Zentrums für Möbel, Design und Lifestyle nicht sein. Vom großzügigen Foyer bringt ein gläserner Aufzug Kunden in die sieben Stockwerke voller Läden namhafter Ausstatter wie Ligne Roset, bulthaup, Rolf Benz oder Poggenpohl.

Leuchttürme aus Keramik – als Souvenir

Preisbewusstere werden oft bei **Yellow Möbel** in Winterhude fündig. Neben praktischen Regalsystemen umfasst das Angebot hier auch Accessoires. Flexibilität ist das Markenzeichen von **BoConcept**. Dieses dänische Möbelhaus bietet Module aus verschiedenen Stoffen und Farben. Bei **IKEA** findet man ein buntes Sortiment zum Mitnehmen. Diese 2014 eröffnete Filiale ist deutschlandweit die erste in einer Fußgängerzone.

Schmuck und Uhren

Das seit 1906 existierende Unternehmen **Montblanc** betreibt in über 70 Ländern mehr als 360 Boutiquen – darunter auch einige in Hamburg, dem Hauptsitz der Firma. Neben Uhren und Accessoires wird dort auch Schmuck angeboten. Kultcharakter hat der Montblanc-Diamant, der den höchsten Berg Europas darstellt und u. a. auf Manschettenknöpfen zu sehen ist.

Goldene Zeiten zählt zu den ältesten Juwelieren und Uhrmachern in Hamburg. Sammler finden hier auch Kleinwerkzeug, um ihre Kostbarkeiten zu pflegen. Materialien wie Platin, 900er Gold und 935er Silber verarbeitet **Ivar Kranz** in seinem Laden im Schanzenviertel zu Schmuckstücken.

Wempe, Produzent und Händler von Luxusschmuck und -uhren, hat seinen Hauptsitz in Hamburg. Der Qualität angemessen ist die Lage der Filiale am Jungfernstieg.

Delikatessen

In Hamburg gibt es eine Vielzahl an Läden mit Spezialitäten aus eigener Produktion wie aus aller Welt, die auch den anspruchsvollsten Gaumen zufriedenstellen. Die Auswahl an Delikatessenläden ist groß. Der traditionsreiche Laden **Hummer Pedersen** offeriert seit 1879 Meeresdelikatessen. Neben Hummer stehen u. a. Meeres- und Flusskrebse, Austern und diverse Muschelarten zum Verkauf, aber auch Ausgefallenes wie Papageifische und Drachenköpfe geht hier über die Theke.

Freunde edler Tropfen werden in der norddeutschen Metropole leicht fündig. Das **Wein-Outlet** bietet in einem umgestalteten Fabrikgebäude ein umfassendes Sortiment an Weinen aus aller Welt und in sämtlichen Preisklassen – vom Landwein bis zum erlesenen Tropfen. Sehr beliebt sind die regelmäßig veranstalteten Weinseminare. **Käse, Wein & mehr** führt neben einer großen Auswahl an Käse-, Wurst- und Antipasti-Spezialitäten auch ausgesuchte Weine, erstklassige Olivenöle, verschiedene Arten von Pesto aus eigener Herstellung, italienisches Süß- und Salzgebäck und viele weitere Delikatessen.

Eine wahre Schatzkiste für Nostalgiker – wer erlesene Kaffeesorten schätzt, wird um einen Besuch in der **Kaffeerösterei Burg** nicht herumkommen. Zahlreiche Kaffeesorten – darunter Äthiopischer Mokka, Hawai'i Kona und Jamaica Blue Mountain, der teuerste von allen – werden hier verkauft. Das Sortiment an Tees, u. a. aus Assam, Darjeeling und Südafrika, ist ebenfalls reichhaltig.

Chocoholics fühlen sich bei **Oschätzchen** wie im Schlaraffenland. Aber Achtung: Das umfangreiche Angebot an erlesener Schokolade, an Pralinés, Gebäck und Torten lässt einen sämtliche Diätpläne schnell vergessen. Darüber hinaus bietet das Geschäft eine große Auswahl an Antipasti, Ölen und Gewürzen.

Bücher

Auch in Hamburg haben sich in den letzten Jahren immer mehr Buchhandlungen zu Bucherlebniswelten entwickelt, die gemütliche Lese-Ecken und umfangreiche CD-Sortimente (Hörbücher und Musik) anbieten. Die **Thalia**-Gruppe betreibt in Hamburg insgesamt neun Filialen, die in der Spitalerstraße ist mit 2500 Quadratmetern die größte Buchhandlung der Hansestadt (eine weitere zentral gelegene Filiale ist in der Europa Passage).

Heymann ist mit 14 Filialen eines der führenden Buchhandelsunternehmen in der Hamburger Metropolregion. Hier organisiert man auch ein großes Veranstaltungsprogramm. Neben Lesungen sind auch spätabendliche Besuche unter dem Motto »Nachts in der Buchhandlung« sehr populär.

Ein Juwel zwischen Tradition und Avantgarde ist die Buchhandlung **Felix Jud**. Bücherfreunde und »Müßiggänger aller Art« sind hier willkommen, werden sehr gut beraten und können in der sehr persönlich geprägten Auswahl stöbern.

In Deutschlands größtem Geofachgeschäft, **Dr. Götze Land & Karte**, stapeln sich auf 700 Quadratmetern weit über 70 000 Landkarten (auch digital), Reiseführer, Globen, Navigationssysteme und andere Artikel rund um das Thema Verreisen. Das Sortiment umfasst auch Sprachcomputer sowie GPS-Hard- und Software.

Beauty und Dessous

Massagen und Behandlungen, Skin Care und Peeling – **Beauty Cosmetic Hamburg** bietet Rundum-Wellness für Körper, Geist und Seele. **Lush** führt eine große Auswahl handgefertigter Kosmetikprodukte, u. a. Badekugeln in allen nur denkbaren Düften.

Die in Eimsbüttel ansässige Beiersdorf AG hat in ihrer Heimatstadt eine Oase zum Regenerieren und Erholen eingerichtet. Im **Nivea Haus** werden Sie von Pflegeprofis von Kopf bis Fuß verwöhnt – mit wohltuenden Massagen, Kosmetik und Beratung. Natürlich führt das Haus sämtliche Produkte der Markenfamilie NIVEA – von Körperpflege bis Sonnenschutz.

Das Spektrum von **Palmers** reicht von Feinripp bis zum aufwendigen Spitzenbody. Der Modegigant setzt in seinem Sortiment auf die neuesten Lingerie-Trends.

Auf der Suche nach dem besonderen Dessous landet so mancher Late-Night-Shopper in der **Boutique Bizarre** (täglich bis 2 Uhr geöffnet), einem Erotik-Kaufhaus an der Reeperbahn.

Fachgeschäfte

Edelhölzer wie Mahagoni oder Rosenholz verwandelt **Stefan Fink** in exquisite Schreibgeräte. Die filigranen Füllfederhalter und Skizzierstifte sind kleine Kunstwerke. Fotoalben und Tagebücher, Geschenkpapier und Postkarten gibt es in der **Druckwerkstatt Ottensen**.

Kunst made in Hamburg: Im klitzekleinen Kaufhaus **The art of Hamburg** dokumentieren lokale Künstler ihre Liebe zur Stadt. Gemälde, Kunstdrucke, Kaffeegeschirr, Bekleidung und mehr gehören zum Sortiment.

Eine Wundertüte für Kleine und Große ist **Pappnase & Co**. Der knallbunte Laden führt Dinge aus der Theater- und der Zirkuswelt, darunter Masken und Zauberutensilien.

Taschen und Accessoires aus gebrauchten Materialien (u. a. Lkw-Planen, Schläuchen und Airbags), aber in allen Farben und Designs gibt es bei **FREITAG-Taschen**. Ob Reisetasche, Handyhülle, Schlüsselanhänger oder Geldbörse – jedes Stück ein Unikat.

Zum Sortiment des Küchentempels **Cucinaria** gehört alles für die Küche. Das Spektrum reicht vom Austernmesser bis zur Zuckerdose. Kaffeeliebhaber aufgepasst: Vom Espressokocher über die Siebträgermaschine bis zum Vollautomaten steht hier auch alles für die Zubereitung von bestem Kaffee zur Auswahl.

DELIKATESSEN BIS FACHGESCHÄFTE | 201

Auf einen Blick

Shopping-Meilen und Passagen

Alsterhaus
Jungfernstieg 16–20.
Stadtplan 10 D2.
📞 (040) 35 90 10.
🕐 Mo–Sa 10–20 Uhr.
🌐 alsterhaus.de

Europa Passage
Ballindamm 40.
Stadtplan 10 D3.
📞 (040) 30 09 26 40.
🕐 Mo–Sa 10–20 Uhr.
🌐 europa-passage.de

Gänsemarkt-Passage
Gänsemarkt 50.
Stadtplan 9 C2.
📞 (040) 28 80 99 10.
🕐 Mo–Sa 10–20 Uhr.
🌐 gaensemarkt-passage.de

Hanse-Viertel
Große Bleichen/Poststr.
Stadtplan 9 C3.
📞 (040) 348 09 30.
🕐 Mo–Sa 10–20 Uhr.
🌐 hanseviertel.de

Mode

DFM
Bahrenfelder Str. 150.
Stadtplan 1 C3.
📞 (040) 18 00 59 20.
🌐 dfm-hamburg.de

Garment
Marktstr. 25.
Stadtplan 4 E1.
📞 (040) 410 84 03.
🌐 garment-online.de

GuteJacke
Überseeboulevard 3.
Stadtplan 5 C4.
📞 (040) 76 75 34 44.
🌐 gutejacke.de

Hello
Bahrenfelder Straße 133.
Stadtplan 1 C3.
📞 (040) 69 21 27 27.

Weidenstieg 11.
📞 (040) 40 39 89.
🌐 hello-mode.de

Prayed
Glashüttenstr. 3.
Stadtplan 4 E1.
📞 (040) 40 18 78 16.
🌐 prayed.de

Secondhand

Classen Secondhand
Grillparzerstraße 2b.
📞 (040) 227 32 31. 🌐 classen-secondhand.de

Kleiderrausch
Eulenstr. 85. **Stadtplan** 1 B3. 📞 (040) 39 90 73 16. 🌐 kleiderrausch.de

Secondella
Hohe Bleichen 5.
Stadtplan 9 C3.
📞 (040) 35 29 31.
🌐 secondella.de

Vintage & Rags
Kurze Mühren 6.
Stadtplan 10 F3.
📞 (040) 33 01 07.
🌐 vintage-rags.de

Möbel und Design

BoConcept
Große Elbstr. 39.
Stadtplan 2 E4.
📞 (040) 380 87 60.
🌐 boconcept.com

IKEA Hamburg-Altona
Große Bergstr. 164.
Stadtplan 2 D3.
📞 (06192) 939 99 99.

Octopus
Lehmweg 10b.
📞 (040) 420 11 00.
🌐 octopus-versand.de

stilwerk
Große Elbstr. 68.
Stadtplan 2 E4.
📞 (040) 30 62 11 00.
🌐 stilwerk.com/de/hamburg

Toni Thiel
Hoheluftchaussee 39.
📞 (040) 42 93 87 97.
🌐 toni-thiel.com

Die Wäscherei
Mexikoring 27–29.
📞 (040) 271 50 70.
🌐 die-waescherei.de

Yellow Möbel
Gertigstr. 24.
📞 (040) 27 07 59 09.
🌐 yellow-moebel.de

Schmuck und Uhren

Goldene Zeiten
Gerhofstr. 40.
📞 (040) 35 71 23 30.
🌐 goldenezeiten.net

Ivar Kranz
Schulterblatt 78.
Stadtplan 3 C1.
📞 (040) 43 18 87 49.
🌐 reingold-schmuck.de

Montblanc
Neuer Wall 52.
Stadtplan 9 C3.
📞 (040) 35 11 75.
🌐 montblanc.de

Wempe
Jungfernstieg 8. **Stadtplan** 10 D3. 📞 (040) 33 44 88 24. 🌐 wempe.de

Delikatessen

Hummer Pedersen
Große Elbstr. 152.
Stadtplan 2 D4.
📞 (040) 52 29 93 90.

Kaffeerösterei Burg
Eppendorfer Weg 252.
📞 (040) 422 11 72.

Käse, Wein & mehr
Erikastr. 58.
📞 (040) 46 24 25.

Oschätzchen
Hohe Bleichen 26.
Stadtplan 9 C2.
📞 (040) 35 00 47 80.

Wein-Outlet
Stresemannstr. 375.
Stadtplan 1 B1.
📞 (040) 89 01 90 41.

Bücher

Dr. Götze Land & Karte
Alstertor 14–18.
Stadtplan 10 E3.
📞 (040) 357 46 30.
🌐 mapshop-hamburg.de

Felix Jud Buchhandlung
Neuer Wall 13.
Stadtplan 10 D3.
📞 (040) 34 34 09.
🌐 felix-jud.de

Heymann
Eppendorfer Baum 27.
📞 (040) 48 09 30.
🌐 heymann-buch.de
Eine von 14 Filialen.

Thalia
Spitalerstr. 8.
Stadtplan 10 F3.
📞 (040) 48 50 10.
🌐 service.thalia.de
Eine von neun Filialen.

Beauty und Dessous

Beauty Cosmetic Hamburg
Landwehr 19.
📞 (040) 39 87 45 66.
🌐 beauty-cosmetic-hamburg.de

Boutique Bizarre
Reeperbahn 35.
Stadtplan 4 D4.
📞 (040) 31 76 96 90.
🌐 boutique-bizarre.de

Lush
Spitalerstr. 11. **Stadtplan** 10 F3. 📞 (040) 40 18 57 84. 🌐 lush.com

Nivea Haus
Jungfernstieg 51.
Stadtplan 7 C5.
📞 (040) 82 22 47 40.
🌐 nivea.de

Palmers
Mönckebergstr. 16.
Stadtplan 10 D3.
📞 (040) 172 839 55 70.
🌐 palmers.de

Fachgeschäfte

The art of Hamburg
Ditmar-Koel-Str. 19.
Stadtplan 9 A5.
📞 (040) 41 42 44 19. 🌐 the-art-of-hamburg.de

Cucinaria
Straßenbahnring 12.
📞 (040) 80 60 99 90.
🌐 cucinaria.de

Druckwerkstatt Ottensen
Ottenser Hauptstr. 46–48. **Stadtplan** 1 C3.
📞 (040) 398 63 60.
🌐 druckwerkstatt-ottensen.de

FREITAG-Taschen
Klosterwall 9. **Stadtplan** 10 F4. 📞 (040) 328 70 20. 🌐 freitag.ch

Pappnase & Co
Grindelallee 92.
Stadtplan 7 A3.
📞 (040) 44 97 39.
🌐 pappnase-hamburg.de

Stefan Fink
Koppel 66. **Stadtplan** 8 E4. 📞 (040) 24 71 51.
🌐 stefanfink.de

Stadtplan siehe Seiten 242–257

Unterhaltung

Vor allem in puncto Entertainment zeigt sich, dass das Image der Hamburger als unterkühlte Nordlichter nicht mehr als lediglich ein althergebrachtes Klischee ist. Kulturinteressierte wie Szenegänger kommen bei dem überaus breit gefächerten Unterhaltungsangebot gleichermaßen auf ihre Kosten. Sie können auf den großen und kleinen Bühnen der Stadt unvergessliche Musical- und Theaterabende erleben oder sich von dem kunterbunten Angebot an Varieté und Kleinkunst anlocken lassen. Schmelztiegel »alternativer« Stile ist und bleibt unumstritten der Stadtteil St. Pauli. Im Hamburger Star-Club feierten die großen Beatles einst ihren Durchbruch. Auch das nördlich angrenzende Schanzenviertel ist ein Zentrum des Szenelebens mit einem bunten Veranstaltungsprogramm.

Information

Bei der Orientierung über das Unterhaltungsangebot ist die **Tourist Information** behilflich. Deren Filialen bieten Informationen zu kulturellen Veranstaltungen in der Stadt. Neben den Tageszeitungen präsentieren auch Stadtzeitungen wie *SZENE HAMBURG*, *OXMOX* oder *PRINZ* (Print und Online) eine Übersicht über aktuelle Veranstaltungen wie Konzerte, Theaterstücke, Kino, Club-Events etc.

Vom Internet-Portal der **Hamburg Tourismus GmbH** (www.hamburg-tourism.de) können Sie sich Kataloge und Broschüren downloaden. Sie enthalten vielfältige Angebote (auch für kulturelle Events) und attraktive Rundum-Packages für Ihren Trip nach Hamburg. Auch das virtuelle Stadtmagazin www.hamburg-magazin.de ist eine gute Informationsquelle – von Ausstellungen bis Kino.

Tickets

Eintrittskarten können Sie natürlich bei den jeweiligen Veranstaltungsorten kaufen oder dort telefonisch bestellen. Die Adressen und Telefonnummern verschiedener renommierter Bühnen finden Sie auf den Seiten 205 und 209. Für eine ganze Reihe von Veranstaltungen beginnt der Vorverkauf bereits mehrere Monate im Voraus. Für Aufführungen etwa auf den großen Musicalbühnen ist frühzeitige Reservierung unbedingt erforderlich, da es an der Abendkasse sehr oft keine Karten mehr gibt.

Für die meisten Kulturstätten gilt jedoch: Wer beim Vorverkauf zu kurz gekommen ist, kann auch bei offiziell ausverkauften Veranstaltungen sein Glück noch an der Abendkasse versuchen und hat mitunter recht gute Chancen, dass einige bestellte Tickets doch nicht abgeholt werden.

Viele Reiseveranstalter bieten Tickets für bestimmte Events zusammen mit einem lukrativen Städtereisepaket an. Angebote zu solchen Pauschalreisen finden Sie in Zeitungen, aber auch im Internet auf den Websites der Veranstalter.

The Rolling Stones auf Tour in Hamburg

Das Kasino Reeperbahn – Magnet für Freunde des Glücksspiels

Auch bei den Filialen der **Tourist Information** sind Eintrittskarten erhältlich. Die **Hamburg Tourismus GmbH** verfügt ebenfalls über Kartenkontingente für eine ganze Reihe von Veranstaltungen. Den Verkauf von Tickets per Telefon oder Internet bieten mehrere Dienstleister an (u. a. **funke-ticket**).

Behinderte Reisende

Zahlreiche Veranstaltungsorte verfügen über geeignete Plätze für Rollstuhlfahrer und gehbehinderte Besucher, einige auch für Hörbehinderte. Parkplätze, Eingänge und Toiletten für Behinderte sind gekennzeichnet. Informieren Sie sich vor der Reservierung der Karten über die Bedingungen vor Ort.

Das Online-Portal der Hamburg Tourismus GmbH listet unter dem Stichwort »Hamburg ohne Grenzen« vielfältige Angebote für behinderte Reisende. Die Hamburger Landesarbeitsgemeinschaft für behinderte Menschen (LAG) bietet online Informationen über die

Bunt und gemütlich: das Foyer von Schmidts Tivoli

UNTERHALTUNG | 203

Ein Shuttleboot bringt Zuschauer kostenlos zum Musical Der König der Löwen ans Südufer der Elbe

behindertengerechte Ausstattung jedes Veranstaltungsortes sowie von Hotels und Restaurants (www.lagh-hamburg.de). Auf dieser Website kann man auch den »Hamburger Stadtführer für Rollstuhlfahrer« herunterladen.

Veranstaltungen im Freien

Vor allem in den wärmeren Jahreszeiten bietet Hamburg eine breite Palette an Open-Air-Spektakeln. Überaus eindrucksvoll sind die farbenprächtigen Wasserlichtkonzerte in Planten un Blomen *(siehe S. 78f)*. Sie finden von Mai bis August täglich um 22 Uhr statt. Auf dem See werden dabei zu imposanten Lichtspielen klassische Musik, Jazzklänge und Filmmusik gespielt.

Von Mai bis September lockt die Freilichtbühne im Stadtpark *(siehe S. 134)* mit Konzerten ein buntes Publikum an (www.stadtparkopenair.de).

Jedes Jahr Anfang Mai feiert Hamburg rund um den Hafen den Hafengeburtstag *(siehe S. 85)* u. a. mit stimmungsvollen Bootsparaden. »Kunst, Kultur und Kulinarisches« ist das Motto des zehntägigen Duckstein Festivals in der HafenCity *(siehe S. 45)*. Die Binnenalster ist im Juni Schauplatz des Drachenboot Cups und mehrmals im Jahr Ort für gigantische Feuerwerke.

Dreimal im Jahr bietet der Hamburger Dom auf dem Heiligengeistfeld Spaß für Groß und Klein *(siehe S. 44–46)*.

Leckerbissen für Cineasten sind zweifellos das Sommerkino im Sternschanzenpark *(siehe S. 45)* und im Herbst das Filmfest Hamburg *(siehe S. 46)*. Höhepunkt der Hamburger Pride Week im Juli/August ist die auch in der Hansestadt schrille und ausgelassen gefeierte CSD-Parade, die im multikulturellen Stadtviertel St. Georg startet.

Auf einen Blick
Information

Hamburg Tourismus GmbH
Wexstr. 7.
Stadtplan 5 B3.
☎ (040) 30 05 17 01.
🌐 hamburg-tourism.de

Tourist Information im Hauptbahnhof
Hauptausgang
Kirchenallee.
Stadtplan 6 E2.
◷ Mo–Sa 9–19,
So 10–18 Uhr.

Tourist Information am Hafen
St. Pauli Landungsbrücken
(zwischen Brücke 4 und 5).
Stadtplan 4 D5.
◷ So–Mi 9–18,
Do–Sa 9–19 Uhr.

Tourist Information Airport Office
Hamburg Airport,
Airport Plaza
(zwischen Terminal 1 u. 2).
◷ tägl. 6.30–23 Uhr.

Welterbe Info Point im Chilehaus
Pumpen 6.
◷ tägl. 10–17 Uhr.

funke-ticket
☎ (040) 450 11 86 76.
🌐 funke-ticket.de

Konzert des Shanty-Chors De Tampentrekker in der HafenCity

Stadtplan *siehe Seiten 242–257*

Musik, Theater und Kino

Hamburg bietet im Bereich der darstellenden Künste eine große Auswahl an Bühnen und Events. Das Kulturleben ist so abwechslungsreich wie in nur wenigen europäischen Metropolen. Ob ernste oder moderne Musik, klassisches oder alternatives Theater, Kleinkunst oder Film – das Angebot der Hansestadt ist mehr als breit gefächert. Einige Bühnen, darunter die Staatsoper, genießen auch international einen klangvollen Namen. Enorme Strahlkraft besitzt die Elbphilharmonie. Manche der rund 40 Theaterbühnen blicken auf eine lange Geschichte zurück. Fans von Kabarett und Comedy finden in St. Pauli auf engstem Raum mehrere Theater. Hamburger Clubs mit Live-Musik finden Sie auf den Seiten 206 f, Musicalbühnen auf den Seiten 208–213.

Oper und klassische Musik

Die **Elbphilharmonie** *(siehe S. 92–95)* ist das neue musikalische Wahrzeichen der Hansestadt. Bereits im ersten Jahr fanden hier mehr als 600 Konzerte statt. Die musikalische Palette ist bunt – auf dem Spielplan stehen Meisterwerke der Klassik, Klaviermusik, Jazz, Weltmusik, Pop und weitere Genres.

Die **Staatsoper Hamburg** *(siehe S. 77)* wurde 1678 als Deutschlands erstes Opernhaus gegründet und zählt längst zu den renommiertesten Opernhäusern in Europa. Das Repertoire der seit 2015 von dem Schweizer Intendanten Georges Delnon geleiteten Staatsoper umspannt rund 400 Jahre Musikgeschichte – von der Barockoper bis zum modernen Musiktheater. In der Staatsoper finden auch Aufführungen des Hamburger Balletts unter der Leitung von John Neumeier statt.

In der **Laeiszhalle** *(siehe S. 73)* werden Konzerte der Hamburger Symphoniker, des NDR-Sinfonieorchesters und der Philharmoniker aufgeführt. Gastspiele internationaler Orchester und Solisten runden das Programm ab. Das **Junge Forum Musik + Theater** der Hochschule für Musik und Theater Hamburg präsentiert neben Konzerten der Studenten und Absolventen auch kleine Operninszenierungen.

Theater

Das **Deutsche Schauspielhaus** *(siehe S. 129)* ist nicht nur das größte, sondern für zahlreiche Fachleute auch die schönste Sprechbühne des Landes. Das Repertoire des Hauses umfasst sowohl klassische als auch zeitgenössische Stücke. Ein hohes Maß an Reputation erwarb sich die Bühne insbesondere unter der Intendanz von Gustaf Gründgens (1955–63). Im Malersaal zeigt das »Junge Schauspielhaus« experimentelle Stücke und Matineen.

Das **Thalia Theater** *(siehe S. 59)* gilt zwar als Hamburgs »zweites Theater« nach dem Schauspielhaus, bringt jedoch derzeit die künstlerisch spannenderen Inszenierungen heraus und wurde nicht zufällig mehrfach zum »Theater des Jahres« gewählt. Typisch für das Thalia sind anspruchsvolle Regiearbeiten (häufig moderne Klassiker).

Kampnagel ist bekannt als Forum für innovatives zeitgenössisches Theater und Tanztheater. Die in einer ehemaligen Maschinenfabrik untergebrachte Kulturstätte ist Treffpunkt für erstklassige Ensembles aus aller Welt. Kampnagel präsentiert alljährlich das Internationale Sommerfestival *(siehe S. 45)*.

Die **Hamburger Kammerspiele**, ein renommiertes Privattheater, bieten großes Theater auf kleiner Bühne – und das jedes Mal mit einer hochkarätigen Besetzung. Neben kritischem Kammertheater stehen regelmäßig Lesungen und Liederabende auf dem Programm. Mit 743 Sitzplätzen ist das **Ernst Deutsch Theater** das größte Privattheater Deutschlands. Seit 1951 hat es seinen festen Platz in der Hamburger Theaterlandschaft. Das Programm bewegt sich im Spannungsfeld zwischen Tradition und Moderne. Das Theater etablierte die Jugendsparte »Plattform«.

Aufführungen von Stücken britischer Autoren in Originalsprache präsentiert das **English Theatre**, *die* Adresse für anglophile Theaterliebhaber. Die Schauspieler sind nicht nur Profis, sondern auch »native speakers«. Auf dem Programm stehen vornehmlich zeitgenössische Stücke in eher konventionellen Inszenierungen.

Den Charakter eines Stadttheaters hat das **Altonaer Theater**. Das Repertoire des Hauses umfasste lange Zeit auch Komödien und Musicals, mittlerweile stehen Bearbeitungen von Klassikern auf dem Spielplan. Volkstheater auf Plattdeutsch läuft in dem aus Fernsehaufzeichnungen bekannten **Ohnsorg-Theater** *(siehe S. 129)*, die **Komödie Winterhuder Fährhaus** steht für klassisches Boulevardtheater und Komödien (von flach bis rabenschwarz).

Im Sommer gibt es in Hamburg auch hochwertiges Freilichttheater. Ein Klassiker ist der *Hamburger Jedermann*, der an fünf Wochenenden (jeweils freitags bis sonntags sowie dreimal donnerstags) im Juli/August im **Theater in der Speicherstadt** aufgeführt wird.

Kleinkunst

Alternative Theaterformen haben besonders im Stadtteil St. Pauli ein Zuhause, vor allem am Spielbudenplatz tut sich einiges. Eigenproduktionen und internationale Musikshows, anspruchsvolles Unterhaltungstheater, Kabarett sowie klassische und moderne Stücke zeigt das traditionsreiche **St. Pauli Theater**.

Musiktheater, Comedy und Varieté auf hohem Niveau gibt es im **Schmidt Theater** zu sehen. Auch **Schmidts Tivoli** *(beide siehe S. 108)*, eine Bühne für kleinere Musicals und eines der schönsten Theatersäle der Stadt, zählt zu den Attraktionen auf der Reeperbahn. Die beiden Theater werden von der St.-Pauli-Größe Corny Littmann betrieben.

Zu den beliebtesten Kleinkunstbühnen Hamburgs gehört das traditionsreiche und 2009 wiedereröffnete **Hansa Theater**. Neben seinem bunten Programm – u. a. Varieté, Kabarett und Akrobatik – beeindruckt es auch durch seinen prachtvollen Theatersaal.

Das **Alma Hoppe Lustspielhaus** wird von den beiden Mitgliedern des Ensembles Alma Hoppe (bestehend aus Nils Loenicker und Jan-Peter Petersen) betrieben. Wie die beiden Hausherren zeigen auch die meisten der zu Gast weilenden Künstler (u. a. Jochen Busse, Frank Lüdecke, Thomas Freitag und Martin Buchholz) politisches Kabarett.

Seit 1975 liegt das erste hochseetüchtige Theater Europas im Nikolaifleet vor Anker: **Das Schiff** präsentiert literarisch-politische Kleinkunst. Die Aufführungen basieren oft auf Texten von Autoren wie Kurt Tucholsky oder Joachim Ringelnatz.

Kino

Obwohl auch in Hamburg große Unternehmen wie das **CinemaxX** mit mehreren Kinos die Szene beherrschen, wird Programmkino-Kultur weiterhin gepflegt. Viele Premieren anspruchsvoller Filme laufen in den »arthouse-kinos«: Das **Abaton**, Deutschlands ältestes Programmkino, und die **Zeise Kinos** in Altona veranstalten Filmreihen. Auch das **B-Movie** in St. Pauli ist für thematische Filmreihen beliebt. Das **Metropolis** setzt in seinem historischen Vorführraum auf Highlights der Filmgeschichte und zeigt u. a. Stummfilme. Filmreihen und Dokumentarfilme präsentiert das **3001 Kino**.

Auf einen Blick

Oper und klassische Musik

Elbphilharmonie
Platz der Deutschen Einheit 4.
Stadtplan H9–10.
📞 (040) 35 76 66 66.
🌐 elbphilharmonie.de

Junges Forum Musik + Theater
Harvestehuder Weg 12.
Stadtplan 8 D2.
📞 (040) 428 48 22 00.
🌐 hfmt-hamburg.de

Laeiszhalle
Johannes-Brahms-Platz.
Stadtplan 9 B2.
📞 (040) 35 76 66 66.
🌐 elbphilharmonie.de/laeiszhalle

Staatsoper Hamburg
Große Theaterstr. 25.
Stadtplan 9 C2.
📞 (040) 35 68 68.
🌐 staatsoper-hamburg.de

Theater

Altonaer Theater
Museumstr. 17.
Stadtplan 1 C4.
📞 (040) 39 90 58 70.
🌐 altonaer-theater.de

Deutsches Schauspielhaus
Kirchenallee 39.
Stadtplan 6 E2.
📞 (040) 24 87 13.
🌐 schauspielhaus.de

English Theatre
Lerchenfeld 14.
📞 (040) 227 70 89.
🌐 englishtheatre.de

Ernst Deutsch Theater
Friedrich-Schütter-Platz 1.
📞 (040) 22 70 14 20.
🌐 ernst-deutsch-theater.de

Hamburger Kammerspiele
Hartungstr. 9–11.
Stadtplan 7 B2.
📞 (040) 413 34 40.
🌐 hamburger-kammerspiele.de

Kampnagel
Jarrestr. 20.
📞 (040) 27 09 49 49.
🌐 kampnagel.de

Komödie Winterhuder Fährhaus
Hudtwalckerstr. 13.
📞 (040) 48 06 80 80.
🌐 komoedie-hamburg.de

Ohnsorg-Theater
Heidi-Kabel-Platz 1.
Stadtplan 10 F2.
📞 (040) 350 80 30.
🌐 ohnsorg.de

Thalia Theater
Alstertor 1.
Stadtplan 10 E3.
📞 (040) 32 81 44 44.
🌐 thalia-theater.de

Theater in der Speicherstadt
Auf dem Sande 1.
Stadtplan 5 C4.
📞 (040) 369 62 37.
🌐 hamburger-jedermann.de

Kleinkunst

Alma Hoppes Lustspielhaus
Ludolfstr. 53.
📞 (040) 55 56 55 56.
🌐 almahoppe.de

Hansa Theater
Steindamm 17.
Stadtplan 8 E5.
📞 (040) 47 11 06 44.
🌐 hansa-theater.de

Das Schiff
Nikolaifleet/Holzbrücke 2.
Stadtplan 9 C4.
📞 (040) 69 65 05 80.
🌐 theaterschiff.de

Schmidt Theater und Schmidts Tivoli
Spielbudenplatz 24–25 und 27–28.
Stadtplan 4 D4.
📞 (040) 31 77 88 99.
🌐 tivoli.de

St. Pauli Theater
Spielbudenplatz 29–30.
Stadtplan 4 D4.
📞 (040) 47 11 06 66.
🌐 st-pauli-theater.de

Kino

3001 Kino
Schanzenstr. 75.
📞 (040) 43 76 79.
🌐 3001-kino.de

Abaton
Allendeplatz 3.
Stadtplan 7 A2.
📞 (040) 41 32 03 20.
🌐 abaton.de

B-Movie
Brigittenstr. 5.
Stadtplan 3 C2.
📞 (040) 430 58 67.
🌐 b-movie.de

CinemaxX Hamburg Dammtor
Dammtordamm 1.
Stadtplan 5 C1.
📞 (040) 80 80 69 69.
🌐 cinemaxx.de

Metropolis
Kleine Theaterstr. 10.
📞 (040) 34 23 53.
🌐 metropolis-hamburg.de

Zeise Kinos
Friedensallee 7–9.
Stadtplan 1 B2.
📞 (040) 30 60 36 82.
🌐 zeise.de

Bars, Clubs und Live-Musik

Das Hamburger Nachtleben ist so kontrastreich wie die Stadt selbst. Das Angebot für Nachtschwärmer reicht von der Cocktailbar, in der man sich zum Plaudern trifft, bis zum trendigen Szenetreff, wo man die Nächte durchtanzt. In den Clubs wird jeder Musikgeschmack bedient. Die Frage nach beliebtesten Locations ist schwer zu beantworten, da sie so schnell wechseln wie das Hamburger Wetter. Pulsierendes Zentrum des Nachtlebens ist St. Pauli. Getreu dem Motto »Auf der Reeperbahn nachts um halb eins« erreicht hier die Stimmung ihren Höhepunkt erst nach Mitternacht. Doch auch in der »Schanze« (Schanzenviertel) hat sich eine Kneipen- und Clubszene etabliert. Im Sommer sind die Beach Clubs an der Elbe gut besucht.

Bars

Durchgestylt bis ins letzte Detail ist die **Bar Hamburg** in St. Georg. In verschiedene Lounges (u. a. Zigarren- und Shishalounge) aufgeteilt, beeindruckt sie mit ihrer Auswahl an Cocktails und Spirituosen.

3Freunde ist für gute Cocktails bekannt, in der Smoker's Bar können auch Raucher entspannen. Die **Komet Bar** liegt in der »sündigsten« Ecke des Kiez. Die kleine Bar verbreitet ein gemütliches Ambiente, während es musikalisch oftmals eher rockig zugeht.

Mit kubanisch-karibischem Flair lockt die Cocktail- und Sportsbar **Copa Cabana**, Cocktail- und Shishakarte bieten eine mehr als üppige Auswahl. Auf der Suche nach dem perfekten Cocktail werden Sie vielleicht bei **Christiansen's** fündig, Barkeeper Uwe Christiansen wurde für seine Drinks prämiert. Zu den besten Bars in Deutschland gehört für viele Insider **Le Lion – Bar de Paris**, deren Stil an eine Pariser Bar der 1920er Jahre erinnert.

Einen Blick auf den Hafen genießt man von der **Tower Bar** im Hotel Hafen Hamburg *(siehe S. 179)* aus einer Höhe von 62 Metern. Grandiose Aussicht über weite Teile der Stadt hat man von der **Skyline Bar 20up** im 20. Stock des Empire Riverside Hotel und der **Clouds – Heaven's Bar** in der 22.–24. Etage der Tanzenden Türme aus 90 bzw. 105 Metern Höhe.

Clubs

Die Hamburger Clubszene ist ständig in Bewegung: Der seit Herbst 2017 heimatlose Hip-Hop-Club **Kleiner Donner** feierte im Sommer 2018 in den Räumlichkeiten der kurz vorher geschlossenen Bar Rossi seine Neueröffnung. In der **Astra-Stube** wird kühles Bier teurem Champagner vorgezogen. Indie-, Reggae- und Techno-Fans kommen hier auf ihre Kosten. **Große Freiheit 36** gehört zu den ältesten und bekanntesten Musikclubs in St. Pauli – nicht erst seitdem hier die Beatles einige Male auftraten *(siehe rechts)*. Die hier stattfindenden Partys wie etwa »Noche Latina«, »Back to Black« oder »Champagner Party« haben viele Fans.

Der **mojo club**, eine Institution am Kiez, wurde 2013 im neuen Domizil in den Tanzenden Türmen an der Reeperbahn wiedereröffnet. Ob Soul, Funk, Pop oder Rock – **Angie's** bietet exklusive Live-Musik. Nicht verpassen sollte man den **Waagenbau**, wo wechselnde DJs Drum 'n' Bass, Techno und Hip-Hop auflegen.

Zu den angesagtesten Locations in Hamburg gehört der **Floryaclub**. Seine ausgefallenen Lasershows und populäre DJs aus aller Welt ziehen ein buntes Publikum an. In einem Häuschen auf der Grünfläche am Neuen Pferdemarkt ist der **Grüne Jäger**. Der Musikclub gilt als einer der besten im Schanzenviertel. Im **Golden Pudel Club** am Fischmarkt trotzt man der schicker werdenden Nachbarschaft mit den Underground-Trends.

Live-Musik

Neben großen Bühnen wie der Barclaycard Arena gibt es auch viele kleinere Hallen und Clubs mit Live-Musik. Sie halten die Tradition des Star-Club (1962–69, Große Freiheit 39) aufrecht, in dem u. a. die Beatles ihre unvergleichliche internationale Karriere starteten.

Jazzfreunde werden im **Cotton Club**, Hamburgs ältestem Jazzkeller, bestens bedient. Von Montag bis Sonntag wird hier gejazzt, gejammt und geswingt. Weitere angesagte Jazz-Locations sind u. a. das **Birdland**, Das Feuerschiff *(siehe S. 89)*, der Jazzclub Bergedorf und der **Jazzclub im Stellwerk**. Im **Downtown Bluesclub** treten Blues-Legenden auf. Größen aus Soul,

Udo Lindenberg (*17. Mai 1946)

Auch wenn er in Westfalen geboren wurde – Udo Lindenberg steht wie kaum ein Zweiter für die Hamburger Musikszene. 1968 kam er nach Hamburg und tingelte mit diversen Bands durch die Clubs. Er war einer der Ersten, die Rockmusik mit deutschen Texten etablierten. Der kommerzielle Durchbruch gelang dem Musiker und Songschreiber mit der LP *Andrea Doria*, die er 1973 mit seinem Panikorchester aufnahm. Lindenbergs Markenzeichen sind ironische Texte zu zwischenmenschlichen Themen, präsentiert in dem für ihn typischen Sprechgesang. Nach wie vor geht Lindenberg regelmäßig auf Tour. Wenn er in Hamburg ist, wohnt er im Hotel Atlantic Kempinski *(siehe S. 128)*. Zu seinem 50. Geburtstag wurde Udo Lindenberg mit einem eigenen Stern *(siehe S. 27)* geehrt, der – ganz nach dem Vorbild des Walk of Fame – an der Reeperbahn eingelassen wurde. 2018 eröffnete am Spielbudenplatz Udo Lindenbergs PanikCity *(siehe S. 108)*.

BARS, CLUBS UND LIVE-MUSIK | 207

Funk, Jazz, Rock und Pop kommen im **Stage Club** in der Neuen Flora auf die Bühne. Für World Music, Rock und Jazz ist die **Fabrik** bekannt.

»Rock 'n' Roll since 1974« – das ist das Motto des **Logo**, in dem noch immer ausnahmslos handgemachte Musik gespielt wird. Mindestens ebenso rockig geht es im **Molotow** zu. Live on stage waren hier u. a. bereits The White Stripes, Billy Talent, The Black Keys und Die Toten Hosen. Acts aus den Bereichen Indie-Rock und Wave spielen im **Knust**. Die Clubs **Uebel & Gefährlich** und **Prinzenbar** locken u. a. mit Indie-Pop.

Beach Clubs

Geradezu mediterran ist das Ambiente in den von Palmen, Sonnenschirmen, Liegestühlen und Hängematten geprägten Beach Clubs, die meist von April bis September/Oktober geöffnet haben. Mit einem Cocktail in der Hand die Elbe im Sonnenlicht glitzern zu sehen lässt einen vergessen, dass man in einer Großstadt ist. DJs legen zum Chill-out passende Scheiben auf. Als erste Strandbar der Stadt eröffnete 2003 der Hamburg City Beach Club (heute **Dock 3 Beachclub**). Auch **Hamburg del mar** und StrandPauli *(siehe S. 110)* sind gefragte Adressen.

Schwule und Lesben

Die Hamburger Gay-Szene konzentriert sich vor allem in dem Stadtviertel St. Georg. Einige der angesagtesten Treffs sind in der am Hauptbahnhof beginnenden Langen Reihe, darunter mit dem **Café Gnosa** auch das bekannteste schwullesbische Café Hamburgs und mit der **Generation Bar** eine stylishe Cocktailbar mit hohem Party- und Spaßfaktor.

Die **WunderBar** – ebenfalls in St. Pauli gelegen – ist ein schwuler Barklassiker in plüschigem Rot, der **endlich Salon** (bis 2013 Frauencafé Endlich) in der Neustadt öffnet für diverse Veranstaltungen.

Auf einen Blick

Bars

3Freunde
Clemens-Schultz-Str. 66.
Stadtplan 3 C3.
(040) 53 26 26 39.

Bar Hamburg
Rautenbergstr. 6–8.
Stadtplan 8 D5.
(040) 36 02 93 93.

Christiansen's
Pinnasberg 60.
Stadtplan 2 F4.
(040) 317 28 63.

Clouds – Heaven's Bar
Reeperbahn 1.
Stadtplan 4 D4.
(040) 30 99 32 80.

Copa Cabana
Clemens-Schultz-Str. 79.
Stadtplan 3 C3.
(040) 30 23 78 78.

Komet Bar
Erichstr. 11.
Stadtplan 3 C4.
(040) 27 86 86 84.

Le Lion – Bar de Paris
Rathausstr. 3.
Stadtplan 10 D3.
(040) 334 75 37 80.

Skyline Bar 20up
Bernhard-Nocht-Str. 97.
Stadtplan 4 D4.
(040) 3111 970 470.

Tower Bar
Seewartenstr. 9.
Stadtplan 4 E4.
(040) 3111 370 450.

Clubs

Angie's
Spielbudenplatz 27.
Stadtplan 4 D4.
(040) 31 77 88 11.

Astra-Stube
Max-Brauer-Allee 200.
Stadtplan 2 F1.

Floryaclub
Holstenstr. 73.
Stadtplan 3 B2.
0172 207 00 50.

Golden Pudel Club
St. Pauli Fischmarkt 27.
Stadtplan 3 B5.
(040) 28 46 89 11.

Große Freiheit 36
Große Freiheit 36.
Stadtplan 4 C3.
(040) 31 77 78 10.

Grüner Jäger
Neuer Pferdemarkt 36.
Stadtplan 4 D2.
(040) 31 81 46 17.

Kleiner Donner
Max-Brauer-Allee 279.
(040) 43 34 21.

mojo club
Reeperbahn 1.
Stadtplan 4 D4.
(040) 319 19 99.

Waagenbau
Max-Brauer-Allee 204.

Stadtplan 2 F1.
(040) 24 42 05 09.

Live-Musik

Birdland
Gärtnerstr. 122.
(040) 40 52 77.

Cotton Club
Alter Steinweg 10.
Stadtplan 9 B3.
(040) 34 38 78.

Downtown Bluesclub
Otto-Wels-Str. 2.
(040) 27 50 54.

Fabrik
Barnerstr. 36. Stadtplan 1 C2. (040) 39 10 70.

Jazzclub im Stellwerk
Im Fernbahnhof Harburg über den Gleisen 3 und 4, Hannoversche Str. 85.
(040) 30 09 69 48.

Knust
Neuer Kamp 30.
Stadtplan 4 D2.
(040) 87 97 62 30.

Logo
Grindelallee 5.
Stadtplan 7 B2.
(040) 410 56 58.

Molotow
Nobistor 14. Stadtplan 3 B3. (040) 31 08 45.

Prinzenbar
Spielbudenplatz 19.
Stadtplan 4 D4.
(040) 317 88 30.

Stage Club
Stresemannstr. 159a.
Stadtplan 2 E1.
(040) 43 16 54 60.

Uebel & Gefährlich
Feldstr. 66.
Stadtplan 4 E2.
(040) 31 79 36 10.

Beach Clubs

Dock 3 Beachclub
St. Pauli Landungsbrücken/Parkdeck.
(040) 98 76 51 55.

Hamburg del mar
St. Pauli Landungsbrücken/Parkdeck.
(040) 43 18 00 72.

Schwule und Lesben

Café Gnosa
Lange Reihe 93.
Stadtplan 8 E1.
(040) 24 30 34.

endlich Salon
Dragonerstall 11.
Stadtplan 9 B2.
(040) 350 16 60.

Generation Bar
Lange Reihe 81.
Stadtplan 8 E1.
(040) 28 00 46 90.

WunderBar
Talstr. 14.
Stadtplan 3 C3.
(040) 317 44 44.

Stadtplan siehe Seiten 242–257

Musicals

Hamburg ist Deutschlands Musical-Hauptstadt und liegt im Ranking der wichtigsten Musiktheater-Metropolen der Welt nach New York und London auf dem respektablen Platz 3. In keiner anderen deutschen Stadt gibt es mehr Musicals: Mit **Cats**, das es hier auf eine Laufzeit von stolzen 15 Jahren (1986 – 2001) brachte, setzte der Boom ein. Wer Spaß an bunten Shows, eingängigen Rhythmen, spannendem Entertainment, gefühlvollen Songs, perfekten Choreografien und ergreifenden Geschichten hat, ist in der Elbmetropole genau richtig. Für viele Gäste der Stadt ist der Besuch einer der weltberühmten Produktionen Anlass für ihren Städte-Trip. Auf den folgenden Seiten werden Entwicklung und Trends des Musical-Standorts Hamburg aufgezeigt *(siehe S. 208f)* sowie die Bühnen und einige Musicals vorgestellt *(siehe S. 210f)*.

Entwicklung zur Musical-Metropole

Der Aufstieg von Hamburg zum Mekka für Musicalfans begann am 18. April 1986 mit der deutschen Erstaufführung von **Cats**. Diese Produktion von Andrew Lloyd Webber füllte zu diesem Zeitpunkt schon längst die Hallen am New Yorker Broadway und im Londoner East End, den konkurrenzlosen Hotspots für Liebhaber von Musikshows. Die Premiere im vorher einige Zeit nicht genutzten Operettenhaus (seit 2014 **Stage Operettenhaus**, *siehe S. 109 u. S. 210*) markierte auch den Beginn der Ära des kommerziellen Musiktheaters in Deutschland.

Das Projekt war langfristig geplant: Ein festes Stück sollte über einen längeren Zeitraum »en suite« (ohne Unterbrechung) auf derselben Bühne gespielt werden – und zwar täglich, am Wochenende sogar zweimal am Tag. Dieses System war vorher in den USA und Großbritannien mit sehr großem Erfolg praktiziert worden, wurde aber in Deutschland zunächst mit Skepsis betrachtet. Die überaus hohe Akzeptanz beim Publikum gab den Planern allerdings recht: **Cats**, die anrührende Geschichte mit singenden Darstellern in Katzenkostümen, wurde nicht weniger als 15 Jahre gespielt, nach etwa 6100 Vorstellungen fiel der letzte Vorhang. Über sechs Millionen Zuschauer hatten das Erfolgsmusical in Hamburg gesehen – der Grundstein für den Aufstieg der Hansestadt zur weltweit geachteten Musical-Metropole war gelegt. Das Operettenhaus rühmt sich noch heute, Geburtsstätte des Musicals in Deutschland zu sein.

Musical-Boom

Der sensationelle Erfolg von **Cats** setzte Kräfte und Mittel frei: Neue Bühnen für aufwendige Shows wurden konzipiert, um den Musical-Standort Hamburg weiter zu stärken und die Besucherzahlen noch zu steigern. Für die Aufführung der Musicals **Phantom der Oper**, **Buddy** und **Das Wunder von Bern** wurden 1989/90 mit der **Neuen Flora** *(siehe S. 119 u. S. 210f)*, 1994 mit dem **Theater im Hafen Hamburg** *(siehe S. 96 u. S. 211)* und 2014 mit dem **Theater an der Elbe** *(siehe S. 211)* eigens drei neue dauerhafte Spielstätten errichtet.

Die genannten Bühnen werden von **Stage Entertainment** betrieben. Das 1989 in den Niederlanden gegründete weltweit agierende Unternehmen für Live-Entertainment übernahm 2011 auch das Operettenhaus. Stage Entertainment kümmert sich neben der Produktion der Musicals auch um den Betrieb der Theater und die Vermarktung der Shows.

Musicals in Hamburg

In den vergangenen Jahren brachten weitere Erfolgsmusicals frischen Wind in das kulturelle Leben von Hamburg. Den frühen Klassikern folgten u. a. *Tanz der Vampire*, *Mamma Mia*, *Der König der Löwen*, *Dirty Dancing*, *Ich war noch niemals in New York*, *Tarzan*, *Sister Act* und *Rocky*. Letztgenanntes ist das erste in Deutschland produzierte Musical, das auch am weltberühmten New Yorker Broadway aufgeführt wird (Beginn: März 2014). Mit diesem »Export« in die Vereinigten Staaten, das Ursprungsland des Musicals, rückt Hamburg in seiner Rolle als Hochburg dieses Genres noch weiter in den internationalen Fokus.

Dass zwischendurch einige Produktionen floppten und nach weniger als einem Jahr abgesetzt wurden *(siehe Kasten S. 211)*, tat dem Erfolgskonzept keinen Abbruch.

Bedeutung für die Stadt

Andere deutsche Städte, die sich als Standort für Musicals versuchten, hatten und haben damit mehr oder weniger Erfolg. In Hamburg entwickelte sich dieses Genre nicht nur zu einem wesentlichen Bestandteil des ohnehin schon komplexen Entertainment-Angebots, sondern auch zu einem bedeutenden Imagefaktor. Die von **Cats** gesetzten hohen Maßstäbe konnten bei den meisten Folgeproduktionen aufrechterhalten werden. So waren von einigen (darunter auch *Mamma Mia*) fast alle Aufführungen ausverkauft, nur wenige Musicals erreichten keine volle Auslastung. Die Stadt trotzte somit der viel zitierten Krise auf dem deutschen Musicalmarkt. Mittlerweile besuchen jährlich rund zwei Millionen Menschen aus aller Welt eines der Hamburger Musicals.

Parallel zur Musicalbegeisterung und dem Anstieg der Besucher- und Übernachtungszahlen stieg das Angebot an Hotels: Neue Unterkünfte entstanden, bestehende wurden umfassend modernisiert. Denn einen erheblichen Teil seiner Bedeutung als Ziel von Städtereisenden verdankt Hamburg diesen spektakulären Aufführungen – Musicals sind für viele Hamburg-Besucher Anlass ihrer Reise oder stehen im Zentrum des Aufenthalts. Der sogenannte »Musicaltourismus« hat sich als Sonderform des Fremdenverkehrs etabliert. Eine ganze Reihe von Anbietern organisieren nicht nur den Besuch einer glamourösen Bühnenshow, sondern bieten darüber hinaus Pauschalarrangements, die auch Anreise und Übernachtung umfassen. Viele dieser höchst spektakulären Darbietungen sind zudem für Kinder geeignet, weshalb auch Familien von den Pauschalangeboten regen Gebrauch machen.

Mit Einsetzen des Musical-Booms kamen Kreative aus aller Welt in die Elbmetropole. Regisseure, Choreografen, Musiker, Schauspieler, Tänzer und viele weitere Künstler, die an den Bühnenshows beteiligt sind, leben und wirken hier und bereichern das kulturelle Leben der Stadt seit Jahren maßgeblich.

Perspektiven

Der Markt scheint auch in Hamburg noch lange nicht gesättigt zu sein. Die Musical-Branche denkt in sehr großen Dimensionen und plant weitere Bühnen und neue Shows. Als Meilenstein für die künftige Entwicklung gilt das Theater an der Elbe (Eröffnung: November 2014), dessen Bühnenshows den Veranstaltungskalender der Hansestadt weiter bereichern.

Tipps für Besucher

An den großen Bühnen *(siehe S. 210f)* gibt es acht Vorstellungen pro Woche (Sa, So je zwei), der Montag ist spielfrei. Das Programm dauert jeweils etwa drei Stunden inklusive einer Pause.

Die Vorstellungen sind nicht selten schon mehrere Monate im Voraus ausverkauft, Sie sollten einen Musicalbesuch also rechtzeitig planen. Je früher Sie Ihren Aufenthalt in Hamburg organisieren, desto größer ist natürlich auch Ihre Chance, Tickets für die gewünschte Veranstaltung in der ausgewählten Preiskategorie zu bekommen. Gerade bei den populärsten Musicals ist die Nachfrage nicht nur unmittelbar nach dem Start sehr groß.

Andererseits können Kurzentschlossene unter Umständen noch – zum Teil etwas günstigere – Restkarten für Veranstaltungen am gleichen Tag erwerben. Rufen Sie am besten bei der Ticket-Hotline von Stage Entertainment an *(siehe Kasten)*. Die Abendkasse öffnet eine Stunde vor Veranstaltungsbeginn, hinterlegte Eintrittskarten müssen bis spätestens 30 Minuten vor Beginn der Veranstaltung an der Theaterkasse abgeholt werden.

Dass bei den in Hamburg laufenden Produktionen kaum ein Aufwand gescheut wird, um den Besuchern ein möglichst authentisches Erlebnis zu bieten, weiß man nicht erst seit dem Musical **Rocky** (Nov 2012–Aug 2015). Mit einem in den Zuschauersaal hineinfahrbaren Boxring, an dem Gäste wie VIPs bei einem Titelkampf Platz nehmen, wurden weitere Maßstäbe in puncto Atmosphäre gesetzt.

Backstage-Führungen

In den großen Musicalbühnen können Sie auch einen Blick hinter die Kulissen werfen. Im Rahmen einer (nicht barrierefreien) Führung werden Besuchern Aufbau und komplexe Abläufe einer Musicalproduktion nähergebracht, außerdem können Sie echte Theaterluft schnuppern. Erleben Sie die Perspektive der Darsteller im Musical und den Zauber eines aufwendig inszenierten Bühnenbilds.

Die 45- bis 60-minütigen Führungen kosten in allen drei Theatern 19,50 Euro, finden aber nicht an jedem Tag statt. Informieren Sie sich am besten beim jeweiligen Theater nach konkreten Terminen.

Auf einen Blick

Große Bühnen

Neue Flora
Stresemannstr. 159a.
Stadtplan 2 E1.
🌐 neueflora.de

Theater an der Elbe
Norderelbstr. 8.
🌐 stage-entertainment.de

Stage Operettenhaus
Spielbudenplatz 1.
Stadtplan 4 D4.
🌐 stage-entertainment.de

Theater im Hafen Hamburg
Norderelbstr. 6.
🌐 loewenkoenig.de

Weitere Bühnen

Delphi Showpalast
Eimsbütteler Chaussee 5.
📞 (040) 431 86 00.
🌐 delphi-showpalast.de

Mehr! Theater am Großmarkt
Banksstr. 28.
Stadtplan 6 F4.
📞 0180 520 01.
🌐 mehr-theater.de

Schmidts Tivoli
Spielbudenplatz 27–28.
Stadtplan 4 D4.
📞 (040) 31 77 88 99.
🌐 tivoli.de

Tickets

Wegen der großen Nachfrage empfiehlt sich frühzeitige Reservierung der Tickets. Viele Besucher kaufen diese zusammen mit einem Reise-Arrangement in die Hansestadt.

Eintrittskarten für die Musicals des Veranstalters Stage Entertainment buchen Sie am besten unter der Ticket-Hotline des Veranstalters *(siehe unten)*. Bei anderen Bühnen nehmen Sie Kontakt mit dem jeweiligen Betreiber auf.

Mit etwas Glück kann man Eintrittskarten noch am Tag der Vorstellung an der Theaterkasse erwerben.

Ticket-Hotline Stage Entertainment
📞 01805 44 44 (14 Ct./Min. aus dem deutschen Festnetz, max. 42 Ct./Min. aus dem Mobilfunk).
🌐 stage-entertainment.de

Stadtplan siehe Seiten 242–257

Große Bühnen

Die Elbmetropole verfügt über renommierte Musicalbühnen, in denen weltbekannte Produktionen zur Aufführung kommen – **Stage Operettenhaus, Neue Flora** und **Theater im Hafen Hamburg**. Neueste Bühne ist das 2014 eröffnete **Theater an der Elbe**. All diese Theater sind mit modernstem Equipment in Bühnen-, Licht- und Tontechnik ausgestattet. Die Sichtverhältnisse für die Besucher in den komfortabel eingerichteten Zuschauerräumen sind beispielhaft, das Flair in den Foyers ist repräsentativ.

Die Theater befinden sich in verschiedenen Stadtvierteln, jede Bühne hat ihr ganz eigenes Ambiente. Für das leibliche Wohl der Gäste vor und nach der Show ist gesorgt. Die Musiktheater verfügen über Restaurants und Bars, in denen Gäste bewirtet werden.

Stage Operettenhaus

In diesem über 1300 Plätze fassenden Musiktheater *(siehe S. 109)* am Spielbudenplatz nahm die Ära des »großen« Musicals in Hamburg 1986 ihren Anfang. Nach der letzten Vorstellung des Dauerbrenners *Cats* im Jahr 2001 war man gespannt, ob die Nachfolgeproduktionen mit dem berühmten Vorgänger mithalten könnten. Nachdem zwei Musicals nach jeweils rund einem halben Jahr abgesetzt wurden, konnte das ABBA-Musical *Mamma Mia* die hohen Erwartungen erfüllen, woran bereits nach der Premiere Ende 2002 kein Zweifel mehr bestand. Das Musical brachte die Hits der schwedischen Band ABBA auf die Bühne. Erinnerungen an die Zeiten von himmelblauem Lidschatten und Schlaghosen wurden wach.

Ende 2007 hatte im Operettenhaus *Ich war noch niemals in New York* Premiere, ein turbulentes und doch höchst romantisches Musical mit 23 der größten Erfolge von Udo Jürgens – von *Merci Chérie* über *Mit 66 Jahren* bis zu *Griechischer Wein*. Die Lieder sind in eine Drei-Generationen-Geschichte verwoben, die von großen Gefühle handelt. Nicht gerade untypisch für Hamburg: Ein Teil der Story spielt auf hoher See. Dort findet eine rasante Verfolgungsjagd an Deck eines Kreuzfahrtschiffes ihr vorläufiges Ende.

Sister Act (ab Dez 2010) erzählt die Geschichte einer Nachtclubsängerin, die sich in einem Kloster vor Gangstern verstecken muss. Mit ihrem Charme erweckt sie den Nonnenchor zu neuem Leben. Die Songs für dieses schwungvolle Musical komponierte Oscar-Preisträger Alan Menken.

Die im November 2012 startende Aufführung *Rocky* dokumentiert die Geschichte des Boxers Rocky Balboa. Sie orientiert sich am gleichnamigen Film mit Sylvester Stallone in der Hauptrolle. Das Erlebnis Musical wird hier um die Faszination Boxsport bereichert. Für die Authentizität der boxerischen Elemente sorgten die als Koproduzenten verpflichteten Boxweltmeister Vitali und Wladimir Klitschko. Die Bühnentechnik ist spektakulär: Der Boxring wird in den Zuschauerraum gefahren – zu Klängen von *Eye of the Tiger*.

Das zum ersten Mal auf einer deutschen Bühne präsentierte Nachfolge-Musical *Liebe Stirbt Nie* (ab Okt 2015) knüpft thematisch an *Das Phantom der Oper (siehe rechts)* an. Das im November 2016 startende Musical *Hinterm Horizont* erzählt mit Songs von Udo Lindenberg eine Ost-West-Liebesgeschichte zweier Menschen im geteilten Deutschland. Rund ein Jahr später folgte *Kinky Boots* (Start: Dez 2017). Das Erfolgsmusical vom Broadway spielt in einer Schuhfabrik, in der Stiefel für Dragqueens und Travestiekünstler produziert werden. Den Soundtrack steuerte Cindy Lauper bei.

Seit Oktober 2018 wird im Stage Operettenhaus *Ghost – Das Musical* aufgeführt, das Erinnerungen an den Kultfilm aus den 1990er Jahren aufleben lässt und Besucher in eine Welt zwischen Illusion und Realität entführt.

Neue Flora

Im Zuge des Hypes um *Cats* entstand 1989/90 die Neue Flora *(siehe S. 119)*. Eingeweiht wurde die neue Spielstätte mit Platz für annähernd 2000 Zuschauern im Juni 1990 mit der Premiere des Musicals *Das Phantom der Oper*, das bis Mitte 2001 gespielt wurde. Diese Show, die dem Publikum ein Stück Pariser Oper nahebringt, wurde zu einem wahren Kassenschlager – es gab rund 4400 Aufführungen mit insgesamt etwa sieben Millionen Zuschauern.

Die folgenden Veranstaltungen in der Neuen Flora waren kurzlebiger: Die Produktionen *Mozart!* und *Titanic* standen jeweils nur etwa zehn Monate auf dem Programm. Als weitere erfolgreiche Aufführungen folgten *Tanz der Vampire* (ab Ende 2003), das sich inhaltlich an Roman Polańskis gleichnamigem Film (1967) orientiert, sowie *Dirty Dancing* (ab Anfang 2006). Diese Musik- und Tanzshow basiert auf dem gleichnamigen Film (1987) und erlebte in Hamburg ihre Europa-Premiere. 51 Songs aus den 1960er bis 1980er Jahren führten durch die ergreifende Geschichte.

Im Herbst 2008 hatte mit dem Musical *Tarzan* die vierte Disney-Produktion von Stage Entertainment in der Neuen Flora Premiere. Sie erzählt die Geschichte eines jungen Mannes, der seine Wurzeln sucht und die große Liebe findet. Eine schier atemberaubende Luftakrobatik mit rund 300 Flugeinsätzen über den Köpfen des Publikums, fantasievolle Bühnenbilder, farbintensive Kostümierung, ausdrucksstarke Akustik (u. a. mit dem dröhnenden Rhythmus kräftiger Buschtrommeln und dem Gekreische von Urwaldvögeln) und die Musik von Phil Collins sind Zutaten für eine so kunterbunte wie temporeiche Show über Freundschaft, Identitätsfindung und Willenskraft. Bei diesem Gesamtkunstwerk verwandelt sich der Theatersaal in eine spektakuläre wie lebendige Dschungelwelt.

MUSICALS

Mit der Rückkehr von **Das Phantom der Oper** (Ende 2013) in die Neue Flora feierte erstmals ein Musical, das hier bereits mehrere Jahre gespielt wurde, ein Comeback in der Elbmetropole. Die Produktion mit berühmten Melodien von Andrew Lloyd Webber zählt zu den meistbesuchten Musicals der Welt. Die Nachfolgeproduktion **Disneys Aladdin** (Start: Dez 2015) basiert auf dem gleichnamigen Disney-Film. Besucher werden hier auf eine geradezu magische Reise in den Orient entführt.

Theater im Hafen Hamburg

Im Theater im Hafen Hamburg (siehe S. 96) finden mehr als 2000 Besucher Platz. Das fest installierte gelbe Zelt am Südufer der Elbe zieht seit 1994 die Blicke auf sich. Die Besucher des Musicals **Buddy** begaben sich auf eine Zeitreise in die 1950er Jahre. Das Musical setzt Buddy Holly, Pionier des Rock 'n' Roll, ein Denkmal.

Ende 2001 wurde die Show von **Der König der Löwen** abgelöst – einem Bühnenerlebnis mit einem Hauch von Afrika. Fantastische Kostüme, einfallsreich gestaltete Masken und Songs von Elton John – ein Mix aus afrikanischen Rhythmen und westlichem Pop-Sound – bilden den Rahmen für Walt Disneys Geschichte des jungen Löwen Simba. Er kämpft darum, seinen Platz als König einzunehmen, wofür er Mutproben zu bestehen hat. Seit der Premiere bricht das Bühnenspektakel alle Besucherrekorde.

Theater an der Elbe

Die vierte große Musicalbühne Hamburgs eröffnete 2014 mit der Produktion **Das Wunder von Bern**. Der auf Sönke Wortmanns gleichnamigem Film basierende Stoff verknüpft eine Vater-Sohn-Geschichte mit der Fußball-WM 1954. Das mit seiner Glasfassade auch architektonisch eindrucksvolle Theater bietet 1850 Besuchern Platz. Die beiden folgenden Musicals **Ich war noch niemals in New York** (siehe S. 210) und **Tanz der Vampire** (siehe S. 210) wurden jeweils einige Monate gespielt. Im Februar 2018 folgte **Mary Poppins**. Die mitreißende Show erzählt die fantastische Geschichte des wohl berühmtesten Kindermädchens der Welt.

Das Musicalereignis im Theater im Hafen Hamburg und dem benachbarten Theater an der Elbe beginnt für viele Besucher mit der Anfahrt: Sie gelangen per kostenlosem Shuttleboot von den Landungsbrücken zum Theater – und nach der Vorstellung wieder zurück.

Weitere Bühnen

Neben den großen Musicals werden in Hamburg auch kleinere Produktionen aufgeführt. Zu den kultigsten Bühnen gehört **Schmidts Tivoli** (siehe S. 108) auf der Reeperbahn. Nach dem Zuschauererfolg *Fifty-Fifty* kam hier **Heiße Ecke – Das St. Pauli Musical** auf die Bühne. Im Imbiss »Heiße Ecke« singt und tanzt St. Pauli, die Musicalrevue ist voller Witz, Tempo und Überraschungen. Die Produktion mit neun Schauspielern, Sängern und Tänzern in über 50 Rollen unter der Regie von Corny Littmann ist dem Stadtteil wie auf den Leib geschneidert: Lebenskünstler, Normalos, Versager – alle Typen sind hier vertreten.

Mitreißendes bietet auch der **Delphi Showpalast**. Auf dieser Bühne stehen wöchentlich jeweils mehrere Shows auf dem Programm. Zu den größten Kassenschlagern zählte das Pop-Musical *Westerland*. Das Musical *Starcut* setzte den Werdegang eines Friseurs zum Starfigaro so heiter wie spektakulär um. Bei der Musikshow *Paul & Paula* bildet ein Rummelplatz die Kulisse. *Mallorca – Insel der Träume* setzt Illusionen von Urlaubern musikalisch um. *Yippie Ya Yeah!* (Premiere: Sep 2018) ist eine Country-Persiflage mit einem Feuerwerk an Hits von einst und jetzt.

Im März 2015 eröffnete östlich der HafenCity die Multifunktionsbühne **Mehr! Theater am Großmarkt** mit *We Will Rock You*, dem u. a. *Dirty Dancing* und *Flashdance* folgten.

Musicals

Stage Operettenhaus

Cats
(Apr 1986 – Jan 2001)

Fosse – Die Show
(Juni – Dez 2001)

Oh, what a Night!
(Jan – Juni 2002)

Mamma Mia
(Nov 2002 – Sep 2007)

Ich war noch niemals in New York
(Dez 2007 – Sep 2010)

Sister Act
(Dez 2010 – Aug 2012)

Rocky – Das Musical
(Nov 2012 – Aug 2015)

Liebe Stirbt Nie
(Okt 2015 – Sep 2016)

Hinterm Horizont
(Nov 2016 – Okt 2017)

Kinky Boots
(Dez 2017 – Sep 2018)

Ghost – Das Musical
(seit Okt 2018)

Neue Flora

Das Phantom der Oper
(Juni 1990 – Juni 2001)

Mozart!
(Sep 2001 – Juni 2002)

Titanic
(Dez 2002 – Okt 2003)

Tanz der Vampire
(Dez 2003 – Jan 2006)

Dirty Dancing
(März 2006 – Juni 2008)

Tarzan
(Okt 2008 – Okt 2013)

Das Phantom der Oper
(Dez 2013 – Sep 2015)

Disneys Aladdin
(seit Dez 2015)

Theater im Hafen Hamburg

Buddy
(Dez 1994 – Juni 2001)

Der König der Löwen
(seit Dez 2001)

Theater an der Elbe

Das Wunder von Bern
(Nov 2014 – Jan 2017)

Ich war noch niemals in New York
(Jan 2017 – Sep 2017)

Tanz der Vampire
(Sep 2017 – Jan 2018)

Mary Poppins
(seit Feb 2018)

König der Löwen: Bühnenbild in der Savanne ▶

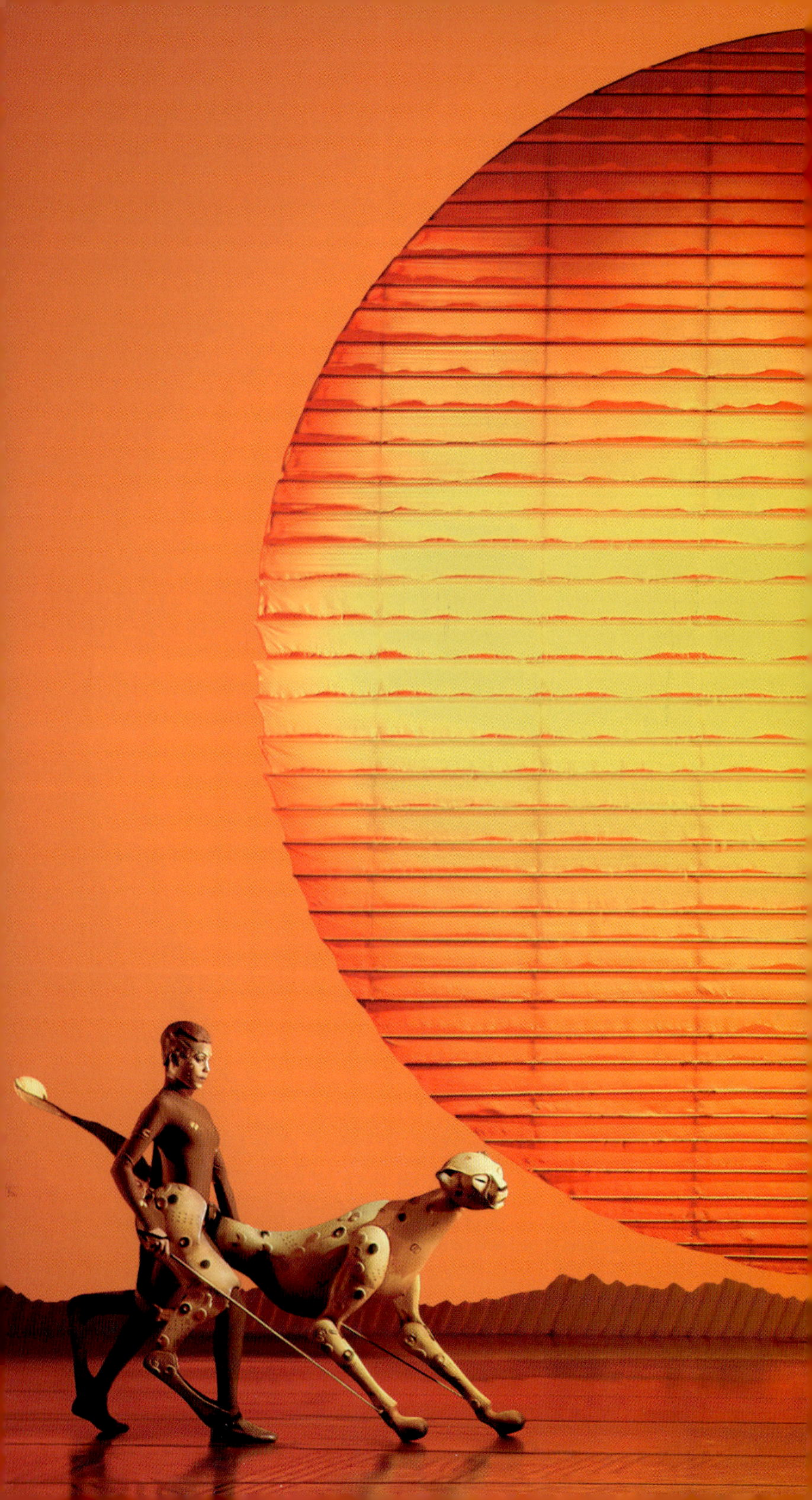

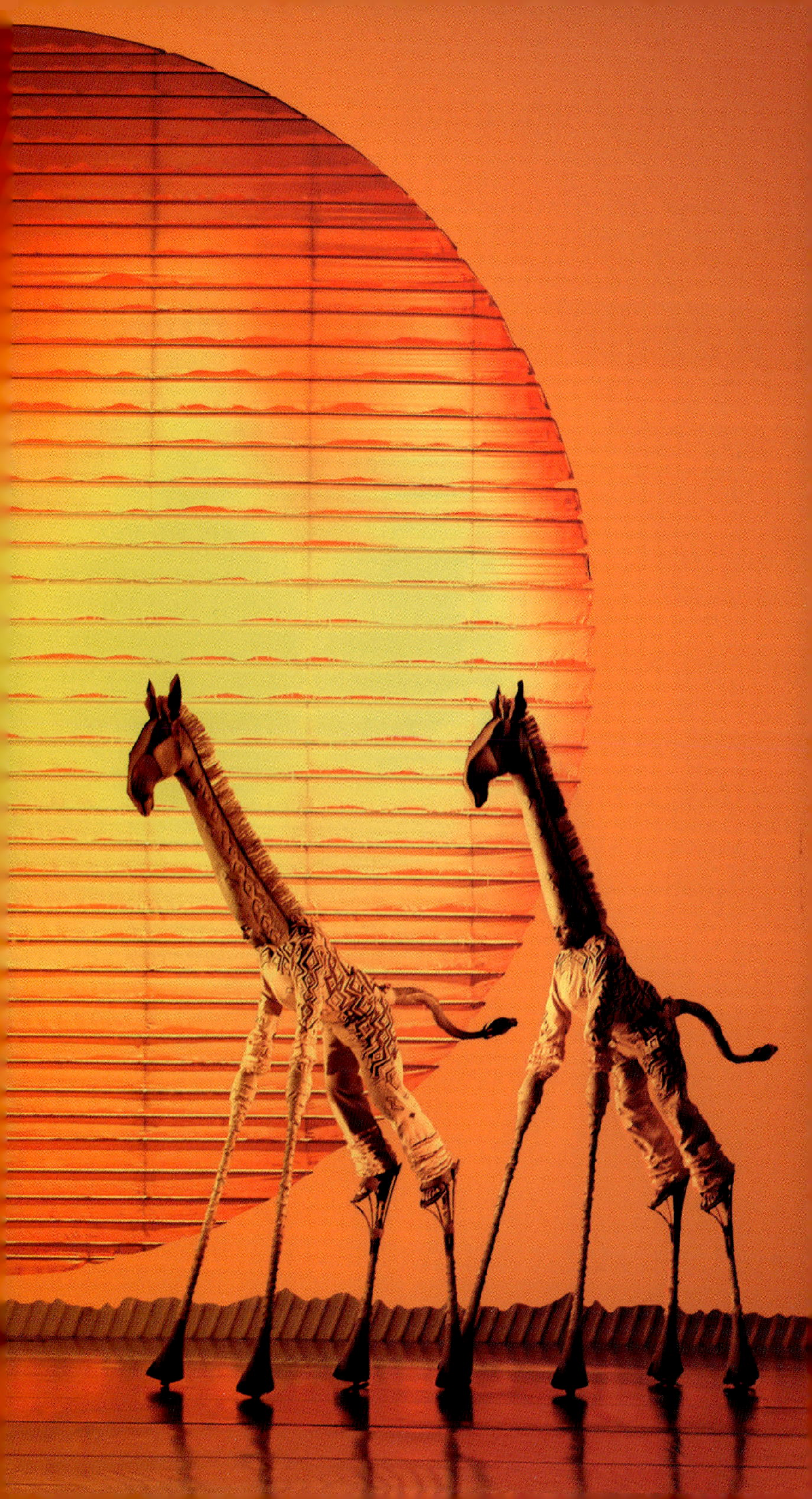

Sport und Aktivurlaub

Ob Breiten- oder Spitzensport: Hamburg ist eine Sportstadt. Kein Wunder, schließlich sind rund 500 000 Hamburger Mitglied in einem der 800 Sportvereine. Als Stadt am Wasser bietet Hamburg umfangreiche Möglichkeiten für Wassersportler. Doch nicht nur für Aktive ist viel geboten, auch als Zuschauer kommt man auf seine Kosten. Hamburg ist Austragungsort einer Reihe von »Klassikern«, sei es im Radsport, im Tennis oder im Pferdesport. Wahre Publikumsmagneten sind der Triathlon und der Hamburg Marathon, bei denen neben Weltklasse-Athleten auch jeder Interessierte mitmachen kann – angefeuert von Hunderttausenden von Zuschauern.

Laufen

Ob Feierabend-Jogger oder ambitionierter Marathonläufer – wer laufen will, findet in Hamburg einige abwechslungsreiche Strecken. Zu den beliebtesten gehört die 7,6 Kilometer lange um die Außenalster führende Alsterrunde. Der Weg verläuft am Alsterufer entlang, zum Teil durch ausgedehnte Grünanlagen und nur über sehr kurze Abschnitte an einer Straße. Da die Strecke gut beleuchtet ist, kann sie zu jeder Tages- und Jahreszeit gelaufen werden. Ein weiteres Dorado für Jogger ist der Stadtpark, wo man je nach gewünschter Distanz und Streckenprofil kreuz und quer läuft. Auch der Elbuferweg von Neumühlen bis Blankenese ist stark frequentiert. Für besonders ambitionierte Läufer ist der **Hamburg Marathon** im April/Mai das Maß aller Dinge. Beim größten Frühjahrsmarathon Deutschlands begeben sich jährlich rund 25 000 Teilnehmer auf die Strecke.

Radsport

Da es in Hamburg nur wenige Steigungen gibt, eignet sich die Stadt sehr gut für Erkundungen mit dem Fahrrad. In und um Hamburg gibt es einige sehr schöne Routen, z. B. entlang von Elbe und Alster. Leider sind viele Radwege im Stadtgebiet in einem schlechten Zustand – zu holprig oder viel zu schmal.

Einige Fahrradläden verleihen Räder tage- oder wochenweise. Fahrräder dürfen auf Fähren sowie in U- und S-Bahnen mitgenommen werden. Der **Allgemeine Deutsche Fahrradclub (ADFC)** bietet Vorschläge für Radtouren sowie nützliche Tipps und Informationen rund um das Thema Radfahren.

Höhepunkt der Radsportsaison sind die im August veranstalteten **Cyclassics**. Neben den weltbesten Radsportlern gehen bei diesem Rennen auch Tausende von Hobbyfahrern an den Start. Letztere können zwischen drei Distanzen wählen (60, 100 oder 160 Kilometer). Weder Autos noch Ampeln stören den Fahrfluss.

Schwimmen

Badevergnügen im Wasser der Alster bietet das **Naturbad Stadtparksee** im Osten des Stadtparks. Das Schwimmbecken mit Sonnenplattform im Wasser hat gigantische Ausmaße (124 x 107 Meter), ein Bereich für Nichtschwimmer ist abgetrennt. Darüber hinaus gibt es eine Vielzahl an Schwimmbädern. Die **Alster-Schwimmhalle** bietet als besondere Attraktionen ein ganzjährig geöffnetes Außenbecken, einen Zehn-Meter-Sprungturm, eine 76 Meter lange Röhrenrutsche und eine weiträumige Saunawelt.

Das in einem denkmalgeschützten Gebäude untergebrachte **Holthusenbad** lockt mit einem großen Fitness- und Wellnessangebot (u. a. Hamburgs einzigem Wellenbad und einer Saunawelt im Stil der 1920er Jahre). Entspannung pur findet man außerdem in den beiden Aromabädern und der Saunalandschaft mit Wintergarten der **Bartholomäus-Therme**.

Ein Ausflug in den hohen Norden – und das im Süden Hamburgs: Das **MidSommerland** am Außenmühlenteich gilt vielen Hamburgern als schönstes Bad in ihrer Stadt. Die im skandinavischen Stil mit viel Holz und Granit konzipierte Anlage bietet alles, was man zum Wohlfühlen braucht – von Entspannung in der Mitternachtssauna bis Action im Wildwasserkanal.

Segeln, Rudern und Paddeln

Es ist ein offenes Geheimnis, dass das Element des Hanseaten das Wasser ist. Wenn dann noch eine steife Brise weht, sind viele Hamburger kaum noch zu halten. Schließlich fließt die Elbe direkt vor der Haustür, und die Außenalster ist ein Binnengewässer von beachtlicher Größe im Herzen der Stadt. Doch egal ob auf der Elbe in Richtung Nordsee oder auf der Alster – die Segel zu hissen ist ein besonderer Freizeitspaß. Wer es noch nie versucht hat, kann es in einem der Segelclubs an der Alster und im City-Sporthafen unter fachkundiger Leitung einmal ausprobieren.

Bei mehreren Bootsverleihern am Ufer der Alster gibt es Boote für eine gemütliche Ruderpartie. Die sportlichere Variante im Einer, Zweier, Vierer oder Achter erfordert die Mitgliedschaft in einem Ruderclub. Das System der Kanäle und Fleete Hamburgs lässt sich auch sehr gut mit einem Kanu oder Kajak befahren. Boote kann man ab 29 Euro pro Tag bei **Gadermann** mieten – und dabei das »Venedig des Nordens« von einer besonders attraktiven Seite kennenlernen.

Triathlon

Zu Lande, zu Wasser und auf dem Rad – beim **Hamburg Triathlon** im Juli, einem der bedeutendsten Wettbewerbe seiner Art, kann jeder mitmachen, der sich fit fühlt. Es gibt zwei Wettbewerbe: Am Samstag die Sprintdistanz (0,5 km schwimmen, 20 km Rad fahren, 5 km laufen), am Sonntag dann die Olympische Distanz (1,5 km schwimmen, 40 km Rad fahren, 10 km laufen).

Inline-Skaten
Auch in Hamburg ist Inline-Skaten Volkssport. In den Frühlings- und Sommermonaten finden einige Veranstaltungen statt, bei denen Inline-Skater freie Bahn haben. Bei der von Zeit zu Zeit organisierten, etwa acht Kilometer langen Alsterrunde um die Außenalster werden die Straßen rund um das Binnengewässer gesperrt. Vielfältige Informationen rund ums Skaten findet man auf der Website der **Hamburger Inline-Skating Schule (HIS)** und auf der von **i-punkt Skateland**.

Andere Sportarten
Neben einigen Golfplätzen bietet Hamburg mit der **Golf Lounge** Einsteigern wie Geübten das ganze Jahr über ideale Trainingsbedingungen. Selbst Skifahrer kommen auf ihre Kosten: Die Hauptabfahrt im **alpincenter Hamburg-Wittenburg** (30 Autominuten östlich von Hamburg) ist 330 Meter lang. Das **Kletterzentrum Hamburg** bietet einen Indoor- und einen Outdoorbereich mit Routen aller Schwierigkeitsgrade.

Profi-Sport
Beim Fußball spielen zwei Clubs eine Rolle: der **Hamburger SV** *(siehe S. 134)* und der **FC St. Pauli** *(siehe S. 111)*. Nach der Saison 2017/18 musste der »Bundesliga-Dino« HSV den Gang in die 2. Liga antreten.

Turbulent ging es auch im Handball zu: Das Handball-Team des HSV (2013 Gewinner der Champions League) musste 2016 Insolvenz anmelden. 2018 gelang dem Handball Sport Verein Hamburg der Aufstieg in die 2. Bundesliga.

An der **Tennisanlage am Rothenbaum** messen sich regelmäßig die Cracks des »weißen Sports« *(siehe S. 45)*. Renommiert ist das Deutsche Spring- und Dressurderby auf dem **Derbyplatz Klein Flottbek**. Das Deutsche Derby für Galopper ist der Höhepunkt einer Veranstaltungswoche auf der **Galopprennbahn Horn**.

Auf einen Blick

Laufen

Hamburg Marathon
marathonhamburg.de

Radsport

ADFC Hamburg
Koppel 34–36.
Stadtplan 8 E4.
(040) 39 39 33.
hamburg.adfc.de

Cyclassics
cyclassics-hamburg.de

Fahrradladen Altona
Behringstr. 89.
Stadtplan 1 A3.
(040) 390 38 24.
derfahrradladen
altona.de

Fahrradladen St. Georg
Schmilinskystr. 6.
(040) 24 39 08.
fahrradladen-st-georg.de

Schwimmen

Alster-Schwimmhalle
Ifflandstr. 21.
Stadtplan 8 F4.

Bartholomäus-Therme
Bartholomäusstr. 95.

Holthusenbad
Goernestr. 21.

MidSommerland
Gotthelfweg 2.

Naturbad Stadtparksee
Südring 5b.
baederland.de

Segeln, Rudern und Paddeln

Bobby Reich
Fernsicht 2.
(040) 48 78 24.
bobbyreich.de

Bootshaus Silwar
Eppendorfer Landstr. 148b.
(040) 47 62 07.
bootshaus-silwar.de

Bootsverleih Goldfisch
Isekai 1.
(040) 41 35 75 75.
goldfisch.de/bootsverleih

Gadermann
Hummelsbütteler Steindamm 70.
(040) 52 98 30 06.
gadermann.de

Segelschule Pieper
An der Alster / Atlanticsteg. Stadtplan 8 D4.

(040) 24 75 78.
segelschule-pieper.de

Triathlon

Hamburg Triathlon
hamburg.triathlon.org

Inline-Skaten

Hamburger Inline-Skating Schule (HIS)
hisev.de

i-Punkt Skateland
i-punktskateland.de

Andere Sportarten

alpincenter Hamburg-Wittenburg
Zur Winterwelt 1,
19243 Wittenburg.
(038852) 23 40.
alpincenter.com

Golf Lounge
Billwerder
Neuer Deich 40.
(040) 81 97 87 90.
golflounge.info

Kletterzentrum Hamburg
Döhrnstr. 4.
(040) 60 08 88 66.
dav-hamburg.de/kletterzentrum

Profi-Sport

Derbyplatz Klein Flottbek
Hemmingstedter Weg 2.
(040) 82 81 82.
nfr-hamburg.de

FC St. Pauli
Harald-Stender-Platz 1.
Stadtplan 4 DE2.
(040) 317 87 40.
fcstpauli.de

Galopprennbahn Horn
Rennbahnstr. 96.
(040) 651 82 81.
galopp-hamburg.de

Hamburger SV (Fußball)
Sylvesterallee 7.
(040) 41 55 18 87.
hsv.de

Handball Sport Verein Hamburg
Hellgrundweg 50.
(040) 66 90 90 66.
hamburg-handball.de

Tennisanlage am Rothenbaum
Hallerstr. 89.
Stadtplan 7 B1.
(040) 238 80 44 44.
german-open-hamburg.de

Stadtplan siehe Seiten 242–257

Hamburg mit Kindern

Nach Hamburg kann man sehr gut mit Kindern reisen, langweilig wird es den Kleinen sicher nie. Zahlreiche Aktivitäten – etwa eine Hafenrundfahrt oder eine Bootsfahrt auf der Alster, ein Besuch des Tierparks Hagenbeck oder ein Aufenthalt am Elbstrand – machen der ganzen Familie Spaß. Darüber hinaus gibt es eine Reihe Attraktionen, die besonders auf die Interessen von Kindern eingehen. Einige renommierte Museen verfügen über spannende Abteilungen für junge Besucher, das Planetarium veranstaltet regelmäßig Extraprogramme für Kinder, größere Parkanlagen bieten sehr gut ausgestattete Abenteuerspielplätze und genau das richtige Ambiente für ein Picknick im Grünen.

Eine Runde Minigolf ist nicht nur bei Familien beliebt

Information

An den Informationsstellen wie etwa der **Hamburg Tourismus GmbH** erhalten Sie aktuelles Material mit Tipps für einen Aufenthalt mit Kindern. Das Stadtportal **Hamburg.de** und Institutionen wie **Kindernetz Hamburg** bieten viele hilfreiche Infos.

Für die meisten Attraktionen zahlen Kinder weniger Eintrittsgeld als Erwachsene, auch für öffentliche Verkehrsmittel gibt es Ermäßigungen.

Parks und Zoos

Hamburg verfügt über eine ganze Reihe von Parks, die weit mehr als nur Spazierwege bieten. Ein Spaß für die ganze Familie ist ein Besuch des **Stadtparks** (siehe S. 134). Auch in **Planten un Blomen** (siehe S. 78 f) kommen die Kleinen auf ihre Kosten. Minigolf, Ponyreiten und vieles mehr stehen auf dem Programm. Auf der Kinderbühne geben im Sommer Zauberer ihre Kunststücke zum Besten, Clowns lassen Kinderherzen höherschlagen.

Welches Kind möchte nicht einmal Giraffen füttern, Ziegen streicheln, auf Elefanten reiten oder knallbunte Papageien bestaunen? Der nicht nur bei Familien populäre **Tierpark Hagenbeck** (siehe S. 136 f) macht's möglich. Ein Pluspunkt der Anlage sind die großen Freigehege, die den natürlichen Lebensbedingungen der Tiere nachempfunden sind. In der gesamten Anlage kann man einen ganzen Tag verbringen, ohne dass es einem langweilig wird.

PLANTEN un BLOMEN ROLLSCHUHBAHN

Hier kann sich die Bewegungsfreude austoben

Museen

Noch vor ein paar Jahren schlichen die Kinder bei einem Museumsbesuch gelangweilt hinter ihren Eltern her. Das hat sich geändert, Mitmachen ist nun angesagt. Die Deichtorhallen (siehe S. 62 f) laden Kinder ins Malstudio ein, im Museum für Völkerkunde Hamburg (siehe S. 128) erleben Kinder Rituale fremder Kulturen. Es gibt auch Museen, die auf die Bedürfnisse jüngerer Besucher ausgerichtet sind: Im **Klick Kindermuseum** erleben die Kleinen die Baustelle »Betreten erbeten« und dürfen in der Ausstellung »Treffpunkt Körper« auch Zahnarzt spielen. Im **Chocoversum** begibt man sich auf eine Reise durch die Welt der Schokolade und kreiert seine eigene Tafel. **Miniatur Wunderland** (siehe S. 84) bietet die mit etwa 1500 Quadratmetern größte digital gesteuerte Modelleisenbahn der Welt. Besucher dürfen selbst die Schalter umlegen.

Auch das Erkunden der Museumsschiffe *Cap San Diego* (siehe S. 102 f) und *Rickmer Rickmers* (siehe S. 98 f) begeistert Kinder.

Theater

In Hamburg gibt es Kinder- und Jugendtheater, deren Stücke meist nicht länger als eine Stunde dauern und oft schon ab vier Jahren geeignet sind. Zu den besten dieser Bühnen gehört das **Fundus Theater**, das Schauspiel und Puppentheater auf überaus eindrucksvolle Art verbindet. Das Thea-

Auch Kinder haben Spaß in Hamburgs Beach Clubs

HAMBURG MIT KINDERN | 217

Im Miniatur Wunderland gibt es spannende Details zu entdecken

ter **für Kinder** ist das älteste Kindertheater Deutschlands. Das **Hamburger Puppentheater** bietet neben Aufführungen auch Workshops für Groß und Klein zum Bau von Handpuppen. Das **Theaterschiff Batavia** in Wedel wartet mit einem abwechslungsreichen Programm auf. Das **Opernloft** profiliert sich in den Bereichen Oper und Operette für Kinder wie für Erwachsene. Mit heiteren und anspruchsvollen Stücken wartet das **Galli Theater** auf.

Sport

Für Aktivitäten am, im und auf dem Wasser kann man Kinder leicht begeistern. Eine Bootstour durch die Hamburger Fleete ist eine tolle Möglichkeit, die Stadt zu erkunden. Natürlich können Sie auch ein Tret- oder Ruderboot mieten und damit auf der Alster umherschippern. In Hamburg laden viele Frei- und Hallenbäder zum Badespaß. **Bäderland Hamburg** bietet umfassende Infos.

Im Sommer können sich Skater auf der Rollschuhbahn von Planten un Blomen austoben. Im Winter zieht es Schlittschuhfahrer auf die **Eisarena Planten un Blomen**, eine der größten Freilufteisbahnen weltweit.

Weitere Unterhaltung

Eine spannende Zeitreise mit den gruseligsten Szenen der Stadtgeschichte unternehmen Besucher von **Hamburg Dungeon** *(siehe S. 85)*. Im **Planetarium** *(siehe S. 134)* heißt es jeden Sonntagnachmittag »Sonne, Mond und Stella«, ein Extraprogramm für Kinder ab sechs Jahren.

Ein Spaß für alle ist der **Hamburger Dom** *(siehe S. 44–46)* auf dem Heiligengeistfeld. In der Indoor-Attraktion **Schwarzlichtviertel** bewegt man sich durch eine ultraviolett beleuchtete Welt, in der man einen Geschicklichkeitsparcours bewältigen und eine Partie Minigolf spielen kann.

Auf einen Blick

Information

Hamburg Tourismus GmbH
(040) 30 05 17 01.
hamburg-tourism.de

Hamburg.de
hamburg.de/kinder

Kindernetz Hamburg
kindernetz-hamburg.de

Parks und Zoos

Planten un Blomen
Klosterwall 8.
Stadtplan 5 A–B1.
plantenunblomen.de

Stadtpark
hamburg-stadtpark.de

Tierpark Hagenbeck
Lokstedter Grenzstr. 2.
(040) 530 03 30.
hagenbeck.de

Museen

Chocoversum
Meßberg 1.
Stadtplan 10 E4.
(040) 41 91 23 00.
chocoversum.de

Klick Kindermuseum
Achtern Born 127.
(040) 41 09 97 77.
kindermuseum-hamburg.de

Miniatur Wunderland
Kehrwieder 2, Block D.
Stadtplan 9 C5.
(040) 300 68 00.
miniatur-wunderland.de

Theater

Fundus Theater
Hasselbrookstr. 25.
(040) 250 72 70.
fundus-theater.de

Galli Theater
Rentzelstr. 36–40.
Stadtplan 7 A3.
(040) 294 68 59.
galli-hamburg.de

Hamburger Puppentheater
Bramfelder Str. 9.
(040) 23 93 45 44.
hamburger puppentheater.de

Opernloft
Van-der-Smissen-Str. 4.
Stadtplan 2 D4.
(040) 25 49 10 40.
opernloft.de

Theater für Kinder
Max-Brauer-Allee 76.
Stadtplan 2 D2.
(040) 38 29 59.
kindertheater.alleetheater.de

Theaterschiff Batavia
Brooksdamm 1, 22880 Wedel.
(04103) 858 36.
batavia-wedel.de

Sport

Bäderland Hamburg
(040) 18 88 90.
baederland.de

Eisarena Planten un Blomen

Holstenwall 30.
Stadtplan 9 A3.
(040) 228 63 89 50.
eisarena-hamburg.de

Weitere Unterhaltung

Hamburg Dungeon
Kehrwieder 2, Block D.
Stadtplan 9 C5.
01806 66 69 01 40.
thedungeons.com/hamburg/de

Hamburger Dom
Heiligengeistfeld.
Stadtplan 4 E2.
hamburg.de/dom

Planetarium
Linnering 1.
(040) 428 86 52 10.
planetarium-hamburg.de

Schwarzlichtviertel
Kieler Str. 571.
(040) 219 01 91 50.
schwarzlichtviertel.de

Stadtplan siehe Seiten 242–257

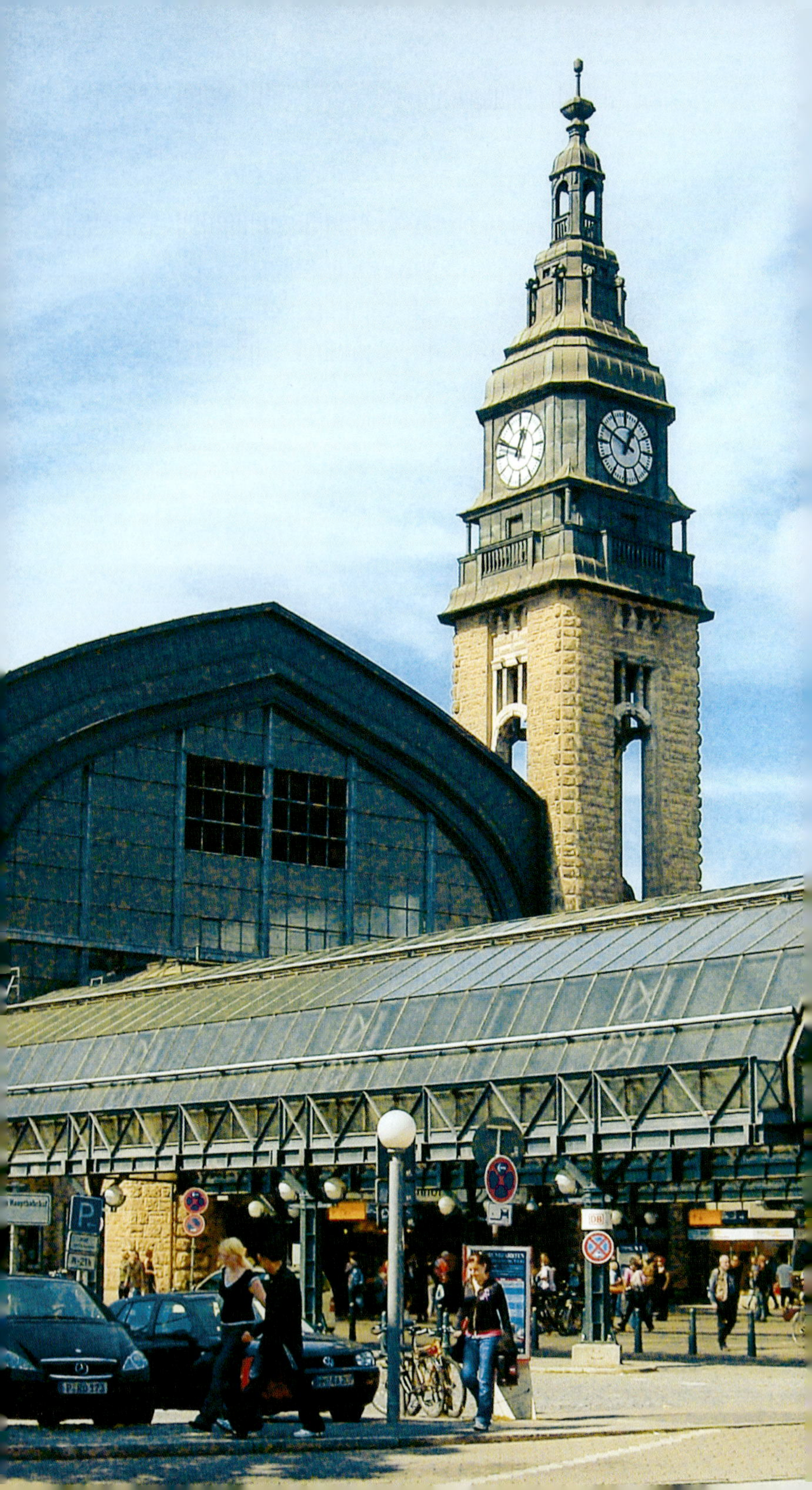
P
DB

GRUND-INFORMATIONEN

Praktische Hinweise	**220 – 229**
Anreise	**230 – 233**
In Hamburg unterwegs	**234 – 241**
Stadtplan	**242 – 257**

Praktische Hinweise

Hamburg ist eine weltoffene Stadt mit einem vielfältigen kulturellen Angebot, das sicher keine Wünsche offenlässt. Eine Reise in die Elbmetropole lohnt sich zu jeder Jahreszeit. Für einen reibungslosen Aufenthalt sorgt vor allem auch die hervorragend ausgebaute Infrastruktur. Telefone und Geldautomaten sind leicht zu finden, Parkhäuser sehr gut ausgeschildert. Eine Stadtrundfahrt ist wohl die beste Möglichkeit, sich einen ersten Überblick über die Metropole zu verschaffen. Auch für eine Hafenrundfahrt sollten Sie sich unbedingt Zeit nehmen. Zudem gibt es zahlreiche Stadtrundgänge. Am besten informieren Sie sich schon vor Ihrer Reise über aktuelle Veranstaltungen und buchen dafür Tickets.

Information

Bereits vor Ihrer Reise nach Hamburg können Sie sich umfassende Informationen über die Stadt beschaffen. Wenden Sie sich dafür z. B. an die **Hamburg Tourism GmbH**, die umfangreiches Material für die Gestaltung Ihres Aufenthaltes zur Verfügung stellt. Das Unternehmen kümmert sich außerdem um die Vermittlung von Unterkünften, verkauft Eintrittskarten und organisiert auch Pauschalreisen.

Das übersichtliche Online-Portal **www.hamburg.de** bietet neben vielfältigen Informationen für einen Aufenthalt in Hamburg unter dem Titel »Geheimtipps« auch spezielle Vorschläge für die Erkundung der Hansestadt abseits der Touristenpfade.

Das umfangreiche virtuelle Stadtmagazin **www.hamburg-magazin.de** ist eine weitere praktikable Informationsquelle für Veranstaltungen und enthält jede Menge Wissenswertes über die Stadt.

Aktuelle Informationen vor Ort holen Sie sich am besten bei den Filialen der **Tourist Information** (siehe S. 203). Dort bekommen Sie neben Stadtplänen, diversen Broschüren und Flyern sowie Souvenirs auch Tickets u. a. für Theaterstücke, Musicals, Sportveranstaltungen und Stadtrundfahrten sowie die Hamburg CARD (siehe S. 223).

Einreise und Zoll

Bürger aus EU-Staaten und der Schweiz benötigen für die Einreise nach Deutschland einen gültigen Personalausweis oder Reisepass. Auch Kinder müssen einen eigenen Ausweis mitführen. Bürger aus Nicht-EU-Staaten brauchen einen Reisepass und meist auch ein Visum. Über aktuelle Zollvorschriften informieren das Auswärtige Amt (www.auswaertiges-amt.de) sowie die Botschaft oder ein Konsulat Ihres Heimatlands.

Stadtrundfahrten und Rundflüge

Ob an Land, zu Wasser oder in der Luft – Besucher können sich den perfekten Überblick verschaffen. Neben Hafenrundfahrten (siehe S. 240 f) eignen sich Stadtrundfahrten und Rundflüge hervorragend zur ersten Orientierung.

Eine Stadtrundfahrt im Doppeldeckerbus mit – bei schönem Wetter – offenem Deck bieten die Busse der **Hamburg Citytours**. Die etwa 1:40 Stunden dauernde Fahrt startet und endet an den Landungsbrücken. Fahrgäste können an 15 Sehenswürdigkeiten aussteigen und die Fahrt in einem späteren Bus fortsetzen. Die Fahrkarte ist den ganzen Tag gültig, somit genießen Sie größtmögliche Flexibilität bei Ihrer Sightseeing-Tour.

Auch bei einer Fahrt mit den **Roten Doppeldeckern** können Sie Ihre Rundfahrt quasi selbst gestalten. Bei **Hansa Rundfahrt GmbH**, dem ältesten Busunternehmen Hamburgs, haben Sie die Wahl zwischen einer Top-Tour, einer Maritim-Tour, die u. a. auch das Befahren der Köhlbrandbrücke (siehe S. 135) einschließt, und der ausgedehnten Gala-Tour. Ein ganz besonderer Genuss für Besucher der Stadt ist die Abend-Tour, die u. a. durch die bei Dunkelheit prachtvoll illuminierte Speicherstadt und zur Hafenmeile führt.

Die Elbmetropole aus der Vogelperspektive erlebt man z. B. an Bord einer fünfsitzigen Piper Aztec von **A.B.Air**. Die Flüge in der zweimotorigen Maschine über Hamburg dauern 60 Minuten, die Route kann individuell abgesprochen

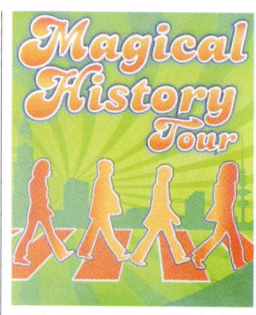

Magical History Tour im Beatlesbus mit Live-Musik

Rettungsring der Rickmer Rickmers

Doppeldeckerbus für Stadtrundfahrten

PRAKTISCHE HINWEISE | 221

Hafenrundfahrten werden in vielerei Varianten angeboten

werden. Das Unternehmen **Hanseballon** oder die **aero ballooning company** bieten entspanntes Schweben über den Dächern und Fleeten der Hansestadt.

Zum Sightseeing lässt sich auch ein Segway nutzen. Die Elektroroller bewegen sich mit bis zu 20 km/h durch die Stadt. **Mindways Segway Citytour Hamburg** bietet Touren für maximal zehn Teilnehmer an.

Führungen

Geschichte und Geschichten der Hansestadt erfahren die Teilnehmer von Stadtführungen, von denen einige ganz bestimmte Aspekte von Hamburg beleuchten. Die »Hempel's Beatles-Tour« mit Live-Musik (www.hempels-musictour.com) etwa dokumentiert, wo für die Pilzköpfe aus Liverpool die Große Freiheit begann.

Führungen zu unterschiedlichen Themen verlaufen etwa durch die HafenCity (siehe S. 90f). Die Teilnahme an den zweistündigen Touren ist kostenlos (www.hafencity.com/de/infocenter/fuehrungen.html). Einblick in die normalerweise verschlossene Welt der Prostitution ermöglichen »Rotlichttouren« (www.hamburg.de/kieztouren).

Ein etablierter Anbieter ist **k3 Stadtführungen**. Sehr beliebt ist dessen Stadtkunsttour, die auch zu abseits gelegenen Kunstschätzen führt. Sie können auch einen Privatführer mieten, der das Programm ganz individuell gestaltet (z.B. unter www.hamburg-lotse.de).

Museen

Die Metropolregion Hamburg hat eine überaus lebendige Museumswelt mit mehr als 300 Museen, die ein kunterbuntes Spektrum an Themen abdecken. Viele dieser Kulturstätten organisieren regelmäßig sehenswerte Wechselausstellungen.

Immer wieder eröffnen neue Museen, zu den jüngsten gehören BallinStadt – Auswandererwelt Hamburg (siehe S. 97), das Prototyp Museum (siehe S. 89) oder das Sankt Pauli Museum (siehe S. 109). Einige der bestehenden Museen bezogen neue Domizile, darunter etwa das Maritime Museum, das seit 2008 im umgebauten Kaispeicher B in der HafenCity untergebracht ist (siehe S. 86 f).

In diesem Reiseführer werden die interessantesten Museen Hamburgs vorgestellt, daneben gibt es noch eine ganze Reihe von kleineren – genauso sehenswerten – Museen. Über weitere Aktivitäten in den Museen der Elbmetropole informiert auch der **Museumsdienst Hamburg**. Die meisten Museen haben dienstags bis sonntags zwischen 10 und 17 oder 18 Uhr geöffnet, die Museumsschiffe an den Landungsbrücken sind auch montags zu besichtigen.

Einmal im Jahr (meist Mitte April) findet die »Lange Nacht der Museen« statt, in der rund 50 Museen bis 2 Uhr morgens geöffnet haben. Neben so renommierten Häusern wie etwa Kunsthalle, Deichtorhallen, Museum für Kunst und Gewerbe, Museum für Hamburgische Geschichte oder Altonaer Museum öffnet dann z.B. auch die Freie Akademie der Künste am Klosterwall ihre Pforten. Für den Transport zwischen den Ausstellungshäusern werden in dieser Nacht Sonderbusse eingesetzt, deren Nutzung im Eintrittspreis enthalten ist.

Statue an der Hafenpromenade

Auf einen Blick

Information

Hamburg Tourismus GmbH
(040) 30 05 17 01.
hamburg-tourism.de

Tourist Information
Adressen und Öffnungszeiten der Filialen siehe S. 203.

Stadtrundfahrten und Rundflüge

A.B.Air
Friedensallee 128.
(040) 39 33 93.
aber-online.de/ABAir.html

aero ballooning company
Vogelweide 9.
(040) 20 00 47 41.
aeroballooning.de

Hamburg Citytours
Abfahrt: Landungsbrücken.
Stadtplan 4 D4.
(040) 181 30 04 10.
hamburg-citytours.de

Hansa Rundfahrt GmbH
Hegholt 57.
(040) 641 37 31.
hansa-rundfahrt.de

Hanseballon
Wulfsweg 3, 26209 Hatten.
0800 454 44 54.
hanseballon.de

Mindways Segway Citytour Hamburg
Am Sandtorpark 8.
(040) 47 11 33 00.
segway-citytour.de

Die Roten Doppeldecker
Abfahrt: Hauptbahnhof bzw. Landungsbrücken.
Stadtplan 6 E2 bzw. 4 D4.
(040) 792 89 79.
die-roten-doppeldecker.de

Führungen

k3 Stadtführungen
(040) 22 88 72 99.
stadtfuehrungen-in-hamburg.de

Museen

Museumsdienst Hamburg
Holstenwall 24.
Stadtplan 6 D2.
(040) 428 13 10.
museumsdienst-hamburg.de

Stadtplan siehe Seiten 242–257

Ein Ausflug mit dem HADAG-Schiff

Hafenwelt

Der Hafen zählt natürlich zu den Top-Attraktionen der Elbmetropole. Die meisten Besucher kommen mindestens einmal am Tag ans Wasser. Ob HafenCity oder Speicherstadt, Museumsschiffe oder Hafenrundfahrt, Alter Elbtunnel oder Landungsbrücken, Fischmarkt am Sonntag oder Beach Club – rund um den Hafen schlägt das Herz der Hansestadt. Ein ganz besonderes Erlebnis kann eine der in großer Zahl angebotenen Hafenrundfahrten werden, wenn Sie einmal einen Ozeanriesen aus nächster Nähe auf dem Wasser oder in der Werft sehen. Aber auch eine Fahrt mit dem HADAG-Schiff Nr. 62 *(siehe S. 135)* von den Landungsbrücken nach Finkenwerder und zurück ist ein Genuss.

Besonders spektakulär präsentiert sich das maritime Hamburg jedes Jahr Anfang Mai anlässlich des Hafengeburtstags *(siehe S. 85)*. Um bei diesem Fest dabei zu sein, sollten Sie Ihre Unterkunft frühzeitig buchen. Vielleicht erleben Sie ja die Ankunft eines großen Kreuzfahrtschiffs wie der Queen Mary 2. Schon die Einfahrt und das spektakuläre Anlegen eines Luxusliners lockt Tausende von Schaulustigen ans Elbufer. Termine für Kreuzfahrten ab Hamburg, für die Ankunft großer Kreuzfahrtschiffe sowie Daten und Fakten zu einzelnen Schiffen finden Sie im Internet (z. B. unter www.hamburgcruise.de).

Kampagne zur Müllentsorgung

Senioren

Ältere Reisende genießen die entspannte, gemütliche Seite der Stadt. Hamburg eignet sich wunderbar für erholsame wie inspirierende Spaziergänge durch schmucke Stadtviertel und gepflegte Parkanlagen oder entlang der Wasserkante. Ob Sie durch das elegante Blankenese *(siehe S. 138)* oder durch die weitläufige Grünanlage Planten un Blomen *(siehe S. 78f)* streifen, ob Sie einen ausgedehnten Spaziergang entlang dem Elbufer genießen – bis zum nächsten gemütlichen Café oder einer typisch norddeutschen Teestube *(siehe S. 195)* ist der Weg garantiert nie weit.

Darüber hinaus können Sie einige Ermäßigungen in Anspruch nehmen. Senioren ab 65 Jahren erhalten bei zahlreichen Theatern und Musicalbühnen – vom Schmidt Theater bis zur Neuen Flora – an bestimmten Tagen oder zu bestimmten Veranstaltungen Rabatte.

Ermäßigungen bei der Benutzung von öffentlichen Verkehrsmitteln gibt es nur für Monatskarten, für die (ohnehin überaus günstige) Hamburg CARD *(siehe S. 223)* erhalten Senioren aber keine weiteren Rabatte.

Umweltbewusst reisen

Das Thema Umwelt spielt in Hamburg eine große Rolle, nicht umsonst wurde die Stadt für das Jahr 2011 von der Europäischen Kommission zur »European Green Capital« (»Umwelthauptstadt Europas«) erklärt – als (nach Stockholm 2010) zweite überhaupt. Damit soll die Bedeutung der Stadt als lebenswerte wie umweltfreundliche Metropole zum Ausdruck kommen.

Auch als Besucher können Sie Ihren Aufenthalt ökologisch bewusst gestalten. Der öffentliche Personennahverkehr, dem auch die Hafenfähren angeschlossen sind, funktioniert vorbildlich. Hamburg ist auch eine sehr fahrradfreundliche Stadt. An vielen Stellen können Sie ein Fahrrad mieten *(siehe S. 235)*. Räder können in U-/S-Bahnen, auf Hafenfähren und in vielen Bussen – außerhalb der Stoßzeiten – kostenlos mitgeführt werden. Eine interessante Option für die Fortbewegung im Stadtzentrum sind Fahrrad-Taxis *(siehe S. 237)*. Auf der Alster sind auch Solarboote im Einsatz, die ausschließlich durch Sonnenenergie angetrieben werden. Mit ihnen schippert man auf dem Binnensee lautlos, ohne Abgase und auch ohne nur einen Tropfen Öl.

Lebensmittel aus der Umgebung (u. a. Obst aus dem Alten Land, *siehe S. 138*) werden auf vielen Märkten angeboten. Auch die Auswahl an Produkten aus biologischem Anbau ist sehr groß.

StadtRAD – umweltfreundliche Verkehrsmittel

Hamburg für wenig Geld

Mit der **Hamburg CARD** erhalten Sie eine ganze Reihe von interessanten Vergünstigungen. So können Sie damit die öffentlichen Verkehrsmittel im Großraum Hamburg benutzen und bekommen bis zu 50 Prozent Rabatt bei rund 150 Hamburger Museen und weiteren Attraktionen wie etwa Tierpark Hagenbeck, Hamburg Dungeon, Miniatur Wunderland oder Rathaus. Auch zahlreiche Stadt- und Hafenrundfahrten sowie Touren auf der Alster und Stadtrundgänge werden mit der Hamburg CARD günstiger. Preisnachlässe erhalten Sie darüber hinaus auch für Vorstellungen in einigen Hamburger Theatern und Musicalbühnen (u. a. Staatsoper Hamburg, Altonaer Theater, Thalia Theater und Schmidt Theater) sowie in einigen Restaurants und Läden. Einen guten Überblick über das Spektrum an Vergünstigungen bietet u. a. die Homepage der **Hamburg Tourismus GmbH**.

Die **Hamburg CARD** gibt es in den Filialen der Tourist Information *(siehe S. 203)*, in vielen Hotels sowie an Fahrkartenautomaten. Das Ticket gilt ein bis fünf Tage, es kostet für einen Erwachsenen (mit maximal drei Kindern unter 15 Jahren) je nach Gültigkeitsdauer 10,50 bis 41,90 Euro. Für Gruppen von maximal fünf Personen beliebigen Alters ist es zum Preis von 18,50 bis 74,50 Euro erhältlich.

Die **Hamburg CARD plus Region** für einen bzw. drei Tage eignet sich vor allem für Besucher, die auch die Umgebung erkunden wollen. Sie gilt für den HVV-Gesamtbereich und bietet neben den Vorteilen der Hamburg CARD auch Preisrabatte in der Metropolregion, u. a. für den Besuch des Deutschen Salzmuseums in Lüneburg, des Industriemuseums Elmshorn oder für eine Fahrt mit der Erlebnisbahn Ratzeburg. Die Tageskarte kostet für einen Erwachsenen (mit bis zu drei Kindern unter 15 Jahren) 21,50 bzw. 59,50 Euro, für Gruppen von bis zu fünf Personen beliebigen Alters 35,50 bzw. 89,50 Euro.

Tipps für Studenten
In einer Stadt mit ungefähr 40 000 Studenten ist das Angebot an Szenekneipen und trendigen Läden naturgemäß beträchtlich. Ein großer Teil des Hamburger Studentenlebens spielt sich im Uni-Viertel westlich der Außenalster ab. Zu den zentralen Lebensadern gehört die Grindelallee mit ihren vielen urigen Cafés und Kneipen. Ein weiteres Szeneviertel ist die »Schanze« (Schanzenviertel) mit ihrem Multikulti-Flair und den vielen pfiffigen Läden. Zum Chillen eignen sich natürlich die Beach Clubs *(siehe S. 207)* an der Elbe hervorragend.

Bei Vorlage eines gültigen Studenten- bzw. Schülerausweises erhält man bei zahlreichen Sehenswürdigkeiten und einer Reihe von Veranstaltungen (u. a. Kinos und Theatern) Preisnachlässe. Auf der Suche nach einer günstigen Unterkunft in Hamburg kann man sich an eine Mitwohnbörse wenden. Einige (u. a. www.studenten-wg.de) bieten Zimmer und Wohnungen ohne Provision an.

Infos für Nachtschwärmer
In vielen Clubs und Discos der Stadt ist »Durchmachen« angesagt, besonders am Wochenende geht es dort hoch her. Für viele Nachtschwärmer bildet der Besuch des Fischmarkts *(siehe S. 110)* am Sonntagmorgen den Abschluss einer Samstagnacht. In der Fischauktionshalle ist den ganzen Vormittag jede Menge los – besonders voll wird es nach dem Gongschlag, der den Fischmarkt um 9.30 Uhr beendet. Ideal nach einer durchzechten Nacht ist natürlich ein klassisches Fischmarkt-Buffet. Wem nicht nach Fisch ist, der wartet mit einem Pott Kaffee auf die Rückkehr der Lebensgeister.

Zeitzone
Hamburg liegt in der Mitteleuropäischen Zeitzone (MEZ). Wie in allen Nachbarstaaten gilt auch in Deutschland von Ende März bis Ende Oktober die Sommerzeit.

Infopavillon am Glockengießerwall mit Ausstellung zum Thema Umwelt

Trinkwassersäule in Hamburg

Auf einen Blick

Konsulate

Österreichisches Honorarkonsulat
Kurze Mühren 1,
20095 Hamburg.
Stadtplan 10 F3.
(040) 30 80 12 05.
austria-hamburg.de

Schweizerisches Honorarkonsulat
Geb. 245, Flughafenstr. 1–3,
22335 Hamburg.
(040) 50 75 29 30.
eda.admin.ch

Hamburg für wenig Geld

Hamburg CARD & Hamburg CARD plus Region
(040) 30 05 17 01.
hamburg-tourism.de

Sicherheit und Gesundheit

Mit seiner überaus langen Tradition als Hafen- und Handelsstadt ist Hamburg eine kosmopolitische Metropole, die von Offenheit und Toleranz geprägt ist. Im Vergleich zu vielen anderen Großstädten in Europa ist Hamburg relativ sicher, auch wenn sich in touristisch interessanten Gegenden gelegentlich Diebstähle ereignen. Bei Einhalten der üblichen Sicherheitsvorkehrungen haben Besucher jedoch kaum etwas zu befürchten. Apotheken gibt es in großer Zahl, bei ernsthafteren Erkrankungen finden Sie Hilfe bei einer der unten aufgeführten Notrufnummern.

Die Davidwache, das bekannteste Polizeirevier der Hansestadt

Persönliche Sicherheit

Gefährliche Übergriffe ereignen sich in Hamburg nur überaus selten. Dennoch sollten Sie bei Dunkelheit schlecht beleuchtete Straßen sowie größere Grünanlagen meiden – vor allem, wenn Sie alleine unterwegs sind. In St. Pauli, speziell in der Gegend um die Reeperbahn, kommt es bisweilen zu Delikten, bei denen vereinzelt auch schon Besucher der Stadt zu Schaden kamen – auch wenn es in diesem Viertel die höchste Polizeidichte der Stadt gibt. Mit ein paar gängigen Vorsichtsmaßnahmen können Sie jedoch die Risiken, Opfer einer Straftat zu werden, weitestgehend einschränken.

Grundsätzlich gilt wie in allen anderen Großstädten natürlich auch in Hamburg: Achten Sie jederzeit auf Ihre Wertgegenstände, sofern Sie diese nicht ohnehin im Safe Ihres Hotels lassen wollen. Verteilen Sie das mitgeführte Bargeld sowie Ihre Debit- und Kreditkarten auf mehrere Stellen (möglichst unter Verwendung von Gürteltaschen oder Brustbeuteln), und nehmen Sie für unterwegs nicht mehr mit als notwendig.

Tragen Sie Umhängetaschen immer mit der Verschlussseite zum Körper. Achten Sie vor allem bei größerem Gedränge auf Ihre Wertsachen, und lassen Sie Ihr Gepäck am Flughafen und am Bahnhof nie unbeaufsichtigt.

Taschendiebe suchen die Enge und treten verstärkt bei großen Menschenansammlungen auf, z. B. bei Großveranstaltungen wie dem Fischmarkt, Volksfesten wie dem Hamburger Dom oder dem Hafengeburtstag sowie an Haltestellen, in öffentlichen Verkehrsmitteln, in Bahnhöfen oder in Kaufhäusern. Seien Sie jederzeit wachsam, wenn ein Fremder Sie in ein Gespräch zu verwickeln und damit abzulenken versucht. Taschendiebe arbeiten nämlich häufig in Gruppen.

Wie in den meisten anderen Großstädten sind die U- und S-Bahnhöfe auch in Hamburg vor allem ab dem späteren Abend alles andere als einladend. Die häufig patrouillierenden Sicherheitskräfte stehen Ihnen im Notfall zur Seite. Im Bedarfsfall können Sie auch über eine der zahlreichen Notrufsäulen Hilfe rufen.

Sollten Sie trotz aller getroffenen Vorsichtsmaßnahmen während Ihres Aufenthalts Opfer einer Straftat werden, erstatten Sie umgehend Anzeige bei der Polizei. Im Fall eines Diebstahls lassen Sie sich zur späteren Vorlage bei Ihrer Versicherung eine Kopie des Protokolls mit Auflistung der gestohlenen Gegenstände aushändigen.

Internationale Apotheke

Die Wasserschutzpolizei Hamburg ist auch an Land zuständig

Fundbüros

Im **Zentralen Fundbüro der Freien und Hansestadt Hamburg** werden verlorene und gefundene Sachen bis zu sechs Monate aufbewahrt. Wenn Ihnen auf dem Flughafen Hamburg etwas abhandengekommen ist, hilft Ihnen das **Airport Office** weiter. Haben Sie im Flugzeug etwas liegen gelassen oder ist Ihr Gepäck nicht angekommen, wenden Sie sich an die Fluggesellschaft. Bei Verlust von Gegenständen in der S-Bahn können Sie sich mit dem **FundService** der Deutschen Bahn in Verbindung setzen. Wenn Sie sich erinnern, wo Sie etwas verloren haben, und bei der richtigen Stelle vorsprechen, haben Sie gute Chancen, Ihr Eigentum wiederzubekommen.

Medizinische Versorgung

Bei Ihrem Aufenthalt in Hamburg sollten Sie jederzeit Ihre Krankenversicherungskarte (European Health Insurance Card, EHIC) dabeihaben. Ärzte finden Sie in den Gelben Seiten des Telefonbuchs. Bei ernsten Notfällen bleibt nur der Ruf nach dem Notarzt. Hamburger Krankenhäuser, die eine ambulante Notversorgung anbieten, sind im Stadtplan (siehe S. 242–257) mit dem entsprechenden Symbol eingezeichnet.

Apotheken gibt es in Hamburg in großer Zahl. Für sie gelten die auch für Läden üblichen Öffnungszeiten. Nachts und am Sonntag weisen Schilder an den Türen darauf hin, wo die nächste geöffnete Apotheke zu finden ist. Diese Informationen finden Sie auch in Tageszeitungen. Benötigen Sie regelmäßig ein bestimmtes Medikament, sollten Sie es entweder in ausreichender Menge mitnehmen oder ein Rezept Ihres Arztes bei sich haben. Bei Bedarf können Sie jederzeit auch den **Zahnärztlichen Notfalldienst** anrufen.

Reisen Sie aus dem Ausland an, empfiehlt sich eventuell der Abschluss einer Auslandsreisekrankenversicherung, die zusätzliche Kosten und den Rücktransport im Notfall abdeckt. Fragen Sie vorher bei Ihrer Krankenkasse nach.

Altes Apothekenschild

Hamburger Polizeiauto

Feuerwehrauto

Notarztwagen

Auf einen Blick

Notruf

Europäischer Notruf
(Polizei, Feuerwehr, Notarzt)
112.

Apotheken-Notdienst
0800 002 28 33.

Ärztlicher Bereitschaftsdienst
116 117.

Zahnärztlicher Notfalldienst
(040) 18 03 05 61.

Fundbüros

Zentrales Fundbüro der Freien und Hansestadt Hamburg
Bahrenfelder Str. 254–260.
(040) 428 11 35 01.
hamburg.de/altona/fundbuero

Airport Office – Fundsachen
Airport Plaza, Ankunftsebene.
(040) 507 50.

FundService der Deutschen Bahn
0900 199 05 99
(59 Ct./Min. aus dem deutschen Festnetz).

Stadtplan siehe Seiten 242–257

Banken und Währung

Hamburg ist nach Frankfurt am Main der zweitgrößte Bankenstandort in Deutschland. Insgesamt sind in der Elbmetropole weit über 100 Kreditinstitute vertreten. Mit der Hamburger Sparkasse (Haspa) hat die größte Sparkasse Deutschlands ihren Sitz in der Hansestadt. Geldautomaten gibt es nicht nur im Stadtzentrum in sehr großer Zahl. Mit der Debit- oder Kreditkarte können Sie in den meisten Hotels und Restaurants sowie in zahlreichen Läden problemlos bezahlen.

Banken und Geldwechsel

Wenn Sie aus einem anderen Land der Euro-Zone nach Deutschland einreisen, erübrigt sich natürlich jeder Geldwechsel. Ansonsten sollte man sein Geld in Banken wechseln, sie bieten gegenüber Wechselstuben und Hotels zum Teil weitaus bessere Kurse. Es empfiehlt sich, gleich einen größeren Betrag umzutauschen, da Sie jedes Mal eine Gebühr zahlen müssen.

Die meisten Banken öffnen um 9 Uhr und schließen zwischen 16 und 18 Uhr, nur wenige (darunter Filialen der Postbank) haben am Samstagvormittag geöffnet. Wechselstuben gibt es u. a. am Hauptbahnhof, am Bahnhof Dammtor, am Flughafen und nahe den Sehenswürdigkeiten. Sie haben mitunter viel längere Öffnungszeiten, die meisten sind auch sonntags offen.

An den zahlreichen Geldautomaten in der Stadt können Sie rund um die Uhr bis zu Ihrem individuellen Tageslimit Geld abheben.

Schriftzug der Deutschen Bank in Hamburg

2-Euro-Münze mit dem Michel

Kredit- und Debitkarten

Da die Akzeptanz von Kreditkarten mittlerweile sehr hoch ist, muss man auf Reisen keine größeren Geldbeträge bei sich haben. Am Eingang von vielen Hotels, Restaurants und Läden findet man die Logos der Karten, die akzeptiert werden. Weitverbreitet sind insbesondere **MasterCard** und **Visa**, **American Express** und **Diners Club** werden etwas seltener angenommen. Neben Kreditkarten sind auch Debitkarten ein bewährtes Zahlungsmittel. Bekannteste Debitkarte ist die **girocard** (früher Maestro-/EC-Karte), die es mit Maestro- oder VPay-Logo gibt.

Bei Verlust Ihrer Kredit- oder Debitkarte(n) sollten Sie diese sofort sperren lassen (Telefonnummern siehe Kasten).

Reiseschecks sind praktisch nicht mehr in Gebrauch.

Auf einen Blick

Banken und Wechselstuben

Hamburger Sparkasse
Adolphsplatz/Großer Burstah 6.
(040) 35 79-0.
haspa.de

HSH Nordbank
Gerhart-Hauptmann-Platz 50.
(040) 33 33-0.
hsh-nordbank.de

International Exchange
Kirchenallee 57.
(040) 280 36 31.

Postbank
Mönckebergstr. 7.
(040) 30 96 77 20.
postbank.de

ReiseBank
Hachmannplatz 10.
(040) 32 34 83.
reisebank.de

Kartenverlust

Allg. Notrufnummer
116 116.
116116.eu

American Express
(069) 97 97 20 00.

Diners Club
(069) 90 01 50 14.

MasterCard
0800 819 10 40.

Visa
0800 811 84 40.

girocard
(069) 74 09 87.

Die Filiale der Hamburger Sparkasse am Rathaus

BANKEN UND WÄHRUNG | 227

Währung

Die europäische Gemeinschaftswährung Euro (€) gilt in 19 EU-Staaten: Belgien, Deutschland, Estland, Finnland, Frankreich, Griechenland, Irland, Italien, Lettland, Litauen, Luxemburg, Malta, Niederlande, Österreich, Portugal, Slowakei, Slowenien, Spanien und in der Republik Zypern. Alte DM-Scheine und -Münzen sind ungültig, können aber bei allen Filialen der Deutschen Bundesbank getauscht werden (www.bundesbank.de).

Alle Euro-Scheine sind einheitlich gestaltet, bei Münzen prägt jedes Land unterschiedliche Rückseiten. Seit 2004 kann jeder Euro-Staat einmal im Jahr eine Zwei-Euro-Gedenkmünze mit wichtigen Attraktionen herausgeben. 2008 erschien eine Münze mit dem Hamburger Michel, 2010 eine mit dem Bremer Rathaus.

Euro-Banknoten

Die Euro-Scheine wurden vom Österreicher Robert Kalina (1. Serie ab 2002) und dem Deutschen Reinhold Gerstetter (2. Serie ab 2013, sog. Europa-Serie) entworfen und zeigen Baustile, eine Europakarte und die EU-Flagge. Auf der Vorderseite sind Fenster oder Tore abgebildet, auf der Rückseite Brücken.

5-Euro-Schein (Baustil: Klassik)

10-Euro-Schein (Baustil: Romanik)

20-Euro-Schein (Baustil: Gotik)

50-Euro-Schein (Baustil: Renaissance)

100-Euro-Schein (Baustil: Barock und Rokoko)

200-Euro-Schein (Baustil: Eisen- und Glasarchitektur)

500-Euro-Schein (Baustil: Moderne Architektur des 20. Jh.)

2-Euro-Münze

1-Euro-Münze

50-Cent-Münze

20-Cent-Münze

10-Cent-Münze

Euro-Münzen

Die einheitlichen Vorderseiten entwarf der Belgier Luc Luycx. Die Rückseiten sind in jedem Land anders gestaltet, in Deutschland mit Bundesadler (1, 2 €), Brandenburger Tor (10, 20, 50 ct) und Eichenlaub (1, 2, 5 ct).

5-Cent-Münze

2-Cent-Münze

1-Cent-Münze

Kommunikation

Die Post- und Telekommunikationsdienste in Deutschland arbeiten sehr effizient. Auch im Zeitalter des Mobiltelefons findet man in Hamburg immer noch öffentliche Telefone. Die Anzahl an WLAN-Hotspots nimmt ständig zu, doch man findet auch weiterhin Internet-Cafés, in denen man online gehen kann. Briefe und Postkarten innerhalb des Bundesgebiets erreichen den Empfänger in den meisten Fällen am folgenden Werktag. Briefkästen gibt es viele, und zur nächsten Filiale der Deutschen Post oder einem T-Punkt-Laden ist es meist nicht weit.

Briefkasten in Hamburg
(»Cuxhavenedig«)

Historische Briefmarke (1973) für 40 Pfennig

Briefe und Postkarten

Die Portopreise richten sich nach dem Gewicht und der Größe der jeweiligen Sendung. Das Porto für einen Standardbrief bis 20 Gramm beträgt 0,70 Euro (innerhalb Deutschlands) bzw. 0,90 Euro (international). Für Postkarten liegen die Beträge bei 0,45 Euro (innerhalb Deutschlands) bzw. 0,90 Euro (international).

Für zusätzliche Leistungen wie Eilzustellungen, Einschreiben und Nachnahme sind Aufschläge zu zahlen, über die die Deutsche Post auf ihrer Website ausführlich informiert (www.deutschepost.de).

Briefmarken erhalten Sie bei Postfilialen, an Automaten sowie im Zentrum an den Kiosken, die Ansichtskarten führen. Es gelten nur deutsche Euro-Marken. Briefkästen gibt es in großer Zahl, die Leerungszeiten (meist ein- bis zweimal täglich) sind an den Kästen angeschrieben. Für Paketsendungen eignet sich der internationale Kurierdienst **DHL**.

Postfilialen

Die Filialen der Deutschen Post haben in der Regel montags bis freitags von 9 oder 10 bis 18 oder 19 Uhr und samstags bis mittags geöffnet. Länger offen sind Filialen am Flughafen und an Bahnhöfen.

Neben dem Schalterservice und öffentlichen Telefonen bieten Postfilialen meist auch die Möglichkeit zum Faxen und Kopieren, den Verkauf von Telefonkarten sowie von Utensilien wie Briefpapier und Umschlägen. Sendungen können auch postlagernd (poste restante) an eine Postfiliale geschickt werden.

Ein Service der Deutschen Post ist die Postfiliale im Internet (www.shop.deutschepost.de), bei der Sie etwa den Kauf von Briefmarken oder Büroartikeln per Mausklick erledigen können.

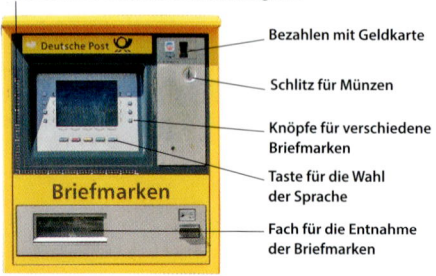

Öffentliche Telefone

Die stark zunehmende Verbreitung von Mobiltelefonen hat dazu geführt, dass die Zahl öffentlicher Telefonzellen in den letzten Jahren drastisch zurückgegangen ist. Dennoch findet man auch in Hamburg noch einige. Neben Münz- und Kartentelefonen sind zunehmend Basisstationen in Betrieb.

Für Münzfernsprecher brauchen Sie Kleingeld, die Münzannahme reicht von 10-Cent- bis zu 2-Euro-Münzen. Viel bequemer ist jedoch in der Regel die Benutzung von Kartentelefonen. Die entsprechenden Telefonkarten bekommen Sie u. a. bei allen Postfilialen und T-Punkt-Läden. Ein Display neben dem Hörer zeigt das aktuelle Guthaben der Karte.

In den letzten Jahren wurden in Deutschland immer mehr Telefonzellen zu sogenannten Basisstationen umgerüstet. Bei diesen handelt es sich um frei stehende Telefonsäulen ohne Kabine und Beleuchtung. Im Unterschied zu Münz- oder Kartentelefonen kann an Basisstationen ausschließlich mit Kreditkarte oder CallingCard – wie etwa der T-Card – telefoniert werden. T-Cards erhält man in sämtlichen Filialen der Deutschen Post, an Kiosken sowie in T-Punkt-Läden. Leistungen der T-Card kann man auch als Guthaben über das Internet erwerben.

Gespräche vom Hotelzimmer aus sollten Sie vermeiden, da die Gebühren dort wesentlich höher sind.

Maßskala für das Abmessen der Briefgröße
- Bezahlen mit Geldkarte
- Schlitz für Münzen
- Knöpfe für verschiedene Briefmarken
- Taste für die Wahl der Sprache
- Fach für die Entnahme der Briefmarken

Automat für den Verkauf von Briefmarken

Mobiltelefone

Mit einem Mobiltelefon ist man auch im Urlaub unabhängig und spontan. Alle in Europa gängigen Handys und Smartphones funktionieren in Deutschland problemlos. Bei Benutzung eines Handys müssen Sie – im Unterschied zu Festnetztelefonen – auch für Ortsgespräche die Vorwahl mitwählen.

Seit der im Juni 2017 erfolgten Abschaffung der Roaming-Gebühren können Handy-Nutzer aus Mitgliedsstaaten der Europäischen Union im gesamten EU-Raum ohne zusätzliche Kosten mobil telefonieren, im Internet surfen oder Kurznachrichten verschicken.

Mobilfunkanbieter können sich für die Auslandsnutzung ihrer Kunden gegenseitig Kosten in Rechnung stellen. Die festgelegten Obergrenzen betragen 3,2 Cent pro Minute für Anrufe und einen Cent für eine SMS. Für Datenvolumen sinken die Gebühren bis zum Jahr 2022 schrittweise von 7,70 Euro je GB auf 2,50 Euro.

Internet und E-Mail

In fast allen Hotels, am Flughafen und in Bahnhöfen sowie auf vielen öffentlichen Plätzen und in Cafés und Bars gibt es WLAN-Hotspots. Das Einloggen ist oft kostenlos.

Auch wenn es langsam weniger werden: Noch immer findet man in Hamburg Internet-Cafés, einige haben bis spätabends geöffnet. Dort können Sie sich auf den Seiten der Internet-Portale *(siehe S. 220 f)* auch über Veranstaltungen informieren.

Tageszeitungen und Zeitschriften

Hamburg ist der bedeutendste Medienstandort Deutschlands – vor allem bei Printmedien. Viele erfolgreiche Zeitungen und Magazine werden in hier ansässigen Verlagshäusern produziert. Größte Abonnementzeitung im Großraum Hamburg ist das *Hamburger Abendblatt* mit einer Auflage von ca. 200 000 Exemplaren. Das Boulevardblatt *Hamburger Morgenpost* (»MoPo«) versteht sich eher als lokale Alternative zu *Bild*. Diese Boulevardzeitung ist mit etwa 1,6 Millionen Exemplaren die auflagenstärkste deutsche Tageszeitung. Weitere überregionale Tageszeitungen aus Hamburg sind etwa die *Financial Times Deutschland (FTD)* und *Die Welt* sowie die Hamburger Ausgabe der *taz*. Mit *DIE ZEIT* bringt der Zeitverlag Gerd Bucerius die renommierteste deutsche Wochenzeitung heraus. Hauptblatt des Spiegel-Verlags ist *DER SPIEGEL*, Europas auflagenstärkstes Nachrichtenmagazin. Gruner + Jahr ist mit Zeitschriften wie *stern*, *GEO*, *Brigitte*, *P.M. Magazin* oder *Gala* Europas größter Magazinverlag *(siehe auch S. 40 f)*.

Fernsehen und Radio

Der Norddeutsche Rundfunk (NDR) zählt zu den größten öffentlich-rechtlichen Rundfunkanstalten. Zu seinen Flaggschiffen gehört die *Tagesschau*. Auch der Regionalsender NDR Fernsehen hat seinen Sitz in der Hansestadt. Das ZDF unterhält in Hamburg ein Landesstudio. Für seine Eigenproduktionen bekannt ist der TV-Sender Hamburg 1.

Neben öffentlich-rechtlichen Radiosendern wie etwa NDR Info (News), NDR Kultur und dem Jugendsender N-JOY hört man auch auf bestimmte Zielgruppen eingestellte Privatsender wie Energy Hamburg oder Klassik Radio.

Logo des NDR (Norddt. Rundfunk)

Auf einen Blick

Postfilialen

Kundenservice:
- deutschepost.de

Am Sandtorkai 44.
Brandstwiete 42.
Glockengießerwall 8–10.
Großer Burstah 53.
Lange Reihe 2.
Mönckebergstr. 16.
Spitalerstr. 22.
Überseeboulevard 4–10.

DHL
- dhl.de

Internet-Cafés

3x23 Internet-Café
Sternstr. 107–109.
- 3x23.de

Cyber ZOB
Hamburger Str. 196.
- cyber-zob.de

Internetcafé Fuhle
Fuhlsbüttler Str. 222.
- fuhle.eu

Tageszeitungen aus Hamburg

Wichtige Telefonnummern

- **Vorwahl Deutschland:** 0049.
- **Vorwahl Hamburg:** 040.
- **Auskunft:** 118 33.
- **Internationale Auskunft:** 118 34.
- **Europ. Notruf** (Polizei, Feuerwehr, Notarzt): 112.
- **Vorwahl Österreich:** 0043.
- **Vorwahl Schweiz:** 0041.
- **Notrufnummern zur Sperrung von Handykarten:**
 Vodafone 0800 172 12 12;
 T-Mobile 0800 330 22 02;
 E-Plus 0177 177 10 00;
 O₂ 0180 405 52 22.

Stadtplan siehe Seiten 242–257

Anreise

Die norddeutsche Metropole zählt zu den herausragenden Verkehrsknotenpunkten in Europa. Ganz gleich, welches Verkehrsmittel Sie wählen – die Stadt ist sehr gut zu erreichen. Der von vielen deutschen und internationalen Airlines angeflogene Hamburg Airport Helmut Schmidt liegt nur wenige Kilometer vor den Toren der Hansestadt. Die vier Fernbahnhöfe Hamburgs sind in das ICE- und IC-Netz hervorragend integriert. Auch mit dem Auto oder dem Bus ist Hamburg als Kreuzungspunkt mehrerer Autobahnen bestens erreichbar. Am passendsten ist es natürlich, wenn Sie per Schiff in die Elbmetropole kommen – vielleicht steuern Sie den Hamburger Hafen im Rahmen einer Kreuzfahrt an?

Informationsschalter des Flughafens Hamburg

Anreise mit dem Flugzeug

Mit rund 130 nationalen und internationalen Destinationen bestehen Nonstop-Verbindungen von und nach Hamburg. Flüge in die zweitgrößte Stadt Deutschlands bieten fast 80 Airlines an, darunter auch **Lufthansa**, **Austrian** und **Swiss** sowie Air France, KLM, Iberia, SAS, British Airways und Emirates.

Mit Anbietern wie **easyJet** oder **Eurowings** ist auch das Low-Cost-Segment ausreichend vertreten. Auskünfte über das umfangreiche Flugangebot gibt es bei den jeweiligen Fluggesellschaften und direkt beim Flughafen. Auf der ständig aktualisierten Website des Airports finden Sie die Abflug- und Ankunftszeiten aller Maschinen.

Wer eine Flugreise nach Hamburg plant, sollte in jedem Fall die Preise vergleichen. Vor dem Hintergrund eines harten Konkurrenzkampfes zwischen den Fluggesellschaften findet man von Zeit zu Zeit sensationell günstige Flüge. Allerdings müssen Sie bei derartigen Sonderangeboten in der Regel mehrere Wochen im Voraus buchen. Sie sind außerdem an feste Hin- und Rückflugzeiten gebunden und können den Flug nur mit Verlust stornieren. Berücksichtigen Sie darüber hinaus, dass die angegebenen Flugpreise häufig noch keine Steuern und Flughafengebühren enthalten.

Eine preisgünstige wie praktische Alternative kann eine Pauschalreise sein, die neben dem Transport auch die Unterkunft in Hamburg und – je nach Angebot – eventuell auch Tickets für Veranstaltungen umfasst. Achten Sie bei diesen Angeboten auf die Lage Ihres Hotels, damit Sie nicht zu weit außerhalb wohnen.

Anzeigetafeln und Check-in-Automaten im Terminal

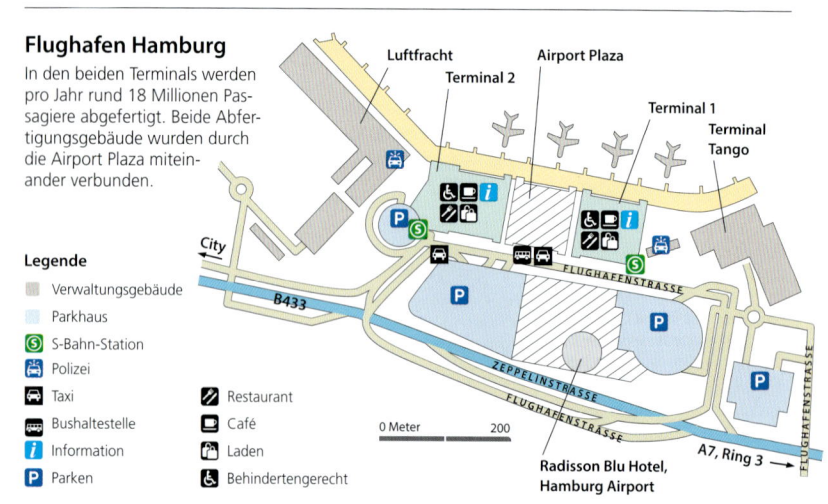

Flughafen Hamburg

In den beiden Terminals werden pro Jahr rund 18 Millionen Passagiere abgefertigt. Beide Abfertigungsgebäude wurden durch die Airport Plaza miteinander verbunden.

Legende

- Verwaltungsgebäude
- Parkhaus
- S-Bahn-Station
- Polizei
- Taxi
- Bushaltestelle
- Information
- Parken
- Restaurant
- Café
- Laden
- Behindertengerecht

ANREISE: FLUGZEUG

Haupthalle des Hamburg Airport

Auf einen Blick
Hamburg Airport

Airport Office
Airport Plaza,
Ankunftsebene.
(040) 507 50.

Fluginformation
(040) 507 50.
hamburg-airport.de

Airlines

Austrian
+43 (0)5 17 66 10 00 (A).
(069) 50 60 05 98 (D).
austrian.com

easyJet
01806 06 06 06.
easyjet.com

Eurowings
01806 32 03 20.
eurowings.com

Lufthansa
(069) 86 79 97 99.
lufthansa.de

Swiss
+41 (0)848 70 07 00 (CH).
(069) 86 79 80 00 (D).
swiss.com

Hamburg Airport

Im Vergleich zu vielen anderen Flughäfen liegt der **Hamburg Airport Helmut Schmidt** relativ nahe an der Stadt. Die kurze Entfernung ins Zentrum ist für Reisende angenehm.

Im Rahmen des ambitionierten Projekts HAM 21 erfuhr der 1911 eröffnete Flughafen von 2001 bis 2010 eine grundlegende Umgestaltung. Zu den Bestandteilen des groß angelegten Investitionsprogramms gehörten der Bau eines zweiten Terminals, das 2005 eröffnet wurde, und die 2008 vollendete Anlage einer Airport Plaza. Dieser neu geschaffene Bereich diente im Jahr 2011 als Bühne für vielerlei Feierlichkeiten zum 100. Geburtstag des Airports. 2016 erhielt der Hamburg Airport zu Ehren des ehemaligen Bundeskanzlers den Namenszusatz Helmut Schmidt.

Der Flughafen bietet alle Annehmlichkeiten, die man von einem modernen Flughafen erwartet, u. a. Reisebüros, Autovermietungen, Duty-free-Shop, eine vielfältige Gastronomie, Langzeit-Parken, Konferenzräume, Geschäftseinrichtungen sowie Post- und Bankdienstleistungen. Auch für die medizinische Betreuung ist bestens gesorgt.

Das **Airport Office** in der Ankunftsebene ist eine stark frequentierte Anlaufstelle für Besucher der Stadt. Hier können Sie sich mit Informationen über Hamburg versorgen, ein Hotel buchen, eine Hamburg CARD *(siehe S. 223)* erwerben oder Tickets für Veranstaltungen kaufen. Von den Aussichtsterrassen der Restaurants in Terminal 1 und 2 kann man Starts und Landungen gut beobachten.

Für Flugreisende mit Behinderungen oder eingeschränkter Mobilität hat der Airport ein Service-Angebot für Fortbewegung und Gepäckabfertigung. Behindertengerechte Toiletten und Waschräume finden Sie problemlos in den gut ausgeschilderten Terminals.

Vom Flughafen ins Zentrum

Vom Airport kommt man mit öffentlichen Verkehrsmitteln gut und rasch in die Stadt. Mit der im 10-Minuten-Takt fahrenden S-Bahn (S1) erreichen Flugreisende das Zentrum in 25 Minuten. Am frühen Morgen und am späten Abend verkehrt die S-Bahn nur alle 20 Minuten. Zwischen Airport und einzelnen Stadtvierteln fahren auch Busse.

Der S-Bahnhof Hamburg Airport ist über Aufzüge und Treppen schnell erreichbar. Die Strecke in die City verläuft fast vollkommen unterirdisch.

Taxistände sind vor Terminal 1 und Terminal 2. Die Fahrt vom Flughafen ins Zentrum kostet rund 25 Euro, die Fahrzeit beträgt etwa 25 Minuten.

Europcar – nur eine von vielen Autovermietungen am Flughafen

Stadtplan siehe Seiten 242–257

Anreise mit dem Zug

Die Anbindung Hamburgs an das deutsche und europäische Schienennetz ist sehr gut, Direktverbindungen bestehen zu vielen Metropolen. Die Stadt verfügt über vier Fernbahnhöfe: Hauptbahnhof, Hamburg Dammtor, Hamburg-Altona und Hamburg-Harburg. Die meisten Fernzüge passieren den Hauptbahnhof, aber die wenigsten enden dort: Die meisten halten auch am Bahnhof Dammtor und enden am Bahnhof Altona, dem nördlichen Knotenpunkt für die Nord-Süd-Stränge des deutschen ICE-Netzes.

Vergewissern Sie sich vor dem Aussteigen mit einem Stadtplan, welche Station für Sie die günstigste ist. Messebesucher nutzen am besten den ICE-Bahnhof Hamburg Dammtor. Hamburg-Harburg ist der wichtigste Bahnhof für die Stadtteile südlich der Elbe. Von allen vier Bahnhöfen aus erreichen Sie Ihr Ziel in Hamburg sehr gut mit den öffentlichen Verkehrsmitteln.

Für die Buchung einer Zugfahrkarte gilt: Je früher Sie Ihr Ticket kaufen und sich mit der Reservierung auf einen Termin festlegen, desto günstiger ist die Fahrt. Mit der BahnCard sparen Sie außerdem 25 Prozent (oder mehr) des Fahrpreises und profitieren von zahlreichen Zusatzleistungen.

Logo der Deutschen Bahn

Darüber hinaus bietet die **Deutsche Bahn** immer wieder Sonderangebote wie Sparpreise oder Aktionspreise sowie zum Teil erhebliche Ermäßigungen für Gruppenreisen an. Sparpreise sind ab 19,90 Euro erhältlich und gelten deutschlandweit für eine einfache Fahrt (auch im ICE sowie für längere Strecken). Für die Nutzung dieses Angebots ist frühzeitige Buchung nötig. Attraktiv für Pauschalurlauber ist der Paketbucher-Rabatt, der bei gleichzeitiger Buchung von Bahnfahrt und Hotelübernachtung gewährt wird.

Auch einige andere Zielgruppen, darunter Familien, Kinder, Senioren oder Vielfahrer, erhalten attraktive Vergünstigungen. Informieren Sie sich über Angebote und Preise auf der Website der Deutschen Bahn (www.bahn.de). Dort finden Sie auch eine Reihe von Pauschalangeboten für Städtereisen, die auch die Unterkunft umfassen.

Bei längerer Anreise ist die Benutzung der modernen Nachtreisezüge **ÖBB Nightjet** eine Alternative. Sie bieten entspanntes Reisen über Nacht. Der Vorteil liegt auf der Hand: Man gewinnt Zeit und kommt ausgeruht am Reiseziel an. Mit diesen Zügen erreicht man Hamburg z. B. ab München, Freiburg im Breisgau, Wien, Innsbruck, Zürich und Basel.

Zentraler Omnibusbahnhof (ZOB) in Hamburg-St. Georg

Wer eine lange Anreise nach Hamburg hat und zudem die Umgebung der Stadt mit dem eigenen Auto bereisen will, kann **Autoreisezüge** nutzen. Sie fahren u. a. von München, Lörrach, Wien und Innsbruck nach Hamburg-Altona.

Anreise mit dem Bus

Hamburg ist Norddeutschlands bedeutendster Knotenpunkt des Straßenverkehrs. Man erreicht die Hansestadt über mehrere Autobahnen: die A7 (Nord-Süd-Autobahn), die A1 (Bremen–Lübeck), die A24 (Berlin–Hamburg) und die A23 (aus Richtung Heide in Schleswig-Holstein).

Mit der 2013 erfolgten Liberalisierung im Fernbusverkehr hat die Nutzung von Reisebussen für überregionale Fahrten zugenommen, Marktführer in diesem Segment ist **FlixBus** (www.flixbus.de). Mit Bussen des Unternehmens erreicht man Hamburg (auch nachts) von vielen Städten aus.

Busreisen sind zum Teil sehr viel günstiger als Bahnfahrten, dafür muss man eine verminderte Bewegungsfreiheit an Bord in Kauf nehmen. In vielen Reisebussen werden Fahrgäste mit Videofilmen unterhalten, manche bieten auf Nachtfahrten Liegesessel an. Getränke und in der Regel auch ein Imbiss sind im Bus erhältlich.

Die Fernbusse kommen am **ZOB – Bus-Port Hamburg** an. Der Service-Bereich – u. a. mit Café, Schnellimbiss und Autovermietung – ist täglich von 5.30 bis 23 Uhr geöffnet.

Gleisbereich des Hamburger Hauptbahnhofs

ZUG, BUS, AUTO UND SCHIFF | 233

Architektonisches Erkennungszeichen des ZOB ist das rund 300 Quadratmeter große Glasdach, das sich in einer Höhe von elf Metern sichelförmig über die Anlage spannt.

Über sechs Millionen Fahrgäste kommen jedes Jahr am ZOB an oder fahren hier ab. Verbindungen bestehen nicht nur mit allen größeren Städten in Deutschland, sondern auch mit Metropolen in mehr als 30 anderen Ländern Europas.

FlixBus betreibt das größte Fernbusnetz Europas, auch Hamburg erreicht man von vielen anderen Städten

Anreise mit dem Auto

Wer mit dem Auto aus Süden anreist, wird auf der Fahrt zum Nordufer der Elbe durch den Elbtunnel geleitet. Dort herrscht vor allem im Berufsverkehr oft Stau, doch die Suche nach Alternativen ist Ortsfremden nicht anzuraten. Messebesucher wählen die Anschlussstellen Hamburg-Volkspark (bei Anreise von Norden, Nordwesten, Westen und Südwesten), Hamburg-Centrum (bei Anreise aus Süden und Südosten) bzw. Hamburg-Horn (bei Anreise aus Osten und Nordosten). Von den Anschlussstellen folgen Sie den Wegweisern mit der Aufschrift »Messe/CCH«.

In Deutschland sind Autopapiere (Führerschein, Kfz-Schein) aus dem europäischen Ausland gültig. Empfehlenswert ist ein Formular des Europäischen Unfallprotokolls. Das Mitführen von Warndreieck und Verbandskasten ist Pflicht, auch eine Warnweste sollte man dabeihaben. Wer einen Wagen mieten möchte, benötigt dafür neben dem Führerschein den Personalausweis oder Reisepass sowie in aller Regel eine Kreditkarte. Autovermietungen gibt es in großer Zahl. Viele Niederlassungen findet man im Stadtzentrum, z. B. im Hauptbahnhof.

Hamburg: hoch im Norden immer weiter auf der A7

Anreise mit dem Schiff

Auch wenn das maritime Herz der Elbmetropole am Hafen schlägt und wohl jeder Besucher einen Teil seiner Zeit hier am Wasser verbringt, erreichen die wenigsten Hamburg auf dem Wasserweg. Allerdings unternehmen die meisten Urlauber während ihres Aufenthalts eine Schifffahrt – das Angebot reicht von Hafenrundfahrten unterschiedlicher Länge über Touren auf der Elbe bis hin zu Bootstrips nach Helgoland mit einem Hochgeschwindigkeits-Katamaran. Infos zu Ausflugsfahrten auf dem Wasser finden Sie auf den Seiten 240 f.

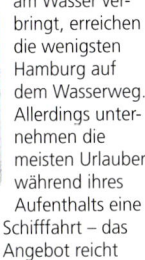

Am stilvollsten nähert man sich der Hafenstadt Hamburg natürlich als Teilnehmer einer Kreuzfahrt. Die großen Pötte legen am **Kreuzfahrtterminal/Hamburg Cruise Center** *(siehe S. 88)* an. Das Terminal in der HafenCity wurde 2004 in Betrieb genommen, ein weiteres Terminal steht seit 2011 in Altona zur Verfügung, ein drittes wurde 2015 in Steinwerder eröffnet.

Hamburg Cruise Center HafenCity

Auf einen Blick

Zugreisen

Deutsche Bahn (Zugauskunft)
☎ 01806 99 66 33
(einheitliche Servicenummer der Bahn; 20 Ct./Min. aus dem deutschen Festnetz).
☎ 0800 150 70 90
(Fahrplanauskunft; gebührenfrei mit Sprachdialogsystem).
🌐 bahn.de

Autoreisezüge
🌐 autoreisezug-planer.de

ÖBB Nightjet
🌐 nightjet.com

Busreisen

ZOB – Bus-Port Hamburg
Adenauerallee 78.
☎ (040) 24 75 76.
🌐 zob-hamburg.de

Schiffsreisen

Kreuzfahrtterminal/Hamburg Cruise Center
Großer Grasbrook/Chicagokai.
☎ (040) 30 05 13 93.
🌐 hamburgcruisecenter.eu/de

ICE – InterCityExpress der Deutschen Bahn

Stadtplan siehe Seiten 242–257

In Hamburg unterwegs

Trotz der Größe der Stadt sind die Wege zwischen den meisten Sehenswürdigkeiten in Hamburg recht kurz. Das Zentrum erkundet man daher am besten zu Fuß. Die angrenzenden Stadtviertel und das Umland von Hamburg sind gut mit öffentlichen Verkehrsmitteln zu erreichen. Zu diesen gehören neben U-Bahnen, S-Bahnen und Bussen auch Boote und Schiffe. Mit einem Fahrrad sind Sie sehr mobil, die überwiegend flache Stadtlandschaft und die ausgedehnten Grünanlagen sind ideal für entspanntes Radfahren. Das Netz an Radwegen reicht bis in die Außenbezirke. Das Auto sorgt für große Flexibilität. Der Verkehrsfluss ist aber vor allem in den Stoßzeiten mitunter sehr träge, die Parkgebühren in der Innenstadt sind relativ hoch. Taxis sind in großer Zahl vorhanden.

Fußgängerampel mit digitaler Anzeige

Zu Fuß unterwegs

Obwohl sich Hamburg über eine große Fläche erstreckt, ist das Stadtzentrum recht kompakt. Die Wege zwischen den einzelnen Sehenswürdigkeiten sind in aller Regel angenehm kurz, kaum einmal sind größere Strecken zurückzulegen. Bei entsprechender Planung des Aufenthalts können Besucher die meisten Attraktionen ohne die Benutzung von Verkehrsmitteln erreichen. Zu den Klassikern unter den Spaziergängen (und Joggingrouten) zählt die Strecke rund um die Alster. Sie verläuft nicht nur direkt am Wasser entlang, sondern auch durch einige der prachtvollsten Stadtteile der Hansestadt. Cafés und andere Einkehrmöglichkeiten gibt es auf dieser Route in großer Zahl.

Herrliche Ausblicke auf die Elbe und den Hafen bieten sich vom sogenannten Hamburger Balkon zwischen den Landungsbrücken und dem Altonaer Balkon *(siehe S. 117)*. Eine sehr gute Möglichkeit, neben den Attraktionen Hamburgs auch verborgene Winkel der Stadt kennenzulernen, ist die Teilnahme an einer Führung *(siehe S. 221)*, die von Kennern der Stadt in verschiedenen Vierteln zu Themen wie etwa Geschichte, Kunst, Kultur oder Architektur durchgeführt werden.

Autofahren

Für Touren ins Umland kann es sinnvoll sein, sich ein Auto zu nehmen. Renommierte Verleihfirmen wie **AVIS**, **Europcar**, **Hertz** und **Sixt** haben Filialen am Flughafen, am Hauptbahnhof und an anderen Stellen. Zum Mieten eines Wagens benötigt man Führerschein, Pass oder Personalausweis und (meist) eine Kreditkarte.

Wenn Sie eine Panne haben, helfen Ihnen Automobilclubs wie der **ADAC** weiter. Regelmäßige Geschwindigkeitskontrollen werden in vielen Ein- und Ausfallstraßen durchgeführt, darüber hinaus gibt es in Hamburg eine ganze Reihe von »Blitzampeln«. Die Promillegrenze liegt überall in Deutschland bei 0,5.

Parken

Wie in wohl fast allen anderen Großstädten kann die Suche nach einem Parkplatz im Stadtzentrum auch in Hamburg ein mühsames Unterfangen sein. Die Parkplatzsuche in den zentralen Stadtvierteln wird durch das dynamische Park-

Wegweiser mit Angaben zur Entfernung

Bereiche des Parkleitsystems für die Innenstadt

Anzeige freier Plätze in den Parkhäusern der City

IN HAMBURG UNTERWEGS | 235

Parkautomat
An den meisten Straßen steht ein Parkautomat. Das Parken ist in der Regel werktags von 8 bis 18 oder 20 Uhr gebührenpflichtig. Die Höchstparkdauer ist vielerorts auf 60 oder 120 Minuten begrenzt.

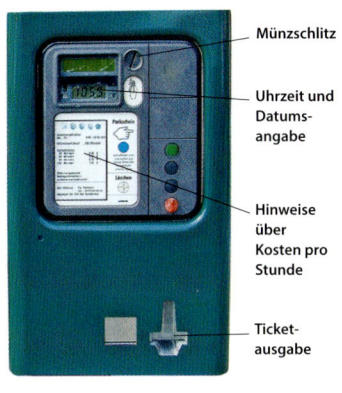

- Münzschlitz
- Uhrzeit und Datumsangabe
- Hinweise über Kosten pro Stunde
- Ticketausgabe

Auf dem Wasser unterwegs

Angesichts der immensen Bedeutung von Elbe und Hafen sowie der Vielzahl an Fleeten wird ein großer Teil des innerstädtischen Verkehrs auf den Wasserwegen abgewickelt. Ausführliche Informationen zum Bootsverkehr im Hafen, auf Elbe und Alster sowie zu Ausflügen mit dem Schiff ins Umland von Hamburg finden Sie auf den Seiten 240f.

leitsystem wesentlich erleichtert. Die City wird für diesen Zweck in drei Bereiche gegliedert: Rot (Mönckebergstraße), Gelb (Jungfernstieg) und Grün (Hafen/Michel). Schon weit vor dem Erreichen der Innenstadt werden Autofahrer anhand von Straßenschildern auf dieses System aufmerksam gemacht.

In den Parkhäusern der Hamburger Innenstadt ist Platz für mehr als 11000 Autos. Die Angaben auf den ungefähr 250 elektronischen Schildern zur Kapazität freier Parkplätze werden im Minutentakt aktualisiert. Die Gebühren für die Benutzung von Parkhäusern in der City liegen in der Regel bei zwei bis vier Euro für eine Stunde, das Tageslimit beträgt in den meisten Stadtvierteln zehn bis 20 Euro. Übrigens: Die Parkgebühren können auch ganz bequem mit dem Mobiltelefon bezahlt werden (www.smartparking.de).

Werbung für das Hamburger StadtRAD

Radfahren

Hamburg ist fahrradfreundlich, viele Straßen haben ausgewiesene Radwege, einige führen vom Zentrum in die Außenbezirke. Beliebte Routen sind die Strecken entlang von Alster und Elbe. Fahrradverleihe finden Sie mühelos. Sie können Räder für einen oder mehrere Tage ausleihen, viele Verleiher bieten auch Wochenrabatte.

Der Anbieter **Hamburg anders erfahren** liefert Ihnen das Fahrrad direkt zur Unterkunft. Eine große Auswahl an unterschiedlichen Rädern bietet auch der **Fahrradverleih Altona**. Alternativ dazu steht auch in Hamburg der Service **Call a Bike** zur Verfügung. Für das Entleihen benötigen Sie eine Kundennummer, die Ihnen nach einmaliger Registrierung zugeteilt wird. Mithilfe eines Zahlencodes werden die elektronischen Fahrradschlösser geöffnet. Die Nutzer können an integrierten Terminals abfragen, an welchen Stationen die markanten silber-roten Mieträder der Bahntochter DB Rent bereitstehen. Bei **StadtRAD Hamburg** erfolgt die Ausleihe telefonisch oder an den zahlreichen Leihstationen rund um die Uhr.

Sehr hilfreich für Radfahrer ist der Hamburg-Atlas des **ADFC Hamburg**. Wie in jeder Großstadt gilt auch in Hamburg: Schließen Sie das Fahrrad immer ab, wenn Sie es aus den Augen lassen.

StadtRAD in Hamburg – eine umweltfreundliche Alternative

Auf einen Blick

Mietwagen

AVIS
(069) 50 07 00 20.
avis.de

Europcar
(040) 520 18 80 00.
europcar.de

Hertz
01806 00 36 88.
hertz.de

Sixt
01806 66 66 66.
sixt.de

Pannenhilfe

ADAC
01802 22 22 22.
22 22 22 (mobil).

Fahrradverleih

ADFC Hamburg
Koppel 34–36.
(040) 39 39 33.
hamburg.adfc.de

Call a Bike
(069) 42 72 77 22.
callabike-interaktiv.de

Fahrradverleih Altona
Thadenstr. 92.
(040) 439 20 12.
fahrradverleih-altona.de

Hamburg anders erfahren
Zweibrückenstr. 13a.
0178 640 18 00.
hamburg-anders-erfahren.de

StadtRAD Hamburg
Scharrenstr. 10.
(040) 822 18 81 00.
stadtrad.hamburg.de

HVV und Taxis

Der Hamburger Verkehrsverbund (HVV) macht das Reisen mit öffentlichen Verkehrsmitteln denkbar einfach. Sie können zwischen HVV-Bussen, -Bahnen und -Fähren wechseln, ohne jedes Mal eine neue Fahrkarte zu lösen. Besonders günstig ist die Benutzung des ÖPNV bei Verwendung einer Tageskarte, die sich schon ab zwei Fahrten lohnen kann. Das Busnetz umfasst mehrere Arten von Bussen, von SchnellBussen bis hin zu NachtBussen. Komfortabel, aber auch wesentlich teurer sind Fahrten mit dem Taxi.

HVV

In vielen Großstädten ist das System öffentlicher Verkehrsmittel für Auswärtige nur sehr schwer zu durchschauen. Nicht so in Hamburg, dessen 1965 gegründeter Verkehrsverbund durchaus seinesgleichen sucht: Der **HVV** umfasst im Großraum Hamburg mehr als 30 Verkehrsunternehmen, die verschiedene Arten von Bussen, Bahnen und Hafenfähren betreiben. Ein geradezu unschätzbarer Vorteil liegt in dem für alle Verkehrsmittel einheitlichen Tarifsystem, das nach Zonen unterteilt ist.

Der Hamburger Verkehrsverbund deckt nicht nur das Gebiet der Freien und Hansestadt Hamburg ab, sondern auch die angrenzenden Landkreise in Schleswig-Holstein und Niedersachsen und damit ein Gebiet von ca. 8600 Quadratkilometern. Die Zahl der HVV-Fahrgäste in diesen drei Bundesländern beträgt täglich etwa 2,5 Millionen. Statistiken belegen, dass rund zwei Drittel sämtlicher Personenbeförderungen im innerstädtischen Verkehr der Elbmetropole mit Verkehrsmitteln des HVV abgewickelt werden.

MetroBus – ein schnelles Verkehrsmittel, oft mit eigenen Spuren

Fahrkarten

Eine Fahrkarte gilt für alle HVV-Verkehrsmittel, egal ob Sie mit Bus, Bahn oder Hafenfähre unterwegs sind. Fahrkarten für einzelne Strecken und Tageskarten (für einen oder drei aufeinanderfolgende Tage) kaufen Sie am Automaten, in Bussen auch beim Fahrer. Die Fahrkarten müssen nicht entwertet werden – ein Unterschied zu vielen anderen Großstädten.

Bei einem längeren Aufenthalt lohnt sich der Erwerb einer Wochenkarte. Inhaber der Hamburg CARD *(siehe S. 223)* benutzen die öffentlichen Verkehrsmittel im Großraum Hamburg umsonst.

Tageskarten gelten für beliebig viele Fahrten am Tag des Erwerbs bis 6 Uhr des Folgetags. Der Preis richtet sich nach dem erwünschten Radius, die günstigste Tageskarte (ein bis zwei Tarifringe) ist für 7,70 Euro erhältlich. Noch preiswerter ist eine 9-Uhr-Tageskarte für 6,40 Euro, die von 9 Uhr bis 6 Uhr des Folgetags gilt.

Für Kinder unter sechs Jahren ist die Benutzung der HVV-Verkehrsmittel gratis, bei Tageskarten fahren bis zu drei Kinder (bis 14 Jahre) kostenlos mit.

Ein interessantes HVV-Angebot für Besucher, die nicht alleine unterwegs sind, ist die 9-Uhr-Gruppenkarte, die für Gruppen von bis zu fünf Personen gilt. Für die günstigste

HVV-Fahrkartenautomat

Automaten finden Sie an jeder U-Bahn- und S-Bahn-Station, aber auch an zentralen Bushaltestellen. Hier bekommen Sie Einzelkarten, Tages- und Drei-Tage-Karten.

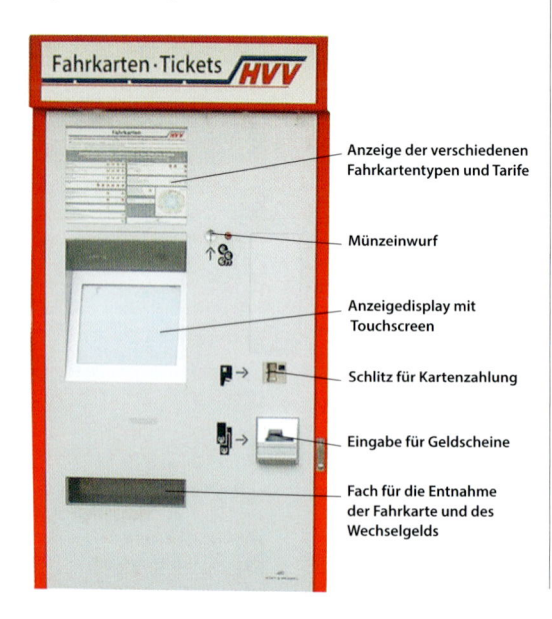

- Anzeige der verschiedenen Fahrkartentypen und Tarife
- Münzeinwurf
- Anzeigedisplay mit Touchscreen
- Schlitz für Kartenzahlung
- Eingabe für Geldscheine
- Fach für die Entnahme der Fahrkarte und des Wechselgelds

Variante (ein bis zwei Tarifringe) zahlt man 12 Euro, sie lohnt sich somit oft schon für zwei Personen. Wie die 9-Uhr-Tageskarte gilt auch die 9-Uhr-Gruppenkarte von 9 Uhr bis 6 Uhr des Folgetages.

Fahrkarten können via HVV-App auch als mobiles Ticket erworben werden.

Busse

Das Angebot des HVV an Bussen umfasst StadtBusse, MetroBusse, SchnellBusse, EilBusse und NachtBusse. Die StadtBusse (meist mit dreistelliger Nummer) bringen Fahrgäste zu den Stationen der Schnellbahn- und Regionalverkehrslinien. MetroBusse stellen Direktverbindungen in die City (Linien 1 bis 15) und Querverbindungen außerhalb der City (Linien 20 bis 27). SchnellBusse (Linien 31 bis 39) fahren von Außenbereichen direkt in die Innenstadt und bieten einen besonderen, zuschlagpflichtigen Komfort mit einem großen Angebot an Sitzplätzen. Kleinbusse der Linien 48 und 49 fahren durch die engen Gassen Blankeneses. EilBusse (mit einem E vor der Nummer) verbinden Stadtteile ohne eigenen Schnellbahnanschluss mit der nächsten U- oder S-Bahn-Station und sind nur in den Hauptverkehrszeiten unterwegs – morgens bringen sie Fahrgäste von den Haltestellen eines Wohngebiets zur nächsten S-Bahn-Station, am Nachmittag fahren sie in umgekehrter Richtung. NachtBusse (Liniennummern zwischen 600 und 688) fahren sontags bis donnerstags nach Betriebsschluss der U- und S-Bahnen halbstündlich oder stündlich in fast alle Stadtteile. An Wochenenden fahren einige MetroBusse und StadtBusse (sowie alle U- und S-Bahnen; *siehe S. 238 f*) rund um die Uhr.

Bei den im Großraum Hamburg eingesetzten Bussen handelt es sich überwiegend um Niederflurbusse mit niedrigem Fahrzeugboden und ohne Stufen im Ein- und Ausstiegsbereich. Rollstuhlfahrer gelangen über eine etwa einen Meter breite Rampe in den Bus. Auf der Website des HVV (www.hvv.de) finden Sie wichtige Hinweise bezüglich der Barrierefreiheit von öffentlichen Verkehrsmitteln.

Taxis

Besuchern bieten sich **Taxis** als bequemes, wenn auch relativ kostspieliges Fortbewegungsmittel an. In der Hansestadt sind ca. 3200 Taxis im Einsatz. Da sie die speziell eingerichteten Fahrspuren für Busse benutzen dürfen, kommen Sie auch im Stoßverkehr recht zügig voran. In der Nacht sind Taxis häufig die einzige Option.

Sie können ein Taxi auf der Straße anhalten, telefonisch (siehe Kasten) bzw. per Taxi-App bestellen oder am Taxistand nehmen. Der Grundpreis beträgt 3,50 Euro bzw. 4,20 Euro (Mo–Fr 7–10, 16–19 Uhr); der Preis je Kilometer liegt für die ersten vier Kilometer bei 2,45 bzw. 2,50 Euro, bis zum neunten Kilometer bei 2,20 bzw. 2,30 Euro, für jeden weiteren Kilometer sind 1,50 bzw. 1,60 Euro zu entrichten.

Die Gefährte von **Velotaxi Hamburg** befahren das Zentrum und bieten auch Stadtrundfahrten an. In diesen Fahrrad-Taxis transportiert Sie der Fahrer nicht nur umweltfreundlich, er erzählt Ihnen unterwegs auch Interessantes über die Sehenswürdigkeiten.

StadtBus der Hamburger Hochbahn im HVV (www.hochbahn.de)

Taxi im typischen und deutschlandweiten Elfenbeinweiß

Bushaltestelle »Auf dem Sande« mit MetroBussen und Stadtrundfahrt

Auf einen Blick

HVV

Auskunft
(040) 194 49.
hvv.de

HVV-Kundenzentrum
Johanniswall 2.
(040) 32 88 29 24.

Taxis

Das Taxi
(040) 22 11 22.

Hansa Taxi
(040) 21 12 11.

Taxi Hamburg 6x6
(040) 66 66 66.

Velotaxi Hamburg
0162 108 90 20.

HVV: U-Bahn und S-Bahn

Das dichte Netz der Schnellbahnlinien im Gebiet des HVV *(siehe hintere Umschlaginnenseiten)* sorgt für schnelle, vom Straßenverkehr unabhängige Verbindungen. In Wochenendnächten und vor Feiertagen wird auf U- und S-Bahn-Linien im Hamburger Stadtgebiet ein durchgehender Nachtbetrieb angeboten. Die Fahrkarten für beide Bahnen gelten auch für die anderen HVV-Verkehrsmittel (Busse und einige Hafenfähren). Linien kreuzen sich nicht nur an den großen Bahnhöfen, sondern an vielen Haltestellen. Der Kauf eines Tickets am Automaten ist einfach.

Anzeigetafel der U-Bahn mit Angabe des Zielbahnhofs

Die U-Bahn fährt in Hamburg über weite Strecken oberirdisch

U-Bahn

Das U-Bahn-Netz umfasst vier Linien mit einer gesamten Streckenlänge von mehr als 100 Kilometern. Im Rahmen der Weiterentwicklung der HafenCity *(siehe S. 90 f)* wurde die vierte U-Bahn-Linie (U4) Ende 2013 fertiggestellt, die von Billstedt über die Haltestelle Jungfernstieg bis zur Station HafenCity Universität fährt.

Die Züge fahren etwa von 4.30 Uhr bis Mitternacht, überwiegend im 5- bis 10-Minuten-Takt, in den Stoßzeiten sogar alle zwei bis drei Minuten. Nur im frühen Morgen- und im späten Abendverkehr liegt die Frequenz bei 20 Minuten. Innerhalb des Stadtgebiets verkehrt die U-Bahn in den Nächten von Freitag auf Samstag und von Samstag auf Sonntag sowie vor Feiertagen durchgehend im 20-Minuten-Takt.

Charakteristisch für das Hamburger U-Bahn-Netz ist der relativ hohe Anteil an oberirdisch verlaufenden Streckenabschnitten. Zu einem besonderen Erlebnis während eines Aufenthalts in Hamburg, das Sie auf keinen Fall versäumen sollten, gehört eine Fahrt mit der U3 im oberirdisch befahrenen Bereich am Hafen. Richtung Barmbek erreicht die Linie kurz nach der Station Rathaus das Tageslicht und passiert als Hafen-Hochbahn *(siehe S. 96)* die Landungsbrücken. Den Fahrgästen (in Fahrtrichtung links sitzen!) bietet sich auf diesem Abschnitt ein eindrucksvolles Panorama über den Hafen. Die Strecke zählt zu den schönsten Fahrten mit öffentlichen Verkehrsmitteln in Hamburg und wird natürlich auch in umgekehrter Richtung befahren.

S-Bahn

Während die U-Bahn ausschließlich innerstädtisch verkehrt, verbindet die S-Bahn Hamburg mit dem Umland. Die sechs Linien bringen es täglich auf insgesamt rund 1000 Fahrten. Auf dem 144 Kilometer langen Streckennetz mit 68 Bahnhöfen werden an jedem Werktag circa 750 000 Fahrgäste transportiert. Mit diesen Zahlen gilt die S-Bahn als »Rückgrat« des öffentlichen Nahverkehrs Hamburgs.

Die Züge fahren täglich zwischen 4.30 Uhr und 1 Uhr im 10- bzw. 20-Minuten-Takt, an Wochenenden durchgehend. Da in der Innenstadt mehrere Linien dieselbe Strecke befahren, ergeben sich entsprechend kürzere Zugfolgen.

Für Flugreisende wichtig ist die 2008 fertiggestellte Station Hamburg Airport *(siehe S. 230 f)*. Für die Strecke vom Flughafen ins Stadtzentrum benötigt man mit der S-Bahn lediglich 25 Minuten.

Das Streckennetz der S-Bahnen soll in den nächsten Jahren deutlich ausgebaut werden, wozu auch die Anlage weiterer Linien geplant ist.

Mitnahme von Rädern

Sie können in den U- und S-Bahnen – wie auch in vielen Bussen sowie in den Hafen-

Bahnsteig eines S-Bahnhofs

HVV: U-BAHN UND S-BAHN | 239

fähren – Ihr Fahrrad kostenlos mitnehmen. Im Türbereich ist jeweils Platz für zwei Fahrräder. Dieses Angebot gilt montags bis freitags – mit Ausnahme der Stoßzeiten (6 bis 9 Uhr und 16 bis 18 Uhr) – sowie an Wochenenden, Feiertagen und während der Hamburger Sommerferien (dann jedoch nicht in Bussen) den ganzen Tag über. In den Hafenfähren ist die Mitnahme sogar ganz ohne zeitliche Einschränkung frei.

U- und S-Bahnhöfe

Die Bahnhöfe von U- und S-Bahnen erkennen Sie an den entsprechenden Symbolen – rechteckigen blauen Schildern mit weißem U bzw. runden grünen Schildern mit weißem S. An allen Haltestellen können Sie Fahrkarten *(siehe S. 236f)* kaufen. Für die Benutzung der Automaten sollten Sie Kleingeld dabeihaben. Auf Informationstafeln in den Bahnhöfen finden Sie mühelos den Tarif für Ihre Fahrt heraus. Bei mehreren Fahrten täglich lohnt sich auf jeden Fall der Erwerb einer Tageskarte, bei längeren Aufenthalten ist der Erwerb einer Wochenkarte zu erwägen.

Auf elektronischen Anzeigetafeln wird die Endstation des einfahrenden Zuges angezeigt. An den Haltestellen (wie auch in den einzelnen Waggons der U- und S-Bahnen) finden Sie HVV-Streckennetzpläne. Auf ihnen ist jede Linie mit einer anderen Farbe eingezeichnet. In den U- und S-Bahnhöfen hängen außerdem Pläne der näheren Umgebung aus.

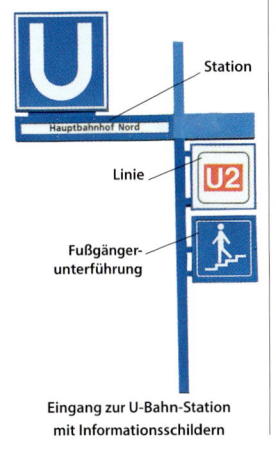

Umsteigebahnhof von U- und S-Bahn

Behinderte Reisende

Viele U- und S-Bahnhöfe sind barrierefrei. In ihnen gibt es entweder rollstuhlgeeignete Rampen oder einen breiten Lift. Die neueren U- und S-Bahnzüge haben nur noch eine Stufenhöhe von maximal fünf Zentimetern und ermöglichen somit ein weitgehend problemloses Ein- und Aussteigen. Bei älteren Zügen ist die Einstiegsstufe etwas höher, stellt aber in der Regel kein größeres Problem dar.

In den Übersichtsplänen für das HVV-Netz, die in allen Bahnhöfen aushängen, sind die für Rollstuhlfahrer tauglichen Haltestellen mit entsprechendem Symbol gekennzeichnet. Detaillierte Angaben zu Ein- und Ausgängen von U- und S-Bahnhöfen sowie zu WC-Anlagen und Aufzügen an den Haltestellen im S-Bahn-Verkehr finden Sie auch im Internet (www.hvv.de/service/mobilitaet-fuer-alle/uebersicht/index.php). Dort kann man auch die ständig aktualisierte Broschüre »Barrierefrei unterwegs« herunterladen.

Als kostenlosen Service für Blinde und Sehbehinderte liefert der HVV bei Nachfrage persönliche Fahrpläne und Haltestellenfahrpläne. Die Pläne können Sie telefonisch unter der Nummer (040) 194 49 anfordern.

Sicherheit

Auf allen Bahnsteigen der U- und S-Bahnhöfe befinden sich Notrufsäulen, über die Sie bei Bedarf Kontakt mit der Leitstelle aufnehmen können. Sicherheitspersonal behält durch Überwachungskameras in den Bahnhöfen den Überblick. Wenn nichts vorgefallen ist, werden die Aufzeichnungen nach 24 Stunden wieder gelöscht.

Betätigt ein Fahrgast bei einem Notfall die Notbremse, fahren U- und S-Bahnen auf Tunnelstrecken immer bis zur folgenden Haltestelle, da dort einfacher und schneller Hilfe geleistet werden kann. In jedem Tunnel gibt es aber auch deutlich markierte Notausstiege.

Eingang zur U-Bahn-Station mit Informationsschildern

Preistafel des HVV mit Zielen im Nah- und Fernbereich Hamburgs

Mit dem Schiff unterwegs

Der Hafen von Hamburg gehört zur Hansestadt wie Reeperbahn, Michel und Rathaus. Eine Rundfahrt zählt ganz sicher zu den Highlights eines Besuchs – nicht nur, wenn sich ein Luxusliner nähert. Klassiker unter den Törns auf der Elbe sind auch Fahrten mit den HADAG-Schiffen. Alljährlich zum Hafengeburtstag *(siehe S. 85)* werden viele Sondertouren veranstaltet. Bootsfahrten sind auf der Alster sowie durch Fleete und Kanäle möglich. Auf dem Wasserweg kommt man auch bequem von Hamburg ins Alte Land und nach Helgoland, Sylt *(siehe S. 156 f)* hingegen erreicht man am besten mit der Bahn, dem Auto oder mit dem Flugzeug.

Werbetafel für Hafenrundfahrten

Besucher haben die Wahl zwischen zahlreichen Hafenrundfahrten

Hafenrundfahrten

Von der Seeseite lernt man Hamburg im Rahmen einer Hafenrundfahrt *(siehe S. 48 f)* kennen. Sightseeing vom Wasser aus hat einen ganz besonderen Charme: Vom Zentrum Richtung Altona aus gesehen ziehen die HafenCity, die Speicherstadt und die als »Perlenkette« bezeichneten modernen Bauten an der Waterkant an einem vorbei. An den Landungsbrücken werben mehrere Anbieter um Fahrgäste. Die Routen gleichen sich. Nehmen Sie die Barkasse, die Ihnen zeitlich am besten passt.

Hafenrundfahrten finden das ganze Jahr hindurch statt. Einige stehen unter einem ganz besonderen Motto, z. B. »Von Schatzkisten und Pfeffersäcken« (von der Bedeutung des Hafens als Umschlagplatz). Bei Dunkelheit sind vor allem die »Lichterfahrten« durch die Speicherstadt zu empfehlen, wenn die Backsteinbauten eindrucksvoll beleuchtet sind. Diese Touren starten je nach Jahreszeit zwischen 18 und 22 Uhr. Die meisten Hafenrundfahrten dauern ein bis zwei Stunden, mit etwas Glück kann man dabei einen Ozeanriesen aus der Nähe in Augenschein nehmen.

Touren auf der Elbe

Eine preisgünstige Möglichkeit, sich Hamburg vom Wasser aus zu erschließen, bieten die regelmäßig verkehrenden **HADAG**-Fähren. Die interessantesten Fähren sind Nr. 61 von den Landungsbrücken bis Neuhof, Nr. 62 *(siehe S. 135)* von den Landungsbrücken über Neumühlen mit dem Museumshafen Övelgönne bis Finkenwerder sowie Nr. 64 von Finkenwerder bis Teufelsbrück am südlichen Elbufer. Für diese Fähren gelten die Beförderungspreise des HVV – Sie müssen also dafür kein eigenes Ticket lösen, wenn Sie vorher ein anderes öffentliches Verkehrsmittel benutzt haben oder im Besitz einer Tageskarte sind *(siehe S. 236)*.

Erlebnisfahrten unter jeweils einem bestimmten Motto genießt man an Bord der von **Elbe Erlebnistörns GmbH** betriebenen HADAG-Dampfer, die auch Fahrräder transportieren. Neben kulinarischen Fahrten (z. B. Matjes- oder Grünkohlfahrt) kann man sich auch in die Zeit des Freibeuters Störtebeker *(siehe S. 43)* zurückversetzen lassen.

Alsterschifffahrt

Sehr beliebt sind Ausflugsfahrten auf Binnen- und Außenalster. Nicht nur Urlauber, auch Hamburger lieben »Alsterschippern«. Wer die Elbmetropole von einem Dampfer aus erlebt, erfährt, dass Hamburg nicht nur die Stadt mit den meisten Brücken Europas (angeblich etwa 2500!) ist, sondern auch eine der grünsten Städte. Parks, urwüchsige Uferstreifen und Villen mit Gärten gleiten vorüber. Die **Alster-Touristik GmbH** bietet von März bis Anfang Oktober »Kreuzfahrten« vom Jungfernstieg kreuz und quer bis zum

Hafenrundfahrten sind auch für Hamburger immer wieder spannend

SCHIFF | 241

Eine Alsterfahrt ist ideal zum entspannten Sightseeing

Winterhuder Fährhaus. An den Anlegestellen können Sie beliebig aus- und wieder einsteigen. Ganzjährig bietet das Unternehmen Alsterrundfahrten an, zwischen November und März als »Punschfahrt« (mit Glühwein, Kaffee und Kakao) in beheizten Schiffen.

Anmeldung zur Hafenrundfahrt mit Fahrt durch die Speicherstadt

Idyllischer können Sie die Alster nur noch in einer Gondel von **La Gondola** überqueren.

Fleetfahrten

Was wäre Hamburg ohne seine zahlreichen Fleete, die einige der schönsten Stadtgebiete durchziehen? Zu den beliebtesten Anbietern von Rundfahrten durch die Fleete gehört die **Barkassen-Centrale**. In einer im Stil der 1920er Jahre gestalteten Barkasse fahren Sie durch die schmalen Wasserstraßen unter einigen der ältesten Brücken Hamburgs hindurch bis zur Speicherstadt *(siehe S. 82 f)*. Historische Fleetfahrten mit jeder Menge Informationen bietet auch das Unternehmen **Kapitän Prüsse** an.

Helgoland und Neuwerk

Von der Hansestadt kommt man auf dem Wasserweg problemlos nach Helgoland *(siehe S. 159)*, Deutschlands einziger Hochseeinsel. Der Halunder Jet der **FRS Helgoline GmbH** bietet von Ende April bis Anfang November täglich (Abfahrt um 9 Uhr) eine Tagestour nach Helgoland an. Das Boot legt an der Landungsbrücke 3/4 *(siehe S. 97)* ab und erreicht die Insel über Zwischenstopps in Wedel und Cuxhaven in knapp vier Stunden. Umsteigen ist dabei nicht erforderlich. Die Preise für die Fahrt variieren je nach Saison und Klasse.

Von Cuxhaven an der Elbmündung gelangt man zur Insel Neuwerk im Nationalpark Hamburgisches Wattenmeer *(siehe S. 140 f)* bei Ebbe zu Fuß oder mit dem Pferdewagen,

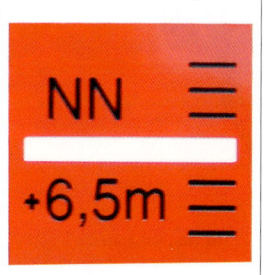

Wasserstandsangabe bezogen auf Normalnull (NN, Pegel Amsterdam)

bei Flut mit einem Schiff der **Reederei Cassen Eils**. Das Unternehmen bietet auch Fahrten nach Helgoland und Ausflugsfahrten auf der Nordsee an.

Auf einen Blick

Touren auf der Elbe

Elbe Erlebnistörns GmbH
- (040) 219 46 27.
- elbe-erlebnistoerns.de

HADAG Seetouristik und Fährdienst AG
- (040) 311 70 70.
- hadag.de

Alsterschifffahrt

Alster-Touristik GmbH
- (040) 357 42 40.
- alstertouristik.de

La Gondola
- (040) 490 09 34.
- gondel.de

Fleetfahrten

Barkassen-Centrale
- (040) 319 91 61 70.
- barkassen-centrale.de

Kapitän Prüsse
- (040) 31 31 30.
- kapitaen-pruesse.de

Helgoland und Neuwerk

FRS Helgoline GmbH
- (0461) 864 44.
- helgoline.de

Reederei Cassen Eils
- (04721) 66 76 00.
- cassen-eils.de

242 | HAMBURG

Stadtplan

Die Sehenswürdigkeiten, Hotels, Restaurants, Läden, Theater etc. in den sechs detailliert beschriebenen Stadtteilen sind mit Koordinaten für den Stadtplan versehen. Im Kartenregister *(siehe S. 244 – 247)* sind die Sehenswürdigkeiten ebenfalls aufgelistet. Die Übersichtskarte unten zeigt, welche Stadtgebiete von welchen Karten abgedeckt werden:

1–2 Altona, 3–4 St. Pauli, 5–6 Hafen und Speicherstadt, 7–8 Rund um die Alster, 9–10 Neustadt und Altstadt. Über die sechs farbig hervorgehobenen Stadtteile hinaus sind weitere Bereiche dargestellt. Im Stadtplan eingetragen sind u. a. auch Bahnhöfe, Bootsanlegestellen, Parkplätze, Polizeireviere, Kirchen und Krankenhäuser.

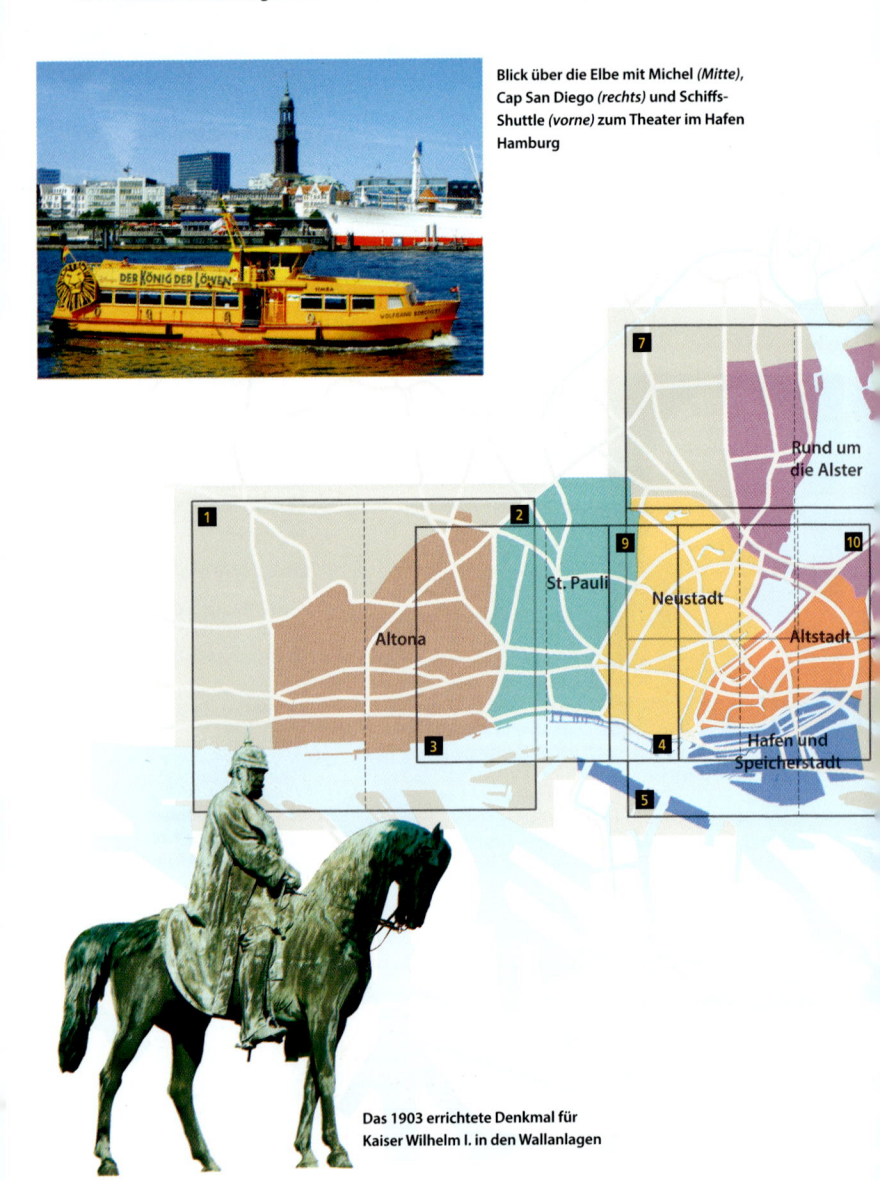

Blick über die Elbe mit Michel *(Mitte)*, **Cap San Diego** *(rechts)* **und Schiffs-Shuttle** *(vorne)* **zum Theater im Hafen Hamburg**

Das 1903 errichtete Denkmal für Kaiser Wilhelm I. in den Wallanlagen

STADTPLAN | 243

So funktioniert das Verweissystem

Die erste Zahl gibt an, welche Seite des Stadtplans aufzuschlagen ist.

⓲ Cap San Diego

Museumsschiff *Cap San Diego*, Überseebrücke. **Stadtplan** 9 A5. **Karte** G9. (040) 36 42 09. U Baumwall. S Landungsbrücken. ☐ tägl. 10–18 Uhr. 🛈 📷 W capsandiego.de

Buchstabe und Zahl bezeichnen das Planquadrat bzw. geben die horizontale und vertikale Koordinate an.
Kartenverweis: Diese Koordinaten verweisen auf die Extrakarte hinten im Buch.

Zahlen mit Pfeil verweisen auf die Anschlusskarte.

Stadtplan *siehe Seiten 242–257.*
Karte *Extrakarte zum Herausnehmen.*

Legende

- 🟥 Hauptsehenswürdigkeit
- 🟨 Sehenswürdigkeit
- Ⓢ S-Bahn-Station
- Ⓤ U-Bahn-Station
- 🚆 Bahnhof
- 🚌 Busbahnhof
- ⛴ Fährhafen
- 🚤 Bootsanlegestelle
- ℹ️ Information
- ➕ Krankenhaus mit Notaufnahme
- 🚓 Polizei
- ✝ Kirche
- Eisenbahn
- Fußgängerzone
- Passage
- Fährlinie

Am Burchardkai legen die größten Containerschiffe an

Maßstab Karten 1–2 und 5–8
0 Meter   300
1:14 000

Maßstab Karten 3–4 und 9–10
0 Meter   300
1:10 500

Kartenregister

A

Abbestraße	1 C2–3
ABC-Straße	5 B2
	7 B5
	9 C2
Ackermannstraße	8 F3–4
Adenauerallee	6 EF2
Admiralitätstraße	5 B3–4
	9 B4
Adolphsbrücke	5 BC3
	9 C3
Adolphsplatz	9–10 CD3
Albertstraße	6 F3
Alexanderstraße	6 F2
	8 F5
Allgemeines Krankenhaus St. Georg	6 F1
	8 F4
Alsenstraße	2 E1
Alsterarkaden	10 D3
Alsterchaussee	7 C1
Alsterglacis	5 C1
	7 C4
	10 D1
Alsterpavillon	5 C2
	7 C5
	9 D2–3
Alsterterrasse	5 C1
	7 C4
	10 D1
Alstertor	5 C2–3
	10 E3
Alstertwiete	6 E2
	8 E4–5
	10 F2
Alsterufer	5 C1
	7–8 C3–4, D3
Alstervorland	8 D1
Alte Königstraße	2 D4
Alte Post	5 B2, C3
	9 C3
Alte Rabenstraße	7–8 C3, D2
Alter Botanischer Garten	5 B1
	9 C1
Alter Elbpark	4 E4
	9 A4
Alter Elbtunnel	4 D5
Alter Fischmarkt	5 C3
	10 E4
Alter Steinweg	5 AB3
	9 B3
Alter Wall	5 BC3
	9–10 C3–4, D3
Alter Wandrahm	6 D4
	10 E4
Altmannbrücke	6 E3
Altonaer Balkon	2 D4
Altonaer Poststraße	2 D3
Altstädter Straße	6 D3
	10 EF4
Am Born	1 B3
Am Brunnenhof	2 F2–3
	3 C2–3
Am Dalmannkai	5 C5
Am Elbpark	4 E4
Am Elbpavillon	4 E4
	9 A4
Am Felde	1 C3
Am Kaiserkai	5 BC5
Am Rathenaupark	1 A3
Am Sandtorkai	5 C4
	10 DE5
Am Sandtorpark	5 C4–5
Am Sood	1 C2–3
Amsinck-Palais	5 C2
	7 C5
	10 D1
Amsinckstraße	6 F3–4
Amtsgericht	5 B2
	7 B5
	9 C2
Amundsenstraße	2 E4
	3 A4
An der Alster	6 DE1
	8 DE4
	10 F1
An der Verbindungsbahn	7 AB3
Annenstraße	4 D3
Antonistraße	3 C4
Armgartstraße	8 F3
Arndtstraße	8 F1
Arnoldstraße	1 B4, C3
Auf dem Sande	9 C5
Augustenpassage	4 D1
August-Lütgens-Park	2 E2
	3 A2
Auguststraße	8 E2
Außenalster	6 D1
	8 D1–E4
	10 EF1
Averhoffstraße	8 F2
Axel-Springer-Platz	5 B3
	9 C3

B

Bäckerbreitergang	5 A2
	7 A5
	9 B2
Badestraße	7–8 CD3
Bahrenfelder Kirchenweg	1 A1–2
Bahrenfelder Steindamm	1 B1
Bahrenfelder Straße	1 C2–4
Balduinstraße	2 F4
	3 C4
Ballindamm	5–6 CD2
	7–8 CD5
	10 D3, E2
Banksstraße	6 EF4
Barcastraße	8 F3–4
Barnerstraße	1 BC2
Baumeisterstraße	6 E2
	8 E5
Baumwall	5 B4
	9 B5
Beatles-Platz	2 F3
	3 C3–4
Beckstraße	4 D1
Behnstraße	2 D3–4
Behringstraße	1 A3, B2
Bei den Kirchhöfen	5 A1
	7 A4
	9 B1
Bei den Mühren	5 C4
	9–10 CD5
Bei den St. Pauli Landungsbrücken	4 D4, DE5
Bei der Rolandsmühle	1 A3
Bei Sankt Annen	5 C4
	10 E5
Beim Grünen Jäger	4 D2
Beim Schlump	7 A2
Bergiusstraße	1 B3
Bergstraße	5 C3
	10 D3
Berliner Tor	6 F2
	8 F4–5
Bernadottestraße	1 AB4
Bernhard-Nocht-Straße	3–4 CD4
Bernstorffstraße	2 F1–3
	3 C1–2
Bertha-von-Suttner-Park	2 E1
	3 A1
Bieberstraße	7 B2
Bielfeldtstraße	1 A3
Biernatzkistraße	2 D3–4
Billrothstraße	2 DE3
	3 AB3
Binderstraße	7 BC2
Binnenalster	5 C2
	7 C5
	10 DE2
Bismarck-Denkmal	4 E4
	9 A4
Bleichenbrücke	5 B3
	9 C3
Bleichenhof	5 B3
	5 C3
Bleicherstraße	2 F2–3
	3 C2–3
Bleickenallee	1 AB3
Blücherstraße	2 E3
	3 A3–4
Böckmannstraße	6 F2
	8 F5
Bodenstedtstraße	2 D2
Bogenallee	7 A1
Bogenstraße	7 A1–2
Böhmersweg	7 C1
Böhmkenstraße	4 F4
	5 A4
	9 A4
Boninstraße	1 BC4
Bornstraße	7 A2
Börse	5 C3
	9 D3
Borselstraße	1 B2
Börsenbrücke	10 D4
Botanisches Institut	5 B1
	7 B4
	9 B1
Brahmsallee	7 A1
Brandenburger Hafen	4 F5
	5 A4
	9 AB5
Brandsende	6 D2
	8 D5
	10 E2
Brandstwiete	5 C3–4
	10 E4
Brauerknechtgraben	4 F4–5
	9 A4
Breite Straße	2 E4
	3 AB4
Breiter Gang	9 B3
Brennerstraße	6 EF2, F1
	8 EF5, F4
Brodersweg	7 C2
Brodschrangen	10 D4
Brook	5 C4
	10 D5
Brooktorkai	6 D4
	10 E5
Brüderstraße	9 B3
Brunnenhofstraße	3 C2
Buchstraße	8 F3
Budapester Straße	4 D2–3
Bugdahnstraße	2 D3
Bugenhagenstraße	6 D3
	10 EF3
Bülaustraße	6 F1
	8 F4
Bülowstieg	1 A3
Bülowstraße	1 A3
Bundesstraße	7 A2–3
Bundesweg	7 B3
Burchardstraße	6 D3
	10 E3–4
Büschstraße	5 B2
	7 B5
	9 C2
Buttstraße	2 E4
	3 B5

C

Café Keese	4 D3
Caffamacherreihe	5 B2
	7 B5
	9 BC2
Cap San Diego	4 F5
	5 A4
	9 A5
Carsten-Rehder-Straße	2 E4
	3 AB5
Celsiusweg	1 B1
Chemnitzstraße	2 DE2
	3 AB2
Chilehaus	6 D3
	10 E4
Chocoversum	6 D3
	10 E4
City-Sporthafen	4 F5
	5 A4
	9 B5
Clemens-Schultz-Straße	3–4 CD3
Colonnaden	5 C1–2
	7 C4–5
	9–10 C1–2, D2
Congress Centrum Hamburg	5 B1
	7 B4
	9 C1
Cremon	5 B4
	9 C4–5

D

Daimlerstraße	1 B1–2
Dammtordamm	5 BC1
	7 BC4
	9 C1
Dammtorstraße	5 B2
	7 B4–5
	9 C2
Dammtorwall	5 B2
	7 B4–5
	9 C1–2
Danziger Straße	6 E1–2, F2
	8 E4–5, F5
Davidstraße	4 D4
Davidwache	4 D4
Deichstraße	5 B4
	9 C4–5
Deichtorhallen	6 DE4
	10 F4
Deichtorplatz	6 DE3
	10 F4
Deichtorstraße	6 DE4
	10 F4
Detlev-Bremer-Straße	4 D4
Deutsches Schauspielhaus	6 E2
	8 E5
	10 F2
Deutsches Zollmuseum	5–6 CD4
De-Voß-Straße	3 B5
Dialog im Dunkeln & Dialog im Stillen	6 D4
	10 E4
Dienerreihe	6 D4
	10 E4–5
Ditmar-Koel-Straße	4 E5, F4
	5 A4
	9 A4–5
Dockland	1–2 CD5
Domstraße	5 C3
	10 D4
Donnerspark	1 B4
Donnerstraße	1 B3
Dosestraße	2 E4
	3 B4

KARTENREGISTER | 245

Dovenfleet	6 D4	Fuhlentwiete	5 B2–3	Gustav-Mahler-Park	5 C1	Hohe Brücke	5 B4
	10 D4		9 C2–3		7 C4		9 C5
Drehbahn	5 B2	Funkstraße	3 A3–4		10 D1	Hohenesch	1 C2–3
	7 B5			Gustav-Mahler-Platz	5 BC2	Hohenzollernring	1 A2–4
	9 C2	**G**			7 BC5	Hohler Weg	4 F4
Düppelstraße	2 E1				9–10 CD2		9 AB4
Durchschnitt	7 A3	Gählerstraße	2 E2			Holländische Reihe	1 BC4
Duschweg	2 F2		3 B2	**H**		Holstenglacis	4 F1–2
Düsternstraße	5 B3	Galleria	5 B2–3				5 A1
	9 C3		9 C3	Hachmannplatz	6 E2		7 A4
		Gänsemarkt	5 B2		8 E5		9 AB1
E			7 B5		10 F2–3	Holstenplatz	2 E1
			9 C2	HafenCity InfoCenter	5 C4		3 A1
Edmund-Siemers-Allee		Gasstraße	1 A1		10 D5	Holstenring	1 B3
	7 B3–4	Gaußstraße	1 BC2	Hafenstraße	4 D4	Holstenstraße	2 E1–2, F3
Eggersallee	1 B4	Gerberstraße	3 A3	Hafentor	4 E4		3 A1, B2–3
Eggerstedtstraße	2 E1–2	Gerhart-Hauptmann-Platz			9 A4	Holstentwiete	1 B3
	3 A1		6 D3	Hahnenkamp	1 C3	Holstenwall	4 E3, F2–3
Ehrenbergstraße	2 D3		10 E3	Hallerplatz	7 B1–2		5 A2–3
Eichholz	4 E4	Gerhofstraße	9 C2	Hallerstraße	7 A–C1		9 A2–3
	9 A4	Gerichtstraße	2 D2	Hamburg Dungeon	5 B4	Höltystraße	8 F1
Ekhofstraße	6 F1	Germerring	1 A2		9 C5	Holzbrücke	5 B4
	8 F4	Gerritstraße	2 F2	Hamburg Port Authority	5 C5		9 C4
Elbchaussee	1 AB4		3 BC2	Hamburger Berg	3 C3	Holzdamm	6 D2
Elbphilharmonie	5 B5	Gerstäcker Straße	4 F4	Hamburger Hochstraße	2 F4		8 D4–5
Elbtunnel	1 AB5		5 A3		3 B4		10 F2
Enckeplatz	4 F3		9 A4	Hamburger Kunsthalle	6 D2	Hongkongstraße	6 D4–5
	5 A3	Gertrudenstraße	6 D2		8 D5	Hopfensack	6 D3
	9 A3		10 E3		10 EF2		10 E4
Englische Kirche	4 E4	Gilbertstraße	2 F2	Handelskammer	5 C3	Hopfenstraße	4 D4
	9 A4		3 BC2		10 D3	Hospitalstraße	2 E2–3
Englische Planke	4 F4	Glacischaussee	4 E2–3	Hans-Albers-Platz	3 C4		3 A2–3
	5 A3		9 A2–3	Hansaplatz	6 E2	Hotel Atlantic Kempinski	
	9 AB4	Glashüttenstraße	4 E1–2		8 E5		6 D1–2
Erdmannstraße	1 B3		9 A1–2	Hansastraße	7 A–C1		8 D4
Erichstraße	3 C4	Glockengießerwall	6 D2	Hanse-Viertel	9 C2–3		10 F1–2
Ericusbrücke	6 D4		8 D5	Harkortstraße	2 D1–2	Hotel Vier Jahreszeiten	5 C2
	10 F5		10 EF2	Harmsenstraße	1 A2		7 C5
Erlenkamp	8 F2	Goetheallee	2 D2	Hartungstraße	7 B2		10 D2
Ernst-Merck-Straße		Goethestraße	2 D3	Hartwicusstraße	8 F3	Hübenerstraße	5 C5
	6 DE2	Gorch-Fock-Wall	5 AB2, B1	Harvestehuder Weg	8 D1–2	Hütten	4 F3
	8 DE5		7 A5, B4	Haubachstraße	2 D1–2, E1		9 A3
	10 F2		9 B2, C1		3 A1		
Erste Brunnenstraße	5 A3	Grabenstraße	4 E1	Heiligengeistfeld	4 E2–3	**I**	
	9 B3–4		9 A1	Heimhuder Straße	7 C2–3		
Erzbergerstraße	1 C3	Grasbrook-Park	5 C5	Heine-Haus	1 C4	Ifflandstraße	8 F3–4
Eschelsweg	3 A3–4	Graskeller	5 B3	Heine-Haus	5 BC2	Imam-Ali-Moschee	8 E1
Esmarchstraße	2 DE2		9 C4		7 C5	Immenhof	8 F2
	3 A2	Graumannsweg	8 F3		9 C2	Institut für Physik	5 A1
Esplanade	5 C1	Greifswalder Straße	6 E2	Hein-Hoyer-Straße	4 D3		7 A4
	7 C4		8 E4–5	Hein-Köllisch-Platz	2 F4		9 B1
	9–10 CD1	Grimm	5 C4		3 C4		
Eulenstraße	1 BC3		10 D4	Heinrich-Barth-Straße	7 A2	**J**	
		Grindelallee	7 A2–3, B3	Heinrich-Hertz-Straße	8 F1		
F		Grindelberg	7 A1	Heinrich-Hertz-Turm	7 A3	Jakobstraße	4 F4
		Grindelhof	7 AB2	Helenenstraße	2 E2		5 A4
Fachhochschule	8 F3	Grindelweg	7 A3		3 A1–2		9 A4
Fährdamm	8 D1	Große Bergstraße	2 DE3	Helgoländer Allee	4 E4	Jessenstraße	2 DE3
Fährhausstraße	8 E1		3 A3	Helmholtzstraße	8 F1	Johannes-Brahms-Museum	
Feenteich	8 E1	Große Bleichen	5 B2–3, C2	Herbertstraße	3–4 CD4		4 F3
Fehlandtstraße	10 D2		7 BC5	Herbert-Weichmann-Straße			5 A3
Feldbrunnenstraße	7 C2–3		9 C3		8 E1–2, F2		9 A3
Feldstraße	4 DE2	Große Brunnenstraße	1 B2–4	Hermann-Behn-Weg	7 B2	Johannes-Brahms-Platz	
	9 A2	Große Elbstraße	1–2 C–E4	Hermannstraße	5 C3		4 F2
Ferdinandstor	6 D2		3 AB5		10 D3		5 A2
	8 D4–5	Große Freiheit	2 F3	Herrengraben	5 AB4, B3		7 A5
	10 E2		3 C3–4		9 B4		9 B2
Ferdinandstraße		Große Johannisstraße	5 C3	Herrenweide	2 F3–4	Johannisbollwerk	4 EF5
	5–6 C2–3, D2		10 D3–4		3 C4		9 A5
	10 E2–3	Große Rainstraße	1 C3	Herrlichkeit	5 B4	Johanniswall	6 D3
Das Feuerschiff	4 F5	Große Wallanlagen	4 EF3		9 BC4		10 F3–4
	5 A4		9 A3	Heuberg	9 C3	Johnsallee	7 BC3
	9 B5	Großer Burstah	5 BC3	Hexenberg	2 F4	Julius-Leber-Straße	2 D2
Finkenstraße	2 F3–4		9 C4		3 B4	Juliusstraße	3 C1
	3 BC4	Großer Grasbrook	5 C5	Hochallee	7 B1		
Fischauktionshalle	2 EF4		10 D5	Hochschule für Musik			
	3 B5	Großmarkthalle	6 F4–5	und Theater	7–8 CD2		
Fischers Allee	1 B3–4	Großneumarkt	5 A3	Hofweg	8 EF1, F2		
Fischmarkt	2 EF4		9 B3	Högerdamm	6 EF4		
	3 B5	Grüneberstraße	1 A2–3	Hohe Bleichen	5 B2–3		
Fontenay	7 C3	Gurlittstraße	6 E1	Hohe Bleichen	9 C2–3		
Friedensallee	1 AB2		8 E4				
Friedrich-Ebert-Hof	1 A2						
Friedrichstraße	3 C4						

STADTPLAN

Jungfernstieg	5 C2	Koppel	6 E1–2	Marco-Polo-Terrassen	5 C5	Neuer Pferdemarkt	4 D2
	7 C5		8 E4–5	Maritimes Museum	6 D4	Neuer Steinweg	4 F3
	9–10 CD2	Koreastraße	6 D4		10 E5		5 A3
Jungiusstraße	5 B1		10 E5	Marktstraße	4 E1		9 AB3
	7 B4	Korntrögergang	5 B2–3	Markusstraße	4 F3	Neuer Wall	5 BC3
	9 B1		9 B3		5 A3		9–10 CD3
		Kramer-Witwen-Wohnung	9 B4		9 B3	Neuer Wandrahm	10 DE5
K		Krayenkamp	4 F4	Marseiller Straße	5 B1	Neumayerstraße	4 E4
			5 A3		7 B4	Neumühlen	1 AB4
Kaffeemuseum Burg	5 C4		9 B4		9 BC1	Neustädter Neuer Weg	
	10 DE5	Kreuzfahrtterminal Altona		Martin-Luther-Straße	5 A3–4		4 F4–5
Kaiser-Wilhelm-Denkmal			2 D5		9 B4		5 A4
	4 F2	Kreuzfahrtterminal		Mattenwiete	5 B4		9 B4–5
	9 AB2	HafenCity	5 C5		9 C4–5	Neustädter Straße	5 AB2
Kaiser-Wilhelm-Straße		Kreuzweg	6 E2	Max-Brauer-Allee			9 B3
	5 AB2		8 E5		2 D2–4, E1–2, F1	New-Orleans-Straße	6 D5
	7 AB5	Kurt-Schumacher-Allee			3 A1–2, B1	Niederbaumbrücke	5 B4
	9 B2–3		6 F2–3	Medienbunker	4 E2		9 B5
Kaistraße	1 C4	Kurze Mühren	6 D2	Mendelssohnstraße	1 A1	Niedernstraße	6 D3
Kajen	9 C5		10 EF3	Messegelände	4 F1		10 E4
Kalkhof	5 B2	Kurze Straße	4 F3		5 A1	Nivea Haus	5 C2
	7 B5		5 A3		7 A4	Nobistor	2 EF3
	9 C2		9 B3		9 AB1		3 B3
Kaltenkircher Platz	2 D1			Michaelisbrücke	5 B3	Nöltingstraße	1 BC3
Kampstraße	4 D1	**L**			9 BC4	Norderhof	6 F3
Kanalstraße	8 F1			Michaelispassage	5 B4	Norderreihe	2 EF2
Karlstraße	8 E1	Laeiszhalle	4 F2		9 B3–4		3 B2
Karl-Theodor-Straße	1 C4		5 A2	Michaelisstraße	5 AB3	Norderstraße	6 EF3
Karl-Wolff-Straße	2 E2		7 A5		9 B4	Nordkanalbrücke	6 E3
Karolinenstraße	4 F1–2		9 B2	Milchstraße	7 CD2	Nordkanalstraße	6 F3
	5 A1	Laeiszstraße	4 E1	Millerntordamm	4 E3	Nordreihe	9 A2
	7 A4	Lamp'lweg	2 D3	Millerntorplatz	4 E3		
	9 A1–2	Landesbank	6 D3	Millerntor-Stadion	4 D2	**O**	
Karpfangerstraße	4 F5		10 E3	Miniatur Wunderland	5 B4		
	5 A4	Landeszentralbank	9 C4		9 C5	Oberbaumbrücke	6 D4
	9 A5	Landungsbrücken	4 D5	Missundestraße	2 E1		10 F4
Kasino Reeperbahn	3 C4	Lange Mühren	6 D3	Mittelweg	7 C1–4	Oberhafenstraße	6 E4
Kastanienallee	4 D4		10 F3	Mollerstraße	7 C2	Oberlandesgericht	4 F2
Katharinenfleet	5 C4	Lange Reihe	6 E1–2	Mönckebergstraße	5–6 CD3		9 A2
	9–10 CD5		8 E4–5		10 E3	Oelkersallee	2 F1
Katharinenstraße	5 C4	Lange Straße	2 F4	Mönkedamm	5 BC3	Oeverseestraße	2 D1
	9–10 CD4		3 BC4		9 C4	Ohnsorg-Theater	6 D2
Katzenstieg	1 A4	Langenfelder Straße	2 F2	Moorweide	7 C3–4		8 D5
Kehrwieder	5 B4	Laufgraben	7 A3	Moorweidenstraße	7 BC3		10 F2
	9 C5	Lawaetzweg	2 D3	Mörkenstraße	2 DE3	Olbersweg	2 D4
Kennedybrücke	5–6 CD1	Lerchenstraße	3 C1–2		3 A4		3 A5
	7–8 CD4	Lessers Passage	2 D3–4	Mottenburger Straße	1 C3	Osakaallee	6 D4–5
Keplerstraße	10 DE1	Lilienstraße	6 D2–3	Mumsenstraße	2 E2		10 E5
Kibbelsteg	1 B3	Lincolnstraße	10 E3		3 B1–2	Otawiweg	1 A2
	5 C4		2 F3–4	Mundsburger Damm	8 F2–3	Ottenser Hauptstraße	1 BC3
Kieler Straße	10 D5	Lindenplatz	3 C4	Münzplatz	6 E3	Ottenser Marktplatz	1 C4
Kirchenallee	2 E1	Lindenstraße	6 F2	Münzstraße	6 E3	Otzenstraße	2 F2
	6 E2	Lippeltstraße	6 F2, 8 F5	Museum für Hamburgische			3 C2
	8 E5	Lippmannstraße	6 EF4	Geschichte	4 F2	Overbeckstraße	8 F2
	10 F2–3	Lisztstraße	3 C1		9 A3		
Kirchenstraße	2 E4	Lobuschstraße	1 A3	Museum für Kunst		**P**	
	3 AB4	Löfflerstraße	1 C3	und Gewerbe	6 E3		
Kirchentwiete	1 C4	Lohmühlenstraße	2 D2	Museum für Völkerkunde		Palmaille	2 D4
Kirchenweg	6 E2	Lohseplatz	6 EF1	Hamburg	7 B2	Panoptikum	4 D4
	8 E5	Lombardsbrücke	6 D4	Museumshafen		Papendamm	7 A3
Klausstraße	1 C3		10 F5	Övelgönne	1 A5	Papenhuder Straße	8 F2–3
Klein Fontenay	7 C3		5–6 CD2	Museumsstraße	1 C3–4	Parkallee	7 B1
Kleine Bergstraße	3 A3		7–8 C4–5, D5			Paul-Gerhardt-Kirche	1 B1
Kleine Freiheit	2 F3		10 DE2	**N**		Paulinenplatz	4 D2
	3 C3	Lornsenstraße	2 D3			Paulinenstraße	4 D2
Kleine Marienstraße	3 B3	Louise-Schroeder-Straße		Nagelsweg	6 F3–5	Paul-Nevermann-Platz	1 C3
Kleine Rainstraße	1 C3		2 EF3	NDR Funkhaus Hamburg		Paul-Roosen-Straße	2 F3
Kleine Reichenstraße			3 AB3		7 B1		3 BC3
	5–6 CD3	Ludwig-Erhard-Straße	4 F4	Neanderstraße	4 F3–4	Paulsenplatz	2 F1
	10 E4		5 AB3		5 A3		3 C1
Kleine Wallanlagen	5 AB1, A2		9 A–C4		9 A3–4	Paulstraße	5 C3
	7 AB4, A5	Ludwigstraße	4 D1	Nernstweg	1 C2		10 DE3
	9 B1–2			Neß	10 D4	Pepermölenbek	2 F3–4
Kleiner Burstah	9 C4	**M**		Neue ABC-Straße	5 B2		3 B4
Klopstockplatz	1 C4				9 C2	Peterstraße	4 F3
Klopstockstraße	1 C4	Magdalenenstraße	7 C2	Neue Flora	2 E1		9 A3
Klosterstieg	7 C1	Magdeburger Straße	6 D4–5	Neue Große Bergstraße	2 D3	Petkumstraße	8 F2
Klosterwall	10 F3–4	Magellan-Terrassen	5 C4–5	Neue Rabenstraße	5 C1	Philosophenweg	1 A4
Kohlentwiete	1 C1		10 D5		7 C4–5	Pickhuben	5 C4
Kohlhöfen	5 A2–3	Mahnmal St. Nikolai	5 C3–4	Neuer Jungfernstieg	5 C1–2		10 DE5
	9 B3		10 D4		7 C4–5	Pilatuspool	4 F2
Koldingstraße	2 E1				10 D1–2		5 A2
Königstraße	2 DE4, E5			Neuer Kamp	4 D2		9 B2
	3 AB4					Pinnasberg	2 F4
							3 BC4

KARTENREGISTER | 247

Plan	5 C3
	10 D3
Planckstraße	1 B2
Planten un Blomen	5 B1
	7 B4
Platz der Republik	1 C3
Poggenmühle	10 E4–5
Poolstraße	4 F2–3
	5 A2
	7 A5
	9 B2
Pöseldorfer Weg	7 C1–2
Poststraße	5 B2
	7 B5
	9 C2–3
Präsident-Krahn-Straße	
	2 D2–3
Prototyp Museum	6 D4
Pulverteich	6 EF2
	8 EF5
Pumpen	6 D3
	10 F4

R

Raboisen	6 D2
	10 E2–3
Radermachergang	9 B3
Rambachstraße	4 F5
	5 A4
	9 A5
Rappstraße	7 AB2
Rathaus	5 C3
	10 D3
Rathaus Altona	1 C4
Rathausstraße	5 C3
	10 D3
Rathenaupark	1 A3
Reeperbahn	2 F3
	3–4 CD4
Reesendamm	5 C3
	10 D3
Rehhoffstraße	5 AB4
	9 B4
Reimarusstraße	4 F4–5
	5 A4
Reimerstwiete	10 D4–5
Reinfeldstraße	7 A3
Rentzelstraße	7 A3
Repsoldstraße	6 E3
Richterstraße	8 F1
Rickmer Rickmers	4 E5
Rödingsmarkt	5 B4, 9 C4
Röhrigstraße	1 A2
Rolandswoort	1 A3
Rosenallee	6 EF3
Rosengarten	1 AB4
Rosenstraße	6 D2
	10 E3
Rostocker Straße	6 EF2
	8 E5, F4
Rothenbaumchaussee	7 B1–3
Rothesoodstraße	4 EF4
	9 A4
Rothestraße	1 B3, C4
Ruhrstraße	1 B1
Rulantweg	1 A4
Rütgerweg	1 A3
Rutschbahn	7 A2

S

Sandtor-Park	5 C5
San-Francisco-Straße	5 C5
Sankt Annenufer	10 DE5
Schaarsteinweg	5 A4
	9 B4
Schaartor	5 B4
	9 B4
Schauenburgerstraße	5 C3
	10 D3–4
Scheel-Plessen-Straße	1 C2–3
Schillerstraße	2 D3–4
Schleepark	2 D4
	3 A4
Schleestraße	3 A4
Schleusenbrücke	5 C3
Schlüterstraße	7 B2–3
Schmarjestraße	2 D3
Schmidt Theater	4 D4
Schmidt-Rottluff-Weg	2 F2
	3 C2
Schmidts Tivoli	4 D4
Schmilinskystraße	6 E1
	8 E4
Schmuckstraße	2 F3
	3 C3
Schnellstraße	2 D2
Schomburgstraße	2 DE3
	3 AB3
Schöne Aussicht	8 E1–2
Schopenhauerweg	1 BC4
Schopenstehl	5–6 CD3
	10 E4
Schottweg	8 F3
Schulterblatt	3–4 CD1
Schultzweg	6 E3
Schumacherstraße	2 D2–3
Schützenstraße	1 C1
Schwanenwik	8 E3, F2–3
Schweimlerstraße	6 F1
	8 F4
Sechslingspforte	6 F1
	8 F4
Sedanstraße	7 A2
Seewartenstraße	4 E4
Seilerstraße	4 D3
Shanghaiallee	6 D4–5
Sievekingplatz	4 F2
	9 A2
Silbersackstraße	3 C4
Silbersacktwiete	2 F4
	3 C4
Simon-Utrecht-Straße	3 CD3
Singapurstraße	5 C4
Sommerhuder Straße	2 EF1
Sonninstraße	6 F3–4
Sophienterrasse	7 C1
Spaldingstraße	6 F3
Speckstraße	5 B2
	7 B5
	9 B2
Speersort	5–6 CD3
	10 E3
Speicherstadtmuseum	5 B4
	9 C5
Spicy's Gewürzmuseum	5 B4
	9 C5
Spielbudenplatz	4 D4
Spitalerstraße	6 D2–3
	10 EF3
Springeltwiete	10 F3–4
St. Ansgarkirche	9 B4
St. Georg	6 E2
	8 E4–5
	10 F2
St. Jacobikirche	6 D3
	10 E3
St. Katharinenkirche	5 C4
	10 D4
St. Michaeliskirche	4 F4
	9 B4
St. Nikolaikirche	5 C3–4
	10 D4
St. Pauli Fischmarkt	2 F4
	3 BC5, C4
St. Pauli Hafenstraße	4 D4
St. Petersburger Straße	5 A1
	7 A3–4
	9 B1
St. Petrikirche	10 E3
Staatsanwaltschaft	5 AB2
	7 AB4
	9 B2
Staatsoper Hamburg	5 B2
	7 B5
	9 C2
Stadtdeich	6 E4, F5
Stadthausbrücke	5 B3
	9 C3
Stage Operettenhaus	4 D4
Stahltwiete	1 B1
Steindamm	6 EF2
	8 EF5, F4
Steinheimplatz	2 E2
	3 AB2
Steinhöft	5 B4
	9 B5
Steinschanze	6 D4
	10 F5
Steinstraße	6 D3
	10 EF3
Steintorplatz	6 E2–3
Steintorwall	6 DE3
	10 F3
Steintwiete	9 C4
Steintwietenhof	5 B4
	9 C4–5
Steinwegpassage	5 B3
	9 B3
Stephansplatz	5 B1
	7 B4
	9 C1
Sternstraße	4 D1
Stiftstraße	6 F1–2
	8 F4–5
Stockmeyerstraße	6 DE4
	10 F5
Stresemannstraße	1–2 B–F1
	3 C1
Struenseestraße	2 DE4
	3 A4
Stubbenhuk	5 A4
	9 D5
Stuhlmannplatz	2 E3
Susettestraße	1 B4
Suttnerstraße	2 E1
	3 AB1

T

Talstraße	2 F3
	3 C3
Teilfeld	5 AB3
	9 B4
Tennisanlage Rothenbaum	
	7 BC1
Thadenstraße	2 EF2
	3 B–D2
Thalia Theater	6 D3
	10 E3
Thedestraße	2 E3
	3 A3, B2
Theodor-Heuss-Platz	5 BC1
	7 BC4
Theresienstieg	8 EF2
Thielbek	9 B3
Thomasstraße	1 B1
Tiergartenstraße	7 AB3, B4
Tokiostraße	5 C4–5
Tönsfeldtstraße	1 B3–4
Trommelstraße	2 F3–4
	3 BC4
Trostbrücke	5 C3
	10 D4
Turmweg	7 BC2

U

U-434	2 F4
	3 B5
Überseeallee	5–6 CD5
Überseebrücke	4 F5
	5 A4
	9 A5
Uhlenhorster Weg	8 F2
Universität	5 A1
	7 AB4, B3
	9 B1
Unzerstraße	2 E3
	3 B3

V

Valentinskamp	5 B2
	7 B5
	9 BC2
Van-der-Smissen-Straße	2 D4
Vasco-da-Gama-Platz	5 C5
Venusberg	4 EF4
	9 A4
Versmannstraße	6 D–F5
View Point	6 D5
Virchowstraße	2 E3
	3 A2–4
Völckersstraße	1 B2
Vor dem Holstentor	4 F1–2
	5 A1–2
	7 A4–5
	9 A1–2
Vorsetzen	4 F5
	5 A4
	9 B5
Vorwerkstraße	4 E1

W

Walter-Möller-Park	2 EF3
	3 B3
Walther-Kunze-Straße	
	2 DE2
	3 A1
Warburgstraße	5 C1
	7 C3–4
	10 D1
Warnholtzstraße	3 A2
Werderstraße	7 A–C1
Wexstraße	5 B3
	9 B3
Willebrandstraße	2 D2–3
Willy-Brandt-Straße	
	5–6 C4, D3
	9–10 C–E5
Wincklerstraße	4 F4
	5 A3
	9 B4
Windhukstraße	1 A2
Winklers Platz	2 F2
	3 C2
Winterstraße	1 C3
Wohlers Allee	2 F1–2
	3 B1–2
Wohlerspark	2 EF2
	3 B1–2
Wohlwillstraße	
	3–4 C3, D2
Wolfgangsweg	4 F5
	9 A5
Woltmanstraße	6 E3–4
Woyrschweg	1 A1

Z

Zeiseweg	2 E1–2
	3 A1
Zeißstraße	1 C2
Zeughausmarkt	4 E4
	5 A3
	9 A4
Zeughausstraße	4 E4
	9 A4
Zimmerstraße	8 F1
Zippelhaus	5 C4
	10 D4–5
Zirkusweg	4 D4–5
Ziviljustizgebäude	4 F2
	5 A2
Zollamt	5 B2
	7 B4
	9 C1–2

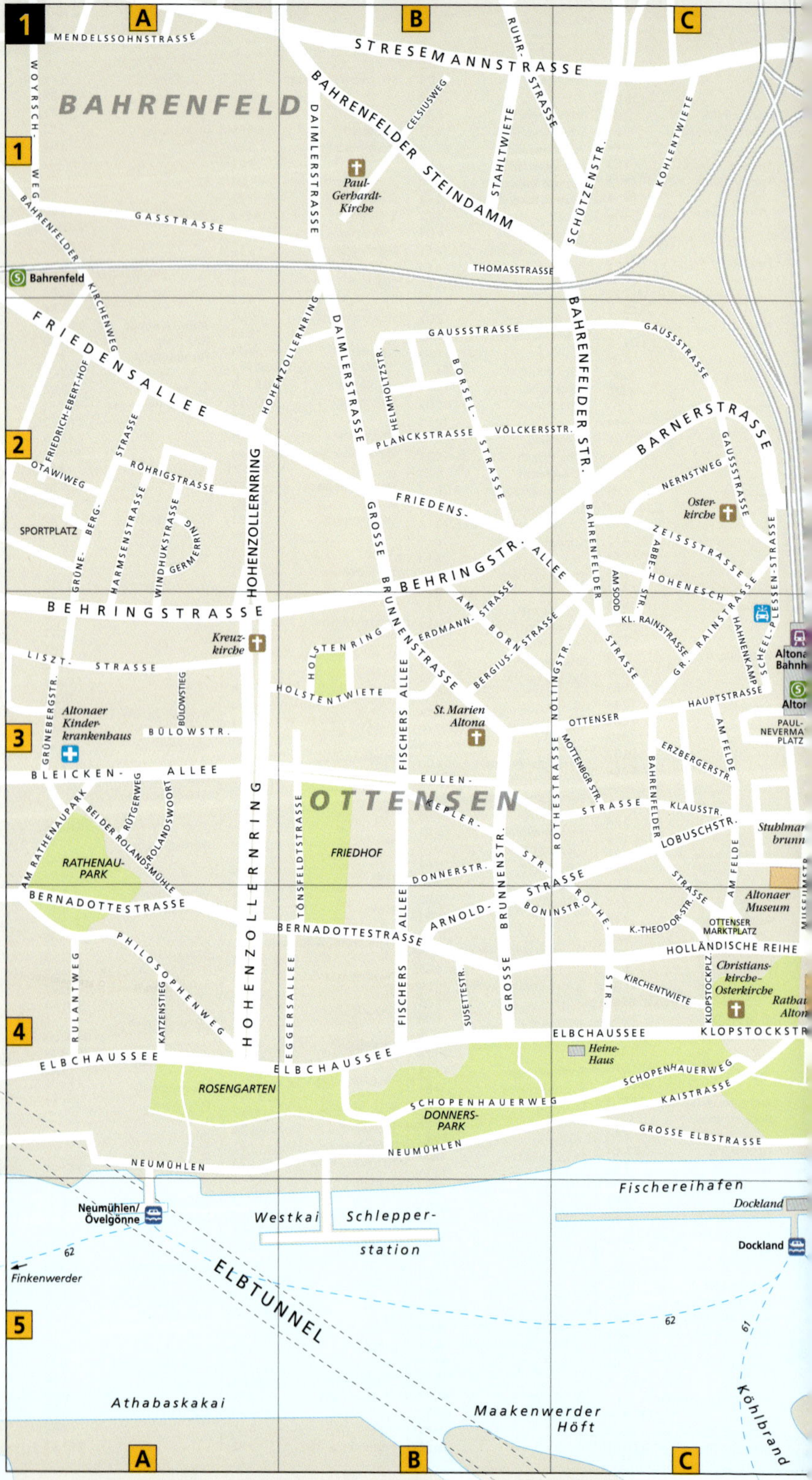
1
A
B
C
BAHRENFELD
OTTENSEN
MENDELSSOHNSTRASSE
STRESEMANNSTRASSE
RUHR-STRASSE
WOYRSCH-WEG
BAHRENFELDER STEINDAMM
CELSIUSWEG
DAIMLERSTRASSE
STAHLTWIETE
SCHÜTZENSTR.
KOHLENTWIETE
Paul-Gerhardt-Kirche
GASSTRASSE
BAHRENFELDER KIRCHENWEG
THOMASSTRASSE
Bahrenfeld
FRIEDENSALLEE
HOHENZOLLERNRING
GAUSSSTRASSE
HELMHOLTZSTR.
BORSEL-STRASSE
BAHRENFELDER STR.
FRIEDRICH-EBERT-HOF
STRASSE
PLANCKSTRASSE
VÖLCKERSSTR.
BARNERSTRASSE
OTAWIWEG
RÖHRIGSTRASSE
NERNSTWEG
FRIEDENS-ALLEE
Oster-kirche
SPORTPLATZ
GRÜNE-BERG-
HARMSENSTRASSE
WINDHUKSTRASSE
GERMERRING
GROSSE BRUNNENSTRASSE
BEHRINGSTR.
ZEISSSTRASSE
ABBE-STR.
HOHENESCH
AM SOOD
BEHRINGSTRASSE
AM BORN
ERDMANN-STRASSE
KL. RAINSTRASSE
GR. RAINSTRASSE
HAHNENKAMP
SCHEEL-PLESSEN-STRASSE
Kreuz-kirche
LISZT-STRASSE
HOLSTENRING
BERGIUS-STRASSE
NÖLTINGSTR.
Altona Bahnhof
Altona
GRÜNEBERGSTR.
BÜLOWSTIEG
HOLSTENTWIETE
FISCHERS ALLEE
HAUPTSTRASSE
Altonaer Kinder-krankenhaus
BÜLOWSTR.
St. Marien Altona
OTTENSER
PAUL-NEVERMANN-PLATZ
AM FELDE
ERZBERGERSTR.
BLEICKEN-ALLEE
EULEN-
ROTHESTRASSE
MOTTENBURGER STR.
RÜTGERWEG
ROLANDSWOORT
STRASSE
KLAUSSTR.
RATHENAUPARK
BEI DER ROLANDSMÜHLE
TÖNSFELDTSTRASSE
KEPLER-STR.
LOBUSCHSTR.
Stuhlmannbrunnen
FRIEDHOF
RATHENAU-PARK
DONNERSTR.
STRASSE
Altonaer Museum
BERNADOTTESTRASSE
ARNOLD-STRASSE
BONINSTR.
ROTHE-STR.
K.-THEODOR-STR.
OTTENSER MARKTPLATZ
PHILOSOPHENWEG
HOLLÄNDISCHE REIHE
Christians-kirche-Osterkirche
RULANTWEG
KATZENSTIEG
EGGERSALLEE
SUSETTESTR.
KIRCHENTWIETE
KLOPSTOCKPLZ.
Rathaus Altona
ELBCHAUSSEE
KLOPSTOCKSTR.
Heine-Haus
ROSENGARTEN
SCHOPENHAUERWEG
KAISTRASSE
DONNERS-PARK
GROSSE ELBSTRASSE
NEUMÜHLEN
Fischereihafen
Dockland
Neumühlen/Övelgönne
Westkai
Schlepper-station
62
Finkenwerder
ELBTUNNEL
61
5
Athabaskakai
Maakenwerder Höft
Köhlbrand
2
3
4

D
E
F
2
1
2
3
4
5
3
3
OEVERSEESTR.
KALTEN-KIRCHER PLATZ
STRESEMANSTRASSE
KIELER STR.
DÜPPELSTR.
ALSENSTRASSE
MISSUNDESTRASSE
SOMMERHUDER STR.
DUSCHWEG
OELKERSALLEE
MAX-BRAUER-ALLEE
Neue Flora
Holstenstraße
HOLSTEN-PLATZ
STRESEMANNSTRASSE
HARKORTSTRASSE
HAUBACHSTRASSE
EGGERSTEDTSTRASSE
SUTTNERSTRASSE
BERTHA-VON-SUTTNER-PARK
Johannis-kirche
WOHLERS ALLEE
PAULSEN-PLATZ
St. Theresien-kirche
W.-KUNZE-STR.
HOLSTENSTRASSE
MAX-BRAUER-ALLEE
STRASSE
ZEISEWEG
Christophorus-kirche
MUMSENSTRASSE
WOHLERS-PARK
BODENSTEDTSTRASSE
HELENENSTR.
GERICHTSTRASSE
STRASSE
SCHNELLSTRASSE
HAUBACH-
LÖFFLERSTRASSE
HARKORT-
AUGUST-LÜTGENS-PARK
STRASSE
K.-WOLFF-STR.
NORDERREIHE
THADENSTRASSE
THADENSTR.
STRASSE
SCHMIDT-ROTTLUFF-WEG
OTZENSTR.
Friedens-kirche
BERNSTORFF-
WINKLERS PLATZ
JULIUS-LEBER-STR.
STEINHEIM-PLATZ
CHEMNITZSTRASSE
GÄHLERSTRASSE
SCHEPLERSTRASSE
GILBERTSTRASSE
AM BRUNNENHOF
GILBERTSTRASSE
GOETHEALLEE
MAX-BRAUER-ALLEE
SCHUMACHERSTRASSE
WARNHOLTZ-STR.
HOSPITAL-
VIRCHOWSTR.
ESMARCHSTRASSE
HOLSTENSTRASSE
GERRITSTRASSE
BILLROTHSTRASSE
WILLEBRAND-STR.
LORNSENSTR.
STUHLMANN-PLATZ
GERBERSTR.
PAUL-ROOSEN-STR.
BLEICHERSTR.
LAMP'LWEG
GOETHESTR.
SCHOMBURGSTR.
SCHOMBURG-STRASSE
VIRCHOWSTR.
THEDESTRASSE
STRASSE
WALTER-MÖLLER-PARK
KL.FREIHEIT
GR.FREIHEIT
GROSSE BERGSTR.
KLEINE BERGSTRASSE
GROSSE BERGSTRASSE
UNZER-
Endo-Klinik Hamburg
St. Joseph Altona
SCHMUCKSTR.
N.GR.BERGSTRASSE
LAWA ETZWEG
LOUISE-SCHROEDER-STRASSE
ST. PAULI
BUGDAHN-STR
ALTONAER POSTSTR.
JESSENSTRASSE
FUNKSTR.
ESCHELSWEG
VIRCHOWSTR.
BLÜCHERSTR.
NOBISTOR
BEATLES-PLATZ
TALSTRASSE
EHRENBERGSTR.
St. Petri Altona
BIERNATZKISTR.
LESSERS PASS.
MÖRKENSTRASSE
Reeperbahn
REEPERBAHN
SCHMARJE-STRASSE
SCHILLER-STRASSE
BEHN-
KÖNIGSTRASSE
St. Trinitatis Altona
DOSESTRASSE
TROMMELSTR.
HEXENBERG
FINKENSTR.
HERRENWEIDE
LINCOLNSTR.
SILBERSACKSTR.
SILBERSACKTWIETE
FRIEDRICHSTR.
Denkmal von Sol LeWitt
MAX-BRAUER-ALLEE
Königstraße
KIRCHENSTRASSE
PEPERMÖLENBEK
HMB. HOCHSTR.
HEIN-KÖLLISCH-PLATZ
KÖNIGSTRASSE
SCHLEE-PARK
STRUENSEESTRASSE
STRASSE
LANGE STRASSE
ANTONISTR.
BERNHARD-NOCHT-STR.
ALTE KÖNIGSTR.
ALTONA
STRASSE
AMUNDSEN-STRASSE
St. Pauli-Kirche
PINNASBERG
PALMAILLE
BREITE STRASSE
FISCH-MARKT
ST. PAULI FISCHMARKT
ALTONAER BALKON
OLBERSWEG
BUTTSTR.
DE-VOSS-STR.
CARSTEN-REHDER-STRASSE
U-434
Köhlbrandtreppe
stilwerk
Fischauktionshalle
GROSSE ELBSTRASSE
Haifischbar
GROSSE ELBSTRASSE
Altona Fischmarkt
61-62
VAN-DER-SMISSEN-STR.
Ausrüstungskai
Kreuzfahrtterminal Altona
Norderelbe
Edgar-Engelhard-Kai
61-62
Wendemuthkai
Lotsenhoft
Toller Ort
Werfthafen
Köhlbrandhöft
Kohlenschiffhafen
Europakai
Vorhafen
Südkai
D
E
F

3
A
B
C
Holstenstraße
HOLSTEN-PLATZ
STRESEMANNSTRASSE
JULIUSSTR.
LIPPMANNSTR.
SUTTNERSTRASSE
BERTHA-VON-SUTTNER-PARK
Johannis-kirche
PAULSEN-PLATZ
St. Theresien-kirche
MAX-BRAUER-ALLEE
HOLSTENSTRASSE
W.-KUNZE-STR.
EGGERSTEDTSTRASSE
ZEISEWEG
HELENENSTR.
Christophorus-kirche
MUMSENSTRASSE
WOHLERS-PARK
WOHLERS ALLEE
LERCHENSTRASSE
SCHMIDT-ROTTLUFF-WEG
STRASSE
NORDERREIHE
THADENSTR.
AUGUST-LÜTGENS-PARK
K.-WOLFF-STR.
THADENSTRASSE
SCHEPLERSTRASSE
OTZENSTR.
Friedens-kirche
STEINHEIM-PLATZ
GÄHLERSTRASSE
WINKLERS PLATZ
OTZENSTRASSE
CHEMNITZSTRASSE
HOSPITAL-STRASSE
WARNHOLTZ-STR.
GILBERTSTRASSE
AM BRUNNENHOF
STR.
ESMARCHSTRASSE
GERRITSTRASSE
BERNSTORFF-
BILLROTHSTRASSE
VIRCHOWSTR.
THEDESTRASSE
PAUL-ROOSEN-STR.
BLEICHER-
WOHLWILLSTR.
STUHLMANN-PLATZ
GERBERSTR.
SCHUMACHERSTR.
SCHOMBURG-STRASSE
WALTER-MÖLLER-PARK
KL. FREIHEIT
GR. FREIHEIT
CLEMEN.
TALSTRASSE
SIMON-VON-UTRECHT-STRASS
UNZER-STRASSE
Endo-Klinik Hamburg
St. Joseph Altona
SCHMUCKSTR.
LOUISE-SCHROEDER-STRASSE
JESSENSTRASSE
ESCHELSWEG
FUNKSTR.
BLÜCHERSTR.
NOBISTOR
ST. PAULI
HAMBURGER BERG
BEATLES-PLATZ
Reeperbahn
REEPERBAHN
Kasino Reeperbah
MÖRKENSTRASSE
KÖNIGSTRASSE
KIRCHENSTRASSE
St. Trinitatis Altona
TROMMELSTR.
FINKENSTR.
HERRENWEIDE
LINCOLNSTR.
SILBERSACKSTR.
HANS-ALBERS-PL.
Sankt Pauli Museum
Königstraße
SCHLEE-PARK
DOSESTRASSE
HEXENBERG
PEPERMÖLENBEK
SILBERSACKTWIETE
FRIEDRICHSTR.
BALDUINSTR.
HERBE STRAS
STRUENSEESTRASSE
HMB. HOCHSTR.
HEIN-KÖLLISCH-PLATZ
ERICHSTRASSE
AMUNDSEN-STRASSE
LANGE STRASSE
St.-Pauli-Kirche
ANTONISTR.
BERNHARD-NOCHT-STR.
PINNASBERG
FISCHMARKT
BREITE STRASSE
ST. PAULI
FISCH-MARKT
OLBERSWEG
CARSTEN-REHDER-STRASSE
DE-VOSS-STR.
BUTTSTR.
U-434
Köhlbrandtreppe
stilwerk
Fischauktionshalle
Haifischbar
Altona Fischmarkt
61-62
Ausrüstungskai
Norderelbe
1
2
3
4
5

Schanzenviertel / Neustadt / St. Pauli – Hamburg

Grid references: D4, E4, F4, 1, 5, 2, 3, 4, 5

Streets and Places

- BARTELSSTR.
- KAMPSTR.
- HILTERBLATT
- SCHANZENSTRASSE
- LUDWIGSTR.
- STERNSTRASSE
- AUGUSTENPASS.
- BECKSTRASSE
- GRABENSTRASSE
- VORWERKSTRASSE
- LAEISZSTR.
- GRABENSTRASSE
- GLASHÜTTENSTRASSE
- MARKTSTRASSE
- KAROLINENSTRASSE
- ST. PETERSBURGER STRASSE
- VOR DEM HOLSTENTOR
- HOLSTENGLACIS
- NEUER PFERDEMARKT
- NEUER KAMP
- Feldstraße (U)
- FELDSTRASSE
- PAULINENSTR.
- PAULINENPLATZ
- BUDAPESTER STRASSE
- ANNENSTRASSE
- HOYERSTR.
- SCHULTZSTRASSE
- D.-BREMER-STRASSE
- SEILERSTRASSE
- KASTANIEN-ALLEE
- DAVIDSTRASSE
- HOPFENSTRASSE
- BERNHARD-NOCHT-STRASSE
- ST. PAULI HAFENSTRASSE
- BEI DEN ST. PAULI LANDUNGSBRÜCKEN
- ALTER ELBTUNNEL
- GLACISCHAUSSEE
- HEILIGENGEISTFELD
- MILLERNTORDAMM
- MILLERNTORPLATZ
- SPIELBUDENPLATZ
- ZIRKUSWEG
- AM ELBPARK
- HELGOLÄNDER ALLEE
- SEEWARTENSTRASSE
- NEUMAYERSTR.
- ZEUGHAUSSTR.
- ROTHESOODSTR.
- JAKOBISTR.
- HAFENTOR
- EICHHOLZ
- VENUSBERG
- DITMAR-KOEL-STRASSE
- REIMARUSSTR.
- KARPFANGERSTRASSE
- RAMBACHSTR.
- WOLFGANGSWEG
- JOHANNISBOLLWERK
- VORSETZEN
- SIEVEKINGPLATZ
- JOHANNES-BRAHMS-PLATZ
- LAEISZHALLE
- PILATUSPOOL
- POOLSTR.
- NEUSTÄDTER STRASSE
- HOLSTENWALL
- HÜTTEN
- KOHLHÖFEN
- KURZE STR.
- THIELBEK
- ENCKEPLATZ
- NEANDER
- MARKUSSTR.
- PETERSTR.
- STEINWEG
- ERSTE BRUNNENSTR.
- GROSSNEUMARKT
- NEUER STEINWEG
- LUDWIG-ERHARD-STRASSE
- GERTASTR.
- ACKERSTR.
- ENGLISCHE PLANKE
- KRAYENKAMP
- TEILFELD
- HOHLER W.
- SCHAARMARKT
- SCHAARSTEINWEG
- NEUER WEG
- STUBBENHUK
- NIEDERHAFEN
- BRANDENBURGER HAFEN

Areas / Districts

- **SCHANZENVIERTEL**
- **HEILIGENGEISTFELD**
- **NEUSTADT**

Points of Interest

- Messegelände
- Messehallen (U)
- Universität-Institut für Physik
- Oberlandesgericht
- Sievekingplatz
- Laeiszhalle
- Medienbunker
- Ziviljustizgebäude
- Kaiser-Wilhelm-Denkmal
- FC St. Pauli
- Grosse Wallanlagen
- St. Pauli (U)
- Museum für Hamburgische Geschichte
- Johannes-Brahms-Museum
- Café Keese
- Stage Operettenhaus
- Schmidts Tivoli
- Schmidt Theater
- Panoptikum
- Davidwache
- Bismarck-Denkmal
- Alter Elbpark
- Zeughausmarkt
- Englische Kirche
- St. Michaeliskirche
- Hafenkrankenhaus
- Bernhard-Nocht-Institut für Tropenmedizin
- Kramer-Witwen-Wohnung
- Seemannskirchen
- Landungsbrücken (U) (S)
- Landungsbrücken
- Rickmer Rickmers
- Gruner + Jahr
- Überseebrücke
- Cap San Diego
- Das Feuerschiff
- City-Sporthafen

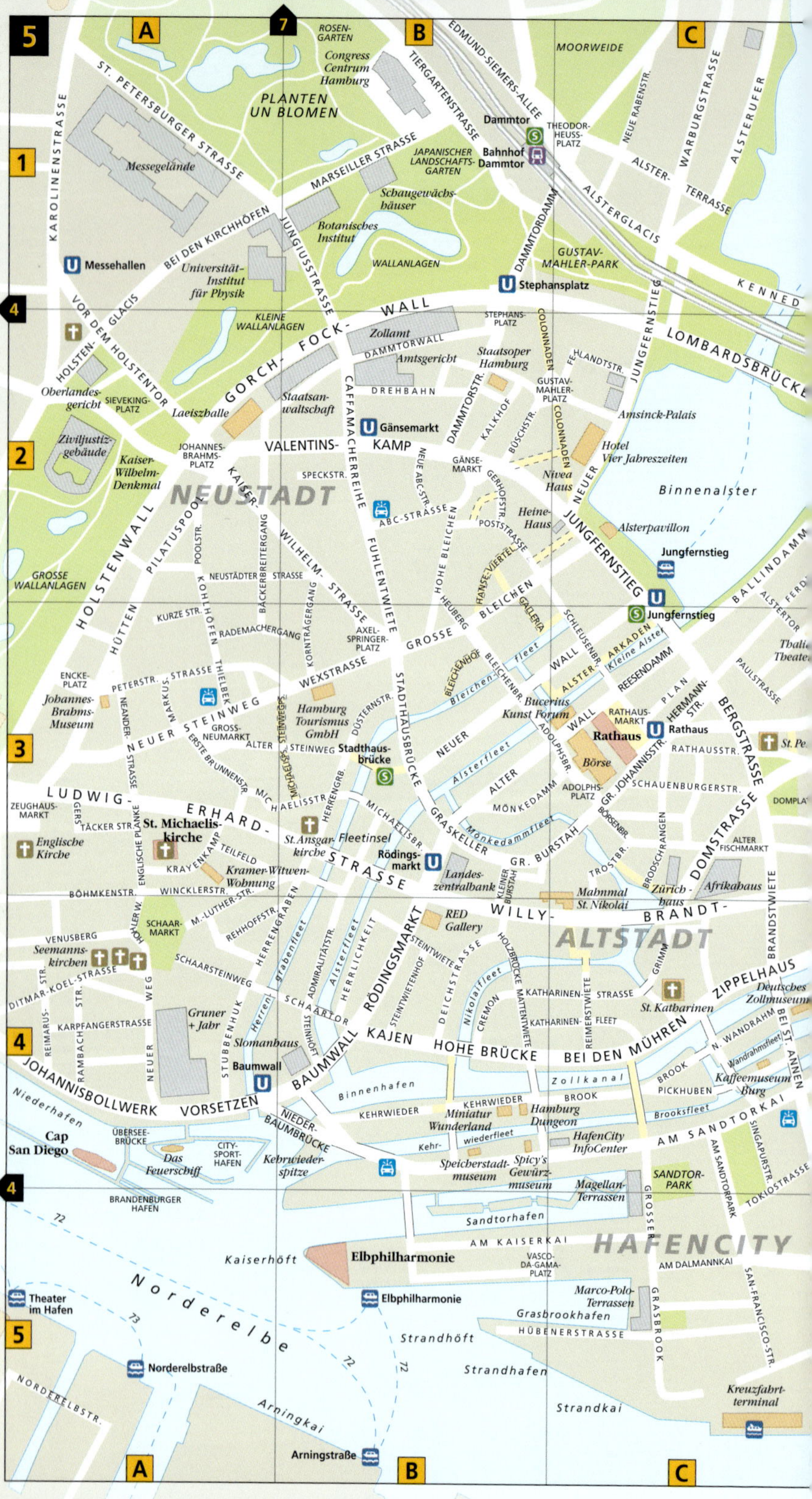
5
A
B
C
7
4
1
2
3
4
5
ROSEN-GARTEN
Congress Centrum Hamburg
PLANTEN UN BLOMEN
MOORWEIDE
EDMUND-SIEMERS-ALLEE
TIERGARTENSTRASSE
Dammtor
Bahnhof Dammtor
THEODOR-HEUSS-PLATZ
NEUE RABENSTR.
WARBURGSTRASSE
ALSTERUFER
ALSTER-TERRASSE
ALSTERGLACIS
ST. PETERSBURGER STRASSE
Messegelände
KAROLINENSTRASSE
MARSEILLER STRASSE
JAPANISCHER LANDSCHAFTS-GARTEN
Schaugewächs-häuser
Botanisches Institut
WALLANLAGEN
DAMMTORDAMM
GUSTAV-MAHLER-PARK
KENNEDY
Messehallen
BEI DEN KIRCHHÖFEN
Universität-Institut für Physik
JUNGIUSSTRASSE
Stephansplatz
STEPHANS-PLATZ
VOR DEM HOLSTENTOR
GLACIS
KLEINE WALLANLAGEN
GORCH-FOCK-WALL
Zollamt
DAMMTORWALL
Amtsgericht
Staatsoper Hamburg
COLONNADEN
FEHLANDTSTR.
JUNGFERNSTIEG
LOMBARDSBRÜCKE
HOLSTEN-
Oberlandes-gericht
SIEVEKING-PLATZ
Laeiszhalle
Staatsan-waltschaft
DREHBAHN
CAFFAMACHERREIHE
DAMMTORSTR.
KALKHOF
GUSTAV-MAHLER-PLATZ
Amsinck-Palais
Gänsemarkt
Ziviljustiz-gebäude
JOHANNES-BRAHMS-PLATZ
VALENTINSKAMP
NEUE ABC-STR.
BUSCHSTR.
Hotel Vier Jahreszeiten
Kaiser-Wilhelm-Denkmal
SPECKSTR.
GÄNSE-MARKT
Nivea Haus
Binnenalster
NEUSTADT
KAISER-
ABC-STRASSE
GERHOFSTR.
NEUER JUNGFERNSTIEG
HOLSTENWALL
PILATUSPOOL
POOLSTR.
BÄCKERBREITERGANG
WILHELM-STRASSE
FUHLENTWIETE
HOHE BLEICHEN
POSTSTRASSE
Heine-Haus
Alsterpavillon
GROSSE WALLANLAGEN
NEUSTÄDTER STRASSE
KOHLHÖFEN
KORNTRÄGERGANG
HANSE-VIERTEL
Jungfernstieg
BALLINDAMM
KURZE STR.
RADEMACHERGANG
AXEL-SPRINGER-PLATZ
GROSSE BLEICHEN
GALLERIA
SCHLEUSENBR.
ALSTERTOR
FERD.
HÜTTEN
THIELBEK
HEUBERG
BLEICHENHOF
Bleichenfleet
WALL
ALSTER-ARKADEN
Kleine Alster
REESENDAMM
PAULSTRASSE
Thalia Theater
ENCKE-PLATZ
PETERSTR.
STRASSE
MARKUS-
WEXSTRASSE
BLEICHENBR.
Bucerius Kunst Forum
HERMANN-STR.
PLAN
Johannes-Brahms-Museum
NEANDER-STRASSE
NEUER STEINWEG
GROSS-NEUMARKT
Hamburg Tourismus GmbH
MICHAELIS-STEINWEG
DÜSTERNSTR.
STADTHAUSBRÜCKE
RATHAUS-MARKT
Rathaus
BERGSTRASSE
St. Pe
ALTER STEINWEG
Stadthaus-brücke
NEUER WALL
ADOLPHSBR.
Börse
RATHAUSSTR.
ERSTE BRUNNENSTR.
ALSTERFLEET
ALTER WALL
ADOLPHS-PLATZ
GR. JOHANNISSTR.
SCHAUENBURGERSTR.
LUDWIG-ERHARD-STRASSE
ZEUGHAUS-MARKT
GERSTÄCKER STR.
St. Michaelis-kirche
HERRENGRB.
MICHAELISSTR.
MICHAELISBR.
MÖNKEDAMM
BÖRSENBR.
BRODSCHRANGEN
DOMSTRASSE
DOMPLATZ
Englische Kirche
ENGLISCHE PLANKE
TEILFELD
St. Ansgar-kirche
Fleetinsel
GRASKELLER
Mönkedammfleet
ALTER FISCHMARKT
KRAYENKAMP
Kramer-Witwen-Wohnung
Rödingsmarkt
GR. BURSTAH
TROSTBR.
Landes-zentralbank
KLEINER BURSTAH
Zürich-haus
Afrikahaus
BÖHMKENSTR.
WINCKLERSTR.
M.-LUTHER-STR.
Mahnmal St. Nikolai
WILLY-BRANDT-STRASSE
BRANDSTWIETE
HOLSTENWALL
SCHAAR-MARKT
REHHOFFSTR.
HERRENGRABEN
Herrengrabenfleet
ADMIRALITÄTSTR.
Alsterfleet
HERRLICHKEIT
RÖDINGSMARKT
RED Gallery
ALTSTADT
VENUSBERG
Seemanns-kirchen
STEINTWIETE
HOLZBRÜCKE
DEICHSTRASSE
GRIMM
DITMAR-KOEL-STRASSE
SCHAARSTEINWEG
SCHAARTOR
STEINTWIETENHOF
Nikolaifleet
CREMON
MATTENTWIETE
KATHARINENSTRASSE
St. Katharinen
ZIPPELHAUS
Deutsches Zollmuseum
REIMARUSSTR.
RAMBACHSTR.
KARPFANGERSTRASSE
NEUER WEG
Gruner + Jahr
STUBBENHUK
Slomanhaus
STEINHÖFT
KAJEN
HOHE BRÜCKE
KATHARINENFLEET
REIMERSTWIETE
BEI DEN MÜHREN
N. WANDRAHM
Wandrahmsfleet
BEI ST. ANNEN
Baumwall
BAUMWALL
Binnenhafen
Zollkanal
BROOK
Kaffeemuseum Burg
JOHANNISBOLLWERK
VORSETZEN
KEHRWIEDER
Miniatur Wunderland
Hamburg Dungeon
PICKHUBEN
Niederhafen
NIEDERBAUMBRÜCKE
Brooksfleet
AM SANDTORKAI
Cap San Diego
ÜBERSEE-BRÜCKE
Das Feuerschiff
CITY-SPORT-HAFEN
Kehrwieder-spitze
Kehrwiederfleet
HafenCity InfoCenter
SINGAPURSTR.
AM SANDTORPARK
Speicherstadt-museum
Spicy's Gewürz-museum
Magellan-Terrassen
SANDTOR-PARK
TOKIOSTRASSE
GROSSER GRASBROOK
BRANDENBURGER HAFEN
Sandtorhafen
72
AM KAISERKAI
HAFENCITY
Kaiserhöft
Elbphilharmonie
VASCO-DA-GAMA-PLATZ
AM DALMANNKAI
SAN-FRANCISCO-STR.
Norderelbe
Theater im Hafen
Marco-Polo-Terrassen
Grasbrookhafen
HÜBENERSTRASSE
73
Strandhöft
Norderelbstraße
Strandhafen
NORDERELBSTR.
Arningkai
Strandkai
Kreuzfahrt-terminal
Arningstraße

ST. GEORG

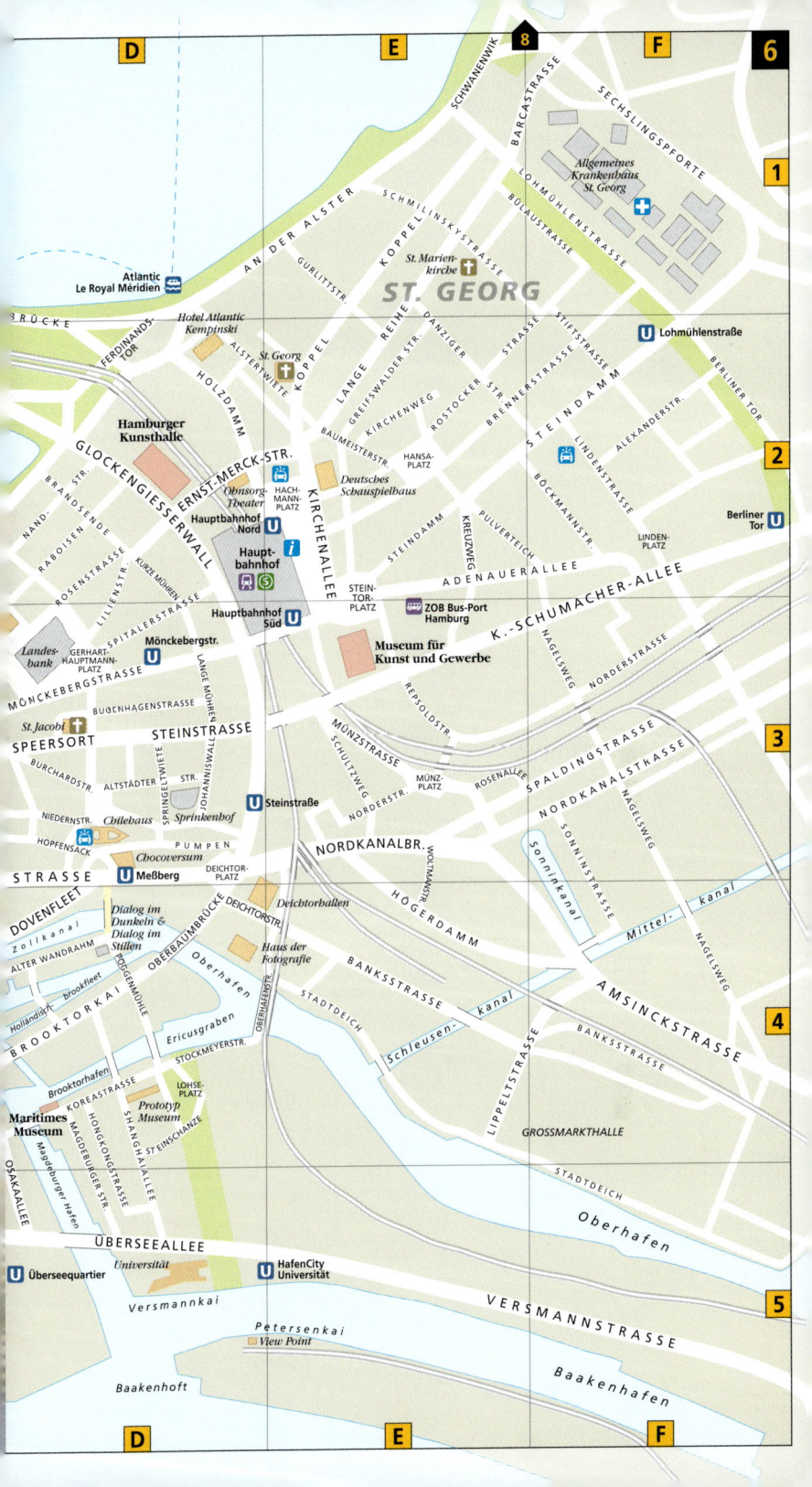

7
HARVESTEHUDE
ROTHERBAUM
NEUSTADT
Pöseldorf
NDR-Funkhaus Hamburg
Tennisanlage Rothenbaum
Theater im Zimmer
Hallerstraße
St. Johannis Harvestehude
Museum für Völkerkunde Hamburg
Universität
Heinrich-Hertz-Turm
Apotheker-Garten
Rosen-Garten
Congress Centrum Hamburg
Planten un Blomen
Moorweide
Messegelände
Dammtor
Theodor-Heuss-Platz
Bahnhof Dammtor
Japanischer Landschafts-Garten
Schaugewächs-häuser
Botanisches Institut
Wallanlagen
Gustav-Mahler-Park
Messehallen
Universität-Institut für Physik
Stephansplatz
Kleine Wallanlagen
Zollamt
Amtsgericht
Staatsoper Hamburg
Oberlandes-gericht
Laeiszhalle
Staatsan-waltschaft
Gänsemarkt
Amsinck-Palais
Hotel Vier Jahreszeiten
Ziviljustiz-gebäude
Kaiser-Wilhelm-Denkmal
Binnenalster
Nivea Haus
Heine-Haus
Alsterpavillon
Jungfernstieg
Grosse Wallanlagen
Lombardsbrücke
Kennedy
Gorch-Fock-Wall
Valentinskamp
Neuer Jungfernstieg
Ballindamm
Alstertor
Grosse Bleichen
Hansa-Viertel
Galleria
Sieveking-Platz
Johannes-Brahms-Platz
Stephans-Platz
Gustav-Mahler-Platz
Gänse-Markt
Haller-Platz
Werderstrasse
Sophienterrasse
Hansastrasse
Klosterstieg
Pöseldorfer Weg
Alsterchaussee
Hallerstrasse
Böhmersweg
Brodersweg
Milchstrasse
Turmweg
Mittelweg
Rothenbaumchaussee
Grindelallee
Grindelhof
Grindelberg
Brahmsallee
Parkallee
Hochallee
Heinrich-Barth-Str.
Rutschbahn
Rappstrasse
Dillstrasse
Bornstrasse
Hartungstrasse
Bieberstr.
Schlüterstrasse
H.-Behn-Weg
Mollerstr.
Heimhuder-Strasse
Heimweg
Binderstrasse
Böttgerstr.
Magdalenenstrasse
Johnsallee
Badestrasse
Fontenay
Klein Fontenay
Feldbrunnenstrasse
Moorweidenstrasse
Tesdorpfstrasse
Edmund-Siemers-Allee
Tiergartenstrasse
An der Verbindungsbahn
Bogenstrasse
Bogenallee
Kielortallee
Beim Schlump
Sedanstrasse
Bundesstrasse
Laufgraben
Papendamm
Reinfeldstr.
Rentzelstrasse
Durchschnitt
Grindelweg
Bundesweg
St. Petersburger Strasse
Marseiller Strasse
Karolinenstrasse
Holstenglacis
Bei den Kirchhöfen
Jungiusstrasse
Vor dem Holstentor
Glacischaussee
Holstenwall
Dammtordamm
Dammtorwall
Drehbahn
Dammtorstr.
Kalkhof
Büschstr.
Colonnaden
Fehlandtstr.
Neue Rabenstr.
Warburgstrasse
Alsterufer
Alsterterrasse
Alsterglacis
Caffamacherreihe
Speckstr.
Neue ABC-Str.
ABC-Strasse
Hohe Bleichen
Poststrasse
Schleusenbr.
Fuhlentwiete
Kaiser-Wilhelm-Strasse
Bäckerbreitergang
Poolstr.
Pilatuspool
Hütten
Neustädter Strasse
Kohlhöfen
Kurze Str.
5

8
D
E
F
1
2
3
4
5
6
HARVESTEHUDER WEG
FÄHRDAMM
ALSTER-VORLAND
Fährdamm
Uhlenhorster Fährhaus
FÄHRHAUS-STRASSE
Imam-Ali-Moschee
HERBERT-WEICHMANN-STRASSE
HOFWEG
ZIMMERSTRASSE
KARL-STRASSE
SCHÖNE AUSSICHT
ARNDTSTRASSE
Uhlenhorster Kanal
KANALSTRASSE
HEINRICH-HERTZ-STRASSE
Feenteich
UHLENHORST
AVERHOFFSTRASSE
AUGUSTSTRASSE
THERESIENSTIEG
OVERBECKWSTR.
PETKUMSTR.
Hochschule für Musik und Theater
Literaturhaus
SCHWANENWIK
PAPENHUDER STR.
ERLENKAMP
MUNDSBURGER DAMM
Rabenstraße
HARTWICUSSTR.
ARMGARTSTR.
ALSTERUFER
Außenalster
BUCHTSTR.
GRAUMANNSWEG
SCHOTTWEG
IFFLANDSTRASSE
BARCASTRASSE
ACKERMANNSTR.
SCHWEIMLERSTR.
EKHOFSTRASSE
SECHSLINGSPFORTE
Allgemeines Krankenhaus St. Georg
LOHMÜHLENSTRASSE
BÜLAUSTRASSE
SCHMILINSKYSTRASSE
AN DER ALSTER
KOPPEL
St. Marienkirche
GURLITTSTR.
ST. GEORG
Atlantic Le Royal Méridien
BRÜCKE
Hotel Atlantic Kempinski
FERDINANDSTOR
ALSTERTWIETE
St. Georg
LANGE REIHE
DANZIGER STR.
STRASSE
STIFTSTRASSE
Lohmühlenstraße
HOLZDAMM
GREIFSWALDER STR.
KIRCHENWEG
ROSTOCKER STR.
BRENNERSTRASSE
STEINDAMM
ALEXANDERSTR.
Hamburger Kunsthalle
ERNST-MERCK-STR.
BAUMEISTERSTR.
HANSAPLATZ
LINDENSTRASSE
BALLINDAMM
GLOCKENGIESSERWALL
Ohnsorg-Theater
HACHMANNPLATZ
KIRCHENALLEE
Deutsches Schauspielhaus
BRANDSENDE
RABOISEN
Hauptbahnhof Nord
BÖCKMANNSTR.
STEINDAMM
KREUZWEG
PULVERTEICH
GERTRUDENSTRASSE
ROSENSTRASSE
LILIENSTR.
KURZE MÜHREN
Hauptbahnhof
ADENAUERALLEE
Thalia Theater
Landesbank
SPITALERSTRASSE
Hauptbahnhof Süd
STEINTORPLATZ
ZOB Bus-Port Hamburg
K.-SCHUMACHER-ALLEE

9
A
B
C
1
2
3
4
5
7
3
3
5
PLANTEN UN BLOMEN
Dammtor
Bahnhof Dammtor
JAPANISCHER LANDSCHAFTS-GARTEN
Schaugewächs-häuser
Botanisches Institut
WALLANLAGEN
Stephansplatz
Messegelände
ST. PETERSBURGER STRASSE
MARSEILLER STRASSE
JUNGIUSSTRASSE
DAMMTORDAMM
GRABENSTRASSE
KAROLINENSTRASSE
STRASSE
Messehallen
HOLSTENGLACIS BEI DEN KIRCHHÖFEN
Universität-Institut für Physik
KLEINE WALLANLAGEN
VOR DEM HOLSTENTOR
GLASHÜTTEN-
FELDSTRASSE
Oberlandes-gericht
SIEVEKING-PLATZ
Laeiszhalle
GORCH-FOCK-WALL
Zollamt
DAMMTORWALL
STEPHANS-PLATZ
Staatsoper Hamburg
Amtsgericht
DREHBAHN
Staatsan-waltschaft
CAFFAMACHERREIHE
DAMMTORSTR.
KALKHOF
GUSTAV-MAHLER-PLATZ
BÜSCHSTR.
Gänsemarkt
GLACISCHAUSSEE
Ziviljustiz-gebäude
Kaiser-Wilhelm-Denkmal
JOHANNES-BRAHMS-PLATZ
VALENTINS-
KAMP
SPECKSTR.
GÄNSE-MARKT
NEUE ABC-STR.
FUHLENTWIETE
KAISER-WILHELM-STRASSE
NEUSTADT
ABC-STRASSE
GERHOFSTR.
POSTSTRASSE
HOLSTENWALL
PILATUSPOOL
POOLSTR.
BÄCKERBREITERGANG
NEUSTÄDTER STRASSE
KOHLHÖFEN
STADTHAUSBRÜCKE
HOHE BLEICHEN
HANSE-VIERTEL
GALLERIA
HEUBERG
GROSSE WALLANLAGEN
KURZE STR.
HÜTTEN
RADEMACHERGANG
KORNTRÄGERGANG
AXEL-SPRINGER-PLATZ
GROSSE BLEICHEN
BLEICHENHOF
BLEICHENBR.
Bleichenfleet
WALL
ADOLPHSBR.
Museum für Hamburgische Geschichte
ENCKE-PLATZ
PETERSTR.
STRASSE
THIELBEK
WEXSTRASSE
Johannes-Brahms-Museum
MARKUS-
NEANDER-STRASSE
NEUER STEINWEG
GROSS-NEUMARKT
STEINWEGPS.
Hamburg Tourismus GmbH
DÜSTERNSTR.
GRASKELLER
ERSTE BRUNNENSTR.
ALTER STEINWEG
MICHAELISPS.
NEUER
Alsterfleet
Stadthaus-brücke
GR. BURSTAH
HERRENGRB.
ALTER
MÖNKEDAMM
ALTER ELBPARK
LUDWIG-ERHARD-STRASSE
ZEUGHAUS-MARKT
GERSTÄCKER STR.
St. Michaelis-kirche
St. Ansgar-kirche
MICHAELISBR.
Fleetinsel
Mönkedammfleet
GR. JOHANNISSTR.
Bismarck-Denkmal
Englische Kirche
NEUMAYERSTR.
ZEUGHAUSSTR.
ENGLISCHE PLANKE
TEILFELD
KRAYENKAMP
Kramer-Witwen-Wohnung
Rödings-markt
Landes-zentralbank
KLEINER BURSTAH
ROTHESOODSTR.
BÖHMKENSTR.
WINCKLERSTR.
M.-LUTHER-STR.
WILLY-
RÖDINGSMARKT
RED Gallery
VENUSBERG
JAKOBSTR.
HOHLER W.
SCHAAR-MARKT
REHHOFFSTR.
HERRENGRABEN
Herrengrabenfleet
ADMIRALITÄTSTR.
Alsterfleet
HERRLICHKEIT
STEINTWIETE
DEICHSTRASSE
HOLZBRÜCKE
Seemanns-kirchen
SCHAARSTEINWEG
HAFENTOR
EICHHOLZ
STR.
DITMAR-KOEL-STRASSE
WEG
Gruner + Jahr
SCHAARTOR
STEINTWIETENHOF
Nikolaifleet
CREMON
MATTENTWIETE
JOHANNISBOLLWERK
REIMARUS-
RAMBACH-STR.
KARPFANGERSTRASSE
NEUER
STUBBENHUK
STEINHÖFT
Slomanhaus
KAJEN
HOHE BRÜCKE
Rickmer Rickmers
WOLFGANGSWEG
Baumwall
BAUMWALL
Binnenhafen
Hamburg Dungeon
KEHRWIEDER
Miniatur Wunderland
Niederhafen
VORSETZEN
NIEDER-BAUMBRÜCKE
Kehrwiederfleet
Cap San Diego
ÜBERSEE-BRÜCKE
Das Feuerschiff
CITY-SPORT-HAFEN
Kehrwieder-spitze
Speicherstadt-museum
Spicy's Gewürz-museum
72
BRANDENBURGER HAFEN
Sandtorhafen

D
E
8
F
10
1
2
3
4
5
6
THEODOR-HEUSS-PLATZ
ALSTER-TERRASSE
ALSTERGLACIS
GUSTAV-MAHLER-PARK
KENNEDYBRÜCKE
Atlantic
Le Royal Méridien
AN DER ALSTER
GURLITTSTR.
Hotel Atlantic Kempinski
LOMBARDSBRÜCKE
JUNGFERNSTIEG
FEHLANDTSTR.
Amsinck-Palais
FERDINANDS-TOR
ALSTERTWIETE
St. Georg
KOPPEL
HOLZDAMM
Hotel Vier Jahreszeiten
NEUER
Binnenalster
Hamburger Kunsthalle
GLOCKENGIESSERWALL
ERNST-MERCK-STR.
Deutsches Schauspielhaus
Ohnsorg-Theater
HACH-MANN-PLATZ
KIRCHENALLEE
BALLINDAMM
BRANDSENDE
STR.
NAND-
Alsterpavillon
GERTRUDENSTRASSE
RABOISEN
FERDI-
Hauptbahnhof Nord
Haupt-bahnhof
Hauptbahnhof Süd
Jungfernstieg
JUNGFERNSTIEG
ALSTERTOR
Thalia Theater
ROSENSTRASSE
KURZE MÜHREN
LILIENSTR.
SPITALERSTRASSE
Landes-bank
GERHART-HAUPTMANN-PLATZ
Mönckebergstr.
ARKADEN
Kleine Alster
REESENDAMM
PAULSTRASSE
MÖNCKEBERGSTRASSE
LANGE MÜHREN
Bucerius Kunst Forum
PLAN
HERMANNSTR.
BERGSTRASSE
RATHAUS-MARKT
BUGENHAGENSTRASSE
WALL
Rathaus
Rathaus
St. Petri
St. Jacobi
STEINSTRASSE
RATHAUSSTR.
SPEERSORT
Börse
JOHANNISWALL
BURCHARDSTR.
ADOLPHS-PLATZ
SCHAUENBURGERSTR.
ALTSTÄDTER STR.
SPRINGELTWIETE
DOMSTRASSE
DOMPLATZ
Sprinkenhof
Steinstraße
BÖRSENBR.
SCHOPENSTEHL
NIEDERNSTR.
ALTER FISCHMARKT
KL. REICHENSTR.
HOPFENSACK
TROSTBR.
BRODSCHRANGEN
Chilehaus
PUMPEN
Chocoversum
Afrikahaus
Zürich-haus
Mahnmal St. Nikolai
STRASSE
DEICHTOR-PLATZ
BRANDT-
Meßberg
BRANDSTWIETE
DEICHTORSTR.
Deichtorhallen
ALTSTADT
GRIMM
Dialog im Dunkeln & Dialog im Stillen
OBERBAUMBRÜCKE
Zollkanal
DOVENFLEET
St. Katharinen
ZIPPELHAUS
ALTER WANDRAHM
Oberhafen
Haus der Fotografie
KATHARINEN-
STRASSE
DIENERREIHE
POGGENMÜHLE
KATHARINEN-
FLEET
BEI ST. ANNEN
Deutsches Zollmuseum
brookfleet
OBERHAFENSTR.
BEI DEN MÜHREN
N. WANDRAHM
Wandrahmsfleet
Holländisch-
BROOKTORKAI
ERICUSBR.
Ericusgraben
Zollkanal
BROOK
Kaffeemuseum Burg
STOCKMEYERSTR.
BROOK
PICKHUBEN
Brooksfleet
Maritimes Museum
Brooktorhafen
KOREASTRASSE
LOHSE-PLATZ
HafenCity InfoCenter
AM SANDTORKAI
SINGAPURSTR.
Prototyp Museum
SHANGHAIALLEE
AM SANDTORPARK
OSAKAALLEE
MAGDEBURGER STRASSE
HONGKONGSTRASSE
STEINSCHANZE
Magellan-Terrassen
SANDTOR-PARK
TOKIOSTRASSE
Magdeburger Hafen

Textregister

Seitenzahlen in **fetter** Schrift verweisen auf Haupteinträge.

3Freunde (Bar) 206, 207
3001 Kino 205

A

A.B.Air 49, 220, 221
Abaton (Kino) 205
ABBA 109, 210
Abodriten 21
Abstecher **132–141**
 Hotels 176–181
 Karte 133
 Nationalpark Hamburgisches Wattenmeer **140f**
 Restaurants 192f
 Tierpark Hagenbeck **136f**
ADAC (Allgemeiner Deutscher Automobilclub) 234, 235
Adalbrand (Erzbischof) 22
Adaldag (Erzbischof) 21
ADFC (Allgemeiner Deutscher Fahrradclub) 214, 215, 235
Adolf I. von Schauenburg 22
Adolf II. von Schauenburg 22
Adolf III. von Schauenburg 22, 145
Adolf IV. von Schauenburg 22, 23
aero ballooning company 221
Affordable Art Fair 46
Afrikahaus 145
AIDAvita (Kreuzfahrtschiff) 49
Airbnb (Privatzimmervermittlung) 174, 175
Airbus-Werk 48
Airport Office 225, 231
Albers, Hans 42, 43, 107, 108, 109, 134, 190
 Geburtshaus 129
Allgemeiner Deutscher Automobilclub (ADAC) 234, 235
Allgemeiner Deutscher Fahrradclub (ADFC) 214, 215
Alma Hoppe Lustspielhaus 205
alpincenter Hamburg-Wittenburg 215
Alster *siehe* Rund um die Alster
Alster-Touristik GmbH 241
Alsterarkaden 18, 36, 57, **58**, 121, 198
Alsterburg 22
Alsterfleet 56, **67**
Alsterfontäne 122, 124
Alsterhaus 10, 124, 198, 201
Alsterpavillon 11, 122, **124**
Alsterschifffahrt 11, **240f**
Alster-Schwimmhalle 214, 215
Alstervorland 39, 128
Alte Kirche St. Salvator (Pellworm) 158
Alter Botanischer Garten 69
Alter Elbtunnel 37, 50, **97**, 148
Alter Leuchtturm (Borkum) 160
Alter Wall 58
Altes Land 133, 138

Altona **112–119**
 Anfahrt 113
 Detailkarte 114f
 Hotels 176–181
 Restaurants 190f
 Spaziergang: Landungsbrücken bis Altonaer Balkon **148f**
 Stadtteilkarte 113
Altona (Bezirk) 16
Altonaer Balkon 114, 115, **117**, 149
Altonaer Museum 30, 32, 115, **116f**
Altonaer Theater 115, 204, 205
Altonale 45
Altstadt **54–67**
 Anfahrt 55
 Detailkarte 56f
 Hamburger Kunsthalle **64f**
 Hotels 176–181
 Rathaus **60f**
 Restaurants 188
 Spaziergang: Altstadt **144f**
 Stadtteilkarte 55
American Express 226
Amrum 158
Amsinck, Gustav 123
Amsinck-Palais 123
Andersen, Lale 161, 190
Andrea Doria (Lindenberg) 206
Andreaskirche (Verden) 167
Angie's (Club) 206, 207
Anreise 220, **230–233**
Ansgar (Bischof) 21, 59, 145
AOL-Arena *siehe* Volksparkstadion
Apotheken 224, 225
 Pelikan-Apotheke 70
AQUAFÖHR (Wellenbad) 158
Architekten 42
Architektur
 Highlights **34–37**
The art of Hamburg (Fachgeschäft) 200, 201
Ärztliche Versorgung 225
Astra (Bier) 186
Astra-Stube (Club) 206, 207
Auf der Reeperbahn nachts um halb eins 109
Augstein, Rudolf 43
Ausflüge **150–169**
 Bremen **162–167**
 Helgoland **159**
 Museumsdorf Cloppenburg **168f**
 Nord-Ostsee-Kanal **161**
 Regionalkarte 154f
 Sylt **156f**
Außenalster 11, 121, **128**
Austrian (Airline) 230, 231
Autobahnen 232, 233
Autos
 Anreise 233
 Autofahren in Hamburg 234f
 Mietwagen 233, 234, 235
 Parkplätze 234f
AVIS (Autoverleih) 234, 235
Axel-Springer-Verlag 40, 229

B

B-Movie (Kino) 205
Bach, Carl Philipp Emanuel 42
Bach, Johann Sebastian 42, 62

Backsteinarchitektur 63
Bäderland Hamburg 217
Bagel Brothers (Sandwich-Store) 195, 197
Bahnhöfe
 Bahnhof Altona **116**, 232
 Bahnhof Dammtor 37 **125**, 232
 Bahnhof Harburg 232
 Hauptbahnhof **62**, 232
Bahnreisen *siehe* Züge
Bahre, Ricardo 122
Ballin, Albert 26, 43, 97
BallinStadt – Auswandererwelt Hamburg 27, 33, 43, **97**, 221
Baltrum 160
Balzac Coffee (Kaffee-Bar) 195, 197
Banken 226
Bar Hamburg 206, 207
Barbarossa, Kaiser 22, 85
Barclaycard Arena 38, 206
Bardowicker Speicher 67
Bargheer, Eduard 32, 138
Bargheer Museum 32, 38, **138**
Barkassen-Centrale 49, 241
Barkassen Meyer 49
Barlach, Ernst 32, 43, 57, 117, 138
Bars **206f**
Bartholomäus-Therme 214, 215
Baurs Park 138
Bavaria-Brauerei 186
Beach Clubs **207**
The Beatles 109, 202, 206, 221
Beatles-Tour Hamburg 221
Beauty Cosmetic Hamburg (Beauty-Shop) 200, 201
Beauty-Shops 200f
bed & breakfast (Privatzimmeragentur) 174, 175
Bedroomforyou 174, 175
Behinderte Reisende
 Busse 237
 Hotels 174
 Restaurants 183
 U- und S-Bahnen 239
 Unterhaltung 202f
Bensersiel (Fährhafen) 161
Bentheim, Lüder von 164, 165
Bentz, Johann Wilhelm 67
Bergedorf (Bezirk) 16
Bergedorfer Schifffahrtslinie 49
Berliner Bogen 37, 42
Bernhard II. 22
Bertram *siehe* Meister Bertram
Berühmte Persönlichkeiten **42f**
Beust, Ole von 27
Beylingstift 36, 73
Bezirke 16
Bild (Zeitung) 229
Bildhauer 43
Billunger (Dynastie) 22
Binnenalster 11, 19, 38, 120, 121, 123, **124**, 126f
Birdland (Jazzlokal) 206, 207
Bischofsburg 59, 144

TEXTREGISTER | 259

Bismarck-Denkmal 72, 104
Bismarck, Otto von 72
Bispingen 215
Bistum Hamburg 21
Black Form – Dedicated to the Missing Jews (Denkmal von Sol LeWitt) 114, **117**
Blankenese 113, 118, **138**
Blasendes Mädchen im Birkenwald (Modersohn-Becker) 167
Bleichenhof 76, 198
Block House (Steakhaus-Kette) 182
Blohm + Voss 50, 118
Blücher-Altona, Conrad Daniel Graf von (Denkmal) 115
Bobby Reich (Bootsverleih) 215
BoConcept (Möbelladen) 199, 201
Boerner, Carl 83
Bootshaus Silwar 215
Bootsverleih 214, 215
Bootsverleih Goldfisch **215**
Borchert, Wolfgang 42
Borkum 154, 160
Börse 24, 25, 36, 56, **66**
Bothe, Richter und Teherani 37
Botschaften und Konsulate 223
Böttcherstraße (Bremen) 166
Boutique Bizarre (Dessousladen) 200, 201
Braderup *siehe* Wenningstedt-Braderup
Brahms, Johannes 42, 73
Brandes, Gerhard 115, 117
Brandt, Emil 117
Breckwoldt, Birke 200
Bremen **162–167**
 Rathaus 153, **164 f**
 Zentrumskarte 163
Bremer Landesmuseum für Kunst- und Kulturgeschichte *siehe* Focke-Museum
Bremer Stadtmusikanten 154, 162
Bremerhaven 154, 162, 167
Briefmarken 228
Brigitte (Magazin) 229
Brix, Joseph 117
Brockes, Barthold Heinrich 42
Brücken 18, 240
Brunsbüttel 160
Bucerius, Gerd 48
Bucerius Kunst Forum 32, 37, 56, **58**
Bucerius Passage 58
Buchhandlungen 200, 201
Buddy (Musical) 208, 211
Bundesland (Stadtstaat) Hamburg 14
Burchardkai 243
Bürgerschaftswahl 27
Bürohaus Deichtor Center 37
Busse **232 f**, 236, **237**

C

Café Backwahn 194, 196
Café Canale 194, 196
Café Destille 194, 196
Café Fees 194, 196
Café Gnosa 207
Café Hansasteg 194, 196
Café Johanna 194, 196
Café Klatsch 194, 196
Café Koppel 194, 196
Café Schmidt Elbe 194, 196
Café Stenzel 194, 196
Café SternChance 194, 196
Café Tarifa 194, 196
Café unter den Linden 194, 196
Cafés und Snackbars **194–197**
Caffèteria 195, 196
Call a Bike 235
Camping 175
Campus Suite (Kaffee-Bar) 195, 197
CANAIR Luftfahrtunternehmen 49
Cap San Diego 33, 51, **102 f**, 146, 173, 216
Caravaning Hamburg (Messe) 47
Carlos Coffee (Kaffee-Bar) 195, 197
Casino *siehe* Kasino Reeperbahn
Cats (Musical) 109, 208, 210
CDU 27
Chateauneuf, Alexis de 57, 58
Chilehaus 35, 37, 42, **63**, 144
Chinesisches Teehaus 128
Chocoversum 33, **67**, 217
Cholera-Epidemie (1892) 25, 56
Christiansen, Uwe 206
Christiansen's (Bar) 206, 207
Christopher Street Day 203
CinemaxX (Kino) 205
City-Sporthafen 51, 89, 214
Classen Secondhand 199, 201
Claudius, Mathias 42
Claus D. (Dampfschlepper) 135
Cloppenburg *siehe* Museumsdorf Cloppenburg
Clouds – Heaven's Bar 206, 207
Clubs **206 f**
Clüver, Segebade 163
Collins, Phil 119, 210, 211
Colonnaden **76**
Color Line Arena *siehe* Barclaycard Arena
Columbus Haus 8 f, 51, 84
Confiserie Paulsen 195, 197
Confiserien 195, 197
Containerhäfen 243
Copa Cabana (Bar) 206, 207
Cotton Club (Jazzlokal) 206, 207
THE CUBE (Café) 65, 194, 196
Cucinaria (Fachgeschäft) 200, 201
Cyclassics 45, 214, 215

D

Dagebüll (Fährhafen) 158
Dalmannkai 90
Dammtor 125
Dampfschifffahrt 25
Dänemark 23, 25
Darboven, Albert 43
Dat Backhus 185
Daubner, Susanne 41
Davidwache 42, 107, **109**, 224
DB Rent 235
Debitkarten 226
Deichstraße 36, 55, **67**, 145
Deichtorcenter 37, 40, 42
Deichtorhallen 10, 30, 32, 37, **62 f**, 216
Delikatessenläden 200 f
Delnon, Georges 204
Delphi Showpalast 209, 211
Denkmäler und Statuen
 Bischofsturm 59
 Bismarck-Denkmal 72
 Black Form – Dedicated to the Missing Jews (Denkmal von Sol LeWitt) 114, **117**
 Hammaburg 59
 Kaiser Wilhelm I. 117
 St. Nikolai (Mahnmal) **66**
Derbyplatz Klein Flottbek 215
Design 199, 201
Dessousläden 200 f
Deutsche Bahn 232, 233
Deutsche Bank 226
Deutsche Presse-Agentur 40
Deutscher Bund 25
Deutscher Zollverein 23
Deutsches Derby (Galopprennen) 215
Deutsches Pferdemuseum (Verden) 167
Deutsches Reich 25
Deutsches Salzmuseum (Lüneburg) 223
Deutsches Schauspielhaus 43, **129**, 204, 205
Deutsches Schifffahrtsmuseum (Bremerhaven) 167
Deutsches Spring- und Dressurderby 215
Deutsches Zollmuseum 33, 83, **88**, 147
Deutschlandhaus 77
DFM 198 f, 201
DHL 228
Dialog im Dunkeln & Dialog im Stillen 33, 83, **89**, 147
die kleine Konditorei 195, 197
Diners Club 226
Dirty Dancing (Musical) 119, 208
Disneys Aladdin (Musical) 119, 211
Dock 3 Beachclub 207
Dockland 27, 34, 37, 42, 115, 149
Dohnanyi, Klaus von 27
Dom (Volksfest) *siehe* Hamburger Dom
Domherrenhaus (Verden) 167
Domingo, Plácido 77
Domplatz **59**, 144
Döner Queen (Bistro) 195, 197
Dorint 173, 175
Dorothy Blueschub 206
dpa *siehe* Deutsche Presse-Agentur
Dr. Götze – Land & Karte 200, 201
Drachenboot Cup 45

Drachenbootrennen 85
Draußen vor der Tür (Borchert) 42
Druckwerkstatt Ottensen 200, 201
Dschungelnächte 44
Duckstein Festival 45, 76, 203
Dungeon *siehe* Hamburg Dungeon

E

easyJet 230, 231
Eberlein, Gustav 117
EC-/Maestro-Karte *siehe* girocard
EHIC-Karte 225
Ehre, Ida 43
Eimsbüttel (Bezirk) 16
Einkaufen *siehe* Shopping
Einreisebestimmungen 220
Einwohnerzahl 14
Eisarena Planten un Blomen 217
Eishockey 215
Eismeer (Friedrich) 64
Eisvergnügen auf der Außenalster 47
Elbchaussee **118**
Elbe
 Alter Elbtunnel 26, 37, 50, **97**, 148
 HADAG-Fähren 49, 240 f
 Hafen und Speicherstadt **80–103**
 Hamburg per Schiff **48–51**
 Neuer Elbtunnel 27, 37, 233
Elbe 3 (Feuerschiff) 135
Elbe Erlebnistörns 49, 240, 241
Elbgold (Café) 194, 196
Elbjazz Festival 44
Elbpark 69
Elbphilharmonie 4, 8 f, 27, 35, 37, 51, 81, 90, **92–95**, 208
Elbtunnel *siehe* Alter Elbtunnel
Elbuferweg 113, 117
Elfriede (Ewer) 135
Elton John 211
E-Mail 229
Emden (Fährhafen) 161
Ende, Hans am 167
endlich Salon 207
English Theatre 204, 205
Entertainment *siehe* Unterhaltung
Erbwohnhaus Haake (Museumsdorf Cloppenburg) 168
Ernst Barlach Haus 32, 42, 138
Ernst Deutsch Theater 204, 205
Der Erzengel Michael im Kampf mit dem Drachen, Relief (Bremen) 166
Essen und Trinken
 Cafés und Snackbars **194–197**
 Getränke 186 f
 Gourmet-Bistros 195, 197
 Hamburger Küche 184 f
 Kaffee-Bars und Teestuben 195, 197
 Konditoreien und Confiserien 195, 197
 Restaurants **182–197**
 Sandwich-Stores 195, 197
 Suppen-Bistros 195–197
Euro 227
Eurolines 233

Europa Passage 198, 201
Europcar (Autoverleih) 231, 234, 235
Eurowings 230, 231

F

Fabrik (Live-Musik) 207
Fachgeschäfte 200 f
Faerber, Friedrich Hermann 108
Fahrkarten 236 f
Fahrrad-Taxis 237
Fahrradladen Altona 215
Fahrradladen St. Georg 215
Fahrradmitnahme in Bahnen 238 f
Fahrradverleih 214, 215, 235
Fahrradverleih Altona 235
Faust (Goethe) 129
FC St. Pauli **111**, 215
Feiertage 47
Felix Jud (Buchhandlung) 200, 201
Ferienwohnungen 174, 175
Fernbusse 232
Fernsehen **40 f**, 229
Fernsehturm *siehe* Heinrich-Hertz-Turm
Feste und Festivals **44–47**
Das Feuerschiff 51, **89**, 146, 173, 207
Feuerwehr 225
Fifty-Fifty (Musical) 108, 211
Film 205
 Filmfest Hamburg 46, 203
Financial Times Deutschland 229
Fischauktionshalle 36, 110, 112, **118 f**, 148, 223
Fischmarkt *siehe* St. Pauli Fischmarkt
Fläche 14
Flashdance (Musical) 211
Fleetfahrten 82, 241
Fleetinsel 76
Flimm, Jürgen 59
FlixBus 232
Floryaclub 206, 207
Fluchtweg St. Pauli – Großalarm für die Davidwache (Film) 109
Flughafen Hamburg 27, 230 f
Flughafentransfer 231, 238
Fluginformation 231
Flugreisen 230 f
Focke-Museum (Bremen) 166
Föhr 158
Forsmann, Franz Gustav 36, 42, 66, 123
Fosse – Die Show (Musical) 211
Fotohaven Hamburg (Messe) 47
Franken 21, 59
Frauencafé Endlich *siehe* endlich Salon
Freedom of the Seas 88
Freibeuter 24, 43
Freibrief 22 f
Freie Akademie der Künste 221
Freie Reichsstadt 24, 25
FREITAG-Taschen (Fachgeschäft) 199, 200, 201
Friedhof Ohlsdorf 38, 39, **134 f**
Friedrich, Caspar David 32, 64
FRS Helgoline GmbH 241
Frühling in Hamburg 44

Frühlingsdom 44
Führungen 221, 234
Fundbüros 225
FundService der Deutschen Bahn 225
Fundus Theater 217
Funk-Eck 194, 196
funke-ticket 202, 203
Furtwängler, Maria 41
Fußball 111, 134, 215

G

G20-Gipfel 27
Gadermann (Kanu- und Kajakverleih) 214, 215
Gala (Magazin) 229
Galerie der Gegenwart *siehe* Hamburger Kunsthalle
Galleria 76, 198
Galli Theater 217
Galopprennbahn Horn 215
Gänsemarkt 19, **77**
Gänsemarkt-Passage 76, 198, 201
Garbers, Karl 117
Garment (Modeladen) 199, 201
Gärten *siehe* Parks und Gärten
Geld 226 f
Geldautomaten 226
Generation Bar 207
Ein Genius geleitet das Stadtschiff (Barlach, Garbers) 117
GEO (Magazin) 40
Georg der Drachentöter 22, 66
Gerd Bucerius Bibliothek 131
German Open (Tennisturnier) 45
Geschichte **20–27**
Getränke 186 f
Gewächshäuser *siehe* Schaugewächshäuser
Gewürzmuseum *siehe* Spicy's Gewürzmuseum
Gezeitenland (Wellness- und Erlebnisbad, Borkum) 160
Ghost (Musical) 109, 210, 211
girocard 226
Gobert, Boy 43
Goethe, Johann Wolfgang von 129
Golden Pudel Club 206, 207
Golf 215
Golf Lounge 215
La Gondola 241
Goßlers Park 138
Gottorper Vertrag 25
Gourmet-Bistros 195, 197
Grabower Altar (Meister Bertram) 43
Grindel (Viertel) 18, 121, 223
Grönland (Schiff) 167
Groß-Hamburg-Gesetz 26
Große Bleichen 10
Große Elbstraße 148 f
Große Freiheit 36 (Club) 206, 207
Große Kunstschau Worpswede 167
Großer Brand (1842) 25, 57, 58, 67, 115
Großes Kaap (Borkum) 160

Großneumarkt 10, 70, 71, 72
Großstadtrevier (TV-Serie) 109, 190
Gründgens, Gustaf 43, 129, 134, 204
Grüne 27
Gruner + Jahr 35, 37, 40, 68, 143, 146, 229
Grüner Jäger (Club) 206, 207
GuteJacke (Modeladen) 198, 201

H

HADAG-Fähren 49, 135, 222, 240, 241
Hadley's (Café) 194, 196
Haerlin, Friedrich 123, 125
Hafen und Speicherstadt 29, 36, 47, 48, **80–103**
  Anfahrt 81
  Cap San Diego **102f**
  Detailkarte 82f
  Deutsches Zollmuseum **88**
  HafenCity 90f
  Hotels 176–181
  Restaurants 189f
  Rickmer Rickmers **98f**
  Spaziergang: Hafenpromenade und Speicherstadt 146f
  Spaziergang: Landungsbrücken bis Altonaer Balkon 148f
  Stadtteilkarte 80f
HafenCity 11, 27, 29, 32, 37, 81, **90f**
  Führungen 211
HafenCity InfoCenter 11, 32, 83, **90f**, 147
Hafenfähren 49, 135, 222, 240, 241
Hafengeburtstag 44, **85**, 203, 222
Hafen-Hochbahn 50, 96, 238
Hafenmuseum 135
Hafenrundfahrten 11, 48, 49, 222, 240
Hafenstraße **110**
Hagenbeck, Carl 43, 135, **136f**
Hagenbecks Tierpark *siehe* Tierpark Hagenbeck
Haller, Martin 37, 42
Halligen 158
HAM 21 231
Hamann, Evelyn 43
Hamburg Airport Helmut Schmidt 230f
Hamburg anders erfahren 235
Hamburg-Atlas 235
Hamburg Boat Show 46
Hamburg CARD 223, 236
Hamburg City Beach Club *siehe* Dock 3 Beachclub
Hamburg Citytours 220, 221
Hamburg Cruise Center *siehe* Kreuzfahrtterminals
Hamburg Cruise Days 45
Hamburg Dungeon 11, 82, **85**, 147, 217
Hamburg del mar (Beach Club) 207
Hamburg Marathon 44, 214, 215
Hamburg-Mitte (Bezirk) 16
Hamburg-Nord (Bezirk) 16

Hamburg Tourismus GmbH 173, 174, 175, 202, 203, 216, 217, 220, 221
Hamburg Triathlon 214, 215
Hamburger Abendblatt 229
Hamburger Balkon 234
Hamburger Dom 11, 44, 45, 46, 203, 217
Hamburger Inline-Skating Schule (HIS) 215
Hamburger Jedermann 204, 205
Hamburger Kammerspiele 43, 204, 205
Hamburger Krimifestival 46
Hamburger Küche 184f
Hamburger Kunsthalle 10, 29, 30, 32, **64f**
Hamburger Mariendom 62
Hamburger Morgenpost (MoPo) 229
Hamburger Pride Week 203
Hamburger Puppentheater 217
Hamburger Sparkasse 226
Hamburger SV 134, 215
Hamburger Theater Festival 46, 59
Hamburger Theaternacht 46
Hamburger Verkehrsverbund (HVV) 236f
Hamburgische Staatsoper *siehe* Staatsoper Hamburg
Hamburgisches Wattenmeer (Nationalpark) **140f**, 154
hamburgmuseum *siehe* Museum für Hamburgische Geschichte
Hammaburg 21, 22, 59, 73, 145
Handball 215
Handys 229
Hans-Albers-Platz 107
Hans-Albers-Statue 107
Hansa Rundfahrt GmbH 220, 221
Hansa Theater 204, 205
Hanse 24f
Hanseatic Helicopter Service 49
Hanseatic Trade Center 51, 147
Hanseballon 221
Hansekogge 167
Hanse-Viertel 76, 198, 201
Hansen, Christian Frederik 118
HAPAG (Reederei) 25, 97, 124
Harbour Front Literaturfestival 46
Harburg 24
Harburg (Bezirk) 16
Harlesiel (Fährhafen) 161
Harmstorf, Raimund 43
Haubach, Theodor 42
Hauptbahnhof 35, 37, **62**, 218f
  Wandelhalle 62, 198
Hauptkirchen 36
Haus Bernstein 141
Haus der Bürgerschaft (Bremen) 162
Heiligengeistfeld 111
Heimatmuseum (Langeoog) 161
Heine, Salomon 38, 122
Heine-Haus 122
Heine-Park 38
Heinrich-Heine-Denkmal 55
Heinrich-Hertz-Turm 37, 42, **77**, 78
Heiße Ecke – Das St. Pauli Musical 108, 211

Helgoland **159**
  Anreise 241
Hello (Modeladen) 198, 201
Helms-Museum für Archäologie 59
Helmut-Schmidt-Haus 41
Herbst in Hamburg 46
Herr Max (Patisserie) 195, 197
Die Herren Simpel (Café) 194, 196
Hertz (Autoverleih) 234, 235
Hertz, Heinrich 77
Herzog & de Meuron 37, 94
Hessepark 138
Heymann (Buchhandlung) 200, 201
hin & veg (Bistro) 195, 197
Hinterm Horizont (Musical) 210, 211
Historisches Museum – Domherrenhaus (Verden) 167
Hochschule für Musik und Theater 125, 204, 205
Hoetger, Bernhard 166, 167
Höger, Fritz 37, 42, 63, 144
Holsten-Brauerei 186
Holthusenbad 214, 215
Horn, Galopprennbahn 215
Hörnum 156f
Hosaeus, Herman 83
Hotels (allgemein) **172–181**
  Absteiger 176–181
  Altona 177–181
  Altstadt 176–181
  Arrangements 173
  Ausstattung 172f
  Behinderte Reisende 174
  Camping 175
  einfach Hamburg (Veranstalter) 173, 175
  Ferienwohnungen 174
  Hafen und Speicherstadt 177–181
  Hotelauswahl **176–181**
  Hotelkategorien 175
  Hotelketten 173, 175
  Jugendherbergen 174f
  Kinder 174
  Neustadt 176–181
  Privatzimmer 174
  Reservierung 173, 175
  Rund um die Alster 176–181
  Schiffhotels 173
  St. Pauli 177–181
Hotels (einzeln) **176–181**
  25 Hours Hotel Hamburg No. 1 181
  A & O Hamburg Reeperbahn 181
  A & O Hostels 174, 175
  Amsterdam im Dammtorpalais 178
  Arcotel Onyx Hamburg 177
  Atlantic Kempinski 121, **128**, 172, 176
  Aussen Alster 178
  Barceló Hamburg 181
  Baseler Hof 179
  Best Western Plus Hotel St. Raphael 180
  Boston Hamburg 177
  Citadines Michel Hamburg 179
  City House 176f

Crowne Plaza Hamburg-City Alster 181
East 173, 177
Empire Riverside Hotel 177
Europäischer Hof 179
Fink (Hotel-Pension) 179
Fresena im Dammtorpalais 179
Fritz im Pyjama 179
Generator Hostel Hamburg 181
The George Hotel 176
Grand Elysée Hamburg 176
Hafen Hamburg 179
HENRI Hotel 176
Holiday Inn Hamburg 181
Hotel am Elbufer 179
ibis budget Hamburg Altona 181
IntercityHotel Hamburg Altona 181
IntercityHotel Hamburg Hauptbahnhof 180
Junges Hotel 177
Landhaus Flottbek 180
Leonardo Hotel Hamburg Elbbrücken 177
Lindner Park-Hotel Hagenbeck 178, 179
Louis C. Jacob 118, 176, 177
The Madison Hamburg 177
Mercure Hotel Hamburg Mitte 180
Le Méridien Hamburg 174, 176
Motel One Hamburg am Michel 181
Mövenpick Hotel Hamburg 177
NH Hamburg Horner Rennbahn 181
Nige Hus 180
Nippon 174, 178
Novum Hotel am Holstenwall 175, 180
Novum Hotel Continental 179
Novum Hotel Eleazar Hamburg 180
Novum Hotel Graf Moltke 179
Park Hyatt Hamburg 176
Quality Hotel Ambassador 180
Radisson Blu Hotel 180
Reiterhof Ohlenhoff 180
relexa hotel Bellevue Hamburg 179
Renaissance Hamburg Hotel 180
The Rilano Hotel Hamburg 177
Romantik Hotel das Smolka 178
Scandic Hamburg Emporio 177
Schanzenstern Altona 181
Senator 179
SIDE 177
Signature Hotel Königshof Hamburg 180
Sofitel Hamburg Alter Wall 180
St. Annen 181
Steigenberger Hotel Hamburg 176
Steigenberger Hotel Treudelberg 178
Stella Maris 179
Strandhotel Blankenese 178
Superbude St. Pauli 181
Vier Jahreszeiten 36, 121, 123, **125**, 172, 176

Village 177
Vorbach 178
Wagner im Dammtorpalais 178
Wedina 178
The Westin Hamburg 176
YoHo 178, 179
Zollenspieker Fährhaus 176
HSH Nordbank-Arena *siehe* Volksparkstadion
HSV *siehe* Hamburger SV
HSV-Museum 33, **134**
Hummel, Wasserträger **67**
Hummelfest *siehe* Sommerdom
Hummer Pedersen (Delikatessenladen) 200, 201
Husmann, Carsten 163
HVV 236 f
HVV-Plan *hintere Umschlaginnenseiten*
Hygieia-Brunnen 56, 61

I

i-punkt Skateland 215
IBA *siehe* Internationale Bauausstellung
Ich war noch niemals in New York (Musical) 109, 208, 210, 211
IGS *siehe* Internationale Gartenschau
IKEA Hamburg-Altona 199, 201
Imam-Ali-Moschee 129
Immendorff, Jörg 107
Imtech Arena *siehe* Volksparkstadion
Inas Nacht (TV-Serie) 190
Inline-Skaten 215
Insel Neuwerk **139**, 141, 241
Instrumentenwelt 95
InterCityExpress 233
International Exchange 226
Internationale Bauausstellung (IBA) 27
Internationale Gartenschau (IGS) 27
Internationales Haus der Fotografie 62
Internationales Maritimes Museum Hamburg *siehe* Maritimes Museum 33, **86 f**, 91, 221
Internationales Musikfest Hamburg 44
Internationales Sommerfestival 45, 204
Internationales Tennisturnier am Rothenbaum *siehe* German Open
Internet-Cafés 229
Iphigenie auf Tauris (Goethe) 129
Isemarkt 178
Islamisches Zentrum Hamburg 129
Ivar Kranz (Schmuckladen) 199, 201

J

Jacobikirche **62**
Japanischer Garten mit Teehaus 79
Japanisches Kirschblütenfest 44
Jazzclub Bergedorf 206, 207
Jazzclub im Stellwerk 206, 207
Jedermann siehe *Hamburger Jedermann*

Jenisch, Martin Johann von 138
Jenisch Haus 32, 42, 138
Jenischpark 32, 38, **138**
Johannes-Brahms-Museum 33, **73**
Johanniskirche (Bremen) 166
Johanniskirche (Verden) 167
Juden in Hamburg
  Black Form – Dedicated to the Missing Jews (Denkmal von Sol LeWitt) 114, **117**
Jüdische Gemeinde 117
Jüdischer Friedhof 115
Jugendherbergen 174 f
Juist **160**
Juister Musikfestival 160
Jung, Holger 40
Junges Forum für Musik + Theater 204, 205
Junges Schauspielhaus 204
Jungfernstieg 10, 120, 121, 122, **124 f**
Jürgens, Udo 109, 210

K

k3 Stadtführungen 221
Kabel, Heidi 43, 129
Kaffee-Bars 195, 197
Kaffeemuseum Burg **88 f**, 147
Kaffeerösterei Burg 200, 201
Kaiser-Wilhelm-Denkmal 79, 242
Kaiser-Wilhelm-Kanal *siehe* Nord-Ostsee-Kanal
Kaiser-Wilhelm-Reiterstandbild (Altona) 114, 117
Kaispeicher A 92, 93, 94
Kaispeicher B 91, 221
Kallmorgen, Werner 94
Kammerspiele *siehe* Hamburger Kammerspiele
Kampen 156
Kampnagel 204, 205
Kamtschatka-Bären 137
Kanu- und Kajakverleih 214, 215
Kapitän Prüsse (Fährbieter) 241
Karl der Große 21, 164
Karolinenviertel 198
Karten
  Altona 113
  Altstadt 55, 56 f
  Ausflüge 154 f
  Bremen 163
  Deutschland 14 f
  Europa 15
  Flughafen Hamburg 230
  Großraum Hamburg 16 f
  Hafen und Speicherstadt 81
  HafenCity 90 f
  Hamburg per Schiff 48 f
  Hamburgs Innenstadt 18 f
  Helgoland 159
  Highlights: Architektur 34 f
  Highlights: Medienmetropole Hamburg 40 f
  Highlights: Museen und Sammlungen 30 f
  Highlights: Parks und Gärten 38 f
  Museumsdorf Cloppenburg 168
  Nationalpark Hamburgisches Wattenmeer 140 f

Neustadt 69, 70f
Nord-Ostsee-Kanal 161
Planten un Blomen 78f
Rathaus und Alsterarkaden 56f
Reeperbahn 106f
Rund um die Alster 121, 122f
Spaziergang: Altstadt 144f
Spaziergang: Hafenpromenade und Speicherstadt 146f
Spaziergang: Landungsbrücken bis Altonaer Balkon 148f
Spaziergänge: Übersicht 143
Speicherstadt 82f
St. Pauli 105
Stadtplan 242–257
Sylt **156f**
Tierpark Hagenbeck 136f
Von Altona zur HafenCity 50f
Zentrum von Hamburg 18f
Kartentelefon 228
Käse, Wein & mehr (Delikatessenladen) 200, 201
Kasino Reeperbahn 202
Katharinenkirche 63
Kaufmannsgilde 23
Kehrwieder (Theater) 147
Kehrwiederspitze 19, 37, 51, **84**, 146
Kesselhaus *siehe* HafenCity InfoCenter
Kilimanschanzo 111
Kinder 216f
  in Hotels 174
  Information 216, 217
  Museen 216
  Parks und Zoos 216
  in Restaurants 183
  Sport 217
  Theater 216f
Kindernetz Hamburg 216, 217
Kinky Boots (Musical) 210, 211
Kino 128, **205**
  Filmfest Hamburg 46
  Sommerkino im Sternschanzenpark 45
Kirchen
  Alte Kirche St. Salvator (Pellworm) 158
  Andreaskirche (Verden) 167
  Johanniskirche (Bremen) 166
  Johanniskirche (Verden) 167
  Mariendom 62
  Nikolaikirche (Helgoland) 159
  Pfarrkirche Unser Lieben Frauen (Bremen) 162
  St. Jacobi 36, **62**
  St. Johannis (Bremen) 166
  St. Katharinen 36, **63**
  St. Michaelis 10, 18, 29, 34, 36, 46, 69, 70, **74f**
  St. Nikolai (Mahnmal) 36, **66**
  St. Petri 36, **58f**
  St.-Petri-Dom (Bremen) 163
Kirchner, Ernst Ludwig 65
Kirschblütenfest 44
Kleiderrausch (Secondhandladen) 199, 201
Kleine Alster 56
Kleiner Donner (Club) 206, 207
Kleinkunst **204f**
Kletterzentrum Hamburg 215
Klick Kindermuseum 216f
Klima 45–47

Klimahaus Bremerhaven 8° Ost 167
Klopstock, Friedrich Gottlieb 42
Klose, Hans-Ulrich 27
Knust (Live-Musik) 207
Knuth (Café) 194, 196
Köhlbrand 135
Köhlbrandbrücke 27, 37, 49, 117, 133, **135**
Köhlbrandtreppe 118, 142, 149
Kolumbus-Standbild (Boerner) 83
Komet Bar 206, 207
Kommunikation **228f**
Komödie Winterhuder Fährhaus 204, 205
Konditorei Lindtner 195, 197
Konditoreien 195, 197
Der König der Löwen (Musical) 96, 203, 208, 211
Königliche Eisenbahndirektion 116
Konsulate *siehe* Botschaften und Konsulate
Kontinentalsperre 25
Kontorhausviertel 26, 37, **63**, 144
Koppel 66 129
Kornhausbrücke 83
Kramer-Witwen-Wohnung 10, 32, 36, 70, **72**
Krankenhäuser 225
Krankenversicherung 225
Kreditkarten 224, 226
  Notrufnummern 226
Kreuzfahrerwelt Hamburg (Messe) 47
Kreuzfahrten 233
Kreuzfahrtterminals
  Altona 88, 114, 149, 233
  HafenCity 49, **88**, 147, 233
Kreuzzug, dritter 22
Küchenfreunde (Bistro) 195, 197
Kunsthalle *siehe* Hamburger Kunsthalle
Kunsthalle Bremen **166**
Kunsthandwerk 32
Kunstmeile 10, 32, 63
Kunstverein in Hamburg 63
Kyti Voo (Café) 194, 196

L

Labskaus 185
Läden *siehe* Shopping
Laeiszhalle 36, 37, 42, **73**, 204, 205
Landungsbrücken 11, 29, 34, 37, 50, 80, **97**, 146, 148
Lange Anna (Helgoland) 155, 159
Lange Nacht der Museen 30, 44, 221
Langeoog 160f
Laufen 214, 215
Lederer, Hugo 72
Lenz, Siegfried 42
Lesben 207
Lessing, Gotthold Ephraim 77
  Lessingstatue 19, 69, 77
  Lessingzeit 47, 59
LeWitt, Sol 115, 117
Der Lichtbringer (Hoetger) 166
Liebe Stirbt Nie (Musical) 210, 211
Liebermann, Max 118

Liegendes Mädchen am Rasenhang (Pissarro) 166
Lindenberg, Udo 27, 42, 106, 107, 108, **206**, 210
Le Lion – Bar de Paris 206, 207
List 156
Literaturhaus 46, **129**
Literaturhaus Café 194, 196
Littmann, Corny 108, 204, 211
Live-Musik **206f**
Loch Rannoch (Tanker) 100f
Loenicker, Nils 205
Logo (Live-Musik) 207
Ludwig der Fromme 21, 22
Ludwig Roselius Museum (Bremen) 166
Lufthansa 230, 231
Lühmanns Teestube 195, 197
Lush (Beauty-Shop) 200, 201

M

Mackensen, Fritz 167
Mädchen auf der Brücke (Munch) 65
Maestro-Karte *siehe* girocard
Magdeburger Hafen 91
Magellan-Terrassen 90, 91
Mahnmal St. Nikolai 10, 32, 36, **66**, 144
Maler 43
Mallorca – Insel der Träume (Musical) 211
Mamma Mia (Musical) 109, 208, 210, 211
Manet, Édouard 65
Marcks, Gerhard 162
Marco-Polo-Tower 90, 147
Mariendom 59, 62
Maritim (Brandes) 115, 117
Maritime Circle Line 49
Maritimes Museum 33, **86f**, 91, 221
Markt der Völker 128
Marktplatz (Bremen) 162
Mary Poppins (Musical) 96, 211
Maskenzauber an der Alster 47
MasterCard 226
Matt, Jean-Remy von 40
MAY (Café) 194, 196
Medien 40f
Medizinische Versorgung 225
Mehr! Theater am Großmarkt 209, 211
Mehrwertsteuer 198
Meister Bertram 43, 64
Mendelssohn Bartholdy, Felix 42
Menken, Alan 210
Meßberg 145
Meßberghof 63
Der Messias (Klopstock) 42
Meßmer Momentum (Tee-Lounge) 195, 197
Metropolis 205
Michaeliskirche *siehe* St. Michaelis
Michel *siehe* St. Michaelis
MidSommerland 214, 215
Mietwagen 233, 234, 235
Millerntor-Stadion 45, 111
Mindways Segway Citytour Hamburg 215
Miniatur Wunderland (Modelleisenbahn) 11, 33, 82 **84**, 147, 216, 217
Minigolf 79, 216

Mitwohnbörse 223
Möbelläden 199, 201
Mobiltelefone 229
Modeläden 198f, 201
Modelleisenbahn (Miniatur Wunderland) 84
Modersohn, Otto 167
Modersohn-Becker, Paula 166, **167**
Modersohn-Becker-Museum (Bremen) 166
mojo club 206, 207
Molotow (Live-Musik) 207
Mönckebergstraße 19, 57, 198
Montanhof 63
Montblanc (Schmuckladen) 199, 201
Moorwerder 24
Der Morgen (Runge) 64
Mozart! (Musical) 210, 211
Mozer, Jordan 177
Müller, Ina 71, 190
Müller, Johanne Henriette Marie (Zironenjette) 71
Munch, Edvard 65
Münztelefon 228
Museen für Kinder 216
Museen und Sammlungen **30 – 33**, 216, **221**
　Altonaer Museum 30, 32, 115, **116f**
　BallinStadt – Auswandererwelt Hamburg 33, **97**, 221
　Bargheer Museum 32, 38, **138**
　Bucerius Kunst Forum 32, 37, 56, **58**
　Cap San Diego 33, **102f**
　Chocoversum 33, **67**, 217
　Deichtorhallen 30, 32, **62f**, 216
　Deutsches Pferdemuseum (Verden) 167
　Deutsches Salzmuseum (Lüneburg) 223
　Deutsches Schifffahrtsmuseum (Bremerhaven) 167
　Deutsches Zollmuseum 33, 83, **88**, 147
　Dialog im Dunkeln & Dialog im Stillen 33, 83, **89**, 147
　Domherrenhaus (Verden) 167
　Ernst Barlach Haus 32, 42, **138**
　Das Feuerschiff 51, **89**, 146, 207
　Focke-Museum (Bremen) 166
　Große Kunstschau Worpswede 167
　Hafenmuseum 135
　Hamburger Kunsthalle 10, 30, 32, **64f**
　Haus Bernstein (Insel Neuwerk) 141
　Highlights **30 – 33**
　Historisches Museum – Domherrenhaus (Verden) 167
　HSV-Museum 33, **134**
　Internationales Haus der Fotografie 62
　Jenisch Haus 32, 42, **138**
　Johannes-Brahms-Museum 33, **73**
　Kaffeemuseum Burg **88f**, 147
　Klick Kindermuseum 216, 217
　Klimahaus Bremerhaven 8° Ost 167
　Kunsthalle Bremen 166
　Kunstverein in Hamburg 63, 64
　Lange Nacht der Museen 30, 44, 221
　Ludwig Roselius Museum (Bremen) 166
　Maritimes Museum 33, **86f**, 91, 221
　Museum Altes Land 138
　Museum der Arbeit 30, 33, 132, **135**
　Museum für Hamburgische Geschichte 10, 30, 32, 37, 42, 72, **73**
　Museum für Kunst und Gewerbe 10, 30, 32, **130f**
　Museum für Völkerkunde Hamburg 30, **128**, 216
　Museumsdorf Cloppenburg 154, **168f**
　Museumshafen Övelgönne 33, **135**, 143, 149
　PanikCity 107, **108**, 206
　Panoptikum 33, **108**
　Paula-Modersohn-Becker-Museum (Bremen) 166
　Prototyp Museum **89**, 221
　RED Gallery 33, **67**
　Rickmer Rickmers 30, 33, **98f**
　Sammlung Bernhard Hoetger (Bremen) 166
　Sankt Pauli Museum 33, 109, 221
　Speicherstadtmuseum 30, 32, 82, **85**, 135, 147
　Spicy's Gewürzmuseum 33, **84**, 147
　Spiekerooger Muschelmuseum 161
　Telemann-Museum 73
　U-434 33, **110**, 148
　Überseemuseum (Bremen) **166**
　Universum Science Center (Bremen) 166
　Worpsweder Kunsthalle 167
Museum Altes Land 138
Museum der Arbeit 30, 33, 132, **135**
Museum für Hamburgische Geschichte 10, 30, 32, 37, 42, 72, **73**
Museum für Kunst und Gewerbe 10, 30, 32, **130f**
Museum für Völkerkunde Hamburg 30, **128**, 216
Museum SteinZeiten *siehe* RED Gallery
Museumsdienst Hamburg 221
Museumsdorf Cloppenburg **168f**
Museumshafen Övelgönne 33, **135**, 143, 149
Musical-Express 49
Musicals **208 – 213**
　Buddy 208, 211
　Cats 109, 208, 210
　Delphi Showpalast 209, 211
　Dirty Dancing 119, 208, 210, 211
　Disneys Aladdin 119, 211
　Fifty-Fifty 211
　Flashdance 211
　Fosse – Die Show 211
　Ghost 109, 210, 211
　Heiße Ecke – Das St. Pauli Musical 211
　Hinterm Horizont 210, 211
　Ich war noch niemals in New York 109, 208, 210, 211
　Kinky Boots 210, 211
　Der König der Löwen 96, 208, 211
　Liebe Stirbt Nie 109, 210, 211
　Mallorca – Insel der Träume 211
　Mamma Mia 109, 208, 210, 211
　Mary Poppins 96, 208, 211
　Mozart! 210, 211
　Neue Flora 119, 208, 209, 210, 211
　Oh, what a Night! 211
　Paul & Paula 211
　Phantom der Oper 119, 208, 210, 211
　Rocky 109, 208, 209, 210, 211
　Schmidts Tivoli 108, 209, 211
　Sister Act 109, 208, 210, 211
　Stage Entertainment 208, 209
　Stage Operettenhaus 109, 208, 209, 210
　Starcut 211
　Tanz der Vampire 208, 210, 211
　Tarzan 119, 208, 210, 211
　Theater an der Elbe 96, 208, 209, 210, 211
　Theater im Hafen Hamburg 96, 208, 209, 211
　Tickets 209
　Titanic 119, 210, 211
　We Will Rock You 211
　Westerland 211
　Das Wunder von Bern 96, 208, 211
　Yippie Ya Yeah! 211
Musik **204f**
　Elbphilharmonie 4, 8f, 27, 29, 35, 37, 51, 81, **92 – 95**, 90, 204, 205
　Internationales Musikfest Hamburg 44
　Laeiszhalle 36, 37, 42, **73**, 204, 205
　Live-Musik **206f**
　Musicals **208 – 213**
　Neue Flora 119, 208, 209, 210, 211
　Schleswig-Holstein Musik Festival 45
　Schmidts Tivoli **108**, 209, 211
　Staatsoper Hamburg **77**, 204, 205
　Stage Operettenhaus 106, 109, 208, 209, 210, 211
　Theater an der Elbe 96, 208, 210, 211
　Theater im Hafen Hamburg 51, **96**, 203, 208, 209, 211
Musiker 42
Musikhalle *siehe* Laeiszhalle

N

Nana (Manet) 65
Nannen, Henri 43
Napoleonische Herrschaft 25
Nationalpark Hamburgisches Wattenmeer **140f**
Nationalpark Niedersächsisches Wattenmeer 153, 161
Nationalpark Schleswig-Holsteinisches Wattenmeer 153, 158
Nationalpark-Haus (Wangerooge) 161

Naturbad Stadtparksee 214, 215
NDR *siehe* Norddeutscher Rundfunk
NDR Elbphilharmonie Orchester 95
Neßmersiel (Fährhafen) 161
Neue Flora 119, 208, 209, 210, 211
Neue Nikolaikirche 66
Neuer Jungfernstieg 125
Neuer Leuchtturm (Borkum) 160
Neuer Wall 10, 198
Neuharlingersiel (Fährhafen) 161
Neumeier, John 77, 204
Neustadt **68–79**
   Anfahrt 69
   Detailkarte 70f
   Hotels 176–181
   Planten un Blomen **78f**
   Restaurants 188f
   St. Michaelis **74f**
   Stadtteilkarte 69
Neuwerk *siehe* Insel Neuwerk
Niebüll 155
Niedersächsisches Wattenmeer (Nationalpark) 161
Niederschläge 46
Nigehörn 141
Nikolaikirche (Helgoland) 159
Nikolaikirche (Mahnmal) 36, **66**
Nikolaus I., Papst 59
Nivea Haus 123, 124, 198, 200, 201
Nord-Ostsee-Kanal 153, 160, **161**
Norddeich (Fährhafen) 161
Norddeutscher Rundfunk 40f, 229
Norderney 160
Nordfriesische Inseln 154, **158**
Nordstrand 158
Nossack, Hans Erich 42
Notfälle 224f
Notrufnummern 225

O

Oberland (Helgoland) 159
Octopus (Möbelladen) 199, 201
Oevelgönne *siehe* Museumshafen Övelgönne
Oh it's fresh! (Sandwich-Store) 195, 197
Oh, what a Night! (Musical) 211
Ohnsorg-Theater 43, **129**, 204, 205
Oldenburg (Zollkreuzer) 89
oohh! Freizeitwelten (Messe) 47
Oper **204**, 205
   Forum der Hochschule für Musik und Theater Hamburg 204, 205
   Laeiszhalle 36, 37, 42, **73**, 204, 205
   Staatsoper Hamburg **77**, 204, 205
Operettenhaus *siehe* Stage Operettenhaus
Opernloft 217
Orang-Utans 137
Ordeelbook 23
Oschätzchen (Delikatessenladen) 200, 201
Osterfeuer 44
Ostfriesische Inseln 153, 154, **160f**
Otto V. von Holstein-Schaumburg, Graf 118
Otto, Waldemar 56
Otto's Burger (Bistro) 195, 197
Övelgönne *siehe* Museumshafen Övelgönne
Overbeck, Fritz 167
OXMOX (Stadtzeitung) 202

P

Paddeln 214, 215
Palmaille 36, 114, **118**
Palmers (Dessousladen) 200, 201
PanikCity 107, **108**, 206
Panoptikum 33, 106, **108**
Pappnase & Co (Fachgeschäft) 200, 201
Papst Benedikt V. 23
Papst Nikolaus I. 59
Park Café 194, 196
Parkautomaten 235
Parkplätze 234f
Parks und Gärten
   Alstervorland 39, 128
   Baurs Park 138
   Friedhof Ohlsdorf 39, 134
   Goßlers Park 138
   Heine-Park 38
   Hessepark 138
   Highlights **38f**
   Jenischpark 38, 138
   Planten un Blomen 29, 39, 45, **78f**, 203, 216, 217
   Rhododendron-Park (Bremen) 166
   Stadtpark 11, 39, **134**, 139, 216, 217
   Tierpark Hagenbeck 38, **136f**
   Volkspark 38
Passagen 37, **76**, 198
Paul & Paula (Musical) 211
Paula-Modersohn-Becker-Museum (Bremen) 166
Pauschalreisen 174, 202, 220, 230, 232
Pelikan-Apotheke 70
Pellworm 158
»Perlenkette« 149
Persienhaus 147
Perthes, Friedrich Christoph 43
Pestepidemie (1350) 24
Petersen, Jan-Peter 205
Petit Café 194, 196
Petrikirche **58f**
Pfarrkirche Unser Lieben Frauen (Bremen) 162
Pferdesport 215
Phantom der Oper (Musical) 119, 208, 210, 211
Philharmonisches Staatsorchester Hamburg 77
Pinnau, Cäsar 103
Pissarro, Camille 166
Planetarium 11, 134, 217
Planten un Blomen 29, 39, 45, **78f**, 203, 216, 217
Platz der Republik **116**, 149
P. M. Magazin 229
Politiker 42
Polizei 225
Polizeirevier Davidwache (Film) 109
Ponyreiten 216
Portugiesenviertel **72**, 182
Pöseldorf 121, **125**
Post 228
Postbank 226
Prayed (Modeladen) 199, 201
Pride Week 203
PRINZ (Stadtzeitung) 202
Prinzenbar 207
Privatzimmer 174
Profi-Sport 215
Prominente Hamburger **42f**
Prototyp Museum **89**, 221

Q

Quatsch Comedy Club 106
Queen Mary II 88
Quinn, Freddy 42, 190

R

Rad fahren 235, 238f
Rad Hamburg (Messe) 47
Radio 229
Radsport 214, 215
Rathaus 5, 10, 18, 20, 25, 29, 35, 36, 42, 54, 56f, **60f**, 144
Rathaus Altona 36, 114, **117**, 149
Rathaus Bremen 153, 162, **164f**
Rathausmarkt 57, 144
The Rattles 42
RED Gallery 33, **67**
Reederei Cassen Eils 139, 241
Reederei Sloman 146
Reederei Woermann 145
Reemtsma, Hermann F. 138
Reeperbahn 29, **106f**, 108
Reeperbahn Festival 46
Reichsbank-Gebäude, ehem. 58
Reinhard, Ernie 108
ReiseBank 226
Reisen Hamburg (Messe) 47
Reiseschecks 226
Rembrandt 64
Restaurants (allgemein) **182–197**
   Abstecher 192f
   Altona 190f
   Altstadt 188
   Behinderte Gäste 183
   Getränke **186f**
   Hafen und Speicherstadt 189f
   Hamburger Küche **184f**
   Kinder 183
   Kleidung 182
   Neustadt 188f
   Preise 182f
   Rauchen 183
   Reservierung 182
   Restaurantauswahl **188–193**
   Restaurantkategorien 183
   Rund um die Alster 191f
   St. Pauli 190
   Trinkgeld 183
   Vegetarische und vegane Gerichte 183
Restaurants (einzeln) **188–193**
   ALEX im Alsterpavillon 124, 191
   Alsterschiff Galatea 191
   Alt Hamburger Aalspeicher 145, 188
   Au Quai 191
   Die Bank 183, 189
   Bolero 191

Brasserie Flum 192
Breitengrad 190
Brodersen 191
Brücke 192
Bullerei 190
Café Altamira 190
Café Paris 188, 194, 196
CARLS an der Elbphilharmonie 189
Catch of the Day 189
Central 192
Cox 192
Daniel Wischer 188
Deichgraf 145, 188
Das Dorf 191
Eisenstein 190, 194, 196
Engel 192
Dal Fabbro 193
Fillet of Soul 188
Fischclub Blankenese 192 f
Fischereihafen Restaurant 191
Fischerhaus 182, 190
Haerlin 192
Haifischbar 149, 190
Hamborger Veermaster 190
Henriks 192
Henssler & Henssler 191
Jacobs Restaurant 193
Jahreszeiten Grill 192
Kajüte 191
Kartoffelkeller 145
Landhaus Scherrer 193
Mama 188
Man Wah 190
Marblau 188
Marinehof 189
Matsumi 189
[m]eatery 189
La Mirabelle 189
Das Neue Landhaus Walter 193
NIL 190
Oberhafen Kantine 189
Old Commercial Room 189
Piazza Romana 192
Le Plat du Jour 188
Rialto 183, 190
Ristorante Portonovo 192
Rive 191
Sagebiels Fährhaus 193
Sâi gón 193
Saliba Alsterarkaden 188
Schauermann 190
Schönes Leben 189
Das Seepferdchen 191
La Sepia 190
Seven Seas 193
Shikara 190
Stock's Fischrestaurant 193
Störtebeker Beer & Dine 189
Strandperle 193
Stricker's KehrWiederSpitze 189
Suzy Wong 191
Tarantella 189
Tassajara 192
Thämers 71
Ti Breizh 188
Tschebull 188
La Vela 190 f
VLET 189, 190
Wandrahm 190
Das Weiße Haus 193
Weltbühne 188
Witthüs 193, 195, 197
Zollenspieker Fährhaus 193
Zu den alten Krameramtsstuben am Michel 10, 72, 189
Zum Schellfischposten 190
Rhododendron-Park (Bremen) 166
Rickmer Rickmers 11, 29, 30, 33, 50, **98 f**, 146, 216
Rilke, Rainer Maria 167
Rocky (Musical) 109, 208, 209, 210, 211
Rödingsmarkt 144
Roland-Statue (Bremen) 162
Rollschuhbahn (Planten un Blomen) 79, 217
Romantik-Nächte 45
Roselius, Ludwig 166
Die Rösterei (Café) 194, 196
Rote Flora 111
Die Roten Doppeldecker 220, 221
Rotes Kliff (Sylt) 156
Rudern 214, 215
Rund um die Alster **120–131**
  Anfahrt 121
  Detailkarte 122 f
  Hotels 176–181
  Museum für Kunst und Gewerbe **130 f**
  Restaurants 191 f
  Stadtteilkarte 121
Runde, Ortwin 27
Rundflüge 49, 220, 221
Runge, Philipp Otto 43, 64
Ruwoldt, Hans Martin 43

S

S-Bahnen 238 f
Salomonisches Urteil (Bremer Rathaus) 165
Sammlung Bernhard Hoetger (Bremen) 166
Sander, Jil 125, 198
Sandtorhafen 90
Sandwich-Stores 195, 197
Sankt Pauli Museum 33, 109, 221
Schaartorschleuse 87
Schanzenviertel **111**, 199, 206 f, 223
Schaper, Fritz 77
Scharhörn 141
Scharoun, Hans 167
Schaudt, Emil 72
Schauenburg, Grafen von 22 f
Schaugewächshäuser 79
Schauspieler 43
Schauspielhaus siehe Deutsches Schauspielhaus
Das Schiff (Kleinkunstbühne) 205
Schiffe
  Cap San Diego **102 f**
  Deutsches Schifffahrtsmuseum (Bremerhaven) 167
  Das Feuerschiff 89
  Grönland 167
  Hansekogge 167
  Rickmer Rickmers **98 f**
  Seute Deern 167
  U-434 33, **110**, 148
  Wilhelm Bauer 167
Schifffahrten **240 f**
  Anreise mit dem Schiff 233
  Hamburg per Schiff **48–51**
Schifffahrtsmuseum (Langeoog) 161
Schiffhotels 173
Schiffsbegrüßungsanlage Willkomm-Höft 48, 133, **138 f**
Schinkel, Karl Friedrich 138
Schlepperballett (Hafengeburtstag) 44, 85
Schleswig-Holstein Musik Festival 45
Schleswig-Holsteinisches Wattenmeer (Nationalpark) 158
Schleusenbrücke 56, 58, 67
Schlittschuh laufen 47
Schmeling, Max 43
Schmidt, Helmut 26, 27, 42, 231
  Helmut-Schmidt-Haus 41
Schmidt Show 108
Schmidt Theater 107, **108**, 205
Schmidts Tivoli 107, **108**, 202, 205, 209, 211
Schmuckläden 199, 201
Schmuggel 86 f
Schnitger, Arp 62
Schnoorviertel (Bremen) 166
Schokovida (Café) 195, 197
Scholz, Olaf 27
Schriftsteller 42
Schuhläden 200, 201
Schumacher, Fritz 37, 42, 73, 109
Schütting (Bremen) 162, 163
Schwartzenberger, Charles Maurice 59
Schwarzlichtviertel 217
Schwimmen 214, 215
Schwule 207
Secondella (Secondhandladen) 199, 201
Secondhandläden 199, 201
Seeler, Uwe 27, 43
Seemannshöft (Lotsenstation) 48
Seenot-Beobachtungsstation (Langeoog) 161
Der Seewolf (TV-Film) 43
Segeln 214, 215
Segelschule Pieper 215
Segways 221
Selbstbildnis mit Modell (Kirchner) 65
Senatskoordinator für die Gleichstellung behinderter Menschen der Freien und Hansestadt Hamburg 174, 175
Senioren 222
Seute Deern (Schiff) 167
Shanty-Chor De Tampentrekker 203
Shopping 58, **198–201**
  Beauty und Dessous 200, 201
  Bücher 200, 201
  Delikatessen 200, 201
  Fachgeschäfte 200, 201
  Möbel und Design 199, 201
  Mode 198 f, 201
  Passagen 76, 198
  Schmuck und Uhren 199, 201
  Secondhand 199, 201
  Shopping-Meilen und Passagen 198, 201
stilwerk 119

TEXTREGISTER | 267

Sicherheit **224f**, 239
Silvester 47
Simeon und Hanna im Tempel (Rembrandt) 64
SindBad (Baltrum) 160
Sister Act (Musical) 109, 208, 210, 211
Sixt (Autoverleih) 234, 235
Skifahren 215
Skyline Bar 20up 177, 206, 207
Slevogt, Max 162
Sloman, Henry B. 63
Slomanhaus 146
Snackbars **194–197**
Sofitel 173, 175
Sommer in der HafenCity (Fest) 45
Sommer in Hamburg 45
Sommerdom 45
Sonnenscheindauer 45
Sonnin, Ernst Georg 42, 75
Soup & Friends 195, 196
Soup City 195, 196
Souperia 195, 197
Spaziergänge
    Altstadt 144f
    Hafenpromenade und Speicherstadt 146f
    Landungsbrücken bis Altonaer Balkon 148f
SPD 25
Speicherstadt *siehe* Hafen und Speicherstadt
Speicherstadt Kaffeerösterei 194, 196
Speicherstadtmuseum 30, 32, 82, **85**, 135, 147
Spicy's Gewürzmuseum 33, 82, **84**, 147
DER SPIEGEL 41, 229
Spiekeroog 161
Spiekerooger Muschelmuseum 161
Spielbudenplatz 106, 108, 109
Sport und Aktivurlaub **214f**
    Kinder 217
Sportler 43
Springer, Axel 43
Sprinkenhof 63, 144
St. Georg (Stadtviertel) 18, **129**, 206, 207
St. Jacobi 36, **62**, 144
St. Johannis (Bremen) 166
St. Katharinen 36, **63**
St.-Lukas-Altar (St. Jacobi) 62
St. Michaelis 10, 18, 29, 34, 36, 46, 69, 70, **74f**
St. Nikolai 66
St. Nikolai (Mahnmal) **66**
St. Pauli **104–111**
    Anfahrt 105
    Detailkarte 106f
    FC St. Pauli **111**
    Hotels 176–181
    Restaurants 190
    Spaziergang: Landungsbrücken bis Altonaer Balkon 148f
    Stadtteilkarte 105
St. Pauli Fischmarkt **110**, 223
St. Pauli Theater 107, 204, 205
St. Petri 36, **58f**, 144
    Hochaltar (Meister Bertram) 64
St.-Petri-Altar (St. Jacobi) 62

St.-Petri-Dom (Bremen) 163
    Bibelgarten 163
    Bleikeller 163
    Dom-Museum 163
    Thronender Christus 163
Staatsoper Hamburg **77**, 204, 205
Stadtlagerhaus 148
Stadtmodell Hamburg 139
Stadtpark 11, 39, **134**, 139, 216, 217
Stadtpark Revival 46
Stadtplan **242–257**
StadtRAD Hamburg 235
Stadtrundfahrten 220, 221
Stage Club 207
Stage Entertainment 208, 209
Stage Operettenhaus 106, 109, 208, 209, 210, 211
Stallone, Sylvester 109, 210
Star-Club 26, 109, 202, 206
Starcut (Musical) 211
Stefan Fink (Fachgeschäft) 200, 201
Steinzeit, mittlere 21
stern (Zeitschrift) 40, 41, 229
Sternschanze 111
Sternschanzenpark 111, 203
Stettin (Eisbrecher) 135
stilwerk 10, 11, 113, **119**, 148f, 182, 199, 201
Stolpersteine 143
Störtebeker, Klaus 24, 25, 43, 85
Störtebeker-Denkmal 91
Strandkai 90
StrandPauli (Beach Club) 110, 207
Studenten 223
Stuhlmann, Günther Ludwig 116
Stuhlmannbrunnen 114, **116**
Sturmflut (1962) 26
Suppen-Bistros 195, 197
Swiss (Airline) 230, 231
Sylt 152, **156f**
SZENE HAMBURG (Stadtzeitung) 202

T

Tabakhistorische Sammlung Reemtsma *siehe* Museum der Arbeit
Tagesschau 41
Tageszeitungen 229
Tamm, Peter 86
De Tampentrekker (Shanty-Chor) 203
Tanz der Vampire (Musical) 119, 208, 210, 211
Tanzende Türme 37, 42, 104, 106
Tarifsystem 236
Tarzan (Musical) 119, 208, 210, 211
Tatort (TV-Krimi-Reihe) 41
Taxis 237
    vom Flughafen ins Zentrum 231
taz (Tageszeitung) 229
Teekontor 195, 197
Teestuben 195, 197
Teeteria 195, 197
Teherani, Hadi 42, 106
Telefonieren **228f**
Telemann, Georg Philipp 42, 73
Telemann-Museum 73
Tele-Michel *siehe* Heinrich-Hertz-Turm

Temperaturen 47
Tennis 215
Tennisanlage am Rothenbaum 45, 215
Die Terrasse im Restaurant Jacob in Nienstedten (Liebermann) 118
Teufelsbrück 48
TH² (Café) 194, 196
Thalia (Buchhandlung) 200, 201
Thalia Theater 43, 46, 47, **59**, 204, 205
Thälmann, Ernst 42
Theater **204f**
    Alma Hoppe Lustspielhaus 205
    Altonaer Theater 115, 204, 205
    Deutsches Schauspielhaus 43, 129, 204, 205
    English Theatre 204, 205
    Ernst Deutsch Theater 204, 205
    Fundus Theater 216, 217
    Galli Theater 217
    Hamburger Kammerspiele 204, 205
    Hamburger Puppentheater 217
    Hansa Theater 204, 205
    Junges Schauspielhaus 204
    Kampnagel 204, 205
    Kehrwieder 147
    Komödie Winterhuder Fährhaus 204, 205
    Mehr! Theater am Großmarkt 209, 211
    Ohnsorg-Theater 43, **129**, 204, 205
    Opernloft 217
    Das Schiff 205
    Schmidt Theater 107, **108**, 204, 205
    Schmidts Tivoli 107, **108**, 202, 204, 205, 209
    St. Pauli Theater 204, 205
    Thalia Theater 43, 46, 47, **59**, 204, 205
    Theater an der Elbe 96, 208, 209, 210, 211
    Theater für Kinder 216f
    Theater im Hafen Hamburg 51, **96**, 203, 208, 209, 211
    Theater in der Speicherstadt 204, 205
    Theater Kehrwieder 147
Theaterschiff Batavia 217
Theater an der Elbe 96, 208, 209, 210, 211
»Theater des Jahres« 59, 129
Theater für Kinder 216f
Theater im Hafen Hamburg 51, **96**, 203, 208, 209, 211
Theater in der Speicherstadt 204, 205
Theater Kehrwieder 147
Theaterfestival »Laokoon« 204
Theaterschiff Batavia 217
Themen- und Tagestouren **10–13**
Tickets 202f, 209, 220
Tierpark Hagenbeck 11, 38, 43, 133, **136f**, 216, 217
Tiger (Dampfschlepper) 135
Titanic (Musical) 119, 210, 211
Toni Thiel (Möbelladen) 199, 201
Tourist Information 202, 203

TEXTREGISTER

Touristeninformation 202, 203, **220**, 221
Touristik Kontor 49
Tower Bar 206, 207
Toyota, Yasuhisa 95
Traditionsschiffhafen am Sandtorkai 91
Trautwein, Fritz 37, 42
Triathlon 214 f
Trostbrücke 145
Tschentscher, Peter 27
Türpe, Paul 116

U

U-434 33, **110**, 148
U-Bahnen **238 f**
U-Boot-Museum siehe U-434
Überseemuseum (Bremen) 166
Überseequartier 91
Uebel & Gefährlich (Club) 207
Ufa-Palast 77
Uhrenläden 199, 201
Umweltbewusst reisen 222
Umwelthauptstadt 27, 222
UNESCO-Welterbestätten 140, 153, 157, 162, 164
Ungers, Mathias 64
Unilever-Haus 90
Universum Science Center (Bremen) 166
Der Untergang (Nossack) 42
Unterhaltung **202 – 215**
  Bars 206 f
  Behinderte Reisende 202 f
  Clubs 206 f
  Informationen 202, 203
  Kinder 217
  Kino **205**
  Kleinkunst 204 f
  Live-Musik **206 f**
  Musicals **208 – 213**
  Musik **204 f**
  Oper und klassische Musik **204 f**
  Sport und Aktivurlaub **214 f**
  Theater **204 f**
  Tickets 202, 203, 209
  Veranstaltungen im Freien 203
Unterkünfte siehe Hotels
Unterland (Helgoland) 159
Unternehmer 43
Unterwegs in Hamburg **234 – 241**

V

Vasco-da-Gama-Standbild (Hosaeus) 83
Velotaxi Hamburg (Fahrrad-Taxis) 237
Veranstaltungen im Freien 203
Verden an der Aller 167

Vereinigung zur Erhaltung historischer Wasserfahrzeuge 135
Verfassung, erste 25
Verkehr
  Anreise **230 – 233**
  Hamburg per Schiff **48 – 51**
  Öffentlicher Nahverkehr **234 – 241**, hintere Umschlaginnenseiten
  Rundflüge 220, 221
  Schifffahrten 240 f
  Stadtrundfahrten 220, 221
Verlage 40 f
Verlagsgruppe Milchstraße 125
Verlagshaus Gruner + Jahr 35, 37, 40, 68, 143, 146, 229
Versailler Vertrag 26
Vertrag von Verdun 21
Verwaltungsgliederung 16
View Point 11, **88**
Vintage & Rags (Secondhandladen) 199, 201
Visa (Kreditkarte) 226
Visum 220
Vitalienbrüder 43
Vogel, Hugo 60
Vogeler, Heinrich 165, 167
Voght, Johann Caspar 138
Volkspark 38
Volksparkstadion 27, 84, **134**
Voscherau, Henning 27

W

Waagenbau (Club) 206, 207
Wachsfigurenkabinett siehe Panoptikum
Wagner, Hansjörg 91
Während 226 f
Wallanlagen 79, 121
Wallanlagen (Bremen) 162
Wandelhalle (im Hauptbahnhof) 62, 198
Wanders, Lilo siehe Reinhard, Ernie
Wandrahmsfleet 83
Wandsbek (Bezirk) 16
Wangerooge 161
Die Wäscherei (Möbelladen) 199, 201
Waschk-Balz, Doris 71
Wasserlichtorgel 78
Wasserschutzpolizei 224
Wasserträger Hummel 67
Wasserturm 111
Wattenmeer **140 f**
Wattwagenfahrten 139
Wattwanderungen 157
We Will Rock You (Musical) 211
Webber, Andrew Lloyd 208, 211
Wechselstuben 226
Wedel 139
Weihnachtsmärkte 47
Wein-Outlet 200, 201
Die Welt (Zeitung) 229

Weltkrieg
  Erster 26
  Zweiter 26, 66
Wempe (Juweliergeschäft) 199, 201
Wenningstedt-Braderup 156 f
Werbeagentur Jung von Matt 40
Weserrenaissance 153, 164
Westerland (Sylt) 156
Westerland (Musical) 211
Westwind (Café) 194, 196
Wetter 45 – 47
Wikinger 21, 59, 158
Wilhelm Bauer (U-Boot) 167
Wilhelm-Koch-Stadion siehe Millerntor-Stadion
Wilhelmsburg 27
Willkomm-Höft 48, 133, **138f**
Wimmel, Carl Ludwig 36, 66
Winter in Hamburg 47
Winterdom 46, 47
Winterhuder Fährhaus 204, 205, 241
Wittdün (Amrum) 158
Wittenburg 215
WLAN-Hotspots 228, 229
Wohnhalle 195, 197
World Music 207
Worpswede 167
Worpsweder Kunsthalle 167
Das Wunder von Bern (Musical) 96, 208, 211
WunderBar 207
Wyk (Föhr) 158

Y

Yellow Möbel 199, 201
Yippie Ya Yeah! (Musical) 211

Z

Zadek, Peter 59, 129
Die Zauberflöte (Mozart) 77
ZDF-Studio 40
Zeise Kinos 205
DIE ZEIT 41, 229
Zeitgeschichte 32
Zeitschriften und Zeitungen 40, 229
Zeit-Stiftung 58, 129
Zeitzone 223
Zentraler Omnibusbahnhof (ZOB) 37, 232, 233
Zentrales Fundbüro der Freien und Hansestadt Hamburg 225
Zimmer in Hamburg 174, 175
Zitronenjette 71
Zoll 220
Zollmuseum siehe Deutsches Zollmuseum
Zuckermonarchie (Café) 194, 196
Züge **232 f**
Zur Ritze (Lokal) 106
Zürichhaus 145

Danksagung und Bildnachweis

Dorling Kindersley bedankt sich bei allen Beteiligten, die bei der Entstehung dieses Buches tatkräftig mitwirkten.

Autor
Gerhard Bruschke, Diplom-Geograf, ist auch Autor der Vis-à-Vis-Titel *Dresden, Straßburg & Elsass, Gardasee, Mallorca* und *Südtirol*, Co-Autor der Vis-à-Vis-Titel *Apulien* und *Ligurien* sowie Redakteur der deutschen Ausgabe weiterer Reiseführer dieser Reihe. Ferner ist er Autor zahlreicher Beiträge für Länderkunden, Atlanten und Enzyklopädien (Print und Digital).

Publisher
Douglas Amrine

Publishing Director
Dr. Jörg Theilacker

Layout
Anja Richter

Fotografien
Felix Fiedler, Susanne Gilges, Olaf Kalugin, Maik Thimm

Illustrationen
Branimir Georgiev, Maria-Magdalena Renker, Eva Sixt, Bernhard Springer

Kartografie
Anja Richter, DK India

Redaktion
Gerhard Bruschke

Bildredaktion, Redaktion & Co-Kartografie
Stefanie Franz

Consultant
Helen Townsend

Umschlag
Ute Berretz

Schlussredaktion, Kartenregister
Philip Anton

Fact-Check
Renate Hirschberger

Weiterer Dank geht an folgende Personen, ohne die dieses Buch so nicht möglich gewesen wäre:
Andrew Phillips, Birgit Walter, Dr. Peter Lutz, Jane Ewart, Natasha Lu, Matthias Liesendahl, Barbara Narr, Familie Schiefelbein, Joanna Bull, Florian Steinert, Susanne Krammer, Andrea Rinck

Zusätzliche Kartografie
Casper Morris, DK Cartography

Genehmigung für Fotografien
Airport Hamburg (Tanja Bösche), Bremer Touristik-Zentrale, Gerhard Bruschke, Cap San Diego Betriebsgesellschaft mbH, Felix Fiedler, Branimir Georgiev, Susanne Gilges, Gruner+ Jahr AG & Co KG (Maike Pelikan), Hamburg Marketing GmbH (Mediaserver.hamburg.de), Hamburger Verkehrsverbund GmbH (Herr Rahn), Heike Hensel, Herzog & de Meuron, IFA Bilderteam, Internationales Maritimes Museum Hamburg (IMMH), Dr. Klaus Jancke, Jung von Matt GmbH (Katja Weber), Olaf Kalugin, Kur- und Touristikservice Borkum (Monika Sauer), Museum für Hamburgische Geschichte (hamburgmuseum), Museum für Kunst und Gewerbe, Hamburg, NDR Presse und Information (Ralf Pleßmann), Anja Richter, Rickmer Rickmers, St. Michaelis Turm GmbH, Jürgen Scheunemann, Senat Hamburg, Pressestelle (Susanne Meinecke), SPIEGEL-Verlag (Wolfgang Ebert), stern (Daniela Geppert), Maik Thimm, DIE ZEIT (Silvie Rundel).

Bildnachweis
o = oben; m = Mitte; u = unten; l = links; r = rechts; d = Detail

Astra 186mu, 186ul, 186ur

Borkum, Kur- und Touristikservice 150–151 Doppelseite, 153u, 154ur, 160or

Bremer Touristik-Zentrale 164mlu, 165mur

Bruschke, Gerhard 19or, 19mr, 22m, 22ul, 26ul, 27m, 30ml, 38ul, 39ul, 40ml, 41mru, 46mr, 47ul, 49ol, 49m, 56mlo, 58ur, 59ol, 61ul, 66mr, 70or, 70mlo, 71mro, 71ul, 71ur, 78ur, 82um, 91om, 96o, 106mr, 110ul, 114mr, 114mlu, 114or, 115ol, 115ul, 115m, 116mr, 118ol, 123or, 124m, 125om, 128u, 144mru, 145om, 145ul, 146or, 149ur, 155or, 156mo, 156ur, 157om, 160u, 161ml, 161mr, 161ul, 172ml, 173um, 175or, 182ml, 182ur, 183ol, 185ol, 185m, 185ul, 186mlo, 186mro, 187or (3 Fotos), 187mlo, 198mr, 199or, 199m, 199ul, 202mro, 202mlu, 202ul, 203o, 216ml, 216ul, 220mr, 220ml, 220u, 221ol, 222m, 222ur, 223or, 223m, 224u, 225mo, 225u, 226mo, 228or, 228ul, 230mr, 233ml, 234ul, 234um, 234ur, 235ul, 235m, 236ul, 237or, 237mr, 237ul, 238or, 239ur, 240or, 240ml, 241o, 241ml, 241um

Bucerius Kunst Forum 56or

Deutsche Bundespost 228ml

Dorling Kindersley Ltd. London 18ml, 29or, 29olm, 33o, 35ol, 35mr, 59mr, 62or, 63or, 64or, 64mlo, 64mlu, 64ul, 64 Grundriss, 65om, 65mr, 65ur, 82–83 Artwork, 83mr, 123mr, 137ur, 144mlo, 152, 154or, 155mr, 158ul, 159ol, 159or, 159ul, 162or, 162ml, 162ur, 163om, 163ml, 164 Artwork, 165mor, 166om, 168 Artwork, 167or, 172ur, 184or, 184mr (3 Fotos), 184ul, 187mru, 187ur (3 Fotos), 233ul, 242ml

Dorling Kindersley Ltd. London Artothek/G. Westermann 166ul; Corbis/Sandro Vannini 42ml; Deutsches Schifffahrtsmuseum Bremerhaven 22m; Europäische Zentralbank 227; Kunstsammlungen Paula Modersohn 167ol; Bernd Lasdin 164mol; Jürgen Nogai 164or, 165ur; Jürgen Scheunemann 82mlo, 82mlu, 82ur, 83ur, 164ul, 168or, 168ml, 169ol, 169mro, 169mru, 169ul, 169ur; Zefa 158or, 167ul

Europäische Zentralbank, Frankfurt am Main 226mu, 227 (alle)

Fiedler, Felix 11ur, 18or, 19ul, 20, 21ul, 21ur, 22ol, 23m, 23um, 23ur, 24ol, 24ul, 24ur, 25om, 25mr, 25ur, 26ol, 26um, 27ul, 27um, 29om, 29orm, 31or, 31ur, 32ur, 32ml, 33m, 34or, 35or, 38mlo, 38or, 38ml, 38mr, 39or, 39mr, 42or, 42ul, 43or, 43ur, 44or, 44ur, 45or, 46ol, 48mr, 48ul, 49ul, 50ml, 51mro, 51ul, 57ur, 60mlu, 60ul, 61ol, 61mru, 62ul, 70mlu, 74ml, 75ol, 75mo, 75mr, 75um, 75ur, 78mu, 79ol, 83ol, 84or, 96ur, 97ul, 98or, 98m, 98ul, 99ml, 99mro, 99mr, 99ur, 102or, 102ul, 102ur, 102um, 103ol, 103mro, 103mru, 103ul, 111ur, 119u, 130ul, 131ol, 131mru, 132, 134ol, 134ur, 135ol, 135ur, 136m, 136ur, 137o, 137mro, 137ul, 138or, 138um, 139or, 139u, 142, 143ml, 186mru, 222ol, 242ol

FlixBus 233or

Franz, Stefanie 79mro, 106ul, 111ul, 184ml

Georgiev, Branimir 74–75 Artwork, 90ur, 98–99 Artwork, 102–103 Artwork, 106u, 107ur, 122or, Umschlag Rückseite

Gilges, Susanne 10ur, 13or, 13um, 22ur, 29ol, 29m, 30ul, 31ol, 31mr, 31ul, 32or, 33mu, 34mlo, 35ul,

BILDNACHWEIS

36ml, 36mr, 39ol, 39ur, 41mlo, 43ml, 44ul, 47or, 48ml, 50or, 50ul, 51ol, 51or, 54, 56ul, 56ur, 57mr, 57ul, 59ur, 61mro, 63ul, 66or, 66ul, 67or, 67um, 68, 70or, 71or, 72om, 72ul, 73ol, 73ul, 73ur, 76ol, 76m, 76ur, 77m, 77ur, 78ml, 78or, 78um, 79mru, 79om, 79ul, 79ur, 85ur, 85ul, 88or, 88ul, 89or, 89um, 97m, 106mru, 107ol, 107or, 107ul, 108or, 108ml, 109or, 109um, 110or, 110m, 112, 114u, 115mr, 116ol, 116ul, 117ol, 117m, 118m, 119or, 120, 122mlu, 122ur, 123om, 123ul, 124o, 124u, 125u, 128o, 128m, 129or, 129ml, 144om, 145mr, 148or, 148ml, 148um, 149om, 149ul, 216mr, 221m, 233mr, 242ul

Grand Elysée Hamburg 174ol, 191ur

Gruner+Jahr 40ul, 40ur, 41mlu

Hamburger Verkehrsverbund 236or, 238ml, 238ur, 239or

HENRI Hotel 173o

Hensel, Heike/Pelz, Andreas 230ml

Hotel Atlantic Kempinski 176um

Hotel Louis C. Jacob 177or

Hotel Smolka 174ur

IMMH 86or (Michael Zapf), 86mlo (Michael Zapf), 86mlu (Michael Zapf), 86um (Michael Zapf), 87om, 87mro, 87ul (Michael Zapf), 87ur (Michael Zapf)

Janke, Dr. Klaus 140ml, 140ul, 140ur, 141om, 141mr, 141um, 154ml

Jung von Matt 40or, 40mr;

Kalugin, Olaf/Kimmerle, Barbara 12or, 12um, 18ur, 29mlu, 46ul, 91ul, 97or, 100–101 Doppelseite, 107ur, 108ur, 123ur, 146ul, 243ul

KMJ@Wikipedia 232or

Lindner Park-Hotel Hagenbeck 179or

Marblau 188ul

Mediaserver.hamburg.de Foto: www.mediaserver.hamburg.de / Jung von Matt, S. 4 unten; Foto: www.mediaserver.hamburg.de / St. Wallocha, S. 34 unten; Foto: www.mediaserver.hamburg.de / Christian Bruch, S. 35 unten rechts; Foto: www.mediaserver.hamburg.de / Andreas Vallbracht, S. 52–53; Foto: www.mediaserver.hamburg.de / Ralf Brunner, S. 80 oben; Foto: www.mediaserver.hamburg.de / Andreas Vallbracht, S. 90 oben; Foto: www.mediaserver.hamburg.de / Michael Zapf, S. 90 links; Foto: www.mediaserver.hamburg.de / Michael Zapf, S. 93 oben; Foto: www.mediaserver.hamburg.de / Jörg Modrow, S. 93 rechts; Foto: www.mediaserver.hamburg.de / Christian Spahrbier, S. 95 oben; Foto: www.mediaserver.hamburg.de / Christian Spahrbier, S. 147 unten; Foto: www.mediaserver.hamburg.de / Andreas Vallbracht, S. 170–171 Foto: www.mediaserver.hamburg.de / Ralf Brunner, Cover

Miniatur Wunderland 11or, 84ul, 217ol

La Mirabelle 189or

Mövenpick Hotel Hamburg 111or

Nagler, Gregor 92–93 Artwork

NDR 41ol, 41or, 229mo

Oberhafen Kantine 183or

Pixabay Karsten Bergmann 2–3 Doppelseite, 126–127 Doppelseite; bernswaelz 51mru; Andi Graf 92ml; macmuss 92or; Elisa Riva 5or

QueerGedacht 93ur

Radisson Blu Hotel Andrea Flak 180or

Renker, Maria-Magdalena 50–51 Artwork, 56–57 Detailkarte, 70–71 Detailkarte, 86–87 Artwork, 90–91 Artwork, 106–107 Detailkarte, 114–115 Detailkarte

Richter, Anja 19ol, 25ul, 30om, 30or, 43mr, 50ur, 130–131 Grundriss, 145ml, 184m, 184m (3 Fotos), 185um, 185ur, 186or (5 Fotos), 187or, 187mlo (2 Fotos), 187mlu (2 Fotos), 187ur, 224mr, 226u, 229mr, 231ol, 231ur, 240ul, 240ur

Rinck, Andrea 137mru

Rough Guides Michelle Bhatia 28

Sixt, Eva 30–31 (9 Zeichnungen), 34–35 (9 Zeichnungen), 37u (5 Zeichnungen), 38–39 (8 Zeichnungen), 78–79 (14 Zeichnungen), 122–123 Detailkarte, 136–137 (7 Zeichnungen), 140–141 (22 Zeichnungen), 156–157 (6 Zeichnungen)

DER SPIEGEL 41mru

Springer, Bernhard & Renker, Maria-Magdalena 5 Artwork, 60–61 Artwork

Stage Entertainment 212–213 Doppelseite

Strandperle Hamburg 192ul

Suhr, Christoffer und Peter@Wikipedia 23ol

Superbude 181um

Theilacker, Dr. Jörg 4or, 10ol, 26ml, 26mr, 45ur, 92ur, 106m, 123ol, 143mr, 183ur, 198ul, 199ul, 203ul, 218–219 Doppelseite, 224ml, 225or, 225m, 225mu, 232ul, 234ml, 235om, 239ul

Thimm, Maik 57ol, 91ur

VLET 190or

Westerland, Tourismus-Service 156ml, 156ul, 157mr

Wikimedia Commons 94ul, 95ur, 122mlo, 130or, 130mo, 130mu, 131mro, Stephan Balkenhol 13ml; ChristianSchd 147ol; Christoph Braun 60mlo; dronepicr 29ul; Thomas Fries 58ol; Christoph Mahlstedt 8–9 Doppelseite; Martina Nolte 29ur, 104; Pauli Pirat 30ur; Andreas Praefcke 36or, 77ol; Gunnar Ries 27or; John Seb 94or; Raimond Spekking 95ul; Matthias Suessen 37m; Xocolate 27mlu

Witthüs Teestuben 193ur

YoHo 178ur

DIE ZEIT 41mr, 144ul

Vordere Umschlaginnenseiten
Linke Seite: Martina Nolte or; Felix Fiedler um; Susanne Gilges ml; DK Images ul. *Rechte Seite:* Susanne Gilges om, or, mr; Ralf Brunner ur.

Hintere Umschlaginnenseiten
Hamburger Verkehrsverbund.

Extrakarte
Vorderseite: Foto: www.mediaserver.hamburg.de / Ralf Brunner

Umschlag
Vorderseite: Foto: www.mediaserver.hamburg.de / Ralf Brunner
Rückseite: Branimir Georgiev
Buchrücken: Foto: www.mediaserver.hamburg.de / Ralf Brunner

Alle anderen Bilder © Dorling Kindersley.
Weitere Informationen finden Sie unter
www.dkimages.com

Hamburgisch für Anfänger

Besucher der Stadt haben in der Regel keinerlei Verständigungsschwierigkeiten, schließlich wird in Hamburg Hochdeutsch gesprochen. Das war nicht immer so – ursprünglich war hier nicht Hochdeutsch, sondern Hamburger Platt verbreitet, eine Variante des Plattdeutschen (Niederdeutschen). Bevor sich Hochdeutsch endgültig durchsetzte, vermischte es sich im 19. Jahrhundert mit dem Plattdeutschen zu **Missingsch**, das man von alten Hamburgern noch hört.

Zu den letzten noch erhaltenen Hochburgen des Niederdeutschen gehören das Milieu der Hafenarbeiter und die Wochenmärkte, bei denen viele Landwirte aus der Umgebung ihre Waren feilbieten. Auch einige Marktschreier auf dem Fischmarkt locken Kunden nicht nur mit Charme, sondern auch mit Sprüchen auf **Platt**. Der bekannteste Ort der Mundartpflege ist das Ohnsorg-Theater mit seinen Aufführungen in niederdeutscher Sprache.

Typisch für Hamburger ist der Gruß »**Hummel, Hummel**«, der in der Regel mit »**Mors, Mors**« erwidert wird. Hamburger setzen diese Floskeln oft lautstark als Schlachtruf ein. Dass man sich in Hamburg zu allen Tages- und Nachtzeiten mit »**Moin Moin**« begrüßt, ist eine Legende. Zwar hört man durchaus ein einfaches »**Moin**«, doch aus dem Mund eines **Quittjes** (Nicht-Hamburgers) wirkt es für echte Hamburger eher peinlich.

Im Hafen und zur See

Haven (Hafen) und **Hannel** (Handel) waren und sind die wirtschaftliche Basis der Hansestadt. Echte **Jantjes** (Seemänner) und **Grandis** (Werftarbeiter) – ob **groot** (groß) oder **lütt** (klein) – sahen schon immer auf die **Kontoorknüppel** (Büroangestellte) und **Klarks** (Angestellte in Reedereien) hinab. Während **Swalker** ihre **Hüür** (Heuer) schnell verjubelten, wurden einige Matrosen durch **Zampel** (Schmuggelware) reich.

Anbinner	Schiffsfestmacher
Appelkaan	altes Schiff
binnenlopen	in den Hafen einlaufen
Buddelschiff	Flaschenschiff
Büüt	Beute, Strandgut
Düüp	Wassertiefe
Feekstrek	Hochwasserlinie
Fer	Fähre
Floot	Flut, Hochwasser
Flunki	Schiffsstewart
Havenrunn	Wasserschutzpolizei
Kaan	Kahn, Schiffermütze
Kaffeklapp	Hafenkantine
kapzeisen	kentern
Likedeler	Seeräuber
Plünn, Tüüch	Segel
Reep	Seil, Tau
Reff	Untiefe
Schanti	Seemannslied
Schatt	Schatz
Seilmaker	Segelmacher
Seiltüüch	Besegelung eines Schiffes
Sietwater	Niedrigwasser
Slüüs	Schleuse
Smuutje	Schiffskoch
Stüür	Steuerrad
Swell	Seegang
Talljemann	Ladungskontrolleur
Tidenwessel	Gezeitenwechsel
Tramp	Frachtschiff
verbuddeln	untergehen
wechsetten	Schiff versenken

Seemannsgarn

Nach ihrer Rückkehr von hoher See hatten die Matrosen natürlich immer jede Menge Geschichten zu erzählen. Diese Tradition wird nicht nur von Käpt'n Blaubär, sondern auch von den Kapitänen der Rundfahrten im Hamburger Hafen gepflegt. Sie glänzen bei ihrem **Drönsnack** (Geplauder) mit so manchem **Döntje** (Anekdote), ein wenig **Tüdelkraam** (Firlefanz) darf nicht fehlen, auch **Swienkraam** (anzügliche Bemerkungen) kann durchaus dabei sein – doch **Lögenbödel** (Schwindler) sind die Kapitäne keineswegs.

anschiten	jmd. hereinlegen
besabbeln	jmd. beschwatzen
Hangelbangelkraam	Nebensächlichkeiten
Hönergloven	Aberglauben
klookschiten	besserwisserisch reden
Sliker	Geheimniskrämer
Sludertasch	Klatschbase
Snackeree	Klatsch, Tratsch
Spijöök	Spaß
Spökenkiker	Hellseher
Tover	Zauber
Tüderbüdel	Schwätzer
Tüünbüdel	Aufschneider

Hanseat und Kaufmannsgeist

Während die Seemänner auf hoher See jedem **Schiedwedder** (Sauwetter) zu trotzen hatten und der Umgangston auf den Schiffen entsprechend rau war, hatte für die **Höker** (Händler) schon immer **Sliff** (gutes Benehmen) oberste Priorität. Und sie konnten mit Geld umgehen. Statt es zu **verbumfideln** (vergeuden) oder zu **verswutschen** (versaufen), waren sie auf **Huttjepanuttje** (Vermögen) aus.

ansacken	anpumpen
baar, blank	bar
Bedrief	Geschäftigkeit
betalen, lohnen	bezahlen
Broot	Lebensunterhalt
Büdel	Geldbeutel
köpen	kaufen
Kopenschop	Laden
Monni	Geld
Quarteer	Warenlager (auch Wohnviertel)
Quarteersmann (Plural: Quarteerslüüd)	Unternehmer für Umschlag von Schiffsladungen
Riekdoom	Reichtum
Snoopgroschen	Taschengeld
Uutgift	Zahlung
Waarscho	Zahlungsaufforderung

Menschliche Schwächen

Hamburg zieht Menschen aus allen Ländern und Regionen an. Jeder nur denkbare **Toch** (Charakterzug) ist hier anzutreffen, darunter natürlich auch so manche Eigenart.

Beverbücks	Angsthase
Bullerjan	Hitzkopf
Dösbaddel	Dummkopf, Schlafmütze
Drönbaddel	Langweiler
Dröömsteert	Träumer
Dwarsdriever, Dwarslöper	Besserwisser
Egenbuck	Dickkopf
Fuuljack	Faulpelz
Giezbuck	Geizhals
Gnattjebrummer	Nörgler
Nuschkraamer	Schlamper

HAMBURGISCH FÜR ANFÄNGER

Puttenrüker	Neugieriger
Quarkbüdel	Jammerlappen
Raffkater	Raffgieriger
Rütentüüt	Zappelphilipp
Schrapenpüüster	Wichtigtuer
Sittgoos	Stubenhocker
Slöks	Nimmersatt
Slöpendriver	Schürzenjäger
Slucker	Habgieriger
Smuutaal	Schmutzfink
Swiemler	Nachtschwärmer
Swinnler	Betrüger
Swutscher	Herumtreiber

Die lieben Laster

Lust auf eine **Buus** (Kneipentour)? Kein Problem, an gemütlichen Lokalen herrscht in Hamburg schließlich kein Mangel. **Sik een antüdeln** (sich einen antrinken) kann man überall. Doch Vorsicht beim Genuss von zu viel **Sabbelwater** (Alkohol): Auch in Hamburg folgt auf einen **Kluten** (Rausch) am nächsten Morgen unweigerlich der **Ballerkopp** (Kater).

Ballerbüdel	Trunkenbold
benusselt, beswiemt	betrunken
Brannwien	Schnaps
Brösel	Tabakspfeife
Buddel	Flasche
Duuntje	Betrunkener
Kluten, Klüten	Rausch
Sirrs	Schwipps
Smöker	Zigarette
Stinkadores	Zigarre
Suuswater	Sekt
uutbuddeln	Flasche leer trinken
uutdoon	einen ausgeben
verswimelt	verkatert

Guten Appetit!

Zum **Versnabbeleern** (Essen) gibt es an jeder Ecke reichlich Gelegenheit – ob **Rundstücks** (Brötchen) und anderen **Snabbelkraam** (Leckereien) beim **Deechaap** (Teigaffe; spöttisch für Bäcker) in die Hand oder ein deftiges Gericht mit **Fleesch** (Fleisch) und **Gröönwaar** (Gemüse) im Restaurant.

Bontje, Kluntje	Bonbon
Brekfasten	Frühstücken
Franzbroot	Hefegebäck mit Zimt und Zucker
Frittop	Festessen (auch Vielfraß)
Hanseat	rundes flaches Gebäck mit einer rot-weißen Zuckerglasur
Jiper	Heißhunger
Knufflook	Knoblauch
Mundsmack	Kostprobe
Schanztüüch	Essbesteck
Schirrwark	Geschirr
Slampamp	Schlemmerei
Slicker	Feinschmecker
Smacht, Woolsmack	Appetit
Spratenkohl	Grünkohl

Verwandtschaften und andere Beziehungen

In der Metropole Hamburg spielt die **Sipp** (Verwandtschaft) nicht die Rolle wie in der Umgebung. Aber die Hamburger **Deern** ist legendär. Hinter ihr verbirgt sich vieles: junges Mädchen, Tochter, Dienstmädchen, ja sogar die Geliebte wird so bezeichnet. Die männlichen Entsprechungen sind **Bötel** (kleiner Junge), **Sön** (Sohn), **Knappen** (Kerl) und **Klöven** (Liebhaber).

Broder	Bruder
Eelüüd	Eheleute
Feend	Gegner
Fro	Frau
Fründ	Freund
Fründin	Freundin
Keerl	Mann
Kinners	Kinder
Moder	Mutter
Mööm	Tante
Naver	Nachbar
Öllern	Eltern
Ool	der Alte
Oolsch	die Alte
Ooltmoder	Großmutter
Ooltvader	Großvater
Oom	Onkel
Süster	Schwester
Tweschens	Zwillinge
Vader	Vater
Wittfrau	Witwe
Wittmann	Witwer

Fünf Sinne & Co.

Hamburger gelten im Allgemeinen als eher zurückhaltende Zeitgenossen. Ob dies nun ein Klischee ist oder nicht – auf ihren **Kopp** (Kopf) oder ihre **Babbel** (Mund) sind sie wirklich nicht gefallen.

biten	beißen
faatkrigen	anfassen
fölen	fühlen
kiken	(an-)sehen, gaffen
Kiker	Auge, Lupe, Fernglas
Klötkasten	Telefon
Kusentrecker	Zahnarzt
Luutsnacker	Radio, Lautsprecher
Nesenklüber	Brille
Ogenbro	Augenbraue
Oog (Plural: **Ogen**)	Auge
Oor, Riestüüt	Ohr
ophören	aufhorchen
snacken	sprechen, tratschen
Snüff, Guff, Nes	Nase
snüffeln	riechen
Snutenwark	Mundwerk
Ten (Plural: **Tenen**)	Zahn
Tenkillen	Zahnschmerzen
uutkiken, luren	aufpassen

Stadt am Wasser

Hamburg ist zweifellos eine spannende Weltstadt. Zwischen der **Butenalster** (Außenalster) mit den **püüken** (prachtvollen) Wohngebieten und der **Elv** (Elbe) präsentiert sie sich am hanseatischsten. Egal ob Sie hier länger auf **Oorloff** (Urlaub) sind oder nur kurz **inkiken** (vorbeischauen) – der **Afscheet** (Abschied) von Hamburg wird Ihnen schwerfallen. Kommen Sie doch einfach bald wieder her!

Angströör	Elbtunnel (auch Zylinder)
Buttpedder	Elbfischer
Diek	Deich
Ebb	Ebbe
elvdaal	elbabwärts
elvop	elbaufwärts
Fleet	Kanal (natürlich oder künstlich geschaffen)
Gracht	Wassergraben
Küst	Elbufer
Twiete	schmale Gasse
Waterkant	Elbufer (auch Bezeichnung für die norddeutsche Küste)

Vis-à-Vis

VIS-À-VIS-REISEFÜHRER

Ägypten • Alaska • Amsterdam • Apulien • Argentinien • Australien • Bali & Lombok • Baltikum • Barcelona & Katalonien • Beijing & Shanghai • Belgien & Luxemburg • Berlin • Bodensee • Bologna & Emilia-Romagna • Brasilien • Bretagne • Brüssel • Budapest • Chicago • Chile • China • Costa Rica • Dänemark • Danzig • Delhi, Agra & Jaipur • Deutschland • Dresden • Dublin • Florenz & Toskana • Florida • Frankreich • Gardasee • Gran Canaria • Griechenland • Großbritannien • Hamburg • Hawaii • Indien • Indiens Süden • Irland • Istanbul • Italien • Japan • Jerusalem • Kalifornien • Kambodscha & Laos • Kanada • Karibik • Kenia • Korsika • Krakau • Kreta • Kroatien • Kuba • Las Vegas • Lissabon • Loire-Tal • London • Madrid • Mailand • Malaysia & Singapur • Mallorca • Marokko • Mexiko • Moskau • München & Südbayern • Myanmar • Neapel • Neuengland • Neuseeland • New Orleans • New York • Niederlande • Nordspanien • Norwegen • Österreich • Paris • Peru • Polen • Portugal • Prag • Provence & Côte d'Azur • Rom • San Francisco • St. Petersburg • Sardinien • Schottland • Schweden • Schweiz • Sevilla & Andalusien • Sizilien • Slowenien • Spanien • Sri Lanka • Stockholm • Straßburg & Elsass • Südafrika • Südengland • Südtirol • Südwestfrankreich • Teneriffa • Thailand • Thailand – Strände & Inseln • Tokyo • Tschechien & Slowakei • Türkei • Umbrien • USA • USA Nordwesten & Vancouver • USA Südwesten & Las Vegas • Venedig & Veneto • Vietnam & Angkor • Washington, DC • Wien • Zypern

www.dorlingkindersley.de

Vis-à-Vis

Hamburg Schnellbahnsystem HVV